D1581919

d

Hans Werner Kettenbach
Tante Joice und die Lust am Leben

Geschichten und anderes

Diogenes

Umschlagillustration:
Wassily Kandinsky, ›Murnau: Häuser am Obermarkt‹,
1908 (Ausschnitt)
Copyright © 2009 ProLitteris, Zürich

Inhalt

Vorwort

Es war schwierig, einen Titel für die vorliegende Sammlung auszuwählen; doch diese Bemühung hat mich auch auf eine wunderbare Entdeckungsreise geführt. Sie hat in mir die Erinnerung wachgerufen an die Zeiten, in denen ich zu schreiben anfing, und an das, was mich damals bewegte.

Zuerst wollte ich diese Sammlung mit nur einem Wort überschreiben, dem Wort *Miszellen*. Allerdings habe ich damit bei meiner Lektorin und bei einigen anderen Leuten, die etwas von Büchern verstehen und davon, wie man sie an den Leser bringt, keine Sympathien gefunden. Also habe ich mich von meiner Überschrift getrennt, schweren Herzens, wie man sogleich verstehen wird: Auf den sonderbaren Titel *Miszellen* bin ich nämlich schon vor gut sechzig Jahren gekommen.

Das passierte in einer Zeit, in der ich allenfalls ein Dutzend beschriebener Blätter hütete, die ich einer solchen Sammlung wie dieser hier hätte zuordnen können, nämlich im heißen Sommer 1947 in München. Dort bewarb ich mich um einen Studienplatz, und dazu gehörte es, dass ich im sogenannten Bautrupp der Universität 1000 Arbeitsstunden beim Wiederaufbau der zerbombten Universitätsgebäude abzuleisten hatte.

Einen passenden Arbeitsplatz hatte die Universität höchstselbst mir vermittelt: Ich war durch ihr Sekretariat als Bauhilfsarbeiter bei der Firma Julius Berger untergebracht worden und klopfte mit anderen Studienanwärtern Steine, an sechs Tagen in der Woche und auf einem Trümmerfeld an der Ludwigstraße, auf dem zuvor das »Haus des Rechts« gestanden hatte.

Um auch die erforderliche »Zuzugsgenehmigung« für München zu bekommen und zu behalten, jobbte ich außerdem in drei, auch schon mal vier Nächten in der Woche bei den Amerikanern. Mit einem weißen Papphelm ausgestattet und dergestalt autorisiert, diente ich der Besatzungsmacht als Nachtwächter in einem Kfz-Park der Militärregierung für Bayern.

Und ich schrieb. Nach dem Fragment eines empfindsamen Romans (»Sonate, Roman in drei Sätzen«), den ich noch in der Schulzeit angefangen hatte, schrieb ich kleinere Stücke, etwa Feuilletons (eines, an das ich mich noch vergangene Woche sehr deutlich zu erinnern glaubte, über den Vollmond, offenbar mit elegischer Grundstimmung, nämlich betitelt: »Und keiner denkt an den Mond«), auch Erzählungen (davon eine über einen Bauhilfsarbeiter, der eines Abends auf dem Kirmesplatz den Berufskämpfer einer Boxbude trotz dessen Spezialität, dem heimtückischen »Rundschlag«, durch K.o. besiegt, die Prämie von 20 Mark kassiert, hernach aber zum Kirmesplatz zurückkehrt und dem Berufskämpfer, der im Dunkel schwer geschlagen vor seinem Zirkuswagen hockt, zehn Mark von seinem Gewinn abgibt), schließlich auch philosophisch angehauchte Betrachtungen (so drei Seiten »Über das Reisen«).

Wann ich die Zeit fand, dergleichen zu schreiben, weiß ich nicht mehr. Wahrscheinlich schrieb ich am freien Sonntag, wenn ich ein wenig von dem versäumten Schlaf nachgeholt und die Kirchenglocken von Pullach im Isartal, wo ich wohnte, mich geweckt hatten. Aber ich schrieb unermüdlich.

Und ich las. Mit dem Kriegsende war unser Verlangen nach allem, was bis dahin verboten oder uns versagt gewesen war, übermächtig ausgebrochen. Ich hatte noch während der Schulzeit die *Buddenbrooks* verschlungen, die in einem Winkel unseres Bücherschranks die Naziherrschaft überlebt hatten. Und auf der provisorischen Bühne der Stadt Köln lernte ich Paul Claudel und Jean Giraudoux und Thornton Wilder, auch Paul Hindemith kennen.

Noch dazu bekam ich einen unerwartet ergiebigen Tipp von einem meiner ortskundigen Kollegen auf dem Bauplatz, und so fuhr ich eines Nachmittags in meinem ersten, dem glutheißen Sommer 1947 in München, nach Feierabend nicht mit der Isartalbahn nach Hause, sondern ging in das nahegelegene Amerikahaus. Nach meiner Erinnerung lag es in einer Seitenstraße der Ludwigstraße, ein ehemals herrschaftliches Wohnhaus offenbar, gut erhalten, vielleicht auch schon so früh im Auftrag der Besatzungsmacht penibel wiederaufgebaut, das Treppenhaus mit Marmor ausgekleidet und angenehm kühl, der rote Kokosläufer auf den Stufen befestigt mit Stangen aus Messing, die golden schimmerten.

Ich fragte nach Ernest Hemingway, dessen Namen ich vermutlich im Feuilleton der *Neuen Zeitung* aufgelesen hatte, und war tief beeindruckt, als die Bibliothekarin mich zum Katalog des Hauses führte, die Karteikarten mit dem Namen Hemingways aufblätterte und mir sagte, das alles könne ich ausleihen. Ich ließ mir sofort einen Sammelband von Kurzgeschichten reservieren, mochte mich aber zunächst von dem Katalog und seinen tausendfachen Verheißungen nicht trennen.

Ich durchkämmte Karteikasten nach Karteikasten, machte irgendwann eine Pause, weil die Füße mir weh taten, und setzte mich auf die niedrige Fensterbank, rauchte eine selbstgedrehte Zigarette und sah durch das offene Fenster hinaus auf die enge Straße und die noch ramponierten Häuser gegenüber, hinter deren Dachfirsten die Sonne groß und rot verschwand. Dann zog ich den nächsten Kasten auf.

Ganz am Ende des Katalogs fand ich eine Rubrik, die einen merkwürdigen Titel trug: »Miscellaneous«. Ich kannte das Wort nicht, aber im Handwörterbuch, das aufgeschlagen vor den Regalen lag, fand ich seine Bedeutung: Vermischtes, Verschiedenartiges; und für das zugehörige Hauptwort »Miscellanea«: Miszellen, eine Sammlung unterschiedlicher, vermischter Texte.

Später, bei der Zeitung, hatten wir ein besonderes Ressort *Vermischtes*, das war die Sex-and-Crime-Seite, im Zeitungsjargon auch das Ressort Mord und Totschlag genannt. Damit hatte die Bibliothek des Amerikahauses freilich nichts im Sinn; sie hatte unter »Miscellaneous« vielmehr solche Bücher registriert, die sich nicht unter einem einfachen, klar unterscheidbaren Merkmal – wie zum Beispiel dem Namen des Autors – einordnen ließen. Was dabei herauskam, war ein ziemlicher Kuddelmuddel, Quer durch den Garten oder Von jedem etwas oder Dieses und jenes; aber auch mir, obwohl ich darüber nachdachte, wollte dafür kein besserer Begriff als dieses schillernde Wort »Miszellen« einfallen.

Das Problem ging mir jedenfalls nicht mehr aus dem Kopf. Ich leistete bis zum Herbst meine 1000 Stunden auf dem Bauplatz ab, wurde immatrikuliert und konnte studieren, musste allerdings in den Semesterferien regelmäßig jobben, um Geld verdienen und weiterstudieren zu können. Eine der edleren Tätigkeiten, die ich ausübte, war die eines Aktendieners in der Registratur eines Versicherungskonzerns. Jeden Morgen fand ich auf meinem Arbeitsplatz zwischen den Regalen die Zettel mit den Chiffren der Akten, die von den Sachbearbeitern angefordert wurden. Und jeden Abend musste ich die Aktenstapel wieder eingeordnet haben, die von den Sachbearbeitern zurückgekommen waren. Dafür zahlte mir der Konzern eine Deutsche Mark die Stunde – 1,00 DM.

Aber selbst hier, in der doch weitgehend von eindeutigen Zahlen beherrschten Welt der Assekuranz, erschienen Fälle, die sich der Einordnung in ein logisches System widersetzten. Unter welcher Chiffre zum Beispiel sollte man den Vorgang einer Versicherung ablegen, die von mehreren Kunden gemeinsam abgeschlossen und bezahlt worden war, bis diese Kunden sich entzweiten und jeder für sich den Konzern mit höchst unterschiedlichen Forderungen beanspruchte? Und wie sollte man in diesem System gar eine Akte wiederfinden, die einmal an einem falschen Platz eingeordnet worden war? So etwas passierte ja alle Tage, und natürlich entlud sich der Zorn der Führungskräfte dann über uns, die Domestiken des Geschäfts.

Ich will nicht behaupten, dass ich unter diesen und ähnlichen Fragen litt; aber die Problematik meines Jobs beschäftigte mich doch so sehr, dass ich mir eine Art Theorie der Miszellen zurechtlegte. Sie lautete etwa, dass jeder Versuch, die Vielgestaltigkeit des Lebens in ein dürres rationales System zu pressen, zum Scheitern verurteilt ist – am Ende hängt das System, sei es ein Katalog, sei es eine Registratur, sich notgedrungen ein verlegenes Schwänzchen an, die Rubrik *Miszellen* oder *Allerlei* oder *Übriges*, in das der undefinierbare Rest hineingestopft wird.

Die Theorie wiederum brachte mich auf den Plan eines großen literarischen Werks, eines Zyklus von Erzählungen, dem ich den Titel »Ozean – du Ungeheuer!« geben wollte. Die am weitesten ausgeführte, aber noch nicht vollendete dieser Geschichten handelte von einem schon älteren Versicherungsangestellten, Eduard Klöser, der in der Registratur eines mächtigen Unternehmens arbeitet, an dem System der Aktenablage einiges auszusetzen findet und insgeheim ein neues, revolutionäres System dieser Ablage ersinnt.

Meinem Helden ist freilich klar, dass er seine stockkonservativen, herb parfümierten Vorgesetzten mit den Seidenkrawatten und den schlohweißen Einstecktüchlein in der Brusttasche von seiner Erfindung nicht wird überzeugen können. Also lässt er sich eines Abends bei Dienstschluss unbemerkt in der Registratur einschließen und begibt sich ans Werk.

Den Ablauf der Nacht gedachte ich, neben der Hauptsache – Klösers Versuch einer Neuordnung der Akten –, mit der Darstellung seiner Hoffnungen auf Anerkennung, Beförderung und Belohnung sowie mit philosophischen

Gedanken über das Problem des Ozeans auszugestalten. Die Pointe erschien mir jedenfalls zwingend: Am anderen Morgen findet man Klöser, tot auf dem mit Akten bedeckten Boden liegend, halb begraben unter einem Haufen anderer Akten, die er vermutlich im Sterben aus dem Regal gerissen hat. Der Ozean hat sich als unbezwingbar erwiesen.

Eine andere dieser Erzählungen schließlich sollte die Erfindung eines »Farbklaviers« durch einen erfolglosen Komponisten behandeln, einer Art Lichtorgel, mit der sich Farben und Formen in einer unendlichen Vielzahl mischen und auf eine Leinwand projizieren ließen. Heute schafft man so etwas mit einem simplen Computer und dem entsprechenden Programm. Aber damals, anno 1947 und danach, als ich davon hörte, dass Norbert Wiener die Kybernetik erfunden hatte und der erste, zimmergroße Computer gebaut worden war, schmeichelte ich mir eine Zeitlang (nun ja, ich war jung), ich sei zeitgleich mit dem Professor Wiener demselben Problem auf die Spur gekommen – der Organisierung des Unermesslichen.

Miszellen also. Es waren immerhin völlig unterschiedliche, vermischte Texte, deren Aufnahme in diesen Band ich in Erwägung gezogen habe. Das fing an mit Gedichten, die ich im Alter von acht für meine Mutter und mit zwanzig im Austausch mit meinem Münchner Studienkollegen Peter Hacks geschrieben habe, es ging dann weiter mit den schon erwähnten Feuilletons und dem Bruchstück des Romans »Sonate«, auch einem fragmentarischen Drama in nordischem Versmaß (ich war ja doch einige Jahre lang unter den Nazis zur Schule gegangen), und es setzte sich fort in Hunderten von Reportagen und Artikeln, die ich für die

Zeitung geschrieben habe, sowie einigen autobiographischen Notizen.

Eine Reihe von Erzählungen kam hinzu, von Glossen, Wortbeiträgen fürs Radio, am Ende auch Hörspielen und Drehbüchern und nicht zuletzt eine Spezies, die ich bei den ersten Plänen für diese Sammlung hier »Essays« nennen wollte. Nachdem ich aber in einem Band geblättert hatte, in dem Essays von Schleiermacher (»Versuch über die Schaamhaftigkeit«), Kleist und Arthur Schopenhauer (»Über das Interessante und das Langweilige«) veröffentlicht worden sind, erinnerte ich mich zum Überfluss an noch mehr Beispiele solchen Kalibers und nahm Abstand von dieser Bezeichnung; sie schien mir nicht ganz angemessen.

Auch einige andere Gattungsbegriffe, die mir hernach im Zorn über mich selbst und meine Hervorbringungen einfielen, so *Besinnungsaufsatz,* auch *Traktat* oder *Schnurrpfeiferei,* waren zu offensichtlich nicht verwendbar, und so gab ich schließlich den ganzen Versuch auf, die Texte, die ich im Lauf von gut sechzig Jahren aus den verschiedensten Anlässen und oft auch ohne jeden benennbaren Anlass geschrieben habe, zu systematisieren und in strenger Marschordnung vorzuführen. Der Leser wird also gebeten, sich überraschen zu lassen, wenn schon einmal auf eine Geschichte etwas ganz anderes folgt – *Geschichten und anderes* eben.

Ich habe natürlich längst nicht alles, woran ich zu Beginn gedacht hatte, in diesen Band aufgenommen. Manches hielt einer kritischen Prüfung denn doch nicht stand (so das Drama im Stabreim); anderes kam nicht mehr in Frage, weil es mittlerweile unter den Trümmern des Historischen Archivs der Stadt Köln begraben lag. Dieser, ein ziemlich großer Teil meiner Texte, hatte nur auf Papier existiert, weil zu der Zeit, als sie entstanden, die elektronische Aufzeichnung noch nicht möglich, für mich jedenfalls nicht erschwinglich war.

Das Historische Archiv der Stadt Köln hatte aber, bevor es am 3. März 2009 dem U-Bahn-Bau zum Opfer fiel und in einem gewaltigen Kladderadatsch in die Baugrube abstürzte, meinen Nachlass – genauer: »Vorlass« – bereits übernommen und in einem schönen gedruckten Verzeichnis von 62 Seiten auch schon registriert. Was freilich von den säuberlichen Einträgen als Manuskript noch vorhanden ist, weiß ich bis zur Stunde nicht. Mag sein, dass das eine oder andere Stück noch aus dem Schutt und dem Grundwasser auftaucht und wider Erwarten sogar noch zu entziffern ist – in diese Sammlung hier kann ich es jedenfalls nicht mehr aufnehmen.

An einiges erinnere ich mich (es steht ja auch in dem Verzeichnis des Archivs), und es tut mir leid darum. Nicht so sehr um das einzige Theaterstück, das ich vollendet habe (»Das Recht der Enthüllung, Schauspiel in drei Akten«); es war wohl doch arg juvenil. Mehr bedauere ich den Verlust eines vielstimmigen Hörspiels mit dem Titel »Armee des Glücks«, das die Freuden und Leiden von Lottoschein-Auswertern behandelte. Ich selbst bin, um Geld zu verdienen, während des Studiums als solcher tätig gewesen, zusammen mit einer Reihe von Freunden.

Wir fuhren regelmäßig des Sonntagabends mit der Straßenbahn hinaus in einen Kölner Vorort, wanderten ein

Stück durch den Wald und stellten uns mit hundert oder auch mehr anderen Auswertern, meist Studenten und Hausfrauen, in dem großen Saal einer hölzernen Baracke ein. An den langen Tischen fand jeder einen Platz und daran einen Apparat mit zwei großen Rollen. Die Lottoscheine, die hinter transparente Folie geklebt und in langen Bändern aufgerollt worden waren, wurden uns von speziellen Boten gebracht, und wir werteten sie aus, indem wir die Bänder auf unsere Apparate spannten, sie Stück um Stück an uns vorbeirollten und mit einer Schablone jeden Schein auf einen eventuellen Gewinn prüften.

Montagmorgens in der Frühe wanderten wir durch den Wald zurück, ein jeder um 13,50 DM reicher – den Lohn, den die Lottogesellschaft uns für die Nacht zahlte. Eine Nacht voll von widersprüchlichen Empfindungen, Anfällen von Schlafsucht, amourösen Begierden, je nachdem, welche Frau einem gegenüber oder zur Seite saß, leichtem Bangen vor dem Rausschmiss, wenn man (das heißt, die Nummer, unter der das Lotto einen führte; Namen wurden nicht genannt) über den Lautsprecher als eines der schwarzen Schafe genannt wurde, die am vorangegangenen Sonntag die meisten Treffer übersehen hatten. Eine Nacht voll von Träumen, die umso hitziger wurden, je mehr man unter der stereotypen Arbeit litt.

Es hätte ein gutes Hörspiel werden können. Aber ich will meinen verschüttgegangenen Werken nicht allzu innig nachtrauern; der Kölner tröstet sich bei solchen Gelegenheiten ja auch mit dem Grundsatz: »Watt fott es, es fott!« Zudem scheint mir die Erinnerung an die Leistungen, die man früher einmal vollbracht hat, nicht unbedingt zuverlässig zu sein. Als Beispiel mag das Feuilleton »Über den Vollmond« dienen, das ich zu Beginn dieses Vorworts erwähnt habe und das, laut meinem Gedächtnis, die sentimentale Betrachtung eines jungen Mannes gewesen sein musste, der vermutlich verliebt und vom Weltschmerz ergriffen war.

Vor ein paar Tagen habe ich den Text, den ich im Dreck der Kölner U-Bahn-Grube untergegangen glaubte, wiedergefunden – in einer vergessenen Kopie, die ich aus einem Stapel alter Papiere herausfischte. Das gute Stück handelte, obwohl ich darauf geschworen hätte, mitnichten vom Vollmond, sondern von einer Mondfinsternis. Nicht einmal die Überschrift war elegisch gestimmt, sie lautete vielmehr staubtrocken »Im Kernschatten«; und im Übrigen war diese Glosse ziemlich aggressiv. Sogar datieren könnte ich sie noch, hätte ich nur besser aufgepasst, als unser Physiklehrer uns beibrachte, Mondfinsternisse zu berechnen (»damit ihr wisst, was da passiert, wenn ihr demnächst des Nachts in Russland auf Wache steht«). So kann ich nur vermuten, dass ich sie etwa 1947 schrieb, womit sie das älteste Stück der Sammlung wäre (in die ich sie natürlich aufgenommen habe).

Es freut mich sehr, dass dieser Band erscheinen konnte. Ich danke den vielen Helfern, die zu seinem Gelingen beigetragen haben, so den Kolleginnen und Kollegen vom Archiv des *Kölner Stadt-Anzeigers*. Und ich wünsche ihm viele Leser, denen es Freude macht, darin zu blättern.

HWK

Testamentsvollstreckung
Erzählung

Die Dritte Avenue hat sechs Fahrbahnen. Er hatte gerade erst die zweite Fahrbahn hinter sich gebracht, als die Ampel auf der anderen Seite zu blinken begann: DON'T WALK. Stehenbleiben. Zum ersten Mal in seinem Leben spürte er Angst, er werde es zu dem Gehsteig gegenüber nicht mehr schaffen, vorbei an den drohenden Stoßstangen, den Kühlerhauben, die bebend auf ihr grünes Licht warteten.

Als er die andere Seite erreicht hatte, als die Meute hinter ihm aufheulte und losbrach, begannen seine Beine zu zittern. Er stützte sich mit einer Hand am Mast der Ampel ab, wischte mit der anderen über die Stirn. Er betrachtete die Hand. Die knochigen Finger, die pergamentene fleckige Haut des Handtellers waren nass von Schweiß. Es wurde Zeit, dass er wieder nach Hause kam.

Er stieg vorsichtig die beiden Stufen zu Larrys Laden empor, ging steil aufgerichtet, ohne einen Blick zur Seite zu wenden, über den ächzenden Holzboden bis in den hinteren Winkel, schob die Tür des Kühlschranks auf, sie ließ sich so schwer bewegen, und nahm zwei Büchsen Bier heraus. Er zögerte, nahm dann auch noch eine Tüte Milch. Auf dem Rückweg durch die schmale Gasse zwischen den Regalen fürchtete er, er werde schwanken, anstoßen und etwas von den Brettern herunterreißen, Waschpulver, Spülmittel. Cornflakes, die Gläser mit dem gemahlenen Kaffee.

Larry, die weiße Schürze über der breiten Brust, Ärmel hochgerollt und haarige Unterarme, beide Fäuste auf den Ladentisch gestemmt, sah ihm entgegen. »Irgendwas nicht in Ordnung, Mister Mitchell?«

»Was soll nicht in Ordnung sein? Alles bestens.«

»Sie sehen ein bisschen blass aus.« Larry schlug eine von seinen braunen Tüten auf, packte das Bier und die Milch hinein. »Heute keine Tomaten?«

Er schüttelte den Kopf, hielt sich verstohlen mit Daumen und zwei knochigen Fingern am Rand des Ladentischs fest. »Pack mir noch ein paar Streichhölzer ein.« Larry griff nach den Streichhölzern, aber er sah auf die knochigen Finger.

Er schaffte den Rückweg über die sechs Fahrbahnen. Es trieb ihn nur einmal zur Seite, ziemlich weit, aber er fing sich sofort wieder, steuerte geradeaus. Er atmete flach, er hatte nicht den Mut, die kühle Oktoberluft in sich hineinzuziehen, obwohl es ihn danach verlangte. Er spürte, dass das Mädchen, das am Eingang von Stacy's Bar lehnte, ihn anstarrte.

Als er die abgewetzte Haustür hinter sich ins Schloss drückte, erloschen die Autohupen, das Kreischen der anfahrenden und abbremsenden Reifen, es erlosch das funkelnde Licht des Vormittags. Er tastete sich im Halbdunkel zum Briefkasten. Hinter der Wohnungstür des Hausmeisters überschnitten sich zwei aufgebrachte Stimmen. Ronnie stritt mit seiner Frau.

Der Monatsscheck der Rentenversicherung war angekommen. Er hielt den Umschlag vor die Augen, um sich zu vergewissern, steckte ihn dann in die Innentasche seiner Jacke. »Lumpen. Betrüger.« Er begann, eine Hand auf dem Geländer, mit der anderen die Tüte an die Brust pressend, die fünf Treppen hochzusteigen. Ab und zu blieb er stehen, sah im Halbdunkel auf die Tüte hinab, sprach zu ihr: »Das sind doch die allergrößten Lumpen. Betrüger. Ausbeuter.« Er stieg weiter, blieb wieder stehen: »Jetzt können sie bald die paar Kröten auch noch sparen.«

Als er die Wohnungstür hinter sich schloss, fühlte er sich erleichtert. Auf dem Weg in die Küche wurde es für den Bruchteil einer Sekunde wieder leer und schwarz in seinem Schädel, er rannte heftig gegen den Türpfosten, aber er achtete nicht auf den grellen Schmerz, der seine Schulter durchfuhr. Er stellte die Milch und eine der Bierbüchsen in den Kühlschrank, die andere Büchse und die Streichhölzer nahm er mit ins Wohnzimmer.

Es störte ihn, dass die Laken und die Wolldecke noch immer zerwühlt auf der Schlafcouch lagen, aber er ließ sie liegen. Er öffnete die Büchse, füllte das Bier in den gläsernen Humpen und nahm einen langen Schluck. Dann kniete er, sich mit beiden Händen haltend, vor dem breitgeschwungenen, düsteren Aufsatzschrank nieder, der das Zimmer fast zu einem Viertel ausfüllte, schloss die Tür auf und zog die Schachtel mit den Papieren hervor. Er blieb ein paar Sekunden lang knien, starrte ins Leere, erhob sich unvermittelt mit einer jähen Kraftanstrengung, als hätte er sich selbst, diese alten, spröden Knochen überlisten müssen, und brachte die Papiere auf den Tisch.

Ein paar Briefe von Martha, an den Rändern schon vergilbt, er blätterte sie wieder durch, obwohl er sie schon tausendmal und mehr gelesen hatte. Das Hochzeitsfoto, zwischen den Topfpflanzen eines Fotografen in der 23. Straße aufgenommen, 1952, Martha trug damals die Haare noch hochgesteckt. Und Kate, im Kinderwagen sitzend, ein rundes Puppengesichtchen, runde Ärmchen und winzige Finger.

Er betrachtete eine Weile das Bild seiner Tochter, schob es dann mit einer heftigen Bewegung zur Seite. Er griff, als hätte er keine Sekunde mehr zu verlieren, mit fliegenden Fingern in die Papiere hinein, fand Pete Conways Brief, zog ihn heraus und hielt ihn vor sich, das Blatt zitterte ein wenig. Er las den Brief noch einmal, den er schon seit Jahren auswendig kannte.

Herrn Stanley Mitchell, darunter sein Geburtsdatum und die volle Adresse. Seine Lippen begannen, im Lesen sich zu bewegen.

Lieber Stan,

du wirst dich wundern, dass ich einen Brief an dich so förmlich beginne. Aber dies ist ein Testament. Ich fühle mich sehr schlecht, das Herz, und ich fürchte, dass es jeden Augenblick zu Ende gehen kann.

Du weißt, dass ich deine Tochter Kate immer sehr gerngehabt habe. Und dass ich es nie verstehen konnte, warum du dich mit ihr so zerstritten hast. Kate mag manches falsch gemacht haben, aber sie ist ein gutes Kind. Der größte Teil der Schuld trifft dich, mit deiner Rechthaberei und deinem Starrsinn, ich sage dir damit nichts Neues.

Ich vermache hiermit deiner Tochter Kate Mitchell alles,

was ich besitze. Mit der Einrichtung des Ladens werden es um die 120.000 Dollar sein. Den Laden kann sie vielleicht übernehmen. Das wäre in meinem Sinne. Ich lasse morgen früh den Anwalt zu mir kommen, damit alles seine Richtigkeit hat.

Ich überlasse Kate alles, weil ich weiß, dass sie gut für dich sorgen wird. Und ich schicke dir dieses Testament, damit du ihr die Nachricht überbringen musst und damit du – wie ich zuversichtlich hoffe – bei dieser Gelegenheit endlich das Wort der Versöhnung findest, das du ihr schon so lange schuldest.

Aufrichtig, dein Peter Conway.

Folgten Petes Geburtsdatum und seine volle Adresse und das Datum des Briefs.

In der Nacht darauf war Pete gestorben Mit dem Anwalt hatte er nicht mehr sprechen können.

Er stand auf und ging ans Fenster. Er hob die morsche Gardine hoch und sah hinunter in den Hof. Nichts hatte sich verändert. Das geteerte Flachdach, unter dem die Küche des chinesischen Restaurants lag. Einer dieser gelben Kerle stapelte an der Mauer die schwarzen glänzenden Kunststoffsäcke mit den Abfällen. Überreste von Hunden und Katzen wahrscheinlich. Der zum Sterben einsame Baum im Hof nebenan trug noch immer die verschossenen Blätter. Auf einigen Etagen des steilen Bürohauses gegenüber, mit dem sie ihn vor sieben Jahren eingemauert hatten, brannten die Leuchtröhren.

Er drückte das Kinn gegen die Fensterscheibe und sah nach oben. Der Fleck blauen Himmels, der vorhin noch über der Öffnung des steinernen Schachts geleuchtet hatte, war verschwunden. Trübe Wolken, es sah nach Regen aus.

Er ließ die Gardine sinken, blieb aber am Fenster stehen. Er starrte auf den Rahmen, von dem die Farbe abblätterte. Dieser Pete war zeit seines Lebens ein Narr gewesen. Es hatte nicht in seinen Kopf hineingepasst, dass die Menschen schlecht sind, schlecht, kaltherzig und selbstsüchtig. Kate ein gutes Kind! Du meine Güte!

Ja, natürlich, dem Onkel Pete war sie um den Bart gestrichen, seit sie sich bewegen konnte, und das hatte ihm gutgetan, diesem alten Hagestolz, der sich nie in seinem Leben getraut hatte, eine Frau anzufassen. Der alte Narr hatte sie auch dann noch in Schutz genommen, als sie durchgebrannt war, mit neunzehn und zwei Monate nach Marthas Tod.

So naiv wie Pete war er nie gewesen. Er hatte das alles kommen sehen. Schon mit vierzehn hatte sie angefangen, ihren Hintern zu schwenken. Er hatte alles versucht. Er hatte im Guten mit ihr geredet. Er hatte sie durchgewalkt. Er hatte ihr, als sie mit achtzehn diesen Kerl anschleppte, sie wagte es tatsächlich auch noch, einen solchen Kerl nach Hause mitzubringen, er hatte ihr prophezeit, dass das ein schlimmes Ende nehmen werde. Ein Jazzmusiker. Nicht einmal ein richtiger Musiker, Schlagzeuger bloß, zwei Stöcke und eine Trommel, das war alles.

Und mit so einem Kerl war seine Tochter durchgebrannt, zwei Monate nach dem Tod ihrer armen Mutter. Es kam dann genau so, wie er es ihr prophezeit hatte. Drei Jahre später ließ der Stinker sie sitzen. Das Kind war bei der Geburt gestorben, zum Glück, konnte man nur sagen.

Sie trieb sich ein paar Jahre lang an der Westküste herum, kellnerte, brachte es sogar zur Kassiererin in einem Fischrestaurant.

Er kniff die Augen zusammen. Ein feines Restaurant musste das gewesen sein! Eine Bruchbude wahrscheinlich.

Damals nahm er ihre Post noch an. Aber er schrieb ihr nicht zurück, auch dann nicht, wenn sie eine Adresse angab. War es nicht das mindeste, das er verlangen konnte, dass sie heimkehrte und Auge in Auge um Verzeihung bat und ihre Schuld einsah und bekannte und ein neues Leben begann?

Sie dachte gar nicht daran. Ein paar Jahre später, sie war in New Orleans gelandet, sie hatte einen anderen Kerl gefunden und lebte mit dem zusammen, unverheiratet natürlich, aber sie schien sich zu dieser Zeit obenauf zu fühlen, sie hatte ihm aus New Orleans doch tatsächlich einen frechen Brief geschickt, sie hatte geschrieben, er müsse nun endlich einsehen, dass sie nur ihr eigenes Leben habe leben wollen und dass sie es ja auch lebe, verdammt noch mal. Und nun solle er doch endlich ein Einsehen haben und ihr wenigstens einmal schreiben, wie es ihm gehe, sie mache sich solche Sorgen.

Er stieß die Luft durch die Nase. Die Art von Sorgen kannte er. Verlogenes, leeres Gewäsch.

Auf diesen Brief hatte er ihr geantwortet, zum ersten und zum letzten Mal. Er schrieb, er wolle nichts mehr von ihr hören und er wolle sie nie mehr sehen, sie brauche es gar nicht erst zu versuchen, es sei denn, sie sei bereit, das einzusehen, was sie ihm angetan habe und ihrer toten Mutter, und sich selbst ja übrigens auch, und dafür um Verzeihung zu bitten. Und zum Schluss wolle er ihr nur noch prophezeien, dass sie in der Gosse enden werde, und das sehr bald, denn die Jüngste sei sie ja nun auch nicht mehr.

Seither hatte er die Annahme ihrer Post verweigert. Er hatte gehofft, dass dieses letzte Mittel sie zur Vernunft bringen und dass sie eines Tages vor der Tür stehen und eingestehen würde, was alles sie falsch gemacht hatte, und dass sie ihn fragen würde, wie es denn nun weitergehen solle, verzeih mir, Dad, und kannst du mir nicht helfen?

Aber sie kam nicht. Sie schrieb nur immer wieder, obwohl er alle ihre Post zurückgehen ließ. Er öffnete keinen der Briefe, aber er las alle ihre Karten, bevor er sie dem Postboten zurückgab. Er wusste, dass sie vor zwei Jahren nach New York zurückgekommen war, sie wohnte auf der West Side, die Gegend war nicht gut, wie hätte sie es auch sein können. Von einem Kerl fand er nichts mehr auf den Karten. Der aus New Orleans schien sich auch auf Französisch verabschiedet zu haben. Genau so, wie er es vorhergesehen hatte.

Er wandte den Kopf und sah zum Tisch, auf dem Petes Brief lag. Jahr um Jahr war verstrichen, aber nichts war geschehen. Als Pete ihm diesen Brief schickte und starb, hatte sie sich noch in New Orleans herumgetrieben. Er hatte keinen Augenblick geschwankt. Ja, natürlich hatte er ihr den Brief übergeben wollen. Aber er hätte es nur dann getan, wenn sie aus eigenem Antrieb gekommen wäre und ihm versprochen hätte, ein neues Leben anzufangen.

Sollte er etwa zusehen, wie sie das Vermögen, das ein Mann wie Pete durch harte Arbeit zusammengebracht hatte, mit irgendeinem Kerl, irgendeinem verkrachten

Trommler durchbrachte? Sie hätte doch, mit so viel Geld in den Fingern, nur den letzten Rest an Besinnung verloren.

Er hatte geradezu gefürchtet, dass Pete seinen letzten Willen auch noch auf einem anderen Stück Papier hinterlassen oder irgendjemandem etwas davon gesagt haben könnte. Zum Glück war es nicht so. Der Nachlassverwalter hatte ihn aufgesucht und um Auskünfte gebeten. Petes Vermögen fiel, da weit und breit kein Verwandter aufzutreiben war, dem Staat anheim.

Er hatte sich das wohl überlegt, o ja. Wenn sie doch noch gekommen wäre, hätte er diesen Brief herausgeholt und wäre mit ihr zum Gericht gegangen, und der Staat hätte Petes Geld wieder herausrücken müssen. Er hätte einfach gesagt, der Brief habe zwischen anderen alten, sorgfältig versiegelten Papieren gelegen, die Pete ihm hinterlassen hatte, Gedichten, tatsächlich, und ein paar Kurzgeschichten, die Pete geschrieben hatte, der alte Heimlichtuer hatte zu seinen Lebzeiten kein Wort davon gesagt, dass er abends in seinem Zimmer hinter dem Laden saß und Gedichte schrieb und Kurzgeschichten.

Er hätte ganz einfach gesagt, er habe gezögert, die Siegel aufzubrechen, und jetzt erst habe er das Paket geöffnet und zu blättern angefangen und dabei den Brief gefunden. Der Staat hätte Petes Geld herausrücken und es Kate, der rechtmäßigen Erbin, geben müssen.

Er hatte Jahr um Jahr gewartet. Aber sie war nicht gekommen. Sie schrieb alle diese Briefe und Karten, die er alle zurückgehen ließ, aber sie kam nicht. Manchmal war er zur Tür gegangen und hatte gelauscht und plötzlich die Tür geöffnet, weil er glaubte, einen zögernden Schritt auf den

Flurdielen gehört zu haben. Er hatte sich vorgemacht, dass sie eines Tages doch noch kommen würde, aber er hatte in Wahrheit gewusst, dass sie niemals kommen würde. Er hatte es doch gewusst, dass sie schlecht war, leichtsinnig und unbelehrbar. Und kaltherzig. Selbstsüchtig.

Wieder schien eine mächtige Pumpe sein Gehirn aus dem knochigen Schädel herauszusaugen, es war, als ob die Nacht schlagartig einbräche. Er krallte, nach einem Halt suchend, beide Hände in die Gardine. Als er wieder zu sich kam, sah er, dass er das morsche Gewebe halb aus der Schiene gerissen hatte. Er spürte, dass es höchste Zeit wurde.

Er wandte sich um und ging steifbeinig, er kam sich selbst wie eine Marionette vor, an den Tisch zurück. Er zog den Aschbecher heran, die große, eiserne Schale, in die er früher, als er hin und wieder noch rauchte, seine Pfeife ausgeklopft hatte. Seine Finger zitterten, als er nach den Streichhölzern griff.

Er würde den Schandmäulern diesen Triumph nicht gönnen. Zeit seines Lebens war er ein anständiger Mensch gewesen. Nun gut, er hatte Martha ein paarmal betrogen, aber es war immer nur dann geschehen, wenn er zu viel getrunken hatte. Und war er Kate nicht immer ein guter Vater gewesen? Hatte er sie nicht geliebt, wie man einen Menschen nur lieben kann? Hatte er nicht zumindest alles für sie getan, was in seinen Kräften stand, und hätte sie bei ihm nicht den Himmel auf Erden haben können, wenn sie nicht so schlecht, so leichtsinnig, so unbelehrbar gewesen wäre, so kaltherzig und selbstsüchtig?

Er war weiß Gott immer ein anständiger Mensch gewesen, und deshalb würde er keinem dieser Schandmäuler einen bequemen Vorwand liefern, ihm Böses nachzusagen. O ja, er wusste, was passieren würde, wenn ihnen Petes Brief in die Finger fiele. Sie würden herumerzählen, er habe seine Tochter um ein Vermögen gebracht, aus Rachsucht, aus Rechthaberei, aus bloßer Selbstgerechtigkeit. Einen Rabenvater würden sie ihn nennen, und einen Betrüger. Und Kate hätte nichts Eiligeres zu tun, als mit diesem Brief zum Gericht zu gehen und der öffentlichen Wohlfahrt Petes Geld abzuknöpfen und es mit irgendeinem miesen Stinker durchzubringen.

Er rieb ein Streichholz an und hielt die Flamme an Petes Testament. Das mürbe Papier brannte wie Zunder. Er versengte sich die pergamentenen Fingerspitzen, als er den letzten Rest in die Schale schob.

Wieder schien die Nacht hereinzubrechen.

Es dauerte eine Weile, bis sie von ihm wich. Er nahm wahr, dass es klingelte. Er stierte in die Schale, in der das Papier sich aufwölbte, rotglühende Ränder an kohlschwarzen Fetzen, bevor es zusammensank und zerfiel.

Es klingelte noch einmal. Er rief: »Wer ist da?«

»Ronnie, Mister Mitchell. Machen Sie auf, bitte!«

Er ging, sich rechts und links an den Wänden des schmalen Flurs abstützend, zur Tür und öffnete. Der Hausmeister stand auf dem Treppenabsatz, er blickte ein bisschen verlegen. »Entschuldigen Sie, Mister Mitchell … Besuch für Sie.«

Dann sah er Kate. Sie trat einen zögernden Schritt näher, Ronnie machte ihr Platz. Sie war alt geworden. Mein Gott, sie sah ja fast aus wie Martha in ihren letzten Jahren. Sie war rundlich. Ihr Haar war schütter geworden und grau. Er starrte ihr ins Gesicht, er suchte nach den Beweisen all dessen, was er ihr vorausgesagt hatte, und er fand sie, die scharfen Falten. Er entdeckte sie, die Spuren eines liederlichen, eines vergeudeten Lebens.

Sie machte einen entschlossenen Schritt nach vorn, an Ronnie vorbei, trat ein und schloss die Tür. Sie nahm ihn unter den Arm und führte ihn, er empfand Müdigkeit und Erleichterung zugleich, sie führte ihn zu der Schlafcouch und setzte ihn behutsam nieder, auf die zerwühlten Laken, die Wolldecke, und setzte sich neben ihn und schlang einen Arm um seine Schulter.

»Sei mir nicht böse, Dad.« Er spürte ihre Lippen, sie waren warm, auf der kalten, spröden Haut seiner Wange. »Sei mir nicht böse. Ich hab mit Ronnie telefoniert. Jede Woche. Seit ich wieder in New York wohne. Gestern hat er mir gesagt, er glaubt, dass es dir nicht gutgeht. Ich konnte doch nicht so tun, als ob ich es nicht wüsste.«

Er saß da, starr aufgerichtet. Er roch den beizenden Hauch, den das verkohlte Papier ausströmte.

»Und, Dad, bevor du etwas sagst ... Ich wollte dir sagen, dass es mir leid tut.« Sie zog ihn an sich, er spürte ihre warmen Lippen an seinem Ohr. »Ich bitte dich um Verzeihung, Dad. Ich hab alles ganz falsch gemacht. Du hast recht gehabt. Ich bereue es so sehr, was ich dir angetan habe, und Mum. Und mir selbst. Du wirst mir jetzt sagen, wie es weitergehen soll, nicht wahr, Dad? Du wirst mir helfen. Ich bitte dich um Verzeihung, hörst du?«

Geschrieben 1977 in New York
Veröffentlicht 1987 in Klugmann/Mathews (Hrsg.),
Schwarze Beute 2, Rowohlt Verlag, Reinbek 1987
Fassung vom Mai 2006

Tante Joice und die Lust am Leben

Vom Alter, vom Älterwerden und vom Altsein

Alt zu werden ist nur beschissen. Der Satz stammt nicht von mir (ich würde dergleichen auch lieber für mich behalten, als es herumzuerzählen; wer weiß, ob nicht das Schicksal zuhörte und in Zorn geriete und mich wegen Unbotmäßigkeit auf der Stelle bestrafte, mit dem Tode oder gar mit einem weiteren Altersdefekt). Das herbe Diktum, dass es beschissen sei, in die Jahre zu kommen, beschissen und nichts, aber auch gar nichts anderes, habe ich vielmehr bei Henning Mankell aufgelesen.

Allerdings möchte auch der die Urheberschaft nicht beanspruchen; stattdessen schreibt er sie einem alten Fischer zu, den er in seiner Kindheit gekannt und zur Sommerzeit oft besucht habe. Jeder mag für sich entscheiden, was davon zu halten ist, dass nach Mankells Bericht dieser Fischer zwar nicht in ebender Minute, in der er sich so lästerlich äußerte, wie vom Blitz getroffen zu Boden sank und ablebte, immerhin aber nur zwei Jahre später tot war, von jetzt auf gleich (»er hatte in seinem Boot einen Herzanfall erlitten«).

Nun ist der Satz so, wie Mankells Fischer ihn gesagt haben soll, ja auch zweifelhaft. Was heißt denn »alt werden«? Das Älterwerden beginnt doch unleugbar schon mit dem Tag der Geburt, nicht wahr, und mich zumindest hat es jahrzehntelang mit einem nicht abreißenden Segen höchst erwünschter und auch durchweg angenehmer Erfahrungen beglückt – dem ersten Spinat nach der ewigen Muttermilch, der ersten Nacht ohne Windel, dem ersten Schultag, der ersten Liebe (diese bereits im Kindergarten, und auch noch zu Zwillingen), dem ersten Bier und so weiter und so fort, von einigen noch anregenderen Offenbarungen und Errungenschaften des Älterwerdens ganz zu schweigen. Die Frage ist nur, wann das Älterwerden ins Altsein umschlägt. Aber darüber kann man ziemlich lange streiten.

Die durchschnittliche Lebenserwartung von Männern hierzulande liegt gegenwärtig [2001] bei 74, die von Frauen bei 80 Jahren. Frauen von Ende und Männer von Anfang siebzig sind demnach eindeutig alt, nämlich ziemlich moribund. Doch die Messdaten der Lebenserwartung nehmen beständig zu, und wer weiß, vielleicht bringen wir es ja irgendwann wieder so weit wie der Urvater Methusalem, der dem ersten Buch Mose zufolge 969 Jahre alt geworden ist, oder wenigstens wie sein Sohn Lamech, der es zwar nur auf 777 Jahre brachte, aber noch im Alter von 182 Jahren imstande war, seinen Sohn Noah zu zeugen, so ein Kerl, so ein begnadeter!

Wer das für bloße Aufschneidereien der Bibel hält, der sei auf ein Beispiel aus jüngerer Zeit hingewiesen, Joice Heth mit Namen, eine schwarze Sklavin in Amerika. Sie diente am Ende eines langen Lebens dem Erfinder des Showbusiness, Phineas T. Barnum aus Bethel, Connecticut, und verhalf ihm zu einem kleinen Vermögen. Barnum, der nach mehreren anderen Broterwerben einen Lebensmittelladen in New York betrieb, hatte an einem Julitag des Jahres 1835 einen interessanten Tipp bekommen: Ein Geschäftsfreund erzählte ihm, dass es in Philadelphia gegen Eintrittsgeld eine Negerfrau zu sehen gebe, die mehr als 160 Jahre alt sei.

Der an jeder Art von Geldverdienen stark interessierte Barnum reiste nach Philadelphia und vergewisserte sich, dass dieses Phänomen, besagte Joice Heth, tatsächlich existierte. Sie gehörte der Familie Bowling aus Paris, Kentucky, und war laut vorhandener und vorgewiesener Kaufurkunde 1727 im Alter von 54 Jahren von einem Augustin Washington für 33 Pfund an seine Nachbarin abgetreten worden. Augustin war kein Geringerer als der Vater von George Washington, dem nachmaligen Freiheitshelden und ersten Präsidenten der USA. Auf Befragen erklärte Joice Heth denn auch, sie sei bei der Geburt von »dear little George« dabei gewesen, habe ihn gewindelt und großgezogen.

Barnum erkannte auf der Stelle die Goldmine, die in der alten Frau, einem eingeschrumpften Lebewesen aus Haut und Knochen, verborgen lag. Er kratzte 1.000 Dollar zusammen, erwarb die Nutzungsrechte an »Tante Joice«, unter welchem Namen er sie fortan annoncierte, schaffte sie zur Schaustellung nach New York und hernach von einer Stadt in die andere, von einem Wirtshaussaal in den nächsten. Tante Joice brachte ihrem neuen Herrn, der durch sie seine Profession als Entertainer entdeckte und später mit Liliputanern, Elefanten und einer Meerjungfrau das Publikum faszinierte, pro Woche mehr als 1.500 Dollar ein.

Freilich: Wie erging es ihr selbst dabei, in dem Alter von

162 Jahren, das sie bis zu ihrem Tod in Barnums Diensten erreichte?

Fabelhaft, befanden die Zuschauer der Vorführungen. Tante Joice rauchte, mit angezogenen Knien auf einem Sofa liegend, ihre Maiskolbenpfeife, blieb auf keine Frage, die man ihr stellte, die Antwort schuldig, erzählte auch ungefragt Dutzende von Geschichten aus den vergangenen Zeiten und sang auf Verlangen alte Kirchenlieder, von denen sie mehr Strophen vorzutragen wusste, als irgendwer im Publikum kannte.

Fast möchte man wünschen, 162 Jahre alt zu werden und noch immer so lebendig zu sein wie Tante Joice. Allerdings könnte der Wunsch einem vergehen, wenn man die Details hinzunimmt, die sich bei näherer Betrachtung der Tante herausstellten und die gleichfalls aktenkundig sind: Joice Heth war fast völlig gelähmt, sie konnte ihre Beine nicht mehr strecken und außer ihrer Zunge nur noch ihre rechte Hand bewegen, sie hatte nicht einen Zahn mehr im Mund, ihre Augen waren erblindet und lagen so tief in den Höhlen, als wollten sie für immer darin verschwinden. Das ganze Menschlein wog gerade noch 46 Pfund.

Als sie im Februar 1836 starb, ließ Barnum sie von einem Arzt, der bei einer früheren Untersuchung das hohe Alter der Probandin für durchaus plausibel erklärt hatte, obduzieren. Diesmal halbierte der Doktor seine Schätzung, er befand aufgrund des Zustands von Tante Joice' Koronargefäßen, sie sei nicht älter als 80 Jahre. Barnum bedauerte, dass er und sein Publikum wohl doch einer Täuschung zum Opfer gefallen seien, ließ den Leichnam gleichwohl in einem Mahagonisarg beerdigen und investierte den erheblichen Gewinn, der unter dem Strich übrigblieb, zwei Monate später in einen Wanderzirkus, mit dem er abermals reüssierte.

Vielleicht taugt die Geschichte von Tante Joice ja nicht unbedingt dazu, Mankells Fischer zu widerlegen oder die eine oder andere Hoffnung auf ein biblisches Alter zu stärken; aber zumindest kann man daraus lernen, dass der Mensch imstande ist, sowohl mit dem Alter als auch mit dem Tod gelassen und unerschrocken fertigzuwerden – das bewies nicht nur Tante Joice, die bis zuletzt mit Genuss ihre Pfeife rauchte und ihre Kirchenlieder sang, sondern auch Barnum, der angesichts des Verlustes seiner Einkommensquelle keineswegs den Mut verlor, sondern umgehend sich eine neue, eben den Zirkus, erschloss. Solche Nervenstärke ließ er dann abermals erkennen, als seine eigenen Tage gezählt waren: Der Mann, der sich selbst den Titel »Prinz von Humbug« verliehen hatte, stimmte zu, als die *New York Sun* ihn fragte, ob er schon einmal seinen Nachruf gedruckt lesen möchte, und die Zeitung veröffentlichte den Nachruf, zwei Wochen vor Barnums Tod und zu seinem großen Vergnügen. Und am Todestag selbst, noch einmal aus dem Koma erwachend, wollte er nichts anderes wissen als die Summe der Einnahmen, die sein Zirkus an diesem Tag kassiert hatte.

Mag sein, dass sensible Naturen über diesen Gemütsathleten die Nase rümpfen und glauben, dass ein Mensch, der höheren Ansprüchen genügen will, auf andere Art mit dem Tod umzugehen hat. Schon richtig, nur lassen das Alter und der Tod auch die erhabensten Charaktere hin und wieder ziemlich unvorteilhaft aussehen.

Zum Beispiel den Geheimen Rat Johann Wolfgang von Goethe. Vor dem Tod seiner Frau Christiane, die im Alter von 51 Jahren unter grausamen Schmerzen an einer Urämie zugrunde ging, ergriff er die Flucht, er wurde unpässlich, zog sich in sein abseits gelegenes Schlafzimmer zurück, verkroch sich in den Kissen, bis das Drama vorüber war, und vermerkte hernach in seinem Tagebuch: »Gut geschlafen und viel besser. Nahes Ende meiner Frau. Letzter fürchterlicher Kampf ihrer Natur. Sie verschied gegen Mittag.« Und dann, nach der Schilderung eines festlichen Ereignisses, das an demselben Tag in Weimar stattfand: »Meine Frau um 12 Nachts ins Leichenhaus. Ich den ganzen Tag im Bett.«

Weniger gleichmütig begegnete er seinem eigenen Tod. Zwar war es dem 83-Jährigen vergönnt, in seinem Lehnstuhl sitzend einzudämmern, und auch seine letzten Äußerungen scheinen Ruhe und Frieden zu atmen: Er soll bekanntlich nur noch »Mehr Licht!« verlangt haben, was als Ausdruck seines unablässigen Strebens nach Erkenntnis interpretiert wurde (allerdings auch als ein Hörfehler, weil er in Wahrheit »Millich!« gemurmelt und dergestalt um einen Schluck Milch gebeten habe); und seine Schwiegertochter Ottilie, die an seiner Seite saß, will gehört haben, dass er zu ihr sagte: »Gib mir dein Pfötchen!«

Aber nach dem Bericht des Arztes, der ihn kurze Zeit vorher besucht hatte, konnte von Ruhe und Frieden nicht die Rede sein: »Ein jammervoller Anblick erwartete mich. Fürchterliche Angst und Unruhe trieben den seit langem nur in gemessener Haltung sich zu bewegen gewohnten hochbejahrten Greis mit jagender Hast bald ins Bett, wo er durch eine jeden Augenblick veränderte Lage Linderung zu erlangen vergeblich versuchte, bald auf den neben dem Bette stehenden Lehnstuhl. Der Schmerz, welcher sich mehr und mehr auf der Brust festsetzte, presste dem Gefolterten bald Stöhnen, bald lautes Geschrei aus. Die Gesichtszüge waren verzerrt, das Antlitz aschgrau, die Augen tief in ihre lividen Höhlen gesunken, matt, trübe; der Blick drückte die grässlichste Todesangst aus.«

Nun sollte auch über den Dichterfürsten, dem am Ende die Contenance abhandenkam, niemand die Nase rümpfen. Denn niemand weiß, wie er selbst sich hält, wenn er spürt oder erkennt oder auch nur ahnt, dass es ans Sterben geht. Vielleicht werde ich nicht anders als Goethe meine Umgebung mal durch Stöhnen, mal durch lautes Geschrei belästigen, vielleicht werde ich wie er aus dem Bett zu fliehen versuchen und verzweifelt ausprobieren, ob die Lebenskräfte, wenn ich mich nur auf einen Lehnstuhl setze, womöglich wiederkehren.

Aber was soll das auch? Muss man sich denn so etwas ausmalen, muss man überhaupt sich im Voraus über sein Ende den Kopf zerbrechen?

Ja. Doch. Wahrscheinlich muss man es, und je eher, desto besser. Denn der bewusste Ernstfall kann, wie man weiß, jeden Tag eintreten, jede Minute (und das ja nicht nur im Alter, sondern in jeder Lebensphase). Natürlich lässt sich streiten und vielleicht sogar witzeln über den Unterschied zwischen Altwerden und Älterwerden und Altsein; oder über die zunehmende Lebenserwartung und darüber, ob es denn erstrebenswert ist, so steinalt zu werden wie Methusalem oder auch nur Tante Joice. Aber jede solche

Diskussion, jede solche Witzelei, jede Auseinandersetzung mit dem Alter landet unausweichlich beim Tod. So wie das Leben, ja.

Am Ende seiner »Rede über das Alter« hat Jacob Grimm gesagt: »Wir sind da angelangt, wo eingeräumt werden soll, was niemand leugnen mag: Das Alter liegt hart an des Lebens Grenze, und wenn der Tod in allen Altern eintreten oder ausbleiben darf – im Greisenalter *muss* er eintreten und kann nicht länger ausbleiben.« Ähnlich fast anderthalb Jahrhunderte später Hans Wollschläger: In einem tiefschürfenden Essay über das Altern, der im Jahr 2000 erschienen ist, hat er gerade erst angehoben, er hat seinen Gegenstand noch gar nicht beim Namen genannt, da spricht er schon von dem, was darauf – und daraus – folgt, eben dem Tod: »Sein Dasein allein lässt einem derartig die Luft wegbleiben, dass die Wörter nicht mehr von der Zunge kommen: Eine Lebe-Welt, in der alles, aber auch Alles von ihm abgeschlossen wird, und zumeist auch noch auf die haarsträubendste Weise, ist das unglaubliche Absurdum selber.«

Allerdings ist wohl auch in diesem Punkt ein wenig Vorsicht geboten, der Verzicht auf allzu schnelle und griffige Urteile empfehlenswert. Denn nicht wenige der Sterblichen scheinen sich für ihr Ende, obwohl es doch nach aller Erfahrung unausweichlich ist, gar nicht zu interessieren. Und das gilt nicht nur für junge Leute, die ganz andere Sorgen, Flausen im Kopf und vor allem Hoffnungen haben, es gilt auch nicht nur für die schon Angegrauten, die nicht altern wollen und auf das sogenannte Anti-Aging setzen und mit Pillen und Packungen und Kuren und Fitness-

Gestrampel krampfhaft versuchen, schon auf Erden einen Zipfel vom ewigen Leben zu erhaschen – es gilt merkwürdigerweise und nicht zuletzt auch für die ganz und eindeutig Alten.

Der Fotograf Harald Wenzel-Orf hat unter dem Titel »Mit hundert war ich noch jung« einen Band über »Die ältesten Deutschen« vorgelegt, 50 Frauen und Männer, die die Hundert erreicht und zum Teil schon weit überschritten hatten. Nur ein halbes Dutzend von ihnen erwähnte in den Interviews den Tod, aber das nicht zuletzt, weil sie sich offensichtlich miserabel fühlten. So Dr. Arthur T. (105): »... die Lebensumstände sind jetzt so, dass ich so schnell wie möglich auf den Friedhof kommen will.« Deutlicher Anna R. (108): »Wie lange muss ich mich noch quälen, ich hab ja nichts mehr vom Leben. Es ist jetzt genug.« Und am härtesten Rosalia H. (111), eine Russlanddeutsche: »Ich bin für mein Leben müd. Schlag mich tot! Bring mich hin, wo dass mich die Vögel fressen!«

Doch das sind Ausnahmen. Die wenigen anderen, die laut dieser Sammlung von unretuschierten Porträts ebenfalls auf den Tod zu sprechen kommen, schieben ihn beiseite, so wie Gertrud H. (109): »Sterben müssen wir ja alle, da denke ich nicht dran.« Oder die gleichaltrige Edith P.: »Angst vor dem Sterben habe ich nicht, denn das ist ein natürlicher Vorgang.« Oder Elsa Th. (104): »Ans Sterben denke ich gar nicht. Ich sage immer: Wenn die Zeit kommt, dann musste!«

Die weitaus meisten sprechen stattdessen von dem, was ihnen auf ihre alten Tage noch Freude macht. Es sind simple, sehr bescheidene Freuden. Kurt O. (103) genießt jeden

Morgen, bevor er zur Arbeit in seine Druckerei geht, sein Frühstück: »Haferflocken, Traubenzucker und heiße Milch darüber, zwei Zwieback mit Butter, zwei Löffel Honig und eine Tasse Kakaomilch.« Clothilde R. (108) trinkt jeden Tag einen Sherry, Ottilie W. (104) darf mit ihrer Tochter in die Kaufhalle fahren und sich aussuchen, »was ich gern habe: ›Ritter-Sport-Schokolade‹, ›Nimm 2‹ und Orangensaft.« Und Anna St. (105) hat sich einen Spaß erlaubt, als der Oberbürgermeister sie an ihrem 103. Geburtstag besuchte, einen Korb mit »einhundertdrei Fläschle Piccolo« mitbrachte und meinte: »Da haben Sie was fürs ganze Jahr zu trinken!« Anna erwiderte: »Ja, aber das Jahr hat dreihundertfünfundsechzig Tage!«

Selbst über das, was unwiederbringlich vorüber und nicht mehr möglich ist, scheint mancher sich freuen zu können, nämlich dank der Vorstellung, wie wohl man sich fühlen würde, wenn es noch möglich wäre. Die deutschstämmige Paulina M. (109), die nach Hitlers Überfall auf die Sowjetunion 1941 aus ihrer Heimat im Kaukasus nach Kasachstan umgesiedelt worden und von dort dann nach Deutschland gekommen ist, erinnert sich an ihre einstige Beweglichkeit: »Wenn meine Füß gut wären, tät ich herumspringen!« Und den auf Gott vertrauenden, zuversichtlichen Spruch, den sie bei ihrer Kommunion lernte, hat sie nicht vergessen:

> *»Jesu, geh voran*
> *Auf der Lebensbahn,*
> *Und wir wollen nicht verweilen*
> *Dir getreulich nachzueilen…«*

So hat denn auch ein Wissenschaftler, der Gerontologe Dr. Christoph Rott vom Deutschen Zentrum für Alternsforschung in Heidelberg, eben erst in einer einschlägigen und begehrten Publikation, dem *Senioren-Ratgeber* (kostenlos erhältlich in Apotheken), festgestellt: »Wir müssen das Klischee ›alt gleich krank und unzufrieden‹ korrigieren.« Dr. Rott hat eine Umfrage unter Hochbetagten, die meisten davon pflegebedürftig, veranstaltet. Und dabei hat er herausgefunden, dass mehr als die Hälfte dieser Alten »mit ihrem Leben recht oder sehr zufrieden« waren.

Haben sie aufrichtig geantwortet? Wahrscheinlich, ja. Es mag sein, dass auch der eine oder andere von denen, die meinten, sie seien mit ihrem Leben sehr zufrieden, jene quälenden Stunden zwischen Mitternacht und Morgengrauen durchaus kennt (Charles Simic: »In einem gewissen Alter ist es eben immer drei Uhr morgens«) – dann, wenn der erste Schlaf sich verflüchtigt hat und nicht mehr wiederkehren will, weil aus der Dunkelheit urplötzlich Ängste hervorbrechen und ihn verdrängen. Die Angst, schwerkrank zu werden, arge Schmerzen leiden zu müssen. Die Frage, wie lange man noch wird sehen und hören und gehen können. Vielleicht die grässliche Vorstellung, am Ende im Sarg zu liegen und wieder wach zu werden, unter der Erde; und ob man nicht darum bitten soll, dass der Arzt, um jedes Risiko auszuschließen, vor der Einsargung einem die lange Nadel durchs Herz treibt, mit der man einstmals den Scheintod zu überlisten versuchte?

Mag schon sein, dass auch manche Alte, die behaupten, sie seien zufrieden, solche quälenden Stunden allzu oft erleben und durchstehen müssen. Doch warum sollten sie sich nicht trotzdem und umso mehr auf den nächsten Tag freuen, der ihnen vergönnt ist, auf das Frühstück mit Traubenzucker und Kakaomilch oder den Besuch im Supermarkt, den Piccolo oder den Sherry? Oder, wenn es denn sonst nichts mehr zu genießen gibt, auf den Genuss der Schadenfreude, wie die beiden Alten, die bei der Muppet-Show aus ihrer Loge zusehen und jedes Malheur, das sich auf der Bühne ereignet, mit ihrem keuchenden Gelächter begleiten?

Oder, in Gottes Namen, sich freuen auch auf strikt verbotene Lüste, wie jene beiden anderen, die hochbetagten Richter aus dem Alten Testament, die sich auf ihren gichtkrummen Füßen anschlichen, als die schöne Susanna die Hüllen fallen ließ und ins Bad stieg, und sich am Anblick ihres makellosen Hinterns ergötzten?

(Eben habe ich nachgelesen und mich erinnert, dass dieses Abenteuer böse ausging, weil die Verehrer nämlich – wie es bei Rembrandt auch zu sehen ist – handgreiflich wurden, so dass die tugendhafte Susanna ihnen auf die Finger klopfte, woraufhin die alten Strolche sie wegen Ehebruchs anklagten und ein Todesurteil erwirkten, was ihnen freilich übel bekam, weil der wackere Daniel dafür sorgte, dass die falsche Anklage widerlegt und die Lüstlinge in eigener Person mit dem Tode bestraft wurden. Aber so weit muss es ja nicht kommen; vielleicht findet sich ja auch eine Susanna, die sich ohne solche Weiterungen belauern lässt.)

Wie unterschiedlich dergleichen kleine Freuden oder – nun ja, also gut: – Laster auch sein mögen, sie haben eines gemeinsam: Wer ihnen frönt, der hängt an ihnen, und das bedeutet zugleich, er hängt am Leben. Das betrifft nach aller Erfahrung merkwürdigerweise auch die Gläubigen, denen doch ein Jenseits vor Augen steht, mit dem das Diesseits sich nicht messen kann. Es betrifft vielleicht sogar die Hochgemuten, die den Tod herausfordern, wie beim Aesop die gute Ehegattin, welche fürchtete, ihren Mann, den die Ärzte schon aufgegeben hatten, zu verlieren: »Durchaus wollte die Frau, dass der Tod sie an seiner Statt holen sollte, sie bat, sie weinte, sie schrie, bis der Tod endlich in einer schrecklichen Gestalt vor ihr erschien. Und den Augenblick war sie mit ihrem Kompliment fertig: *Ich bitte sehr, Herr Tod, sich nicht zu irren*, sprach sie; *die Person, derenwegen Sie kommen, liegt dort im Bette.*«

Gilt es auch für die Einsamen? Für die, denen die Freunde und Verwandten weggestorben sind? Hängen auch sie am Leben, trotzdem? Ich weiß es nicht. Paul M., mit 100 Jahren einer der jüngsten von Wenzel-Orfs ältesten Deutschen, hat gesagt: »Es ist nicht schön, so alleine. Wissen Sie, das Essen schmeckt alleine auch nicht richtig, und eigentlich macht alles keinen Spaß alleine …«

Das hat mich an die Zeit erinnert, die ich in New York verbracht habe. In den Coffee Shop, in den ich oft zum Frühstück ging, kamen regelmäßig auch einige alte Frauen, jede allein und jede für sich. Sie freuten sich, wenn man ihnen einen guten Morgen wünschte, und antworteten freundlich, wenn man sie ansprach, aber sie drängten sich niemandem auf. Sie tranken ihren Kaffee und aßen ihren Toast, und dann verschwanden sie wieder, jede für sich unter Millionen von Menschen, jede allein in irgendein kleines Apartment in dieser riesigen Stadt, in dem sie den Rest des Tages und die Nacht verbrachten, einsam und ohne

Echo, in einer erstickenden Stille, die nur hin und wieder von der Sirene eines Streifenwagens oder einer Ambulanz zerrissen wurde.

Und doch bin ich sicher, dass es Lebensfreude war, die sie empfanden, wenn sie sich am anderen Morgen wieder auf den Weg zum Coffee Shop machten. Ich wollte sie immer danach fragen, aber ich hab's nie getan; vielleicht hätten sie es als zudringlich empfunden.

Diese Erinnerung wiederum ruft eine andere hervor, eine Erinnerung an die Zeit, in der ich zwölf, dreizehn Jahre alt war und die Schulferien meist in einem Dorf am Fuß des Westerwaldes verbrachte. Durch das Dorf floss ein breiter Bach, der das Schaufelrad einer Mühle mit Bäckerei antrieb, in der noch Korn gemahlen und gleich neben dem Mühlrad zu Brot verarbeitet wurde, man konnte das Brot, wenn es frisch aus dem Ofen kam, bis hinüber ans andere Ufer des Baches riechen. Und die Hauptstraße, eine schmale Gasse, führte ein Stück lang an dem Bach vorbei, sie war von dem Bach durch eine halbhohe Mauer aus Bruchsteinen getrennt, und mitten im Dorf beschrieb der Bach eine Kurve, und die Mauer folgte ihm, so dass zwischen der Hauptstraße und der Mauer ein kleiner Platz frei geblieben war, inmitten der kleinen alten Häuser und ungefähr so groß wie ein Wohnzimmer.

An den Sommerabenden kamen sie aus den Häusern, gemächlich und einer nach dem anderen, sie kamen hinaus auf den kleinen Platz, Frauen und Männer, Alte und Junge, die größeren Kinder, die noch nicht ins Bett gehen mussten, auch ein paar Hunde gesellten sich dazu und die eine oder andere Katze, die es mit der Mäusejagd anscheinend nicht so eilig hatte. Die Jüngeren brachten zwei, drei Küchenstühle mit, die Stühle standen ein wenig wacklig auf dem Kopfsteinpflaster, aber die Großmutter konnte sich darauf niederlassen und Zachers Erwin, der ein schlimmes Bein hatte, man gab darauf acht, dass sie nicht umkippten.

Wir schwangen uns auf die Mauer und ließen die Beine baumeln und warteten darauf, dass die Alten ihre Pfeifen gestopft hatten und zu diskutieren anfingen, was sie auch taten, gemächlich und einer nach dem anderen, es ging meist um den Krieg und wie lange er wohl noch dauern würde, und schließlich kamen die Geschichten dran, es waren meist die Frauen, die sie erzählten, Geschichten von früher, von Verwandten und Nachbarn, die nach Amerika ausgewandert waren und von denen man schon lange nichts mehr gehört hatte, und andere von Leuten, die schon lange tot waren, spannende Geschichten, aber auch lustige, und manche waren gruselig.

Die Dämmerung wurde dichter, man konnte den Sommer riechen, das frische Wasser des Bachs, das Ufergras und den dunklen Wald, der Wald stieg hinter dem Bach den Berghang hinauf, steil hinauf bis zur Schneise des Bahndamms, der auf halber Höhe am Hang entlangführte, und dahinter noch weiter hinauf bis auf den Kamm des Berges, man konnte die gezackten Wipfel der Fichten sehen, sie zeichneten sich ab gegen das diffuse Licht der Sterne, die allmählich an dem weiten, dunkelnden Himmel hervortraten.

Irgendwann, vielleicht um neun, vielleicht auch um 9.06 Uhr oder 9.07 Uhr, man konnte jedenfalls die Uhr danach stellen, irgendwann rührte es sich dann in dem schwarzen

Schlund des Tunnels, aus dem die Bahngeleise herauskamen, ein Rollen und Schlagen, und unversehens erschienen die Stirnlampen der kleinen Dampflokomotive, die schnaufend und funkenstiebend ihre drei Wägelchen die sanfte Steigung emporschleppte, der Spätzug auf den Westerwald. Wir hörten die Glocke vor dem Übergang des nächsten Holzpfads läuten. Wir sahen den roten Lichtern nach, die im Wald verschwanden. Und bald darauf sagte dann der Erste: »Gode Nacht!«, und seine Frau folgte ihm, die Großmutter wurde ins Haus geführt, und ein anderer ließ Zachers Erwin den Arm über seine Schultern legen und brachte ihn bis an die Haustür, vielleicht auch bis ans Bett.

Nostalgie, ich weiß schon, und was soll das Theater, vorbei ist vorbei. Manchmal denke ich tatsächlich, es muss ein anderes, ein früheres Leben gewesen sein, in dem ich solche Abende erlebt habe. Es muss eine andere Welt gewesen sein, in der die Jungen die Alten nicht für nervtötende Langweiler hielten, sondern ihnen zuhörten, und die Alten sich von den Jungen nicht bedrängt und belästigt fühlten, sondern sie teilnehmen ließen an dem, was ihnen wichtig war. Freilich, es gab kein Fernsehen damals und keine Computerspiele, und allein das muss schon eine andere, eine höhere Lebensqualität bedeutet haben, mehr Zeit für ein Gespräch, zum Beispiel. Aber allein das kann doch auch nicht schuld daran sein, dass die Zahl derer beständig wächst, die für ein Gespräch gar keine Gelegenheit mehr finden und schließlich verstummen, die Zahl derer, die allein leben und ebenso allein sterben müssen.

Ich weiß nicht, ob nach einem dieser Abende an der

Bruchsteinmauer irgendwann einmal einer von den Alten oder vielleicht sogar einer der Jüngeren, die dabei waren und sich unter Mitmenschen gut aufgehoben hatten fühlen können, gestorben ist. Es wäre ja möglich, vielleicht hat sein Herz mitten in der Nacht aufgehört zu schlagen, seine Frau fand ihn am anderen Morgen still und starr im Bett neben sich. Ich kann mich nicht an einen solchen Fall erinnern, aber ich kann ihn mir vorstellen, und so, genau so möchte ich jedenfalls sterben, nach einem Abend im Gespräch mit Nachbarn und Freunden und an der Seite des Menschen, der mit mir sein Leben geteilt hat.

Natürlich weiß ich, dass man es sich nicht aussuchen kann. Aber die Freiheit, mir eine ganz bestimmte Art von Tod zu wünschen, die kann mir niemand nehmen, nicht einmal der Tod. Er kann mir eine aufs vorlaute Maul geben, er kann mich zur Strafe elendiglich eingehen lassen, aber er kann mir meine Vorstellung von einem Tod, den ich sterben möchte, nicht diktieren.

Und wenn schon einmal im Zusammenhang ausgerechnet mit dem Tod von Freiheit die Rede sein soll, dann möchte ich mir sogar noch mehr herausnehmen: Ich möchte auf meine alten Tage von Besserwissern in Ruhe gelassen werden. Ich möchte unbelästigt alt sein und mir von niemandem erzählen lassen, was ich alles beachten muss, um noch älter zu werden, und was alles sich nicht gehört für einen Menschen in meinem Alter. Natürlich möchte ich noch ein paar Jährchen älter werden, und ich möchte währenddessen auch nicht unbedingt anecken, aber ich habe nicht die geringste Lust, mich deshalb von diesem oder jenem Neunmalklugen schurigeln zu lassen.

Charles Simics Vater eröffnete ihm auf dem Sterbebett, dass er in seinem Leben einen schlimmen Fehler begangen habe, und der Sohn machte sich gefasst auf »ein Geständnis von dostojewskischen Ausmaßen«. Der Vater indes legte ihm dar, dieser auf ihm lastende Fehler habe darin bestanden, dass er im Alter von 70 Jahren idiotischerweise dem Rat seines Arztes gefolgt sei, »keine Würste und Salamis, keinen Speck, kein Spanferkel und keine anderen lebensnotwendigen Spezialitäten mehr zu essen«. Einige Jahre lang, sagte der Vater, habe er sich »erbärmlich schlecht« gefühlt, »rastlos und deprimiert«. Aber eines Tages »besann er sich, fing wieder an, all das zu essen, was schlecht für ihn war, und fühlte sich um zweihundert Prozent besser. Nun bereute er nur noch die Jahre, die er durch die Anordnung des Arztes vertan hatte.« Wie wahr! So soll es mir jedenfalls nicht ergehen. Ich halte ebenso wenig wie Simic und Vater von dem idealen Abgang, um dessen Vorspiegelung sich die amerikanischen Leichenbestatter mit so viel Fleiß und Geschick bemühen, nämlich »in blühender Gesundheit im Sarg zu liegen«.

Und ich will auch nichts mehr wissen von den Weisheiten, die einige berühmte alte Knacker sich über das Alter ausgedacht haben, das Alter und nicht etwa seine Unannehmlichkeiten, sondern seine Vorzüge! Mit dem Unsinn angefangen hat Platon, aber das hat sich durch die Jahrtausende fortgepflanzt, mit Spätfolgen sogar bei dem ansonsten nur schwarzsehenden Schopenhauer: »Mit Unrecht bemitleidet man die Freudenlosigkeit des Alters und beklagt es, weil manche Genüsse ihm versagt sind ... Dass mit Aufhebung des Bedürfnisses der Genuss wegfällt, ist so wenig beklagenswert, als dass einer nach Tische nicht mehr essen und nach ausgeschlafener Nacht nicht mehr schlafen kann. Viel richtiger schätzt Plato das Greisenalter darin glücklich, dass die Begierde nach Weibern nun endlich schweigt.«

Mich stört daran zunächst einmal, dass die Herren sich über die Begierde nach Kerlen, wie sie umgekehrt bei Weibern ja hin und wieder vorkommt, offenbar keine Gedanken gemacht haben. Weiber waren für die philosophische Analyse des Menschen vermutlich unerheblich, abgesehen von ihrer Funktion als Gegenstand der männlichen Begierde. Noch mehr stört mich der Verdacht, dass diese Denker auf die Idee, das geschlechtliche Gelüst stehe dem Glück eher entgegen, erst dann gekommen sind, als ihnen das eigene Gelüst definitiv abhandengekommen war. Dummes Zeug also, das ersonnen wurde, um dem eigenen quälenden Frust ein wenig abzuhelfen. Wie auch immer: Wer im Alter einen makellosen, um nicht zu sagen prallen Hintern zu sehen bekommt, der sollte nicht Platons und Schopenhauers wegen die Augen verschließen. Und er sollte sich schon gar nicht schämen, wenn er stattdessen und sehr viel lieber hinschaut.

Man darf sich nicht einreden lassen, wie man mit dem Alter umzugehen hat, nicht von Leuten, die vom Alter nichts verstehen, und schon gar nicht von solchen, die vor dem Alter bereits kapituliert haben. Man darf sich nicht bevormunden lassen. Man muss sich auf die Hinterbeine stellen. Vielleicht ist das die Lösung. Vielleicht kann man auf diese Weise nicht nur mit dem Tod, sondern auch mit dem Alter fertig werden.

Womöglich wird eines Tages im Morgengrauen, wenn ich in meinem Bett im Seniorenheim gerade noch einmal eingedöst bin und mich von einem kleinen, unanständigen Traum entführen lasse, womöglich wird exakt in dieser Minute eine weißgekleidete Frau in mein Zimmer einfallen und mich anblöken: »Einen wunderschönen guten Morgen! Na, wie geht es uns denn heute?« Und wenn ich gut beraten bin, werde ich die Augen geschlossen halten, aber sehr deutlich, so deutlich, wie meine Zahnprothese es erlaubt, erwidern: »Jetzt spitzen Sie mal die Ohren! Sie und ich, das sind nicht wir, verstanden? Sie sind die Schwester Daniela, und ich bin der Herr, der für die Bude hier ein Schweinegeld bezahlt, damit er seine Ruhe hat. Und jetzt machen Sie, dass Sie rauskommen!«

Ja, ja, alte Leute sind streitsüchtig, nicht wahr, sie sind widerborstig und unverschämt! Dummes Zeug. Man muss sich auf die Hinterbeine stellen, sonst wird man, je weiter man in die Jahre kommt, für um so dümmer verschlissen. Man wird der Personalität beraubt. »Wie geht es uns denn heute?«

Das ist vielleicht das Beschissenste, mit Verlaub, beim Altwerden. Die kleinen Gelüste, denen man frönt, werden einem vielleicht noch zugestanden, aber wenn, dann mit penetranter Nachsicht, so, wie man einem kranken Kind den Willen tut.

Das darf man sich nicht bieten lassen. Wer sich schämen würde, weil ihm der Sinn ein wenig häufig nach ›Nimm 2‹ oder nach Kakaomilch steht oder, wie in meinem Fall, eher nach Kölsch und einer Frikadelle, der wäre verraten und verkauft.

Vielleicht werde ich irgendwann froh sein, wenn Schwester Daniela im Morgengrauen in mein Zimmer einfällt, weil ich dann nämlich schon seit geraumer Zeit darauf warte, dass sie mich trockenlegt, und womöglich werde ich einige Monate später nicht einmal das mehr realisieren, sondern nur noch spüren, dass es mir bessergeht, sobald dieser weiße Schemen bei mir gewesen ist. Aber solange ich die Daniela noch rausschmeißen kann, wenn sie mir auf die Nerven geht, so lange werde ich sie rausschmeißen und mich an dem Rausschmiss erfreuen.

Und solange meine Augen noch nicht zu schwach sind, um den Kreuz-Buben von der Kreuz-Dame zu unterscheiden, und meine Ohren nicht zu taub, um die Gebote meiner Freunde zu verstehen, so lange werde ich voller Lust in die Kneipe gehen und Skat spielen und dazu Kölsch trinken, Stücker zehn oder zwölf. Und es soll nur ja niemand glauben, er könne sich darüber mokieren und mein Hobby als einen albernen und zudem auch noch gesundheitsschädlichen Zeitvertreib abtun und mir empfehlen, doch lieber ein Buch zu lesen oder eine Musik zu hören, davon hätte ich doch mehr. Ich lese Bücher und höre Musik, aber nur dann, wenn es mir passt, und wenn ich lieber Skat spiele, dann spiele ich Skat, und wenn sich die Gelegenheit ergibt, sogar dreimal die Woche. Ist das klar, Schwester Daniela?

Ja. Man muss sich auf die Hinterbeine stellen. Vielleicht ist das die Lösung. So scheint es mir jedenfalls jetzt, nach allem, was ich mir hier ausgedacht habe. Ob auch andere das so sehen, ob auch sie damit etwas anfangen können, weiß ich nicht. Ich weiß ja nicht einmal, ob es bei mir selbst funktioniert. Ob es mir hilft, meine ich, mit dem Alter fertigzuwerden. Und mit dem, was darauf folgt.

Wir werden sehen.

24. Dezember 2001. Für das Literaturbüro NRW
zur Anthologie über das Alter, *Spätlese*,
hrsg. von Michael Serrer,
GrupelloVerlag, Düsseldorf 2003

Nichts Halbes und nichts Ganzes
Zum 60. Geburtstag Nordrhein-Westfalens

Ob gerade Ferien waren, weiß ich nicht mehr. Wenn nicht, dann saß ich am Vormittag des 19. Juli 1946 vermutlich in einem Klassenzimmer auf der zweiten Etage eines Kölner Gymnasiums, gleich unter dem ausgebrannten Dachstuhl und Wand an Wand mit einer anderen Klasse, deren Fenster noch wie leere, rauchgeschwärzte Höhlen nach draußen starrten. Das Schulgebäude war während des Krieges ein paarmal von Bomben getroffen, mal hier, mal da demoliert und an mehreren Ecken in Brand gesteckt worden. Im ersten Nachkriegsjahr hatte man es notdürftig für den Unterricht repariert und aufgemöbelt, und mein Jahrgang genoss seither den Vorzug, in einem sogenannten Sonderlehrgang provisorisch, dafür aber auch beschleunigt zum Abitur geführt zu werden, um die Versäumnisse des Krieges wettzumachen.

Ich weiß nicht, ob es für uns auch schon ein Fach Politik oder Gemeinschaftskunde gab – eher nicht, vermute ich, denn unsere politische Verfassung war ja weitgehend ungewiss, sie war noch Sache der Alliierten. So oder so wurden wir natürlich in Geschichte unterrichtet, und zumindest das hätte wohl die Gelegenheit bieten können, den Schöpfungsakt aufzugreifen und zu besprechen, durch den die britische Militärregierung an jenem 19. Juli das Land Nordrhein-Westfalen in die Welt setzte. Aber nach meiner Erinnerung kam weder an dem Tag, an dem das geschah, noch an einem der folgenden Tage einer unserer Lehrer auf das Thema zu sprechen.

Im Nachhinein ist mir das merkwürdig erschienen. Immerhin sollten wir laut Verordnung von nun an Bürger eines Staatsgebildes sein, das es bis dahin noch nicht gegeben hatte. Und zudem wurden in dieser Kreation der Besatzungsmacht Dutzende von gegensätzlichen historischen Zutaten zusammengebacken, jahrhundertealte Stammbäume von ehemaligen Herrscherhäusern und Herrschaften, veritable einstige Grafschaften, Herzogtümer, Fürstbistümer, auch ein gewesenes Kurfürstentum und sogar Teile eines pittoresken Königreichs, das nur sechs Jahre alt geworden war – ein fabelhafter Stoff für jeden Lehrer, der seine Kenntnisse vor uns hätte ausbreiten wollen, um uns zu bilden oder vielleicht auch einmal ordentlich zu zwiebeln.

Ich glaube nicht, dass es nur an meinem Alter und an einer Gedächtnislücke liegt, wenn ich mich gleichwohl an eine solche Unterrichtung nicht zu erinnern weiß. Umgekehrt weiß ich nämlich, dass die aktuelle Politik in dem Lernstoff, den wir fürs Abitur zu pauken hatten, auch an allen anderen Tagen im Jahr so wenig vorkam wie die Naziherrschaft, will heißen: so gut wie gar nicht. Das bedeutet keineswegs, dass unter unseren Lehrern ehemalige Nazis den Ton angegeben hätten, die solchen Themen aus dem Weg gegangen wären, um sich nicht zu dekouvrieren; vielmehr waren die wenigen Heil-Hitler-Sager, die es im Kollegium dieser Schule gegeben hatte, mit dem Kriegsende von der Bildfläche verschwunden.

Aber auch wer den Zusammenbruch des Regimes als Befreiung empfunden hatte, war deshalb ja noch kein Anhänger der Besatzungsmacht. Es ging uns noch immer schlecht in diesem Sommer 1946. Wir hatten Hunger. Zu der Ausstattung, die wir tagtäglich zum Unterricht in die Schule mitbrachten, gehörte auch ein meist schäbiges Gefäß, ein abgestoßener Blechnapf, der sich im hintersten Winkel des Küchenschranks gefunden hatte, oder ein zerbeultes Kochgeschirr aus der Hinterlassenschaft der Wehrmacht. Dieses Rüstzeug war mehr oder weniger lebenswichtig, denn ein jeder empfing darin seinen Anteil an der täglichen Schulspeisung, einen großen Schöpflöffel, voll von einer dicken Suppe aus grasgrünem Erbsmehl oder von einem süßlichen Brei, vermutlich aus einem Biskuitmehl, das ein wenig klumpte.

Für diese Zusatznahrung sorgte die Besatzungsmacht, aber wir waren weit davon entfernt, ihr dafür dankbar zu sein. Eher gaben wir ihr die Schuld daran, dass die Erbsmehlsuppe so sauer schmeckte wie verdorbene Milch, vermutlich weil das Erbsmehl zu lange in irgendeinem US-Nachschubhafen gelagert hatte, wobei es dann für die alliierten Streitkräfte ungenießbar geworden war. So wie wir mochte auch der eine oder andere Lehrer denken, ob er nun heimlich aus den für die Schüler bestimmten Warmhaltekesseln mitaß oder sich der Versuchung widersetzte. Beliebt waren sie jedenfalls nicht, die Tommys, wie die britischen Soldaten genannt wurden.

Und natürlich gab es für einen erwachsenen Menschen, der einen Begriff von den Territorien hatte, die an diesem Sommertag per Bindestrich zu einem neuen Staat vereint wurden, auch anspruchsvollere Gründe, das Wirken der Besatzungsmacht für zumindest unglücklich zu halten. Wer sich etwas darauf zugutetat, die Geschichte des Rheinlands und der preußischen Rheinprovinz zu kennen, deren nördlicher Teil hier kurzerhand mit dem Ruhrgebiet, später auch noch dem ehemaligen Freistaat Lippe zusammengekoppelt wurde, der mochte sich versucht fühlen, den Erfindern des Landes Nordrhein-Westfalen historische Ahnungslosigkeit und politische Naivität vorzuwerfen (vielleicht ein – wenn auch zahmes – Vorspiel etwa zu der Ahnungslosigkeit und Naivität, mit der die USA in den Irak einmarschiert sind in der Annahme, sie könnten dort im Handstreich die Freiheit nach der amerikanischen Lesart etablieren).

Nein, das Gebilde Nordrhein-Westfalen hatte damals keine großen Chancen, als Plattform für die Zukunft gewürdigt zu werden, geschweige denn als eine Errungenschaft auf dem Weg zu einem demokratischen Gemeinwesen. Von der Demokratie hielten wir viel, von den Verordnungen der Militärregierung wenig. Bei diesem Blick zurück fällt mir auf, dass selbst mein Vater, der nicht einmal zur Nazizeit seine meist renitenten politischen Meinungen hatte totschweigen mögen, zu der Kreation der Briten wenig, wenn nicht gar nichts zu sagen wusste; mir ist jedenfalls kein einschlägiges Urteil aus seinem Munde in Erinnerung geblieben. Vermutlich hat das Land NRW ihn kaltgelassen.

Dass unsere Lehrer das Thema aussparten, wundert mich nach alldem nicht mehr. Es fällt mir schwer zu glauben, dass irgendeiner von ihnen die Erschaffung dieses

Landes für eine historische Tat gehalten hätte. Und wäre einer dieser Meinung gewesen, hätte er sie wahrscheinlich nicht laut gesagt, weil er sonst für einen Sympathisanten der Besatzungsmacht hätte gehalten werden können. Dass aber umgekehrt einer die Verordnung offen kritisiert hätte, kann ich mir noch weniger vorstellen. Unsere beamteten Pädagogen waren nach zwölf Jahren der Diktatur vorsichtig geworden. Statt des braununiformierten Aufpassers der Nazipartei mochten sie im Hintergrund der Schulbehörde jetzt einen khakifarbenen britischen Major fürchten, dem jeder politisch zweifelhafte Zungenschlag im Unterricht zu Ohren kommen konnte, mit womöglich sehr unangenehmen Folgen.

Merkwürdigerweise ist mir trotz solchen Mangels an Unterrichtung der Name des ersten, noch von der Besatzungsmacht ernannten Ministerpräsidenten Nordrhein-Westfalens, den kaum jemand mehr kennt, bis heute präsent geblieben: Dr. Rudolf Amelunxen. Ich sehe sogar noch sein Bild vor Augen: das eines ältlichen, kahlköpfigen Mannes in schwarzem Anzug, mit scharfer Brille und zusammengekniffenen Lippen. Er gehörte der (katholischen) Zentrumspartei an, kandidierte für sie sogar bei der Wahl des ersten Bundespräsidenten, die er aber – ebenso wie Kurt Schumacher von der SPD – gegen Theodor Heuss (FDP) verlor.

Amelunxen verkörperte den Typ des christlichen Politikers, der schon in der Weimarer Republik für seinen Glauben eingetreten und von den Nazis kaltgestellt worden war. Er war mir trotz seines sozialen Engagements nicht sonderlich sympathisch. Er war mir zu konfessionell, will heißen: zu streng und zu sauertöpfisch. Nach meinen Vorstellungen kam die Demokratie nicht schwarz gewandet und mit gestärktem Kragen einher, sondern luftig gekleidet und lebenslustig, und warum nicht sogar ein bisschen frivol. Vielleicht tat ich dem Mann unrecht; er ist immerhin so weit aus der Art geschlagen, dass er einen Roman geschrieben hat – wenn auch einen über ein penetrant konfessionelles Thema, die »Kölner Wirren« von 1837, bei denen der Erzbischof Clemens August II von Droste zu Vischering, um eine Verdrängung der Katholiken durch die Protestanten zu verhindern, sich der preußischen Obrigkeit widersetzte und deshalb inhaftiert wurde.

Ich glaube nicht, dass ich damals gehört, gelesen oder gar verstanden hätte, was die Briten ebenso wie die Amerikaner in ihren Besatzungszonen mit der Gründung der Nachkriegsländer anstrebten: die Aufspaltung des zentral regierten und kommandierten Staates der Naziherrschaft in eine Reihe von kleineren Einzelstaaten, die sich wechselseitig ausbalancieren sollten. Aber ich hielt vermutlich instinktiv den Zentralstaat, obwohl er gescheitert war, für besser, für stärker, den Nationalstaat, in dem alle an einem Strick zogen, und sei es, dass sie daran ziehen *mussten*. Auch das könnte einer der Gründe dafür gewesen sein, dass das Land Nordrhein-Westfalen mir herzlich wenig bedeutete.

Für die politischen Parteien hingegen interessierten wir uns, oder richtiger: zumindest der eine oder andere von uns, und bei mir ging das sogar so weit, dass ich kurze Zeit mit der FDP liebäugelte – vermutlich, weil sie das Wort »frei« im Namen trug, wovon ich mir vor allem die persönliche Freiheit versprach, zu tun und zu lassen, was ich wollte, beispielsweise ein Künstlerleben zu führen und rauschende Feste zu feiern. Jedoch hinderte vorerst eine leidige Hürde uns daran, bei der Gestaltung der Politik so mitzumischen, wie wir uns das vorstellten, nämlich die Hürde des Wahlrechts – um wählen zu dürfen, musste man großjährig sein, und das wurde man damals erst mit 21 Jahren. Die Alten ließen uns nicht, na klar.

Mit dem ersten Landtag von Nordrhein-Westfalen, der am 20. April 1947 gewählt wurde und das bis dahin amtierende provisorische, von der Besatzungsmacht ernannte Parlament ablöste, hatte ich allerdings nicht nur deshalb wenig zu tun, weil ich noch nicht wahlberechtigt war. Die Wahl ging auch an mir vorbei, weil ich zu diesem Zeitpunkt in einem anderen Land lebte, dem Freistaat Bayern. Ich hatte unbedingt Zeitungs- und Theaterwissenschaft studieren wollen und war deshalb sofort nach dem Abitur mit einem Holzkoffer, der einige geflickte Unterhosen und meine sonstige Habe enthielt, zu meiner Schwester gezogen, die bei den Amerikanern in München arbeitete.

Ebendort wurden an der Universität meine Wunschfächer angeboten und von namhaften Professoren gelehrt. Um bei ihnen studieren zu können, musste ich allerdings zwei Bedingungen erfüllen: Als Zugereister bedurfte ich in Bayern einer sogenannten Zuzugsgenehmigung – die erhielt ich, indem ich dreimal wöchentlich als Nachtwächter bei der us-Besatzungsmacht jobbte, was mich bevorrechtigte. Aber die Universität verlangte, bevor sie mich immatrikulierte, auch den Nachweis, dass ich 1.000 Arbeitsstunden beim Wiederaufbau der Hochschule abgeleistet hatte – ich ließ mich, wie mir nahegelegt wurde, als Bau-hilfsarbeiter bei der Firma Julius Berger einstellen und trat alsdann ein halbes Jahr lang an jedem Werktagmorgen um sieben auf dem Trümmerfeld an, das an der Münchner Ludwigstraße vom *Haus des Rechts*, einer Dependance der Universität, übriggeblieben war.

Zusammen mit etwa einem Dutzend anderer Studien-bewerber arbeitete ich auf dieser Baustelle als Mitglied des »Bautrupps der Universität München«. Unsere Hauptbe-schäftigung bestand darin, Steine zu klopfen – wir gruben aus den Trümmerbergen die noch verwendbaren Ziegel aus, klopften mit dem Hammer die Mörtelreste von ihnen herunter und brachten die gesäuberten Steine den Bau-arbeitern, die die Hörsäle und Seminarräume wiedererrich-teten. Das war in dem glutheißen Sommer 1947 eine harte Arbeit, für mich zumal an den Tagen, an denen ich aus dem Nachtdienst gleich zur Baustelle gekommen war. Aber es war auch eine kurzweilige Arbeit; wir saßen inmitten der Trümmer beieinander, klopften unsere Steine und unter-hielten uns über Gott und die Welt.

Dabei lernte ich unter anderen einen angehenden Juris-ten kennen, der mir einen nachhaltigen Eindruck machte. Es war ein riesenlanger Urbayer, ein Adliger, ich weiß nicht mehr, ob seine Vorfahren am Hof der Wittelsbacher gedient hatten, aber ich hätte mir seinen Uropa durchaus als gestiefelten und betressten Adjutanten, wenn auch nicht gerade den Lieblingsadjutanten des schönen Königs Ludwig vorstellen können. Der Kerl war jedenfalls stock-konservativ und hochnäsig dazu, er reizte mich unter an-derem bei einer Diskussion über die Frage, wie unsere künftigen Ehefrauen beschaffen sein müssten, mit der unverfrorenen Auskunft, die seine müsse selbstverständlich einen Hochschulabschluss vorzuweisen haben, denn was solle er mit einer Frau, die ihm nicht das Wasser reichen könne.

Dieser bayerische Edelmann weckte in mir freilich auch zum ersten Mal eine Art von Stolz auf meine eigene Herkunft, zunächst einmal die kleinbürgerliche, die ich kurzerhand mit redlicher Arbeit gleichsetzte, wovon die höheren Kreise wenig Ahnung hätten; alsdann provozierte er aber auch einen Stolz auf meine Landsmannschaft, obwohl ich die nicht so recht zu definieren wusste. Es brachte mich jedenfalls auf, dass er sich über den Bindestrich in Nordrhein-Westfalen mokierte, was ja offenbar nichts Halbes und nichts Ganzes bedeute. Ich kratzte alles zusammen, was ich ihm entgegenhalten konnte, den Rhein, Teutschlands Strom, nicht Teutschlands Gränze, und die Ruhr, das Herz der deutschen Industrie, auf das die Franzosen so scharf gewesen seien, aber es war zu wenig, um ihm das Maul zu stopfen.

Ich wusste damals leider noch nicht, dass das bayerische Königreich, auf das dieser Kerl sich etwas einbildete, erst 1807 von Napoleons Gnaden entstanden war. Natürlich hätte ich ihm auch Lola Montez vorhalten können, die Femme fatale in seinem verehrten Herrscherhaus. Aber auch von der hatte ich keinen Schimmer; der Film von Max Ophüls, in dem der liebestolle Bayernkönig Ludwig I, ein berüchtigter Hobbydichter (»*Unter Zweigen, die sich neigen, wallt die allerschönste Frau*«), wegen Lola die Hosen herunterließ, kam erst ein Jahrzehnt später in die Kinos. Es war auch noch nicht allgemein bekannt, dass der schöne König Ludwig II es mit Männern getan hatte und nicht ganz zurechnungsfähig gewesen war. Und mir fiel überdies auch wenig ein zu der Anschuldigung, dass an der soeben gewählten Landesregierung von Nordrhein-Westfalen, dem ersten Kabinett Arnold, wirklich und wahrhaftig auch die Kommunisten beteiligt seien, was mein adeliger Arbeitskollege im Bayerischen Rundfunk gehört hatte.

Als ich nach den Ferien im Herbst 1947 nach München zurückkehrte und das Studium begann, hätte ich ihm mehr entgegenhalten können. Aber mittlerweile war er bei den Juristen untergetaucht, und in der Mensa oder im Kellergeschoss des Café Luitpold, in dem ich mittags das sogenannte Stammgericht – Weißkohl mit Kartoffeln und reichlich Kümmel untereinander – zu mir nahm, ließ er sich nicht blicken; wahrscheinlich tischte die Köchin zu Hause ihm Besseres auf. Ich weiß auch nicht, ob das, was ich in der Heimat über mein Bindestrich-Land erfahren hatte, ihn beeindruckt hätte. Aber ich hätte es ihm allzu gern erzählt.

Mittlerweile wusste ich nämlich, dass Karl Arnold, der gewählte Ministerpräsident Nordrhein-Westfalens, ein Mann von Schrot und Korn und so recht nach meinem Gusto war, ein gelernter Schuhmacher, der sich in der Gewerkschaft emporgearbeitet hatte, Mitglied zwar der Zentrumspartei gewesen, aber von der Geheimen Staatspolizei der Nazis verfolgt, schließlich verhaftet worden war und gleich nach dem Krieg zu den Gründern der CDU gehört hatte. Und es imponierte mir, dass der Koalition aus CDU, SPD, Zentrum und KPD, die seine Regierung trug, nicht wenige Politiker angehörten, die eine verwandte Biographie aufzuweisen hatten.

Ich war auch nachträglich auf eine Information über das Ahlener Programm der CDU gestoßen, das im Februar 1947 vom »Zonenausschuss der CDU der britischen Zone« verabschiedet worden war, einem Gremium, in dem Arnold und die christlichen Gewerkschafter aus Nordrhein-Westfalen eine maßgebliche Rolle spielten. Was da zu lesen stand, bedeutete für mich eine Art Offenbarung: Das kapitalistische Wirtschaftssystem sei den Interessen des deutschen Volkes nicht gerecht geworden. Nach dem Zusammenbruch sei eine Neuordnung von Grund auf nötig. Deren Inhalt und Ziel könne nicht mehr »das kapitalistische Gewinn- und Machtstreben, sondern nur das Wohlergehen unseres Volkes sein«, und ebendieses Wohlergehen müsse »durch eine gemeinwirtschaftliche Ordnung« abgesichert werden.

Zwei Jahre später ließ die CDU dieses revolutionäre Programm allerdings verschwinden und ersetzte es durch ihre »Düsseldorfer Leitsätze«. Heute macht die Stadt Ahlen im Wesentlichen von sich reden durch den Verein für Leichtathletik und Rasensport LR Ahlen und seine unablässigen Bemühungen, dem Abstieg aus der Zweiten Bundesliga zu entgehen. Aber damals wirkte Ahlen auf einen Schwärmer wie mich wie das Fanal einer besseren Zukunft. Und diesem Fanal schien die politische Mehrheit in meinem neuen Heimatland auch weiterhin zu folgen: Im August 1948 verabschiedete der Landtag von NRW ein Gesetz über die Sozialisierung der Kohlewirtschaft, im November ein anderes über eine Bodenreform. Freilich scheiterten beide

Initiativen – am Einspruch der britischen Militärregierung, was diese Gesetze in meinen Augen jedoch adelte.

Ich will das, was ich mir zu dieser Zeit unter Nordrhein-Westfalen vorstellte, nicht schon zu einer emotionalen Bindung aufblasen. Aber ich kann mich sehr wohl an einige Erlebnisse, Erfahrungen erinnern, durch die im Lauf der Jahre der blasse Begriff, auf den für mich das Wort 1946 noch beschränkt war, sich auffüllte und an Farbe und Leben gewann. Eine dieser Erfahrungen machte ich, als ich Ricarda Huchs Werk *Der große Krieg in Deutschland* las, den historischen Roman über den Dreißigjährigen Krieg. In den beiden Bänden wird ein weiträumiges Gemälde des ganzen Mitteleuropa zu Beginn des 17. Jahrhunderts entworfen; aber die Geschichte beginnt im Schloss zu Düsseldorf. Und ich, der Kölner, war auf Anhieb fasziniert von der räumlichen Nähe des Geschehens.

Es war der Kurfürst von Köln, der sich dort gleich zu Beginn als Hochzeitsgast von seiner Nichte Jakobe, der frisch angetrauten Frau des Erbprinzen Jan Wilhelm von Jülich-Kleve, verabschiedete. Jülich und Kleve lagen vor der Tür, in Kleve wohnte Tante Milly, eine Kusine meines Vaters, ich konnte mir etwas darunter vorstellen, ebenso wie unter Wesel, der Stadt, in der hernach der schwachsinnige Jan Wilhelm, wahrscheinlich auf Betreiben seiner robusten Gattin, den Streit zwischen Protestanten und Katholiken anfachte, indem er für die Katholiken Partei ergriff. Das waren lebendige Charaktere, und es waren hochinteressante Geschichten, die sich ebenhier, auf rheinischem Boden ereignet hatten.

Auch mein Begriff von Westfalen, dem anderen Teil meines Bindestrich-Landes, hat sich ganz allmählich entwickelt, und zumal dieser aus sehr bescheidenen Anfängen. Lange Zeit fiel mir bei diesem Wort nur der »König Lustik« ein, der sich, der Himmel weiß, warum, bei mir festgesetzt hatte. Ich wusste, dass es der Spitzname von Napoleons lebensfrohem Bruder Jérôme gewesen war und dass der Kaiser eigens für ihn das Königreich Westphalen zusammengeschustert hatte. Nach der Gründung der westdeutschen Fußball-Liga wurde diese Vorstellung angereichert durch die imponierenden, weil höchst gefährlichen westfälischen Vereine, Schalke und Dortmund natürlich, aber auch die Emscher Husaren und vor allem einen, ich glaube, es war die Spielvereinigung Erkenschwick, der mit einem leibhaftigen Bergmann als Maskottchen auftrat.

Ich erinnere mich an einen Tag im Kölner Stadion, an dem der 1. FC gegen diesen Verein einen Kantersieg landete; der arme Bergmann, der authentisch kohlegeschwärzt und mit der Grubenlampe auf dem Helm hinter dem Erkenschwicker Tor stand und die Bälle heranfliegen und einschlagen sah, wusste am Ende nicht mehr, wohin er schauen sollte. Und ich empfand unversehens starke Sympathien mit diesem meinem westfälischen Landsmann.

Später, als ich Politiker auf ihren Wahlreisen begleitete, um über das zu berichten, was sie anzubieten hatten, kam ich dann in dem ganzen, vielgestaltigen Doppelland herum. Eine Eisenbahnreise von Dortmund nach Kleve ist mir haftengeblieben, an einem wässrigen Samstagnachmittag im Frühjahr, an dem ich mehr oder weniger allein und ungestört am Fenster meines Abteils saß. Ich hatte am Vormittag in Dortmund, wo ich auch schon einmal unter Tage gewesen war, einen Wahlkämpfer, vielleicht den Ministerpräsidenten, auf einer Großveranstaltung beobachtet und wollte ihn in einer anderen Umgebung noch einmal erleben, am Sonntagvormittag bei einem Frühschoppen in Kleve.

Selten habe ich innerhalb von zweieinhalb Stunden so grundverschiedene, jeweils charakteristische Landschaften an mir vorüberziehen sehen. Die Reise führte mitten durch den Kohlenpott, vorbei an den hochragenden, spinnenbeinigen Fördertürmen, den langen Backsteinhallen, den gedrungenen Kühltürmen von Castrop-Rauxel und Wanne-Eickel, den verschachtelten Anlagen, aus denen es rauchte und dampfte, vorbei an den grünen Weiden und Wäldern, die unversehens dazwischen auftauchten, danach auf einer Gitterbrücke, die der Regionalexpress zum Singen brachte, über den dunkel schimmernden, ruhig fließenden Rhein, hinein in immer stillere, abgeschiedenere Gegenden, durch Orte, die schon niederländische Namen trugen, Aldekerk, Nieukerk, den Wallfahrtsort Kevelaer bis an den Schlossberg, zu dessen Füßen die Stadt Kleve in der frühen Dämmerung die ersten Lichter aufgesteckt hatte.

Während ich mich meinem Ziel näherte, fiel mir der Graf von Cleve ein, von dem ich vor vielen Jahren in einem Sagenbuch gelesen hatte (Helias hieß er, ich hab's noch einmal nachgeschlagen), und ich versuchte herauszufinden, was er mit Lohengrin zu tun hatte, denn auch dieser Graf war in einem Kahn, der von einem Schwan gezogen wurde, den Fluss heraufgekommen, um einer Jungfrau beizustehen, die in Schwierigkeiten geraten war. Aber ich musste das Problem vertagen, der Zug erreichte Kleve, und ich war zu hungrig und zu müde, um es an diesem Abend noch zu lösen.

Es wäre töricht zu behaupten, seit diesem Tage wüsste ich, in was für einem reichen, gewichtigen, vielgestaltigen Land ich lebe. Ich würde mich auch hüten zu sagen, dass ich stolz darauf wäre, ein Nordrhein-Westfale zu sein. Aber ich käme ebenso wenig auf den Gedanken zu erklären, ich sei stolz, ein Deutscher zu sein. Es kann mir allenfalls einmal passieren, dass mir ein angenehmer Schauder den Rücken hinunterläuft, wenn die Bundesfahne gehisst und die Nationalhymne gespielt wird, weil Kati Wilhelm schon wieder eine Goldmedaille errungen hat. Aber das liegt wahrscheinlich weniger an der Fahne und der Hymne als an Kati Wilhelm.

Wahr ist, dass es mir gefällt, in einem Land wie NRW zu leben, und dass dieses Land mir etwas bedeutet. Vielleicht ist das nichts Halbes und nichts Ganzes. Aber es ist jedenfalls erheblich mehr, als ich mir vor sechzig Jahren hätte träumen lassen.

Geschrieben zum 19. Juli 2006 für den Sammelband
Mein NRW, Verlag Landpresse, Weilerswist 2006,
und Landeszentrale für politische Bildung

Diesseits von Gut und Böse
Vom heil'gen Franz und anderen Sündern

Von den Abertausenden von Folianten, die über den Gegensatz von Gut und Böse verfasst worden sind, hatte ich keine Ahnung, als ich mein erstes Glaubens- und Sittenbrevier in die Hand bekam, den »Katholischen Katechismus für den Unterricht an den Volksschulen, vorgeschrieben von den Bischöfen Deutschlands«. Wenn ich mich richtig erinnere, handelte es sich um ein Geschenk meiner Patentante, in schwarzgrau marmoriertes Papier gehüllt. Doch schon bevor ich das Büchlein auspackte, wusste ich, glaubte ich zu wissen, was gut und was böse war: Gut war, was den Zehn Geboten folgte, und böse, was dagegen verstieß.

Gut war zum Beispiel, wenn man des Sonntags in die Kirche ging, und böse, wenn man die heilige Messe schwänzte. Dass die Evangelischen diesen und andere Punkte nicht ganz so eng sahen, machte uns nicht irre; es war eher ein Indiz dafür, dass sie, die Andersgläubigen, böse waren, was meine Tante ohnedies glaubte. Wohin dergleichen schlampiger Umgang mit Gut und Böse, will heißen: mit den Geboten führen konnte, stand mir sogar figürlich vor Augen, nämlich in Gestalt der frommen Helene, deren Bildgeschichte ich in einer Wilhelm-Busch-Ausgabe fand und mit roten Ohren studierte.

Ich weiß nicht, ob der Onkel, dem die beiden dicken Bände gehörten, sie mir in dem Irrtum überließ, sie enthielten nichts Bedenklicheres als die Abenteuer von Max und Moritz. Jedenfalls entdeckte ich dort alsbald nicht nur die hochgeschnürte fromme Helene, sondern auch den heiligen Antonius von Padua, ich sah mir mit lebhaftem Interesse an, wie der Teufel in Weibsgestalt sich auf seinem Schoß breitmachte und ihm um den Bart strich, und ich begriff sehr schnell, dass Ähnliches und womöglich noch Sündhafteres sich zwischen Helene und ihrem Vetter, dem heil'gen Franz, abgespielt haben musste, dem lüsternen Filou, der zum Überfluss auch noch die Köchin betatschte, und ich begriff zugleich, warum Helenes Seele letztlich im Schlund der Hölle hatte enden müssen, »Hinein mit ihr! Huhu! Haha! – Der heil'ge Franz ist auch schon da!«

Das waren noch klare Verhältnisse – auf die Schuld folgte die Sühne. Aber da die Sühne, ob man sie nun für unausweichlich hielt… oder vielleicht doch nicht für völlig unausweichlich?… da also die Sühne in jedem Fall lästig war, begannen im Laufe der Zeit auch bei mir, wie beim Menschen schlechthin, die Zweifel zu wachsen und zu wuchern, und am Ende wagten auch bei mir die Zweifel sich sogar an die Ursache des ganzen Ärgers, an das Böse. Wer sagte denn, dass dieses oder jenes wirklich böse war? Die Zehn Gebote, na gut, die Bibel. Aber die war ja nun auch schon ziemlich alt, und die Zeiten hatten sich, seit sie niedergeschrieben worden war, geändert, ziemlich radikal sogar, die Zeiten und die Sitten.

Die Sache spitzte sich zu, als auch noch ein irritierender Verdacht hinzukam, vielleicht aus bloßer Zweifelsucht, vielleicht aber auch aus der zunehmenden Lebenserfahrung, der unerhörte Verdacht nämlich, dass das Böse hin und wieder sogar als das Gute erscheinen konnte – je nachdem, sozusagen. Es war ein geistlicher Herr, der mir den Witz von dem Kapuziner und dem Jesuiten erzählte. Der Kapuziner, ein leidenschaftlicher Zigarrenraucher, fragt den gelehrten Kollegen vom anderen Orden, ob es erlaubt sei, beim Brevier-Beten zu rauchen. Der Jesuit antwortet: »Die Frage ist falsch gestellt.« Und wieso das? »Weil die richtige Frage lautet: ›Ist es erlaubt, beim Rauchen zu beten?‹ Und natürlich ist das erlaubt.«

So weit zum Erlaubten. Helenes Onkel Nolte hatte es sich, als er vom schrecklichen Abgang seiner Nichte erfuhr, wohl doch ein wenig zu leichtgemacht mit seinem Nachruf: »Das Gute – dieser Satz steht fest – ist stets das Böse, was man lässt!« Was, zum Teufel, *war* denn das Böse, und was war demzufolge das Gute? Was war erlaubt, und was verboten, vom Zigarrenrauchen einmal abgesehen?

Unser Lateinlehrer brachte uns darauf, dass schon die Schlange, mit der das Ganze ja anfing, das Maul zu voll genommen hatte, als sie Adam und Eva den Apfel vom Baum der Erkenntnis aufschwatzte. »Wie sagte dieses Tier?«, fragte er uns. Und er gab uns auch gleich die Antwort: »Es sagte: ›Eritis sicut deus scientes bonum et malum.‹ Und was heißt das? Natürlich wisst ihr das *nicht*, ihr Schafsnasen. Es heißt: ›Wenn ihr diesen Apfel verputzt, werdet ihr sein wie Gott und werdet wissen, was gut ist und was böse.‹ Dass ich nicht lache! Fehlanzeige! Ihr stammt zwar, so hoffe ich immer noch, von Adam und Eva ab. Aber ihr könnt nicht nur kein Latein, sondern ihr habt auch nicht einmal einen Schimmer von Gut und Böse! Will heißen: von den Sitten zivilisierter Menschen. Sonst würdet ihr euch wohl kaum so benehmen, wie ihr euch benehmt. Nämlich wie die Axt im Walde!«

Wer dergestalt von der Bibel enttäuscht wird oder gar irritiert, der landet bekanntlich gern bei den Philosophen. Und bei denen finden sich in der Tat die Auskünfte über das, was gut und böse ist, überreichlich, und manche davon klingen auf Anhieb gar nicht so übel. Zum Beispiel: das Gute sei dasjenige, »wonach alles strebt«. Wenn das stimmte, dann hätten die lästigen Gewissensbisse sich doch ein für alle Mal erledigt: Ich strebe nach einem Haufen Geld, wie anrüchig seine Herkunft auch sei, oder nach der braungebrannten Frau Müller von nebenan, obwohl sie einen Ehemann hat, und egal, wonach ich strebe – es ist immer das Gute.

Leider hat Aristoteles, von dem der Satz stammt, eine Einschränkung für nötig gehalten: Er meinte nicht das, worauf Hinz und Kunz wie ich scharf sind, sondern nur das, wonach die *Tugendhaften* streben. Es war also wohl nichts mit dem Geld und der schönen Frau Müller. Zumindest war es nichts Gutes.

Spätere Denker haben dann die Schraube noch ein wenig schärfer angezogen und befunden, das Gute dürfe nicht nur für diesen oder jenen Tugendhaften, der danach strebt, sondern es müsse zugleich für *alle* das Gute sein, für die Menschheit, mehr oder weniger. Aber wozu soll das noch taugen? Da wird man ja zu bange, auch nur nach einer Gehaltserhöhung zu streben, denn was hat die Menschheit davon? Ermutigen könnte einen allenfalls noch die Devise jenes amerikanischen Unternehmens, dessen Namen ich nicht mehr weiß, aber vermutlich war es die General Electric Company, denn für die hat ein gewisser Ronald Reagan, ein Fachmann für Gut und Böse, als Werbedarsteller gearbeitet. Die Devise, wenn es diese Firma war, lautete jedenfalls: »What's good for General Electric, is good for the world« – was gut ist für General Electric, ist auch gut für die Welt.

Man muss also, so lehren uns der zuvor zitierte Jesuit und neben Reagan auch andere US-Präsidenten, mit Gut und Böse nur richtig umzugehen wissen, und schon fällt das Leben sehr viel leichter. Reagan identifizierte die Sowjetunion als »das Reich des Bösen«, er prophezeite unisono mit dem heiligen Johannes den Endkampf auf dem biblischen Schlachtfeld von Armageddon, was ihm half, seinen aberwitzigen Rüstungsetat durchzubringen und die Leute, die seinen Wahlkampf finanzierten, bei Laune zu halten. Und der kongeniale George Bush vollendete das, was schon sein Vater als Präsident versucht, aber nicht ganz bewältigt hatte, er brachte den widerborstigen Saddam Hussein hinter Gitter, nachdem er ihn als das Böse schlechthin abgestempelt hatte, weil Saddam die friedlichen Völker, zum Beispiel Israel, mit Massenvernichtungswaffen bedrohe, die sich hernach leider nirgendwo auffinden ließen.

Um von den Politikern, die in dieser Frage offenbar mit Vorsicht zu genießen sind, noch einmal zu den Philosophen zurückzukehren: Auch bei dem hier natürlich unvermeidlichen Immanuel Kant lässt sich ein Satz finden, der zwar ein wenig kompliziert, dafür aber recht brauchbar anmutet, nämlich, dass nichts auf der Welt ohne Einschränkung gut sein könne als einzig und allein der gute Wille. Mut und Entschlossenheit zum Beispiel könnten durchaus etwas Gutes sein, »aber sie können auch äußerst böse und schädlich werden, wenn der Wille, der von diesen Naturgaben Gebrauch macht, nicht gut ist«.

Wenn es demzufolge tatsächlich nur auf den guten Willen ankäme, wäre man schon wieder fein heraus. Denn guten Willens sind wir doch alle, mehr oder weniger, und wenn wir Böses tun, haben wir das zumeist ja nicht gewollt, die Umstände waren halt ungünstig, das Fleisch schwach, oder was sonst uns dazu einfällt. Aber leider war auch der Philosoph Kant, ebenso wie sein Vorgänger Aristoteles, ein Spaßverderber. Wenn man bei ihm ein paar Sätze weiterliest, dann findet man die enttäuschende Erklärung, dass die eigenen Gelüste, mit wie viel gutem Willen wir ihnen auch nachgehen mögen, nicht darüber entscheiden können, ob wir Gutes oder Böses tun; das besorgt vielmehr allein das Sittengesetz, dem – nach Kant – unsere Gelüste sich gefälligst unterzuordnen haben.

Das Sittengesetz, nun ja. Damit wären wir dann wohl wieder bei den Zehn Geboten gelandet oder etwas ziemlich Ähnlichem, einer Vorschrift, die uns sagt, wie wir uns zu benehmen haben und was uns blüht, wenn wir uns nicht zu benehmen wissen. Sollte es denn tatsächlich keinen Ausweg aus diesem Kreisverkehr geben, keine Chance, von dem verflixten Karussell abzuspringen? Zu unserem Glück lässt sich unter den Gelehrten am Ende dann doch zumindest einer auftreiben, der darauf gekommen ist, wie man die Angst vor dem Bösen und vor der Strafe, wenn man sich dem Bösen hingibt, austricksen kann.

Die Rede ist von Friedrich Nietzsche, der noch heute in gebildeten Macho-Kreisen Ansehen genießt wegen eines Satzes, den er *so* gar nicht von sich gegeben hat, nämlich des Ratschlags »wenn du zum Weibe gehst, vergiss die Peitsche nicht«. Auch den Titel eines seiner einschlägigen Werke kennt mancher, ohne je das Buch gesehen zu haben, und hält ihn ebenfalls für eine Lebensweisheit, die etwas mit Sex zu tun hat, nämlich die Redewendung »jenseits von Gut und Böse«. Der Spruch scheint allmählich auszusterben, doch sagt man hier und da noch immer, jemand sei jenseits von Gut und Böse, wenn man ihm unterstellen möchte, es verlange ihn nicht mehr nach Frauen, oder genauer: er sei abgetakelt und impotent.

Bei Nietzsche ist der Titel nicht anzüglich gemeint, natürlich nicht, sondern vielmehr wörtlich zu nehmen: Das Buch handelt von einem Zustand, in dem der Mensch nicht im Entferntesten glaubt, er täte Gutes, wenn er Rücksicht auf andere nimmt, und Böses, wenn er so handelt, wie es ihm und nur ihm selbst gefällt und nutzt. Der Grübler Nietzsche, der sein halbes Leben lang krank war und am Ende dahinsiechte, hatte ein Faible für die »Raubmenschen« wie den italienischen Gewalttäter Cesare Borgia und die Zeiten, in denen unwidersprochen das Recht des Stärkeren galt.

Der Gegensatz von Gut und Böse – so der Denker Nietzsche – ist eine Erfindung der von Natur aus Schwächeren, der Sklaven- oder Herdenmenschen, die sich damit gegen die Stärkeren, die Herrenmenschen, zur Wehr setzen wollten. Angefangen hat das Elend mit den Juden, einem Volk »geboren zur Sklaverei«, fortgesetzt wurde es vom

Christentum, das die Pervertierung der ursprünglichen, der natürlichen Werte vollendete: Die Vorzüge der Herrenmenschen, ihre Stärke, ihr Reichtum wurden fälschlich für böse erklärt, die Defekte der Sklavenmenschen, ihre Schwäche, ihre Armut für gut.

Folgt der Satz: »Alles, was den Einzelnen über die Herde hinaushebt und dem Nächsten Furcht macht, heißt von nun an böse.« Und das bedeutet: »Die Furcht … ist die Mutter der Moral.« In Wahrheit also sind Gut und Böse nichts anderes als eine Täuschung, geboren aus der Furcht. Es gibt nicht Gut und Böse, sondern nur Gut und Schlecht: Gut sind die Herren-, schlecht die Herdenmenschen, der Pöbel.

Ist das nicht ein höchst überzeugendes Konzept, um nach Lust und Laune zu leben? Ja, das ist es wohl. Nur muss man dazu sich für einen Herrenmenschen halten, und das heißt: sich in eine Gesellschaft begeben, in der man sich vielleicht doch nicht unbedingt wohl fühlen wird. Die Nazis zum Beispiel hielten sich ja für Herrenmenschen und leiteten daraus das Recht ab, andere, die Minderwertigen, zu versklaven und massenweise umzubringen. Ein weiteres unsägliches Beispiel liefert der Kapitalismus, der zu Nietzsches Lebzeiten groß wurde, aber noch immer von Herrenmenschen betrieben wird, die es für rechtens halten, ein Unternehmen, das ihnen anvertraut ist, zu verscherbeln und für diese Leistung, die andere mit ihren Arbeitsplätzen bezahlen, sich selbst mit Millionen-Abfindungen zu belohnen.

Vielleicht gibt es tatsächlich kein Gesetz und kein Gebot, das sich nicht anzweifeln und durch irgendeine Spiegelfechterei aus den Angeln heben ließe. Aber niemand braucht einen Katechismus oder den Immanuel Kant, um zu wissen, dass der Mensch seinen Mitmenschen nicht bestehlen und nicht belügen, nicht betrügen und nicht verletzen soll, von noch Schlimmerem zu schweigen. Man muss sich die Kerle bloß anschauen, die auf Kosten anderer ihren Reibach machen; man muss bloß dem schrägen Blick durch die Brillengläser begegnen, um zu wissen, wie's in ihnen aussieht. Wenn sie sich doch wenigstens Georg Danzers Liedzeile ins Familienwappen stechen ließen, die Zeile »Es ist so schön, ein Schwein zu sein«! Aber wahrscheinlich kennen sie das Lied nicht einmal; es ist unter ihrem Niveau.

Geschrieben für Claudia Pütz, *Pips-Dada-Booklet*, 18. August 2004

Blitzschlag
Erzählung

Die Situation war höchst peinlich, er empfand sie wie einen Alptraum, der kein Ende nehmen wollte. Halb lag er, halb hing er in der offenen Tür seines Carrera, die Brust am Lenkrad, den linken Fuß noch über der Straße, den rechten Ellbogen aufgestützt auf die Tennistasche, die er beim Einsteigen hinüber auf den Beifahrersitz hatte werfen wollen und die an der Kante des Sitzes hängengeblieben war. Er war unfähig, sich auch nur einen Zentimeter vom Fleck zu rühren. Ein Blitz hatte ihn getroffen, so schien es ihm jedenfalls, ein elektrischer Schlag, der in seine rechte Gesäßhälfte eingedrungen und von dort das Bein hinabgefahren war.

Den rechten Fuß, der sich hinter dem Bremspedal verkeilt hatte, konnte er nicht mehr bewegen. Vielleicht hätte der Fuß sich herausziehen lassen; aber die Furcht, der Blitz könnte bei der geringsten Gegenwehr noch einmal zuschlagen, war zu groß. Er verharrte in dieser lächerlichen, demütigenden Haltung, spähte über das Armaturenbrett und – soweit er das konnte, ohne den Kopf zu wenden – zur Seite auf die dunkle Eichentür des Tennisklubs. Aber niemand trat aus der Tür, niemand zeigte sich unter den goldgelben Bäumen der Allee.

Er räusperte sich, dann rief er: »Hallo!« Seine Stimme

klang so kläglich, dass er sich jäh auf die Unterlippe biss. Nach einer Weile räusperte er sich gleichwohl noch einmal. Er rief noch einmal: »Hallo!« Und dann rief er: »Hilfe!«

Ihm wurde klar, dass um diese Zeit nur noch wenige Spaziergänger unterwegs waren und dass im Klub wiederum kaum jemand schon daran dachte, nach Hause zu gehen. Er hatte früher als üblich den Klub verlassen, aus Ärger über seine Niederlage gegen den zweiten Vorsitzenden, einen großmäuligen Narren, der gut zehn Jahre älter war als er und auf der Rangliste weit unter ihm stand. Ausgerechnet gegen den!

Als er das Risiko, sich ohne Hilfe zu befreien, schon ernsthaft bedachte, öffnete sich endlich die Tür des Klubs. Simone Kreuz trat heraus. Sie ging mit ihrer Tennistasche auf die andere Straßenseite, zu den Autos, die zwischen den Bäumen parkten.

Er zögerte, aber die Angst überschwemmte ihn und drängte alle Hemmungen beiseite. Er rief: »Hallo!«, so laut er konnte, und dann: »Simone, hallo!« Sie stutzte, sah um sich, entdeckte schließlich den Carrera, schaute zu ihm herüber, runzelte die Stirn. Er rief: »Kannst du mal kommen, bitte?« Sie schien einen Augenblick lang zu überlegen, doch dann stellte sie die Tasche neben ihrem Auto ab und kam zu ihm. Als sie ihn wie eine Gliederpuppe hinter dem Lenkrad hängen sah, schüttelte sie den Kopf, die vollen Lippen öffneten sich ungläubig. Sie sagte: »Was machst *du* denn da?«

Er mochte sich keine Sekunde länger so hinfällig vor ihr zeigen. Er versuchte sich aufzurichten, erstarrte jäh, zog den Atem ein. Der widerliche Schlag hatte ihn wieder getroffen, es war, als habe jemand ein Messer in die Gesäß-backe gestochen und ziehe es blitzschnell durch bis in die Ferse. Sein Gesicht verzerrte sich, Tränen schossen ihm in die Augen. Sie sagte erschreckt: »Was ist… Du lieber Himmel, ist dir was passiert?!«

Er versuchte zu lächeln. »Ach wo. Ich weiß nicht…« Er atmete mühsam. »Eine Art Hexenschuss, denke ich. Aber im Augenblick tut es ziemlich weh, ja.«

»Ich bin gleich wieder hier!« Sie lief zur Tür des Klubs, klingelte, schlug mit der Hand ungeduldig auf das dunkle Holz, verschwand im Haus. Ein wenig später kamen Karl Heimann, der Arzt seiner Frau, mit dem er sich schon vor einiger Zeit zerstritten hatte, und zwei, drei andere mit ihr zurück.

Er ließ es zu, dass sie ihn aus dem Auto hoben und unterfassten und in das Klubhaus brachten, mehr ihn tragend als ihn geleitend, durch die vollbesetzte Kneipe, vorbei an den Dutzenden von aufgesperrten Mäulern in das Hinterzimmer, in dem neben einer Reihe von Spinden eine hochbeinige Liege stand. Heimann bettete ihn auf die Liege, schickte die anderen hinaus und untersuchte ihn.

Während der Arzt den Rücken abtastete, fragte er: »Wie ist das passiert?« Er antwortete, er habe beim Einsteigen seine Tasche auf den Beifahrersitz stellen wollen und dabei –

Heimann fiel ihm ins Wort: »Ja, ja. Solche Kunststücke solltest du besser lassen.« Kunststücke? »Ja, sicher. Der Schlitten, den du fährst, liegt für Leute in unserem Alter schon ein bisschen tief, verstehst du? Und wenn du dann auch noch beim Einsteigen mit einem Arm die schwere

Tasche hebst und dich damit zur Seite drehst, dann passiert halt so was. Das geht nicht mehr so wie bei einem Zwanzigjährigen.«

Er wurde während der ganzen, ein wenig derben Untersuchung den Verdacht nicht los, dass Heimann auf solch eine Gelegenheit nur gewartet hatte, um ihn kleinzumachen, klein und schwach und alt. Sie hatten sich vor gut einem Jahr zerstritten, weil der Arzt ihm die Affären vorgehalten hatte, auf die er sich hin und wieder einließ, und ihm ziemlich unverblümt vorwarf, dass er an den gesundheitlichen Problemen seiner Frau nicht schuldlos sei.

Vielleicht war Heimann neidisch. Vielleicht war er aber auch nicht nur als Arzt an dieser Patientin interessiert und spielte sich deshalb als ihr Ritter auf. Das blinde Vertrauen, das Lotte in ihn setzte, war ja nicht gerade unverdächtig.

Nach der Untersuchung sagte Heimann: »Lumbalgie. Vulgo: Ein Hexenschuss.« Er warf eine Decke über ihn. Dann ging er in die Kneipe, kam mit einem Glas Wasser und seiner Tasche zurück, kramte in der Tasche und gab ihm zwei Tabletten.

Er fragte den Arzt: »Würde eine Spritze nicht schneller helfen?«

»Vielleicht. Aber das sind ziemlich kräftige Hämmer hier, diese Tabletten. Liegen bleiben solltest du so oder so eine Weile. Dann werden wir sehen, wie's dir geht.«

Er schluckte die Tabletten, trank das Wasser. Er sagte: »So was hab ich noch nie gehabt.«

Heimann lachte. »Ja, ja. Irgendwann ist immer das erste Mal. Und du könntest von Glück sagen, wenn es auch das letzte Mal gewesen wäre. Bloß ist das so gut wie nie der Fall. Irgendwann ist der Rahm halt gegessen.« Er lächelte, nickte ihm zu und ging zurück in die Kneipe.

Es war dämmrig und still in dem Hinterzimmer mit den schmalen Oberlichtern. Nur hin und wieder drang das Stimmengewirr aus der Kneipe herüber; von fern waren auch die Bälle zu hören, die auf den Plätzen noch geschlagen wurden. Er begann nachzudenken.

Das war im Herbst gewesen, vor vier oder fünf Jahren. Oder waren es schon sechs? Nein, ganz so lange noch nicht. Aber ob es nun vier Jahre waren oder sechs: Dieser Zustand dauerte nun schon ewig lange.

Es war der Herbst gewesen, in dem die Geschichte mit Simone angefangen hatte.

Ein Samstagnachmittag im Klub, so wie heute, nur hatte er damals nicht verloren, sondern gewonnen, ein Doppel mit Simone. Sie hatten zum ersten Mal miteinander gespielt, und er war gut gewesen, sehr gut sogar.

Ihre roten vollen, wirklich schönen Lippen waren ihm schon vorher aufgefallen, natürlich; aber was sie an diesem Nachmittag damit angestellt hatte, auf dem Platz in der warmen Herbstsonne, das war geradezu sensationell gewesen. Sobald ihm ein guter Schlag gelang, wandte sie sich ihm zu, hob das Kinn, formte einen schwellenden Kuss und setzte ihn in die Luft. Wenn sie einen Ball verpasste, reagierte sie mit einem bitterbösen Schmollmund und achtete darauf, dass er auch den zu sehen bekam.

Und das war nicht alles. Sie schien für jede Situation des Spiels einen passenden Ausdruck bereitzuhalten. Mal warf sie entschlossen die Lippen auf, als wolle sie die weißen Zähne fletschen, mal zog sie sie enttäuscht in die Breite, als sei dieses rote, lebendige Fleisch nach Belieben dehnbar. Am liebsten hätte er ihr zugerufen: »Komm her! Zeig mir mal, was du sonst noch mit diesen Dingern kannst!«

Er sagte es später, als sie den Klub verlassen hatten. Jeder von ihnen war im eigenen Auto aufgebrochen, aber keiner nach Hause gefahren. Sie trafen sich auf einem entlegenen Parkplatz, den sie ihm genannt hatte. Die Herbstsonne stand schon niedrig, es roch nach den ersten angegilbten Blättern, die im Regen während der Nacht von den Bäumen ringsum gefallen waren. Er stieg zu Simone ins Auto, ihr Auto war bequemer als der Alfa, den er damals fuhr.

Ja. Das war das Jahr, in dem Lotte mit den Kopfschmerzen anfing, die später angeblich chronisch wurden. Er hatte gelegentlich darüber nachgedacht, ob sie damit angefangen hatte, bevor oder nachdem er in die Affäre mit Simone hineingeraten war. Er glaubte sich zu erinnern, dass sie schon einige Zeit vorher von diesen bösen Schmerzen gesprochen hatte. Und entsprechend unausstehlich geworden war.

Es hatte mehr und mehr Tage gegeben, an denen er, wenn er nach Hause kam, mit diesem leidenden Blick empfangen wurde und am liebsten auf der Stelle umgekehrt wäre. Und es gab nicht wenige Nächte, in denen sie nach der ersten Stunde im Bett wieder aufstand, so penetrant darum bemüht, ihn nicht zu stören, dass der Schlaf zwangsläufig von ihm wich, er tat so, als habe er nichts bemerkt, aber irgendwann war er dann doch beunruhigt, weil sie nicht zurückkam, er folgte ihr und fand sie meist im

Wohnzimmer, im Sessel unter der Stehlampe kauernd, die Hand über den Augen, als ob sie nicht einmal das milde Licht vertrüge, und statt einer Antwort auf die besorgten Fragen, die er ihr stellte, nichts als ein Kopfschütteln.

Vielleicht hätte er sich mit Simone gar nicht eingelassen, wenn die Situation zu Hause nicht allzu oft für ihn unerträglich geworden wäre. Er hatte auch vorher schon seine Affären gehabt, ja, natürlich, junges Gemüse, das neugierig war und es darauf anlegte, auch die eine oder andere Ehefrau, deren Bedarf vom Gatten nicht befriedigt wurde oder die schlicht unersättlich war. Aber auf derlei Abenteuer, seine Seitensprünge, hatte Lotte nie reagiert. Sie hatte ihn niemals darauf angesprochen.

Er hatte sich oft gefragt, ob seine Ausflüge, die mannigfachen Ausreden, die er finden musste und zu seinem eigenen Erstaunen auch stets fand, ihr völlig entgingen oder ob sie ihr gleichgültig waren. Merkwürdigerweise wäre beides ihm nicht recht gewesen.

Unversehens entdeckte er an der Tür des Hinterzimmers einen hellen Spalt. Er schrak ein wenig zusammen, spürte noch einmal einen Ansatz des Messers.

Der Spalt verbreitete sich langsam, zugleich wurden die Stimmen aus der Kneipe vernehmlicher. Jemand hatte sacht die Tür des Hinterzimmers geöffnet und schob sie ein Stück weit zurück, um hineinzuschauen. Er schloss hastig die Augen.

Simone? Unsinn. Sie war ja schon auf dem Weg nach Hause gewesen. Und sie würde sich wohl kaum dem Verdacht aussetzen, er liege ihr noch immer am Herzen. Vielleicht Edith Weber. Ja, das war ihr zuzutrauen. Vielleicht hoffte sie, in der Rolle der Krankenschwester endlich seine Sympathie zu gewinnen.

Die Stimmen von nebenan traten wieder zurück. Er öffnete vorsichtig die Augen. Die Tür hatte sich wieder geschlossen.

Wie war es weitergegangen, damals?

Mit Simones Auftritt hatte sich Lottes Verhalten wesentlich geändert, das stand jedenfalls außer Zweifel. Lotte, die selbst Tennis gespielt hatte, und das nicht einmal schlecht, zog sich aus dem Klub zurück. Sie begründete es mit ihrem Gesundheitszustand, den rätselhaften Kopfschmerzen, die sie immer wieder wie aus heiterem Himmel überfielen.

Vielleicht hatte sie eine Konkurrenz mit Simone vor so vielen Augen, vor dem maliziös-aufmerksamen Publikum des Klubs, gescheut. Sie wusste, dass er ein Techtelmechtel mit Simone angefangen hatte, auch das war klar. Zum ersten Mal ließ sie hin und wieder eine boshafte Bemerkung fallen, gehässige Andeutungen, giftige Anspielungen. Vielleicht hatte jemand ihr etwas gesteckt. Nein, das hatte sogar mit Sicherheit jemand getan. Und mit hoher Wahrscheinlichkeit handelte es sich bei dem Informanten um den Dr. Karl Heimann, ihren Jugendfreund, zu dem sie in dieser Zeit ein immer innigeres Verhältnis entwickelte.

Gesetzt den Fall, sie simulierte ihre Krankheit. Oder – das war das mindeste, was sich ihm als Erklärung aufdrängte – sie bildete sich diese grässlichen Schmerzen nur ein, um anderen Problemen aus dem Wege zu gehen, sich damit nicht auseinandersetzen zu müssen: Wäre es nicht die Pflicht ihres Arztes gewesen, ihr ins Gewissen zu reden und ihr zu erklären, dass sie es sich so einfach nicht machen konnte?

Stattdessen war Karl Heimann auf jede ihrer Flausen eingegangen, für jede neue Variante ihrer Schmerzen hatte er eine hochgestochene Erklärung gehabt: Es konnte sich um eine Migräne, allerdings auch um Spannungskopfschmerzen handeln, je nachdem, ob die Schmerzen pulsierend und hämmernd oder dumpf-drückend auftraten, einseitig oder beidseitig, es konnte auch zu einer Kombination beider Leiden kommen, und die Ursache lag häufig darin, dass der Patient unter Stress stand – dem Stress zum Beispiel, unter den eine Geliebte die Ehefrau des Mannes setzte.

Aus der Kneipe drang jäh ein lautes Gelächter. Rissen sie Witze über den Invaliden nebenan? Nun gut, das war halt ihre Art. Grob und instinktlos.

Im vergangenen Jahr hatte er Simone den Laufpass gegeben. Aber Lottes Krankheit war davon nicht geheilt worden. Um die Wahrheit zu sagen, hatte er es auch nicht getan, um Lotte von dem Stress zu erlösen, den Heimann ihr attestiert und ihm angekreidet hatte. Simone war ganz einfach zu dreist geworden, und damit lästig. Sie hatte ihm vorgeworfen, dass er die Finger nicht von anderen Frauen lassen könne. Und sie hatte verlangt, dass er sich scheiden lasse und sie heirate.

Er dachte gar nicht daran, seine persönlichen Umstände so einschneidend zu ändern, er war alles in allem mit ihnen nicht unzufrieden. Und was Simone im Bett oder sogar zwischen Tür und Angel konnte, das konnten andere aber auch, da gab es wenig Zweifel.

Er versuchte sehr vorsichtig, seine Position auf der Liege ein wenig zu verändern. Es gelang ihm, ohne dass der Blitz noch einmal einschlug. Er glaubte sogar zu spüren, dass eine angenehme Wärme sich an der kritischen Stelle ausbreitete. Er schloss die Augen.

Als er wach wurde, stand Heimann neben der Liege. Er sagte: »So, mein Lieber, es wird Zeit, dass du nach Hause kommst. Ich werd dich in mein Auto packen, und morgen fahre ich mit Lotte hier raus und hole deinen Schlitten ab.«

Warum denn das? Er sagte, er werde selbst fahren. Oder sich ein Taxi nehmen.

»Langsam, langsam! Heb erst mal deinen Arsch hoch, dann wirst du spüren, was der dazu sagt. Und damit du's weißt: So was kann chronisch werden.«

Das Aufstehen war in der Tat mühsam, das Gehen noch dazu schmerzhaft. Heimann zog seinen Arm über die Schulter und führte ihn Schrittchen um Schrittchen hinaus. Sie gafften ihn wieder an, einer grinste, andere hoben die Hand und winkten ihm und riefen: »Gute Besserung!« Er nickte und versuchte zu lächeln.

Erst als Heimann ihn ins Auto gesetzt hatte und die Tennistasche aus dem Carrera holte, sah er, dass ein Zipfel seines Hemds aus der Hose heraushing. Das musste von der Untersuchung übriggeblieben sein, und so war er durch die Kneipe gehinkt. Heimann hatte es wohl nicht für nötig gehalten, ihn darauf aufmerksam zu machen. Er spürte, wie sein Groll auf diesen ärztlichen Berater wuchs.

Lotte öffnete ihnen die Haustür. Heimann hatte sie offenbar schon informiert. Sie hatte mit Plaid und Kissen ein

Lager auf der Couch vorbereitet. Aber sie sprach kaum ein Wort. Vielmehr trug sie ihre Leidensmiene zur Schau, als habe dieses niederträchtige Schicksal nicht ihn, sondern sie von den Füßen gerissen. Er wäre am liebsten auf der Stelle umgekehrt.

Nachdem er sich gebettet hatte, brachte sie Heimann hinaus. Eine Weile hörte er noch ihre leisen Stimmen, dann nichts mehr. War Heimann gegangen? Oder hatte er sich mit ihr irgendwohin zurückgezogen?

Er wäre am liebsten aufgestanden und hätte die beiden gesucht. Und ertappt womöglich. Aber das konnte er nicht.

Ihm fehlten die Kräfte. Noch fehlten sie ihm.

Noch?

8. November 2004

Abenteuerreisen im Geviert
Eine Droge für rastlose Geister: das Schachspiel

Als ich siebzehn war, wurde ich in die erste Mannschaft eines Schachvereins aufgenommen, der in einer Kölner Vorstadtkneipe seine Wettkämpfe austrug. Während der Saison, von September bis Mai, kämpfte ich jeden zweiten oder dritten Sonntag um die Punkte, die meinem Verein und mir zu Ansehen und möglichst auch zum Aufstieg verhelfen sollten. Hatten wir ein Auswärtsspiel, stand ich in aller Frühe auf, während andere noch den Feiertag genossen und sich im Bett herumdrehten; ich lief fröstelnd in der kühlen Morgenluft zum Treffpunkt, der Straßenecke vor unserem Vereinslokal, wo ich mit zwei oder drei anderen Mitstreitern der achtköpfigen Mannschaft in das Auto steigen sollte, das uns zum Ort des Wettkampfs brachte.

Das Abenteuer begann schon, während wir noch auf das Auto warteten. Vorstadtstraße am frühen Sonntagmorgen: Die eisernen Jalousien der Kramläden blieben geschlossen, niemand ließ sich blicken. Vielleicht rührte sich in der Ferne eine Kirchenglocke, aber in unserem Viertel war noch kein Laut zu hören. Gegenüber auf der dritten Etage bewegte sich eine Gardine; es war nicht zu erkennen, wer uns da misstrauisch beäugte. Wir taten auf der Ecke ein paar Schritte hin und her.

Die Gespräche, wenn es denn dazu kam, waren karg, fast beklommen. Wir spähten die menschenleere Straße hinauf. »Wann kommt der denn endlich?«

Vielleicht wäre es übertrieben, wenn ich sagte, dass Angst in unseren Mägen aufgebrochen war und sachte, aber unaufhaltsam in unsere Gliedmaßen hineinkroch. Aber Aufregung war es allemal. Ungewissheit. Der Adrenalinstoß war deutlich zu spüren. Was würde uns am Ort des Wettkampfs erwarten? Wie würden wir ihn am Ende verlassen? Und würden wir überhaupt rechtzeitig an diesen Ort gelangen?

Manchmal war das Ziel eine umgebaute Scheune oder dergleichen in einem Dorf weit draußen vor der Stadt. Manchmal im Winter war die Straße dorthin, die bergauf und bergab führte, gefährlich glatt, wenn nicht sogar vereist. War es nicht schon hier, noch mitten in der Stadt, verdammt rutschig? Wir schlitterten zur Probe auf unserer Straßenecke hin und her. Vielleicht war der Schachfreund, der uns mitnehmen wollte, schon an seiner Garagenausfahrt liegengeblieben? Wenn wir zu spät bei unseren Gegnern eintrafen, waren die Uhren abgelaufen, unsere Partien verloren, und vielleicht sogar das ganze Spiel.

Hirngespinste, natürlich. Natürlich kamen wir früh genug. Und den Gegnern schien es auch nicht besser zu gehen als uns: Fast immer ließen sie die gleichen Symptome mühsam beherrschter Nervosität erkennen – hastige Züge an der Zigarette, während die Mannschaftsführer die Aufstellungen austauschten (gegen wen muss ich spielen?); halblaute, krampfhafte Scherze; das Zurechtrücken einer Figur oder des Notationsformulars, obwohl es bereits am richtigen Platz gelegen hatte. Das alles war erst vorüber, es war vergessen, wenn der Wettkampfleiter das Startkommando aussprach: »Die Bretter sind freigegeben.«

Als ich zwanzig geworden war, wollte ich eine Geschichte schreiben, in der ein Großmeister, der sich endlich als Herausforderer des Weltmeisters qualifiziert hat, die erste Partie des Wettkampfs um den begehrten Titel mit einem geradezu aberwitzigen Zug eröffnet, einem Zug, der ihn gegenüber dem Titelträger sofort in einen – wahrscheinlich entscheidenden – Nachteil bringt. Man muss sich das vorstellen: Der Mann hat jahrelang zäh gearbeitet, sich von Turnier zu Turnier emporgekämpft, bis er diese einmalige Chance erhält – und dann vergeudet er sie, indem er seinen Damenspringer auf das Feld a3 stellt, das heißt: auf den Rand des Bretts, von wo aus er kaum etwas bewirken kann.

»Springer a3« sollte die Geschichte denn auch heißen. Sie sollte nicht zuletzt ebendie Nöte vor dem Spiel beschreiben, die Anspannung, das Bangen, freilich auch die Erleichterung, wenn die Partie sich günstig entwickelte und der Erfolg sich abzeichnete, den stillen Triumph, wenn der Gegner die Uhr anhielt und die Hand zur Gratulation über das Brett reichte. Aber im Wesentlichen ging es mir um etwas anderes, etwas ziemlich Hochgestochenes: Mein Großmeister sollte mit seinem provokanten Zug weniger gegen die Strapazen protestieren, denen das Schach seine Liebhaber unterzieht. Ich wollte vielmehr durch seinen widersinnigen Akt die Verzweiflung des Menschen demonstrieren, dem die Welt zwar unendlich viele Möglichkeiten anbietet, der aber gleichwohl genötigt ist, sich für etwas ganz Bestimmtes zu entscheiden und anderes, so vieles andere zu lassen, wenn er nicht etwas »Falsches« tun will.

Zu dieser Zeit hatte ich meine ersten Semester bei dem Münchner Philosophen Aloys Wenzl schon hinter mir. Ich kultivierte den Zweifel, ob es überhaupt möglich war, das Wahre zu erkennen und das Richtige zu tun. Die Schachtheorie unterstellte, dass in einer bestimmten, eindeutig definierbaren Situation auf dem Brett von den vielen, so vielen denkbaren nächsten Zügen nur ganz wenige »richtig« seien. Aber war das wirklich wahr? Und sollte man sich tatsächlich von solchen Regeln zeit seines Lebens einengen und knebeln lassen?

Es war nicht nur mein Großmeister, der in solchen Überlegungen Gestalt annahm. Ihm nah verwandt war auch der kleine Angestellte, den ich mir als Hauptfigur eines anderen literarischen Werks ausdachte und der (ebenso wie ich als Werkstudent) in der Registratur eines Versicherungskonzerns sein Leben fristet, sich kujonieren lassen muss, bis er eine Idee entwickelt, die ihn befreien und ihm zu Beliebtheit und Ansehen verhelfen soll: Er entwirft ein völlig neues System der Registratur, welches jede Möglichkeit ausschließt, dass eine Akte je wieder falsch abgelegt und nicht mehr gefunden werden kann. Eines Abends bleibt er heimlich in der Registratur, um über Nacht die Bestände nach seinem System neu zu ordnen. Am anderen Morgen findet man ihn tot inmitten eines Chaos ungeordneter Akten – die Wirklichkeit, die Außenwelt, sie hat sich seinem System nicht unterwerfen lassen. Er ist an ihr gescheitert.

Vielleicht war es tatsächlich ein philosophischer Ansatz, der diesen Angestellten ebenso wie den Großmeister entstehen ließ. Vielleicht war es aber auch nur ein Versuch der Gegenwehr, einer emotionalen, wütenden Verteidigung gegen das Schach. Von den Wettkampfpartien, die ich damals austrug, dauerten manche von Sonntagmorgens bis nachmittags um drei. Aufgegeben wurde nicht. Die Luft des Hinterzimmers, in dem die Schlacht stattfand, lastete bleischwer auf den Köpfen, geschwängert vom Rauch der Zigaretten, der Zigarillos und Pfeifen. Ich wäre gern einmal ins Freie gegangen, um durchzuatmen. Aber die Zeit war meist knapp geworden, ich wollte nicht riskieren, dass das Fähnchen an der Uhr hinunterfiel, bevor ich die erforderliche Zahl von Zügen gemacht hatte.

Wenn ich endlich nach Hause kam, gab es Streit mit meiner Mutter, die das Essen – das ich nicht mehr anrühren mochte – warm gehalten hatte. Ich ging in mein Zimmer, legte mich aufs Bett und versuchte zu schlafen. Aber sobald ich die Augen schloss, sah ich die Stellung vor mir, in der die Entscheidung gefallen war, und peinlich genau, quälend genau besonders solche Stellungen, in denen ich den Gewinnzug verpasst oder den Fehler begangen hatte, der dem Gegner den Gewinn ermöglichte. Ich begann, mit geschlossenen Augen die Alternativen durchzurechnen, die ich gehabt hatte. An Schlafen war nicht zu denken, auch in der darauffolgenden Nacht noch nicht.

Zwei literarische Werke haben das derart verhexte Spiel zu ihrem Gegenstand gemacht, *Zaščita Lužina*, Lushins Verteidigung von Vladimir Nabokov, das 1930 erschienen ist, und Stefan Zweigs *Schachnovelle* von 1943. Beide wurden verfilmt, beide Mal mit Kinostars besetzt, die *Schachnovelle* mit Curd Jürgens und *Lushins Verteidigung* mit John Turturro. Das Werk Nabokovs, der selbst ein beachtlicher Komponist von Schachproblemen war, hat erheblich mehr Tiefgang als die Novelle Zweigs, dem es vor allem um ein Schreckensbild des Naziterrors ging. Aber das Niveau beider Werke übertrifft das der Verfilmungen um einiges. Sie rühren an Grundstrukturen der menschlichen Existenz.

Sowohl die zentrale Figur Zweigs, der Wiener Rechtsanwalt Dr. B., wie die Nabokovs, der russische Großmeister Lushin, sind herausragende Schachspieler; doch dem einen wie dem anderen wächst das Spiel über den Kopf, es entartet zur Besessenheit, entwickelt alle Symptome einer »Schachvergiftung« (Zweig).

B., der von der Gestapo einer Isolationsfolter unterzogen wird, hält sich am Leben, indem er wieder und wieder die 150 Meisterpartien aus einem Buch, das er bei einem Verhör hat mitgehen lassen, im Kopf nachspielt; aber am Ende kann er sich vor solchen, immer präpotenter auftretenden Kopfgeburten nur noch retten durch den Schwur, nie mehr in seinem Leben sich aufs Schach einzulassen.

Lushin wiederum wird in einem entscheidenden Turnier von seinem stärksten Gegner, dem Italiener Turatti, der wie ein neapolitanischer Zauberkünstler auftritt, mit einer schlichten Eröffnung überrascht, die seine ganze komplizierte Vorbereitung vergebens sein lässt; als die Partie unterbrochen werden muss, gerät der frustrierte Lushin in einen Tagtraum, in dem er sich von den »Schachgöttern« verfolgt fühlt. Er erleidet einen Nervenzusammenbruch, kommt vorübergehend in ein Sanatorium, versucht hernach wie Dr. B. ein Leben ohne Schach. Aber die Verfolger tauchen wieder auf, sie hämmern an die Tür des Badezimmers, in das er sich verkrochen hat. Da seine Frau das Fenster hat blockieren lassen, zwängt Lushin sich durch das Oberlicht und stürzt sich in den Tod.

Die Faszination, die das Schachspiel auszuüben vermag, bedeutet zugleich die Gefahr, in die es seine Liebhaber bringt: Es kann zur Sucht werden, zum Schachfieber, zur Schachvergiftung. Zur Meisterschaft wird heutzutage, da jede nur mögliche Phase des Spiels bis ins Detail analysiert und beschrieben ist, nur noch gelangen, wer das Schach wie einen Leistungssport betreibt, von Kindsbeinen an und mit gestrenger Trainingsdisziplin. Und manche werden auf diesem Weg wunderlich.

Ich musste einmal in einem Turnier gegen einen Jungen von elf, zwölf Jahren antreten, der mich hoffnungslos an die Wand spielte. Seine Miene blieb dabei völlig ausdruckslos. Während ich über meine Züge nachdachte, sah er sich gelangweilt im Saale um. Mir fiel auf, dass ihm hin und wieder ein krampfhaftes Zucken des Augenlids widerfuhr, ein auffälliger *tic nerveux*. Nachdem ich aufgegeben hatte, machte ich ihm Komplimente und versuchte, mit ihm ins Gespräch zu kommen. Aber das war nicht möglich. Er sah mich ausdruckslos an, ließ das Lid zucken und schwieg.

Natürlich liegt nichts mir ferner, als die Schachspieler schlechthin, zum Beispiel die Freunde in meinem Klub und anderswo, oder die 94.000 in Vereinen organisierten Mitglieder des Deutschen Schachbundes, die Zehntausende seiner Jugendlichen, dazu die Hunderttausende von Hobbyspielern, auch Kaffeehausspielern zu verdächtigen, sie litten an der Schachvergiftung oder schlicht an einem Tick. Es würde mir eh niemand glauben angesichts der Berge von Veröffentlichungen, in denen die geistigen, sogar die sittlichen Vorzüge des Schachs gerühmt worden sind: sein erzieherischer Wert, die Schulung des logischen Denkens und der Konzentrationsfähigkeit, die Einübung von Disziplin und Fairness.

Dergleichen Verdächtigung wäre auch falsch, weil sie eine wesentliche Komponente des Schachspiels ignorierte: Es macht Vergnügen. Vielleicht rührt das vor allem daher, dass jede Partie, wie abgenutzt die jeweilige Eröffnung auch sein mag, einem Abenteuer gleichkommt, einer Reise, die sich nur innerhalb eines Gevierts von 64 Feldern bewegen darf, deren Route und Ausgang aber völlig ungewiss sind, weil die Vielfalt der Züge, die den Spielern unterwegs zur Verfügung stehen, faktisch unbegrenzt ist. Wer Schach spielt, rührt an die Unendlichkeit.

Zu den faszinierenden Merkwürdigkeiten dieses Spiels gehört es auch, dass im Lauf des anderthalben Jahrtausends seiner Geschichte zwar nicht wenige große Geister sich dafür begeistert haben, dass eine besondere Begabung für das Schach aber auch mit einem völligen Mangel an Bildung einhergehen kann, wie bei Zweigs Weltmeister Mirko Czentovic, einem stumpfsinnigen Burschen aus einem südslawischen Dorf. Steckbriefe sollen hier nicht ausgegeben werden, aber wer die Stars der heutigen Schachszene ein wenig genauer betrachtet, der wird bei etlichen von ihnen eine gewisse Einseitigkeit der Interessen nicht übersehen können. Das reicht hier und da über Schach, teure Uhren und schnelle Autos kaum hinaus.

Auf der anderen Seite bemühten sich Denker wie Voltaire oder Jean-Jacques Rousseau angestrengt, wenn auch erfolglos, ihre Spielstärke im Schach zu verbessern. Sie besuchten häufig das Pariser Café de la Régence, wo François André Philidor und andere Meister ihrer Zeit verkehrten, setzten sich mit ihnen ans Brett und verloren zu ihrer bitteren Enttäuschung. Und nicht zuletzt ein Mann namens Napoléon Bonaparte ging im Régence gelegentlich, aber ebenso vergeblich der Hoffnung nach, durch Heldentaten auch im Schach berühmt zu werden.

Wollte man einen Skeptiker davon überzeugen, dass das Schachspiel weitaus mehr ist als ein Spiel, dann ließe sich am Ende auf die riesigen Bibliotheken verweisen, die es hervorgebracht hat. In ihnen finden sich nicht nur die Hunderttausende von Büchern zur Theorie der Eröffnungen, der Mittelspiele und der Endspiele, sondern auch Werke, die das Schach in jeden nur denkbaren Zusammenhang der Geistesgeschichte rücken, so zum Beispiel *Das Schachspiel in der europäischen Malerei und Graphik* (Monika Faber, Wiesbaden 1988) oder die *Literatur des Schachspiels* (Anton Schmid, Wien 1847); *Die Psychologie des Schachspielers* (Reuben Fine, Frankfurt/M. 1982) oder – in Deutschland ganz unvermeidlich – eine *Schachphilosophie* (Josef Seifert, Darmstadt 1989).

Zum Glück kann man alle diese Werke studieren – oder es lassen. Man braucht sie nicht. Es genügt, die Regeln des Spiels zu kennen, ein Brett mit 64 Feldern und dazu die 32 Figuren zur Hand zu haben und einen Gegner zu finden,

mit dem gemeinsam man sich auf das Abenteuer einlassen
kann. Das Abenteuer, an der Unendlichkeit zu kratzen.

6. September 2003
Geschrieben für das *Handelsblatt*, Düsseldorf;
dort in einer gekürzten Fassung
veröffentlicht am 28./29. November 2003

Einst, als wir Jünglinge waren
Zum 50. Dienstjubiläum eines Zeitungsverlegers

Unsere erste Begegnung fand im Theater statt. Ich saß im Zuschauerraum, und er stand auf der Bühne, in einer makellos weißen Uniform mit bunten Aufschlägen und Epauletten, mit schwarzspiegelnden, hohen Stiefeln und einem Degen an der Seite. Er überragte um etliche Zentimeter die anderen Schauspieler, mit denen der Regisseur ihn zu einer Art lebendem Bild arrangiert hatte (zaristische Offiziere in gespannter Erwartung eines Umsturzes). Er war eine zugleich jugendliche und imposante Erscheinung.

Ich wäre gern so lang gewesen wie er, und warum nicht auch in einer weißen Uniform. Es musste bei den Frauen die halbe Miete sein, so lang zu sein und so auszusehen wie dieser herausragende Jüngling. Ich war anderthalb bis zwei Köpfe kleiner, trug eine abgelegte Jacke aus einem CARE-Paket und wohnte mit einem Schauspielschüler, der im Weihnachtsmärchen der Kammerspiele ein rotvermummtes Teufelchen mit Schwanz und Spießgabel spielen durfte, in der Münchner Amalienstraße, erstes Hinterhaus zu ebener Erde und Wand an Wand mit einer Kegelbahn.

Ich war 19 Jahre alt und Student der Zeitungs- und Theaterwissenschaft. Alfred Neven DuMont zählte zwanzig und war Schauspieler. Ein richtiger Schauspieler, kein Schüler, der rot vermummt mit einem Purzelbaum aus dem

Kamin herausfahren und die Kinder zum Gruseln wie zum Lachen bringen musste; vielmehr einer, der in einem todernsten Stück als nicht zu ignorierender Blickfang auf der Bühne stand, angetan mit dem mutmaßlich besten Gewand, das die Garderobiere des Theaters über den Krieg hatte retten können.

Auch das Stück hinterließ einen haftenden Eindruck. Es war ein Werk des Expressionisten Alfred Neumann, das »Drama in 5 Akten« mit dem Titel »Der Patriot«, das die Offiziersverschwörung gegen den geisteskranken Zaren Paul I auf die Bühne brachte. Den Zaren spielte Bum Krüger, ein kleinwüchsiger, aber ungeheuer ausdrucksstarker Schauspieler, der erst später im Heimat- und Klamaukfilm landete. Wie er, sein gewaltsames Ende ahnend und jammernd vor Angst, auf den Schoß des Grafen Pahlen kroch, seines Vertrauten und zugleich des heimlichen Drahtziehers der Verschwörung, das war ein Kabinettstück, das die Zuschauer schaudern ließ.

In welcher Rolle des Stücks Alfred Neven DuMont auftrat, ist mir irgendwann entfallen. Sein Name sagte mir damals nichts, außer dass er so gut klang, wie der Träger aussah; mir fehlte also die stabile Gedächtnisstütze einer Personalie, und der Theaterzettel des Abends, den ich gewiss besessen und gehütet habe, muss mit einigen anderen einschlägigen Dokumenten bei irgendeinem Umzug auf der Strecke geblieben sein.

War Alfred Neven der vom Zaren geschurigelte Stabskapitän? Oder der unter Skrupeln sich windende Flügeladjutant Murawiew? Er konnte ja nicht bloß einer der als »Offiziere« im Personenverzeichnis erwähnten Komparsen gewesen sein; ich war mir vielmehr sicher, dass er bei dieser Aufführung als Alfred Neven DuMont beim Namen genannt worden war.

Freilich war ich mir ebenso sicher, dass die Aufführung im Münchner »Theater der Jugend« stattgefunden hatte, in einem Vorort, in den ich mit der Straßenbahn hatte hinausfahren müssen. Aber die erste Überraschung bei der Aufarbeitung solcher Erinnerungen erlebte ich schon, als ich die Geschichte hier zu überlegen begann und mich daranmachte, den einen oder anderen Punkt zu recherchieren, um mein Gedächtnis aufzufrischen.

Ich suchte im Internet nach dem »Theater der Jugend«, fand eine Bühne in Wien, schließlich auch eine dieses Namens in München und rief ebendort an. Eine freundliche Dame fragte mich, was sie für mich tun könne, und ich sagte, ich wolle Genaueres erfahren über eine Aufführung, die zwischen 1947 und 1949 in ihrem Theater stattgefunden habe. Die Antwort kam sofort; sie lautete nein, das sei aber nicht möglich. Und warum nicht? Die Dame sagte, ich müsse mich irren; ihr Theater, hervorgegangen aus der Münchner Märchenbühne, bestehe erst seit 1953.

Der Schock saß. War Alfred Neven in seiner prächtigen Uniform mir etwa nur in einem Traum begegnet? Hatte ich mir zudem auch das ganze Ambiente dieses Theaterabends zusammenphantasiert, die Vorstadtstraße in der späten Sonne, das enge Foyer mit der roten Bespannung und den schiefen Leuchten an den Wänden, den dämmrigen Zuschauerraum, der nach zerschlissenen Sesseln und süßem Parfum roch, einem amerikanischen Parfum vermutlich oder auch einem französischen, mit dem die US-Besatzungsmacht diese oder jene deutsche Zuschauerin verwöhnt hatte?

War die knarrende Bühne, die so aussah, als sei sie zuvor von einem bayerischen Dialekttheater bespielt worden, pure Einbildung gewesen? Und hatte ich den tobenden, schreienden, greinenden Bum Krüger womöglich in einem Film gesehen?

Natürlich mochte ich das nicht glauben. Ich rief die Redaktion des *Münchner Merkur* an, den es damals jedenfalls gegeben haben musste; aber dessen Archiv erteilt keine Auskünfte an das Publikum, und den Bescheid, den ich erhielt, hätte ich auch bei der *Süddeutschen Zeitung* bekommen: »Wann S' a Theaterkritik aus der Zeit suchen, dann müssen S' scho' zu uns kemman und selber die Bände durchschau'n!«

Aus der Verlegenheit half mir mein ehemaliger *Stadt-Anzeiger*-Kollege Rainer Hartmann. Er empfahl mir die Theaterwissenschaftliche Sammlung der Universität Köln, und die grub für mich tatsächlich drei Theaterkritiken aus – Besprechungen einer Aufführung von Alfred Neumanns *Patriot*, die im April 1947 in München ihre Premiere hatte! Allerdings fand die nicht in einem »Theater der Jugend« statt, sondern im »Jungen Theater«, und diese Bühne lag auch nicht in einem Vorort, sondern in der Liebigstraße nahe dem Stadtzentrum. Aber Bum Krüger hatte den Zaren Paul gespielt und Alfred Neven keine geringere Rolle als die seines Sohns, des Zarewitschs Alexander.

Über seine Leistung als Darsteller waren die Kritiker uneins. In der *Süddeutschen* befand der gefürchtete Walter Panofsky, »nur selten glomm in ihm die Echtheit einer

Empfindung auf«; hingegen schrieb ein Rezensent, dessen Kürzel E. B. lautete, im *Echo der Woche*: »Ein besonderes Lob gebührt dem jungen Alfred Neven DuMont, der sich vom naheliegenden Pathos des Stückes nicht verführen ließ, sondern so natürlich wie irgend möglich das schwankende Wesen des Zarewitschs verkörperte und in empfindsamem Spiel seinen Worten einen lebendigen Sinn beigab.«

Ich weiß nicht, ob ich diese Kritiken anno 1947 gelesen habe. Mein Eindruck hatte ohnehin festgestanden: Der junge Mann auf der Bühne hatte mir imponiert.

Das nächste Mal begegneten wir uns rund neun Jahre später, im eisigen Februar 1956. Ich will nach meinen peinlichen Erfahrungen mit dem »Theater der Jugend« die Zuverlässigkeit meiner Erinnerungen nicht überbewerten, aber ich bin ziemlich sicher, dass es in einem überheizten kleinen Zimmer mit einem schmalen Fenster geschah, das über der Garage des alten Pressehauses an der Kölner Breite Straße gelegen war. Alfred Nevens Vater, der Verleger Dr. Kurt Neven DuMont, hatte ihn dazu berufen, den *Kölner Stadt-Anzeiger* zu modernisieren, und das besorgte er in einem Nebenzimmer des Verlags, aber mit beachtlichem Schwung und unter starkem Staubaufwirbeln, indem er die alte Redaktion durch neue, zumeist junge Leute ablöste.

Zu den Neuen gehörten Carl Weiss, Rudolf Rohlinger und Martin Dürbaum, die später beim Fernsehen reüssierten, der nachmalige WDR-Chefredakteur Dieter Thoma, Rolf Becker, der aus dieser Redaktion zum *Spiegel* wechselte, hernach auch Klaus Bresser, der schließlich zum

Chefredakteur des ZDF aufstieg. Ich geriet durch Zufall und eher wider Willen in diese Mannschaft.

Zu dieser Zeit wollte ich keineswegs mehr zum *Stadt-Anzeiger*, bei dem ich mich zuvor vergeblich beworben hatte. Ich wollte vielmehr nach Venezuela auswandern, zum deutschsprachigen *Caracas-Anzeiger*, für den ich hin und wieder etwas geschrieben und der mir tatsächlich ein Angebot gemacht hatte. Mit meinem Studium war ich noch immer nicht fertig geworden, und nun träumte ich ersatzweise von einer Karriere als Auslandskorrespondent. Aber jemand, der das für eine reichlich windige Perspektive hielt und es vermutlich auch gut mit mir meinte, schickte mich zum *Stadt-Anzeiger*: da hätte ich bessere und vor allem solide Chancen, weil der Jungverleger die ganze Redaktion umkrempele.

In der Tat stellte Alfred Neven mich, nachdem ich von Dr. Günther Sawatzki, dem Chefredakteur der jungen Mannschaft, besichtigt und empfohlen worden war, als Volontär ein, zu meiner eigenen Überraschung. Dass der Jungverleger sich auch von mir eine Belebung der Zeitung versprochen hätte, kam mir unwahrscheinlich vor. Es war mir schon klar, dass die Auswahl eines Volontärs keine entscheidende Personalie war. Aber ich wusste nicht recht, ob ich mich über dieses Engagement freuen sollte.

Freilich war mir bei dem Einstellungsgespräch bewusst gewesen, dass ich ihn schon kannte, von der Bühne eben, als Zarensohn. Ich erwähnte es nicht, vielleicht, weil ich mich nicht anbiedern wollte, vielleicht aber auch, weil ich fürchtete, es könne ihm peinlich sein. Für mich war er ein Künstler gewesen, ein Schauspieler am Beginn einer womöglich glänzenden Karriere. Hatte die Karriere sich als Fehlschlag erwiesen? War er hinter einen Schreibtisch ins Familienunternehmen retiriert?

Dass dieser junge Mann, der nur ein Jahr älter war als ich, im Unterschied zu mir über Macht verfügte und etwas bewirken konnte, wurde mir allerdings bewusst. Er konnte mir zum Beispiel ein Gehalt anbieten, das von da an auch regelmäßig auf meinem Konto einging (nach meiner Erinnerung waren es 350 Deutsche Mark monatlich, ein Betrag, für den ich zuvor 350 Stunden als »Werkstudent« bei einem Versicherungskonzern hätte jobben müssen).

Im Lauf der Zeit begriff ich auch, dass er der Bühnenkarriere nicht nachtrauerte, sondern den Beruf des Verlegers mit Lust ausübte, und nicht zuletzt die Macht, die ihm als dem Erben eines großen alten Unternehmens zufiel. Ich war als Volontär nur eine Randfigur in diesem Unternehmen, der Schaden, den ich anrichten konnte, war begrenzt, für größere Pannen trugen andere die Verantwortung, und die bekamen im Zweifelsfall auch die Prügel. Aber es blieb mir nicht verborgen, dass der Jungverleger schroffe Aktennotizen versandte, wenn ihm dieses oder jenes in der Zeitung missfallen hatte, und dass er auch ältere Kollegen ebenso wie Kolleginnen gelegentlich anherrschte, als halte er sie für sein Dienstpersonal.

Ich kam auch dahinter, dass er hin und wieder mit einem gewissen Vergnügen Leute unter Druck setzte, nur um sie zu testen. Ich selbst erfuhr das an einem Abend, an dem es mit ihm irgendetwas zu feiern gab, ich weiß nicht mehr, was. Die junge Mannschaft hatte am Ende noch nicht genug, sie zog um in ein anderes Lokal, Alfred Neven übernahm die Tete, und auch ich wurde im Kielwasser mitgeschleppt. Wir stiegen irgendwo in der Innenstadt eine Treppe hinab in ein schummriges Etablissement, es war ziemlich eng da unten, und kaum hockten wir beisammen und hatten den ersten Schluck getrunken, als Alfred Neven rief: »Jetzt hält der Kettenbach eine Rede!«

Ich hätte zur Not auch eine Rede zustande gebracht, aber es ging mir gegen den Strich, das auf Kommando zu tun. Ich sagte: »Nein, der Kettenbach hält keine Rede.« Der Jungverleger lächelte und fragte, ob ich mich etwa bitten lassen wolle. Ich antwortete, ich wolle mich überhaupt nicht bitten lassen, aber ich hätte keine Lust, eine Rede zu halten. Wir setzten den Dialog in dieser Weise noch ein wenig fort, ich wurde immer wütender, die anderen verfolgten gespannt die Szene, und unversehens gab Alfred Neven auf. Irgendjemand anders tat ihm den Willen und hielt die Rede.

Hilfreiche Kolleginnen und Kollegen haben mich, nachdem ich diesen Beitrag hier übernommen hatte, mit ganzen Packen von Materialien ausgestattet, in denen die Leistungen Alfred Neven DuMonts dokumentiert und gewürdigt wurden. Einige dieser Leistungen habe ich als Mitarbeiter des Hauses miterlebt, nicht wenige andere kenne ich bestenfalls vom Hörensagen. Ein Biograph, der es genau nimmt, würde Mühe haben, alles aufzuspüren und festzuhalten, was der Mann im Laufe seines Lebens unternommen hat, die Wagnisse, mit denen er gescheitert ist, und die weitaus zahlreicheren, die ihm zum Erfolg gerieten.

Bei Journalisten zählen vor allem natürlich ehrgeizige

publizistische Initiativen eines Verlegers – auf die Gefahr hin, dass sie sich nicht auszahlen und deshalb verhungern. Schon in den fünfziger Jahren hieß es, der junge Neven wolle die Tradition des Verlagshauses mit einem anspruchsvollen überregionalen Blatt fortsetzen; zwar nicht in Gestalt der *Kölnischen Zeitung*, die 1945 nach fast 150 Jahren, in denen sie sich auch international einen Namen gemacht hatte, auf Anordnung der Nazis eingestellt werden musste, wohl aber eine Zeitung mit vergleichbarem Anspruch.

Es wurde in der Tat auf einer gemieteten Büroetage gegenüber dem Pressehaus nicht nur ein Werbeteam, sondern auch eine Redaktion aus namhaften Journalisten zusammengestellt, die sogar Testausgaben produzierte. Aber am Ende war abzusehen, dass das Blatt sich nicht tragen würde, es wurde aufgegeben.

Eine Art Ersatz fand Alfred Neven in der Zeitschrift *Magnum*, die seit 1953 in Wien sporadisch erschienen war und die er 1957 übernahm. Das Blatt, das unter seiner Herausgeberschaft alle zwei Monate erschien und – in gewollter Antithese zu den gängigen Illustrierten – mit exzellenten Fotos und fundierten Texten jeweils ein großes Thema behandelte (1958: »Die Situation der Frau«; 1963: »Sicherheit ist gefährlich«), erreichte bei einer Umfrage 1962 hinter der *Frankfurter Allgemeinen* und dem *Spiegel* den dritten Platz unter den angesehensten deutschen Periodika. Im November 1966 wurde es eingestellt; den Grund hatte der Schriftsteller Hans Bender, zwei Jahre lang Chefredakteur von *Magnum*, schon früher genannt: »Das Defizit wuchs an.«

Ich erinnere mich an ein anderes kleines, aber symptomatisches Beispiel für den Aufwand, mit dem Alfred Neven sich bemühte, neue Ideen in das alte Pressehaus zu bringen. Ich muss noch Volontär gewesen sein, als ich an einem frühen schönen Sonntagmorgen im Sommer hinausfuhr zu seinem Haus am Waldrand. Er hatte rund ein Dutzend gelehrter Leute, zumeist Universitätsdozenten und Professoren, dazu zwei oder drei Redakteure zu einem Symposion eingeladen, einem Gedankenaustausch über ein Thema, das vielleicht in *Magnum* behandelt werden sollte. Ich hatte den Auftrag, das Gespräch zu protokollieren und hernach auch einen Artikel darüber zu schreiben.

Ich weiß noch, dass Martin Broszat dabei war, der spätere Direktor des Instituts für Zeitgeschichte in München, und ich glaube, mich auch an Karl Dietrich Bracher zu erinnern, der zu dieser Zeit womöglich schon auf den Lehrstuhl für Politische Wissenschaften in Bonn berufen worden war. Ich saß inmitten dieser erlesenen Geister, die sich auf weißen Gartenstühlen im Freien niedergelassen hatten, empfand ein gewisses Bangen, weil ich noch immer vor ebensolchen Leuten ein Universitätsexamen abzulegen plante, genoss es aber, mir wie sie vom Butler und einer schwarzgekleideten jungen Frau mit weißem Schürzchen kühle Getränke servieren zu lassen.

In dem Artikel, den ich dazu schrieb und zwei Tage später beim Gastgeber ablieferte, skizzierte ich eingangs, wie Gaius Maecenas, der steinreiche Römer, in seinem Hause einst Künstler bewirtete, nicht nur, um seine eigene Bildung zu vermehren, sondern auch, um die Künste schlechthin zu fördern. Der Vergleich war nicht völlig falsch, und ich hatte auch einen – wie mir schien – eleganten Übergang zu dem Gespräch in Nevens Garten gefunden. Aber der Verleger muss mich missverstanden haben; er glaubte wohl, ich hätte mich an ihn heranschmeißen wollen. Der Artikel erschien nicht.

Eine Initiative, die sich auch wirtschaftlich auszahlte, war 1964 die Umwandlung der *Express-Ausgabe des Kölner Stadt-Anzeigers* aus einem Wochenendblatt in eine Tageszeitung. Das Blatt war zuvor herausgebracht worden, damit die Sportleser nicht bis zur Montagausgabe auf die Berichte über die Fußball-Bundesliga warten mussten. Es wurde von heute auf morgen zur kompletten Zeitung erweitert, um eine bedrohliche Konkurrenz abzuwehren: Der alteingesessene Düsseldorfer *Mittag* war unter Beteiligung des Springer-Verlages in eine Boulevardzeitung verwandelt worden und verfolgte das Programm, sich in alle rheinischen Großstädte auszubreiten.

Es war ein Kraftakt und ein hohes Risiko, mit einer über Nacht zusammengewürfelten Redaktion den Kölner Markt gegen einen solch starken Wettbewerber zu verteidigen. Ich weiß nicht, wie groß der Anteil anderer, so der des rührigen Verlagsdirektors Hans Dietrich, an diesem Kraftakt war. Aber das Risiko trug der Herausgeber des Blatts, Alfred Neven.

Und die Entscheidung erwies sich als erfolgsträchtig: Ein halbes Jahr später wurden täglich 50.000 Exemplare der neuen Boulevardzeitung *Express* verkauft. 1967 wurde der *Mittag* eingestellt, der *Express*, der sich zuvor schon eine Bonner Ausgabe zugelegt hatte, breitete sich auch nach Düsseldorf aus. Das beeindruckte sogar die Redaktion des *Kölner Stadt-Anzeigers*, die sich in der Regel gegenüber dem leichtgeschürzten Schwesterblatt etwas auf ihre Seriosität zugutehielt.

Unter den Daten zur Leistungsbilanz Alfred Nevens, die mir so vorsorglich anheimgegeben wurden, findet sich – natürlich – auch die Gründung des DuMont Buchverlags 1956, der sich unter der Leitung von Nevens Schwager Ernst Brücher zu einem international renommierten Kunstbuchverlag entwickelte; ebenso Alfred Nevens Tätigkeit als Präsident des Bundesverbandes Deutscher Zeitungsverleger (1980–1984) und Präsident der Industrie- und Handelskammer zu Köln (1990–1998); sein Engagement für die Kunst, unter anderem als Initiator des Stifterrates für das Kölner Wallraf-Richartz-Museum (1997); selbstverständlich auch die Übernahme der ehemaligen SED-Zeitung *Freiheit* in Halle, die als *Mitteldeutsche Zeitung* sich gegen die ganz ungewohnte, scharfe Konkurrenz behauptete; und nicht zuletzt im Jahr 2003 die Gründung einer »Europäischen Journalistenschule« an der Universität Halle-Wittenberg (nachdem die Stadt Köln auf einen entsprechenden Vorschlag Nevens nicht schnell genug reagiert hatte); seit 2001 ist Alfred Neven Honorarprofessor dieser Universität.

Bei seinen Verleger-Kollegen zählt vermutlich am meisten das Faktum, dass er das Familienunternehmen in der Rangliste der deutschen Tageszeitungen auf den vierten Platz gebracht hat. Mit der ehemaligen Konkurrenz vor Ort, der *Kölnischen Rundschau*, die der Verlag M. DuMont Schauberg 1999 übernahm, bringt die Verlagsgruppe täglich mehr als eine Million Zeitungen auf den Markt.

Nimmt man die vielfältigen Beteiligungen des Hauses an Sendern und Produktionsgesellschaften hinzu, dann stellt M. DuMont Schauberg einen gewichtigen Faktor der Meinungsbildung dar, ein Unternehmen, das sich durchzusetzen und auf sehr resolute Art sich auch die Konkurrenten vom Halse zu halten versteht. Als der norwegische Verlag Schibsted 1999 versuchte, in Köln eine Gratiszeitung zu etablieren, wie sie sich in anderen Städten schon hatte einführen lassen, gerieten die Invasoren in das Sperrfeuer einer eher ungewöhnlichen Allianz: M. DuMont Schauberg und der Springer-Verlag (*Bild*) antworteten ihrerseits mit Gratiszeitungen. Den Norwegern wurde dieser Feldzug zu kostspielig, sie gaben nach einem Jahr auf.

Im Laufe unserer ja doch recht langen Bekanntschaft habe ich mich hin und wieder gefragt, was den Mann antrieb, sich immer wieder auf Herausforderungen einzulassen, die er immer wieder fand und manchmal auch dort fand, wo er ihnen hätte aus dem Wege gehen können. Ich erinnere mich an einen Fall, in dem mir das besonders auffiel, weil ich damit sozusagen befasst worden war.

Eines Morgens wurde ich ohne Nennung eines Themas kurzfristig zum Verleger gebeten. Ich war in dieser Zeit wohl stellvertretender Chefredakteur des *Stadt-Anzeigers* und überlegte mir demzufolge auf dem Weg ins »Vorderhaus« (wie der Sitz des Herausgebers im Unterschied zu dem der Redaktion – logischerweise dem Hinterhaus – genannt wurde), welche Panne oder welchen Fehltritt in der Zeitung ich übersehen haben könnte und zu verantworten haben würde. Aber ich wurde überrascht. Alfred Neven eröffnete mir, nach einer kurzen Erörterung der Politik vom Tage, er wolle mich um einen Rat bitten.

Das kam nicht gerade häufig vor, und der Anlass war noch ungewöhnlicher: Er sagte, er müsse sich sehr bald entscheiden, ob er für die Neuwahl des Präsidenten der Kölner Industrie- und Handelskammer kandidieren solle; und was ich davon hielte. Ich antwortete pflichtschuldigst, ich wüsste nicht allzu viel über dieses Amt und seine Verpflichtungen. Aber ich fürchtete, es könne ihn als den Herausgeber zweier Tageszeitungen in Interessenkonflikte bringen, und deshalb würde ich ihm davon abraten.

Es hätte mich freilich sehr überrascht, wenn er diesem Rat gefolgt wäre, und in der Tat kandidierte er, wurde gewählt und übte das Amt acht Jahre lang aus, mit Erfolg offenbar. Ich weiß nicht, ob ich ihm anno 1955 auch davon abgeraten hätte, Prinz Karneval zu werden, aber das Ergebnis wäre das gleiche gewesen. Und ebenso vergeblich waren meine – freilich nur halblauten – Bedenken gegen die Absicht, eine große Zeitung in den neuen Ländern zu übernehmen, deren Kosten nicht zuletzt zu Lasten der alten Zeitungen des Hauses gehen würden.

Ich nehme an (er hat es nie gesagt), dass er dergleichen Einwände für kleinkariert gehalten hat; die Dimensionen, in denen ein Unternehmer sich bewegt, sind vermutlich von anderem Zuschnitt, und der Erfolg hat ihm ja auch recht gegeben. Unter anderem hat sein Engagement für die *Mitteldeutsche Zeitung* in Halle und in der Region ringsum Arbeitsplätze gesichert und Initiativen freigesetzt.

Natürlich weiß man, dass Leute, die über Macht verfügen, in den meisten Fällen sich nicht auf dieser Macht zur

Ruhe setzen, sondern sie auszubauen trachten, und dass das nicht immer aufgrund altruistischer Bedürfnisse geschieht. Aber das allein vermag Alfred Nevens so vielfältige und unablässige Aktivitäten nicht zu erklären. Er folgte nicht zuletzt einer politischen Ausrichtung, die sich in dem platten Wirtschaftsliberalismus so mancher Unternehmer nicht erschöpft, sondern bürgerliche Freiheiten ernst nimmt. So war er bei der großen Kölner Aktion »Arsch huh – Zäng usenander!« (etwa: Hoch mit dem faulen Hintern, und das Maul aufmachen!) gegen die Ausländerfeindlichkeit nicht nur auf dem Podium dabei; er ging auch als Werber solcher Ideen auf die Straße und ließ sich dafür anpöbeln.

Den Mut, für seine Sache einzutreten und dafür, wenn es sein muss, zu bezahlen, hat er schon früher bewiesen. Im brodelnden Frühjahr 1968 wurden wie schon zuvor »beim DuMont« auch zwei Springer-Zeitungen gedruckt, Teile der Auflage von *Bild* und *Bild am Sonntag*, die sich mit ihren Kampagnen gegen die revoltierenden Studenten hervorgetan hatten. Am Gründonnerstag 1968 kam es in Berlin zu dem Attentat auf den Wortführer der Studenten, Rudi Dutschke, der dabei schwer verletzt wurde. Am Abend des Karsamstag versammelten sich massenweise Kölner Studenten vor den Ausfahrten des Kölner Pressehauses, um hier wie in anderen Städten die Auslieferung der *Bild*-Zeitung zu verhindern.

Alfred Neven ging zu der blockierten Ausfahrt des Hauses an der Schwalbengasse, stieg auf ein Podest und begann, per Megaphon mit den aufgebrachten Studenten zu diskutieren. Ich weiß im Einzelnen nicht mehr, was er ihnen antwortete; aber er brachte seine Sympathien mit ihrem Anliegen zum Ausdruck, und wahrscheinlich wiederholte er einen Hinweis, den er ihnen schon zuvor gegeben hatte: dass von dem Druckauftrag der *Bild*-Zeitung insgesamt 80 Arbeitsplätze im Pressehaus abhingen. Jedenfalls gelang es ihm, die Gemüter zu beruhigen. Der Springer-Verlag freilich kündigte dem Kollegen den Druckauftrag.

Natürlich ist er desungeachtet immer wieder dem Vorwurf begegnet, es gehe ihm nur um den wirtschaftlichen Erfolg seines Unternehmens. Zu einem solchen Vorwurf neigen nicht zuletzt Journalisten, wenn sie sich in ihren Freiheiten durch wirtschaftliche Interessen – und die werden nun mal zumeist durch den Verleger artikuliert – eingeschränkt fühlen. Ich selbst habe mich hin und wieder zu diesem Vorwurf versucht gefühlt, und mich hat es immer wieder Mühe gekostet, mir eine Erkenntnis klarzumachen, die Alfred Neven immerhin schon 1959 anlässlich eines Jubiläums im *Stadt-Anzeiger* drucken ließ: »Wir sind der Meinung, dass eine Zeitung weder Politikum noch Kulturinstitut sein kann, wenn sie nicht zugleich ein unabhängiges kaufmännisches Unternehmen ist.«

Was alles erforderlich ist, um unabhängig zu sein, und was umgekehrt die Unabhängigkeit untergräbt, darüber kann man freilich streiten. Eine Art Ergänzung zu dem Satz des Junior-Verlegers lieferte an demselben Tag sein Vater, Kurt Neven DuMont, als er im Leitartikel des *Stadt-Anzeigers* schrieb: »Unabhängigkeit gründet sich … besonders auf den Willen der Herausgeber und Redakteure, in der Stellungnahme, dem politischen Urteil allein dem eigenen Gewissen zu folgen.« Der Herausgeber, schrieb der

Verleger weiter, müsse »den Redakteur als einen gleichberechtigten Partner anerkennen. Grundsätzliche und unüberbrückbare Meinungsverschiedenheiten machen allerdings eine saubere Trennung notwendig, bei der der Verleger, der das Risiko des Unternehmens trägt, die Tatsache loyal berücksichtigen muss, dass der Redakteur der materiell Schwächere ist«.

Hans Schmitz, ehemaliger Chefredakteur des *Stadt-Anzeigers*, hat in einem Buch über die Geschichte dieser Zeitung ein Beispiel der Unabhängigkeit verzeichnet, die Kurt Neven seinem Haus zu bewahren trachtete: 1956 boten der Bundeskanzler Adenauer und der Kölner Bankier Pferdmenges dem Verleger an, ihm behilflich zu sein, wenn er die *Kölnische Zeitung* wieder herausbringen wolle, was ein Herzenswunsch Kurt Nevens war. Es kam auch zu einem Gespräch im Bonner Palais Schaumburg, dem Amtssitz des Bundeskanzlers.

Aber dem Verleger wurde alsbald klar, dass es Adenauer »nur darum zu tun war, eine überregionale Zeitung für seine politischen Zwecke zur Verfügung zu haben. Pferdmenges sollte das Geld dafür zur Verfügung stellen und wir unseren guten Namen.«

Das Gedächtnisprotokoll, das Kurt Neven hernach angefertigt hat, fährt fort: »Es war mir unter diesen Umständen natürlich klar, dass die Durchführung dieses Projektes für uns nicht in Frage kommen konnte. Die beiden alten Herren bedrängten mich so sehr, dass mir am Schluss nichts anderes übrigblieb, als kurz und bündig nein zu sagen.« (Hans Schmitz, *Das Comeback einer Zeitung*, Köln 1989, S. 26 f.)

Kurt Neven starb 1967, Alfred Neven wurde Vorsitzender der Geschäftsführung des Verlages und alleiniger Herausgeber der Zeitungen des Hauses. Der Weg bis zu seinem Schreibtisch im Vorderhaus verlängerte sich ein wenig. Einst, in dem kleinen Zimmer über der Garage, hatte man, sobald man eintrat, vor dem Schreibtisch gestanden; jetzt waren von der Tür bis dorthin an die zehn Meter zurückzulegen. Allerdings kam er einem oft genug auch entgegen, öffnete persönlich die Tür oder holte einen sogar im Warteraum seines Sekretariates ab.

Die Gebräuche waren natürlich, wie sich aus der Chronik des Hauses folgern lässt, schon wesentlich lockerer als um die Jahrhundertwende. Die Verleger von damals und auf welche Weise man sich ihnen näherte hat Dr. Ernst Posse beschrieben, der 1885 in die Redaktion der *Kölnischen Zeitung* eintrat und 1901 ihr Chefredakteur wurde: »Im ›Kabinett‹ an der Breite Straße, dem ›Allerheiligsten‹, vor dem man, bevor man es betrat, im Geist die Schuhe auszog, hausten August Neven senior und sein Sohn Josef.« (Kurt Weinhold, *Die Geschichte eines Zeitungshauses*, 1620–1945, Köln 1969, S. 191)

Gleichwohl war es nie zu übersehen, dass sowohl Alfred Neven wie auch sein Vater sich der respektablen Tradition ihrer Familie und ihres Unternehmens nicht nur sehr bewusst, sondern dass sie auch sehr stolz darauf waren. Auch das und nicht zuletzt das war, so denke ich, ein Antrieb für den Sohn, das Familienunternehmen durch eine unermüdliche breitgefächerte Expansion zu stärken und abzusichern. Wer wie ich einer kleinbürgerlichen Familie entstammt, in der manche Nachfahren schon nicht mehr wissen, wer und was ihre Großeltern waren, tut sich vielleicht schwer, solche Aktivität, aber auch solchen Stolz zu verstehen.

In seinen Erinnerungen hat der Chefredakteur Posse weiter geschrieben, zu seiner Zeit hätten alle Mitarbeiter des Hauses die »Empfindung« gehabt, dass der Verleger, August Neven, »ein guter Mensch sei und unser Bestes wollte. Wir lebten ja noch in den Zeiten des sozialen Patriarchats, in denen der Unternehmer alle, die in seinem Hause tätig waren, persönlich kannte und sich für ihr Wohlergehen verantwortlich fühlte.«

Nun ist das Unternehmen ja um einiges gewachsen, und es wäre sicher übertrieben zu behaupten, dass auch Alfred Neven alle seine Mitarbeiter persönlich kannte oder kennte und sich um das Wohl eines jeden Einzelnen von ihnen zu sorgen vermöchte. Aber gewisse Neigungen zu einem patriarchalischen Regiment ließ er zweifellos auch schon in jüngeren Jahren erkennen. Für mich hat sich das immer als Konsequenz seines Bewusstseins erklärt, der Repräsentant einer großen, alten und ehrenwerten Familie zu sein, die ja auch seit jeher ihre Angestellten hatte.

Wer an seinen guten Absichten zweifelte, erweckte seinen Zorn. Der *Stadt-Anzeiger*-Redakteur Hartmut Schergel, der schon als Vorsitzender der DJU, der radikaleren der beiden Journalistengewerkschaften, als ein Widerpart der Verleger in Erscheinung getreten war, wurde fristlos gefeuert, nachdem er in der Reisebeilage den Artikel eines Mitarbeiters veröffentlicht hatte, der eine geschäftliche Verbindung des Hauses kritisierte. Der Herausgeber war zwar zur Zeit der Kündigung nicht im Hause, sondern in Urlaub, aber er nahm nach seiner Rückkehr die Kündigung auch nicht zurück. Schergel zog vors Arbeitsgericht und gewann, er durfte in seiner vorherigen Stellung weiterarbeiten.

Ich selbst habe freilich so gut wie nie einen schwerwiegenden Anlass gehabt, mich über Alfred Neven zu beklagen (bei wem auch?). Ein einziges Mal gerieten wir wirklich hart aneinander. Zu der Zeit war ich politischer Ressortleiter des *Stadt-Anzeigers*, ich hatte einen Kurzkommentar zu irgendeiner Tat eines Landesministers geschrieben, die ich und nicht nur ich für eine Fehlleistung hielt. Was ich nicht wusste, was mich aber auch nicht hätte abhalten dürfen, war, dass Alfred Neven und der Minister sich gut kannten, wenn nicht sogar befreundet waren.

Am anderen Morgen früh wurden nicht nur ich, sondern auch zwei Mitglieder der Chefredaktion in das Zimmer mit den langen Wegen zitiert. Der Herausgeber, mit versteinertem Gesicht, kam ohne Umschweife zur Sache, er fragte mich, wie ich dazu käme, den Herrn Soundso derartig herunterzumachen. Ich antwortete, ich hätte den Herrn Soundso nicht heruntergemacht, sondern seine jüngste Leistung kritisch beurteilt, und wies auf die Gründe hin, die ich in dem Kommentar ja auch genannt hatte. Als ich auf den nächsten Vorhalt abermals mit Gegenargumenten reagierte, schaltete der Herausgeber unversehens auf die dreifache Lautstärke um, er brüllte mich an, dass die Wände widerhallten.

Ich überlegte keine Sekunde, ich brüllte unverzüglich zurück, und zwar so laut, dass nach meiner Einschätzung es auch die Sekretärinnen im Vorzimmer verstehen konnten. Der Herausgeber schaltete ebenso unverzüglich auf die normale Lautstärke zurück. Wir beendeten das Gespräch nach einer einigermaßen ruhigen Fortsetzung, er noch immer mit einem leicht versteinerten Gesicht, aber er gab mir die Hand.

Die Geschichte soll nicht bedeuten, dass speziell Alfred Neven oder womöglich die Verleger schlechthin an der Schwäche litten, andere Menschen anzuschreien. Ich habe auch Chefredakteure erlebt, die diese Art der Kommunikation mit Redakteuren für ein Vorrecht ihrer Stellung hielten, und ich habe sogar schweigend dabeigesessen, wenn es anderen widerfuhr, obwohl ein solcher Verstoß gegen die Menschenwürde den sofortigen Protest jedes Anwesenden erfordert hätte. Schweigen ist halt bequemer.

Es war übrigens das einzige Mal, dass Alfred Neven mich angeschrien hat. Auf der anderen Seite kenne ich eine ganze Reihe von Fällen, in denen er auch die sympathischere, die positive Seite eines patriarchalischen Regiments erkennen ließ. Es steht mir nicht zu, hier über die Fürsorge zu berichten, die er anderen erwiesen hat und die zum Teil erheblich über das hinausging, was er ihnen als Vertragspartner schuldete. Aber ich habe nicht zuletzt selbst von solcher Fürsorge profitiert.

Als ich von der Bonner Politik übergenug hatte, schlug er mir vor, auf ein Jahr ins Ausland zu gehen, mich umzuschauen und zu regenerieren. Ich suchte mir New York als Wohnsitz aus, und ich wurde von ihm finanziell so ausgestattet, dass ich tun und lassen konnte, was mir gefiel, ich grub mich in die Stadt hinein, reiste durch die USA und fand auch noch die Zeit, einen Roman zu Ende zu schreiben. Es war das, was die Amerikaner ein *sabbatical year* nennen und was reiche Universitäten in den USA gelegentlich einem ihrer Professoren gewähren.

Geholfen hat er mir auch in einer sehr prekären Situation, in der ich für den Fehltritt eines Menschen, den ich nicht im Stich lassen mochte, einstehen musste, aber das Geld nicht hatte, das dazu nötig war. Ich ging zu Alfred Neven, vertraute mich ihm an, und er gewährte mir auf der Stelle ein Darlehen, mit dem ich das Problem bereinigen konnte. Hernach hat niemand mich auch nur andeutungsweise auf den Fall angesprochen; ich schließe daraus, dass der Verleger auch niemanden davon hat wissen lassen.

Anfang der siebziger Jahre, als unter der Regierung der sozialliberalen Koalition die Demokratisierung der Gesellschaft zur gängigen Parole wurde, sah es so aus, als werde der Rangunterschied zwischen dem Herrn des Unternehmens und seinen Mitarbeitern zu einem historischen Relikt zurückgestutzt. Es hagelte Vorschläge zum Ausbau der betrieblichen Mitbestimmung, die Bundesregierung dachte nach über ein Presserechtsrahmengesetz, und in Pressehäusern wie dem des *Sterns* oder der *Süddeutschen Zeitung* wurden Redaktionsstatute entworfen, die die Rechte der Redakteure stärken und die der Verleger eingrenzen sollten.

Auch beim *Kölner Stadt-Anzeiger* machte sich, aus dem Vorderhaus argwöhnisch beobachtet, ein selbsternannter Ausschuss von Redakteuren unter Vorsitz des politischen Ressortleiters Dr. Hans Gerlach ans Werk. Nach zähen Debatten brachte er den Entwurf eines Redaktionsstatuts zu Papier, der Ende Mai 1970 dem Herausgeber zugeleitet wurde. Alfred Neven ließ sich auf Verhandlungen darüber ein, obwohl er dem ganzen Unternehmen nicht traute. Mir, als einem Mitglied des Ausschusses, hat er in einem hitzigen Unter-vier-Augen-Gespräch einmal vorgeworfen, ich wolle nicht weniger als seine Abdankung. Vielleicht hat er es in der Rage des Augenblicks gesagt, vielleicht wollte er mir nur Bange machen, wir haben es beide jedenfalls alsbald vergessen.

Nach 19 Sitzungen, teils mit dem Herausgeber, meist mit seinem Beauftragten und dem Hausjuristen, und einer endlos scheinenden Kette von Stellungnahmen, Gegenentwürfen und neuen Entwürfen kam denn auch ein Redaktionsstatut zustande, dem eine Redakteursversammlung des *Stadt-Anzeigers* am 22. Mai 1971 zustimmte. Es garantierte die grundsätzliche Haltung der Zeitung und verpflichtete sie auf die sozialen und liberalen Prinzipien.

Alfred Neven krönte das Werk durch ein von ihm hinzugegebenes »Herausgeberpapier«, nach dem sein Nachfolger aus einer Wahl hervorgehen sollte, bei der den persönlich haftenden Gesellschaftern des Hauses 40 Prozent, den leitenden Angestellten 20 und den Redakteuren die restlichen 40 Prozent der Stimmen zustanden. Zur Wahl sollten mindestens 70 Prozent der Stimmen erforderlich sein. Das bedeutete, dass kein Herausgeber gegen alle Stimmen der Gesellschafter, aber auch nicht gegen alle Stimmen der Redaktion ins Amt gelangen konnte.

Das war in der Tat ein sehr beachtlicher Schritt, den Redakteur – wie Kurt Neven 1959 postuliert hatte – als einen gleichberechtigten Partner des Verlegers anzuerkennen. Was *Die Welt* später einmal über Alfred Neven geschrieben hat, schien diesem Mann nicht gerecht zu werden: »Er ist Herr im Haus. Ein Patriarch… Ein Verleger, der keine Abstriche an Grundsatz- und Richtlinienkompetenzen duldet.«

Im Alltag bewährte sich das Statut dann allerdings keineswegs so, wie die Urheber das gehofft hatten. Permanente Auseinandersetzungen zwischen dem Redaktionsbeirat, der gemäß Statut von den Redakteuren als ihre ständige Vertretung gewählt wurde, und dem Herausgeber entzündeten sich vor allem an der Verpflichtung des Verlegers, vor der Einstellung oder Entlassung eines Chefredakteurs »den Beirat rechtzeitig zu unterrichten und anzuhören« und sein Votum zu berücksichtigen (allerdings, ohne daran gebunden zu sein).

Am 30. September 1988 kündigte Alfred Neven das Redaktionsstatut. Vorangegangen war eine der üblichen Meinungsverschiedenheiten, diesmal über das Ausscheiden des Chefredakteurs Haug von Kuenheim. Aber dieser Fall riss neue und tiefere Gräben auf: Artikel in den Organen der beiden Journalistengewerkschaften hatten die Geschichte aufgegriffen und sie auf ihre Weise dargestellt. Der Redaktionsbeirat des *Stadt-Anzeigers* trat zusammen, erörterte nicht zuletzt diese Artikel, erklärte in seinem Kommuniqué dazu jedoch lediglich: »Beschlüsse wurden nicht gefasst.«

Der Herausgeber reagierte tief betroffen und empört. In einem Brief, in dem er seine Gründe für die Kündigung des Statuts erklärte, wies er darauf hin, dass in einem der Artikel nicht nur er, sondern ohne jeden Zusammenhang auch seine Familie diffamiert worden sei. Hier würden also

»minderjährige Kinder gleichsam in Sippenhaft genommen, und der gewählte Beirat des *Kölner Stadt-Anzeigers* ›befasst sich‹, hat aber sozusagen nichts damit zu tun«. Erst hernach habe der Beirat sich halbwegs distanziert, doch »zu einer weiteren menschlichen Regung« sich nicht veranlasst gesehen.

Manche Redakteure des *Stadt-Anzeigers* meinten, dass die Konsequenz, aus einem solchen Anlass gleich das ganze Statut auf den Müll zu werfen, unangemessen und nicht glaubhaft begründet sei. Anderen wurde offenbar jetzt erst klar, dass der unfaire Angriff auf seine Familie den Herausgeber an einem sehr persönlichen und sehr empfindlichen Punkt getroffen und verletzt hatte und dass ihm in dieser Situation die Solidarität der Redaktion eine Genugtuung, vielleicht sogar ein wesentlicher Trost gewesen wäre.

Solche Solidarität war in der Tat einfach in Zeiten, in denen der Herausgeber Prügel bezog, weil er sich für Anliegen engagierte, die auch der Redaktion am Herzen lagen: schon 1962 für einen Ausgleich mit dem Osten; 1969 für die Ablösung der CDU aus der Regierung und die Wahl der sozialliberalen Koalition; und 1971 ja auch für das Statut. Die Solidarität war schwieriger, aber sie wäre vielleicht sehr viel wichtiger gewesen in Zeiten, in denen die Redaktion sich mit dem Herausgeber stritt.

Wer gleichwohl glaubt, dass Alfred Neven das Statut in Wahrheit gekündigt hat, weil er endlich wieder ohne Wenn und Aber der Herr im Haus, Herr im Haus seiner Väter sein wollte, der muss allerdings auch daran vorbeisehen, dass das Herausgeberpapier nach wie vor in Kraft ist.

Im Laufe unserer Bekanntschaft hat Alfred Neven mir wiederholt angekündigt, dass er schon sehr bald kürzertreten und sich von den allzu vielen Geschäften befreien werde. Als er Ehrenbürger seiner Vaterstadt geworden war, als der glitzernde Neubau an der Amsterdamer Straße stand und das alte, nach Arbeit, Druckerschwärze und Maschinenöl riechende Pressehaus an der Breite Straße, in dem wir als Jünglinge uns zu Hause fühlten, umgepflügt worden war, da dachte ich, jetzt wird es wohl so weit sein.

Es ist offenbar noch immer nicht so weit. Und eigentlich kann ich mir auch kaum vorstellen, dass es mit ihm jemals so weit kommen wird.

Abgeschlossen am 14. Mai 2003
Der Artikel war für eine Festschrift zum
50. Dienstjubiläum des Zeitungsverlegers
Alfred Neven DuMont bei mir in Auftrag
gegeben und geliefert worden.
Nach einem gewissen Zögern teilte das
dreiköpfige Redaktionskollegium mir mit,
mein Text sollte vielleicht hier und da
ein wenig redigiert werden. Ich bat um eine
Auflistung der vorgeschlagenen Änderungen.
Sie waren so einschneidend, dass ich den
Artikel zurückzog. HWK

Kein ganzes Jahrhundert

Ein Text zum Thema »Tempo«
für »Das schnellste Buch der Welt«

*Am 23. April 2003 wurde am »Welttag des Buches«
von der »Stiftung Lesen« ein Wettbewerb veranstaltet, um »das schnellste Buch der Welt« herauszubringen. 40 deutsche Autoren beteiligten sich und
schrieben innerhalb von zwei Stunden ihre Beiträge
zum Thema »Tempo«. Dazu gehörte der hier folgende Beitrag.*

Wenn ich mehr Zeit hätte, würde ich das eine oder andere
Wörterbuch wälzen. Aber die Zeit dazu habe ich nicht.
Der Produzent will die Überarbeitung des Drehbuchs spätestens in einer Woche haben, und wenn ich das nicht
schaffe und wenn der Produzent stur ist, dann pocht er auf
den Vertrag und erklärt, ich hätte den nicht eingehalten
und unser Projekt sei geplatzt. Kein Stück, kein Zaster.

Er hat ja auch nicht zu viel verlangt, oder? Er hat gesagt,
das Stück habe zu wenig Tempo. Ich solle ein wenig mehr
Tempo reinbringen, gleich zu Beginn, die Geschichte fange
zu langsam an, zu zäh, aber auch in der Mitte falle der
Spannungsbogen ab, da werde zu viel geredet, und nicht
zuletzt der Schluss, der Schluss müsse unbedingt mit mehr
Tempo durchgezogen werden, man könne einen Film nicht
mit stehenden Bildern einer Landschaft, wie schön die

auch sei, zu Ende gehen lassen, da schliefen die Zuschauer ja noch vor dem Abspann ein.

Mehr Tempo. Mehr Action. Bei Action weiß ich, wovon er redet. Bei Tempo bin ich mir nicht so sicher. Tempo kommt aus dem Italienischen, denke ich. Aber bedeutet es da nicht schlicht und einfach Zeit? Und Wetter übrigens auch? Ich habe kein italienisches Wörterbuch, aber es wäre sicher nützlich, wenn ich die Zeit hätte, mir eins zu besorgen oder in die Bibliothek zu gehen und nachzuschlagen.

Die Bibliothek wäre besser. Dann könnte ich auch in ein lateinisches Wörterbuch hineinschauen. Eben ist mir nämlich eingefallen, dass ich in der Schule mal einen Spruch gelernt habe, in dem von »tempora mutantur« die Rede war, was hieß, dass die Zeiten sich ändern, und daraus ergibt sich, dass dieses Wort im alten Rom noch viel mehr bedeutet hat als bloß die Zeit von heute oder morgen, nämlich die ganz großen, die langen Zeitläufte, ganze Jahrhunderte.

Aber ich will's nicht übertreiben. Ich brauchte ja nicht ein ganzes Jahrhundert, um darüber nachzudenken, wie ich in dieses Stück mehr Tempo hineinbringen und trotzdem zu einem anständigen Ergebnis kommen könnte. Ein bisschen Zeit würde genügen. Zeit, um vor die Tür zu gehen und in den Himmel zu gucken und in die Wipfel der Bäume. Nicht eine Stunde, nicht zwei Stunden, nein, das wäre schon ganz falsch. Man darf der Zeit keine Grenze setzen, sonst macht die Grenze sich selbständig und grinst einen an aus der Ferne und rückt beharrlich näher und man sieht nur noch die Grenze und nicht mehr den Himmel und nicht die Bäume und auch sonst nichts, was man sehen müsste, um das Leben nicht zu verpassen.

Aber die Zeit habe ich nicht. Tempo also. Natürlich ist mir noch eingefallen, dass das Wort ja auch in der Musik seine Bedeutung hat, große Bedeutung. Im Duden (die Zeit dafür habe ich mir genommen) steht: Zeitmaß, Takt. Mein Onkel Hans hat es mir erklärt, wenn er mich zur Probe des Kirchenchors mitnahm, den er dirigierte. Wenn Andante am Anfang eines Lieds stand, dann ließ er die Arme ausholen und wiegte sich von einer Seite zur anderen, und beim Allegro fuchtelte er wie ein Irrwisch mit seinem Taktstock herum.

Wahrscheinlich will der Produzent kein Andante von mir. Wahrscheinlich will er irgendein Vivace oder Vivacissimo. Die Sache muss sich bewegen. Sie muss Tempo haben. Vielleicht eine Verfolgungsjagd. Eine zu Beginn. Und eine in der Mitte, damit der Spannungsbogen nicht abfällt. Und am Ende natürlich noch eine. Als Schlussbild keine ruhende Landschaft, sondern die Autos, die auf uns zurasen, und wir sehen, wie das Auto des Bösewichts sich überschlägt und explodiert. Ende.

So werde ich's machen, genau so. Das schaffe ich sogar schneller als in einer Woche. Und dann gebe ich das Manuskript zur Post und gehe hinaus unter die grünen Wipfel der Bäume und lasse mich irgendwo nieder und gucke hinauf in die Bäume und in den Himmel, der hier und da durch die Wipfel scheint. Da bleibe ich, nicht eine Stunde, nicht zwei. Ich weiß noch gar nicht, wie lange.

Erschienen 2003 in der Anthologie *Tempo*,
Ralf Liebe Verlag, Weilerswist

Zum Trotze

Text für eine Dokumentation zum
»Schnellsten Buch der Welt«

»Das schnellste Buch der Welt« erbrachte unter anderem rund 14.000 Euro für den Leseunterricht in einer afghanischen Mädchenschule. Aber es erntete auch herbe Kritik. So erteilte der Präsident des deutschen P.E.N.-Zentrums, Johano Strasser, in einem offenen Brief denjenigen Mitgliedern der Schriftstellervereinigung, die sich an dem Unternehmen beteiligt hatten, eine Rüge. Der Verleger des Buchs, Ralf Liebe, bat die AutorInnen, ihre Erfahrungen beim Schreiben ihres Beitrags darzustellen.

Um halb sieben den Wecker abgestellt und aufgestanden, bis Viertel vor acht geduscht, gefrühstückt, die Zeitungen überflogen, den Computer angeworfen und am Schreibtisch Platz genommen. Wann rufen sie denn nun an und nennen mir das Thema? Ich will nicht sagen, dass ich nervös bin. Aber kribbeln tut's schon ein bisschen.

Natürlich war es auch töricht, sich auf dieses Unternehmen einzulassen. Nein, war es nicht! Ich habe mir all die Verrisse zu Gemüte geführt, die schon erschienen sind, bevor auch nur einer der 40 Autoren auch nur eine einzige Zeile geschrieben hatte. Da haben sich, wie zu erwarten stand, die klügsten Köpfe in den Feuilletons herausgefordert gefühlt, die elegantesten Federn. Mein Gott, waren das süffige Glossen, köstliche Überschriften! »Die Buch-beschleuniger«, zum Beispiel. Oder noch geistreicher: »Buch, marsch, marsch!«

Eine(r) hat geschrieben, ein trauriger Rekord kündige sich an: »Morgens geschrieben, mittags gedruckt, abends verramscht.« In einem anderen Feuilleton konnte man erfahren, dass Literatur mit Geschwindigkeit nichts zu tun habe – dem Glossenschreiber sei Dank: Auf diese Erkenntnis wäre wohl keiner der 40 Autoren ohne seine Hilfe gekommen.

Genug davon. In Anbetracht von so viel selbstgefälliger Dummheit ist mir gar keine andere Wahl geblieben, als beim »Schnellsten Buch der Welt« mitzumachen.

Um zehn vor acht klingelt endlich das Telefon. »Guten Morgen! Das Thema heißt *Tempo*. Und nun frohes Schaffen!«

Der hat gut reden. *Tempo* also. *Tempo*, aha.

Die Blockade angesichts der Frage, was um Himmels willen ich dazu schreiben könnte und ob ich daraus eine Kurzgeschichte oder einen Dialog oder ein Gedicht machen soll, hält eine gute Viertelstunde an. Dann weiß ich, was ich will, und mit dem ersten Satz beginnt das Werk sich zu entwickeln, mehr oder weniger zwangsläufig, wie das zum Glück schon mal passiert.

Als das ZDF um halb zehn mit drei Mann anrückt, um mir für das *Heute-Journal* über die Schulter zu schauen, bin ich fast schon fertig. Um zehn vor zehn habe ich meinen Text durchgegeben. Ich mache vor der Kamera noch ein paar der üblichen Männchen (von denen zu meiner Erleichterung am Abend nicht eines gesendet wird) und beantworte ein paar Fragen, dann karrt mein getreues

Weib mich zum nächsten Termin, einem Interview zum »Schnellsten Buch« beim WDR. Am späten Nachmittag, nachdem ich ein Nickerchen gehalten und meinen Schreibtisch aufgeräumt habe, karrt sie mich auch noch in die Kneipe, wo meine Skatbrüder auf mich warten.

Wenn ich mir vergegenwärtige, was ich außer Nickerchen und Skat an diesem Tag getan habe und was die vielen anderen, die an dem Unternehmen beteiligt waren oder die ihre albernen Witze darüber gerissen haben, dann denke ich mir, dass der ganze Rummel vielleicht doch seinen Zweck erfüllt hat. Vielleicht hat er ja doch den einen oder anderen auf die Idee gebracht, dass man eigentlich mal so ein Buch richtig lesen sollte. Es muss ja nicht das schnellste Buch der Welt sein.

Daran ist ohnehin nur noch schwer zu kommen. Der brillante Kopf, der es schon im Voraus zu dem am schnellsten verramschten Buch erklärte, hat sich nämlich dummerweise geirrt: Der Verleger braucht dieses Buch nicht zu verramschen. Es war schon am Morgen nach seinem Erscheinen ausverkauft. Und an ebendiesem Morgen wurde es im Internet mit 263 Euro gehandelt.

Aber gut, was heißt das schon. Schließlich hat ja ein anderer Kritiker – ebenfalls im Voraus – geschrieben: »Über die Qualität des so eilig Verzapften wird kein Zweifel möglich sein.« Da werden die Autoren und die Leser schon sehen, was sie davon haben. Strafe muss sein, auch wenn die Tat noch gar nicht stattgefunden hat.

Erschienen 2003 in der Anthologie *Tempo*,
Ralf Liebe Verlag, Weilerswist

Die Krähen schrein

Über die Heimat und was aus ihr geworden ist

Ich hatte gedacht, Heimat sei out und nur noch Omas und alte Knacker wie ich könnten mit dem Wort und dem, was es bedeutet, etwas anfangen. Aber das Internet weiß es schon wieder besser: Die Suchmaschine Google, mit der Frage nach Heimat gefüttert, spuckt dazu in elf Sekunden eine Million dreihundertdreißigtausend Ergebnisse aus. Und der Buch-und-so-weiter-Händler Amazon vermag immerhin 1.728 Titel zum Thema anzubieten, nicht wenige davon »versandfertig in 24 Stunden«.

Leider war ich zu faul, um solche Offerten gründlich zu durchforsten. Ich kann also nicht einmal meinen Verdacht beweisen, wer heute noch das Wort »Heimat« in den Mund nehme, der tue es nicht ohne gewisse Bedenken und vielleicht sogar mit leichten Schluckbeschwerden. Es spräche doch einiges dafür, oder?

Immerhin könnte dergleichen Empfindlichkeit noch aus den Flegeljahren der Bundesrepublik Deutschland herrühren, als die Heimatvertriebenen – also diejenigen, die bei Kriegsende die deutschen Ostgebiete hatten verlassen müssen – noch gewaltig auf den Putz hauten und ihr Land wiederhaben wollten. Die Vertriebenen fielen den Wessis lästig, sie kamen aus einer unzivilisierten »kalten Heimat« – ähnlich den Müttern aus dem Westen, die zuvor mit ihren

Kindern nach Osten evakuiert worden waren, ihren Gast-
gebern »drüben« lästig fielen und prompt als »Bomben-
weiber« klassifiziert wurden. Sowohl die einen wie die anderen hatten in der Tat ihre Heimat verloren; aber wer das
allzu sehr betonte, machte sich unbeliebt.

Und nicht nur deshalb war schon das Wort »Heimat«
auf eine vertrackte Art mit Nazideutschland verbunden und
mit dem Trümmerhaufen, der davon übriggeblieben war.
Die Nazis hatten die Heimat ja auch in den Dienst ihres
Blut-und-Boden-Wahns gestellt. In der »Großen Deutschen Kunstausstellung« von 1937, aus der die Künstler
lernen sollten, wo's im Tausendjährigen Reich langging,
wimmelte es von Werken, die die Nation dort zeigten, wo
sie am deutschesten war: in der ländlichen Heimat. Da gab
es kernige Bauern und Bauersfrauen bei der Feldarbeit zu
sehen, am Abendbrottisch inmitten der blonden Kinder-
schar und mit dem Führerbild statt des Kruzifixus im Her-
rgottswinkel oder beim Sonntagsspaziergang vor wogen-
dem Weizen.

Ein großformatiges Gemälde ist mir haftengeblieben, ich
weiß nicht mehr, auf welch raffinierte und natürlich verbotene Weise ich mir zu der Abbildung in einem Fotoband
Zugang verschafft hatte und die Gelegenheit, sie ausgiebig
zu studieren: eine Magd bei der Körperpflege, in ihrer
Dachkammer, durch deren kleines Fenster ein grüner Rain
zwischen zwei Äckern und dahinter ein See, vermutlich in
Oberbayern, und wiederum dahinter in der blauen Ferne
ein Gebirge, vermutlich die Alpen, zu sehen waren; ihre
Kleidung hatte diese deutsche Landfrau, die mich so sehr
beeindruckt hat, auf dem Bett abgelegt, keine Dessous,

Gott bewahre, sondern alles handgewebt und gestrickt offenbar, und nun saß sie auf dem handgefertigten Stuhl, die Waschschüssel zu Füßen, und führte den Schwamm über die wohlgeformten nackten Glieder. Ich nehme an, dass dieses Kunstwerk dem Betrachter die Schönheit des nordisch-arischen Menschen vor Augen führen und keineswegs seine Lüsternheit anregen sollte; ich als Knabe sah das allerdings anders.

Ich weiß nicht, ob es nach Krieg und Vertreibung eine Art Gegenbewegung war, die der solcherart missbrauchten Heimat einen neuen, ganz eigenen Platz im Kulturtempel der deutschen Nation verschafft hat. Jedenfalls erscheint sie mittlerweile auf jedem Fernsehkanal, der Quote machen will oder muss, in Gestalt einer musischen Praktik, die sich Volksmusik nennt. Ob die Moderatorin nun im Dirndl auftritt und ihren bayerischen Akzent auskostet, der Moderator Bassbariton singt und einen Humpen Moselwein in die Kamera hält oder dirigierend an der Spitze eines gemischten Massenchors über Berg und Tal wandert: Die deutsche Heimat ist immer dabei, und das Publikum auf der Fernseh-Location hört mit glänzenden oder auch feuchten Augen zu; das an den Fernsehgeräten vermutlich nicht anders.

Man könnte auch das einen Missbrauch der Heimat nennen, ein Zuviel davon, ein vollfettes Überangebot, das unvermeidlich zu Übelkeit und Erbrechen führt.

Aber merkwürdigerweise werden Proteste nicht laut; es hat auch noch kein Attentat auf einen Intendanten gegeben, der zum dutzendsten Mal um die beste Sendezeit seinem Publikum den Chorleiter Gotthilf Fischer mit der weißen

Pluderfrisur vorsetzt oder Marianne und Michael im Trachtenlook oder die Wildecker Herzbuben, die demnächst gewiss aus ihren weißen Kniehosen platzen werden.

Ich bin jedenfalls sehr enttäuscht worden, seit ich mich ein wenig gründlicher mit dem Thema beschäftigt habe: Ich hätte so gern einen richtigen Heimathasser gefunden, einen, der bei der bloßen Nennung des Wortes »Heimat« zu würgen beginnt oder um sich schlägt. Einen, mit dem ich mich hätte prügeln können. Ich bin nämlich ein Freund der Heimat, halt, nein, viel zu wenig! Ich bin einer ihrer leidenschaftlichen Liebhaber, ich hänge an ihr wie eine Klette, wahrscheinlich bin ich ihr hörig und werde es bleiben bis an mein Lebensende.

Auch dazu gehört bei mir, wie sich das im reiferen Lebensalter nun mal so ergibt, eine Geschichte. Sie spielt im Kriegsjahr 1943, als ich fünfzehn war und bis übers Knie in einem Gipsverband steckte, weil ich mir das Bein gebrochen hatte. Das Krankenhaus, in dem ich lag, wurde bei einem nächtlichen Fliegerangriff zerbombt, meine Mutter fand mich in einer Notunterkunft des Roten Kreuzes, holte mich heraus und schaffte mich in einen Zug, der den Rhein hinauf in die Gegend fuhr, aus der unsere Familie stammte und in der es in dieser Phase des Krieges an den meisten Tagen noch ein wenig friedlicher zuging.

In dem engen Abteil, auf dessen Holzbank ich mein Gipsbein lagerte, hatten wir nur einen Mitreisenden, einen Unteroffizier der Infanterie, der offensichtlich guter Dinge war. Er ließ sich auch von den Pausen nicht irritieren, wenn der Zug unversehens auf freier Strecke quietschend bremste und anhielt, wir nur noch das Keuchen der Dampflok hörten und meine Mutter verstummte, weil sie darauf wartete, dass von einer Sekunde zur anderen dieses widerliche Motorengedröhn über uns hereinbrechen und die krachenden Einschläge hinter sich herziehen würde.

Der Unteroffizier hatte es sich bequem gemacht, er hatte den Waffenrock aufgeknöpft, auf dem er das Eiserne Kreuz 1. Klasse, das Verwundetenabzeichen und den »Gefrierfleischorden« trug, die Auszeichnung für die Teilnahme am Winterkrieg in der Sowjetunion, er plauderte und lachte und paffte mit meiner Mutter die Zigaretten, die sie auf dem Schwarzmarkt eingetauscht hatte. Die sogenannte Heimatfront, an der wir uns befanden, war für ihn im Vergleich zu dem Schlamm und Dreck, aus dem er kam, wahrscheinlich eine Art Kurort.

Irgendwann fragte er mich, warum ich denn so dreinschaute wie die Kuh, wenn's donnert. Ich war nicht gesonnen, auf diese Frage zu antworten, aber meine Mutter übernahm das. Sie sagte, ich hätte partout die Stadt nicht verlassen wollen, so was Unvernünftiges, und das auch noch mit dem Gipsbein, ich könne nicht einmal einen Schritt laufen, um rechtzeitig in den Luftschutzkeller zu kommen. Der Unteroffizier fragte mich, warum ich denn um Himmels willen in *der* Scheiße hätte bleiben wollen.

Ich erwiderte: »Das ist keine Scheiße. Da bin ich zu Haus, das ist meine Heimat!«

Der Unteroffizier begann zu lachen. Er legte den Kopf in den Nacken, dann seufzte er. Er sagte: »Jetzt will ich dir mal was sagen, Jungchen: Wo ich bin, bin ich zu Haus! Verstehst du? Hier zum Beispiel, in diesem gemütlichen Abteil und mit deiner netten Mutter. Und mit dir, na klar. *Hier bin ich zu Haus! Das* ist meine Heimat!«

Ich mochte den Kerl nicht. Ich konnte ihm nach seinen Orden die Eigenschaft als Held nicht absprechen, eine Eigenschaft, durch die ich selbst mich demnächst auszuzeichnen gedachte. Aber ganz abgesehen davon, dass ihn meine Mutter und ob sie nett war oder was auch immer, nichts anging und er mich überdies Jungchen genannt hatte, zweifelte ich an seiner Gesinnung. Wie konnte ein deutscher Mann sich so schnöde über die Heimat, unsere deutsche Heimat äußern?

Zum Glück haben sich meine Vorstellungen von Heldentum und vaterländischer Gesinnung mittlerweile stark gewandelt. Und ich bin mir ziemlich sicher, dass dieses arme Frontschwein, das der Führer vermutlich nicht nur durch Osteuropa, sondern auch schon durch Belgien und Frankreich und, wer weiß, auch noch Norwegen gehetzt hatte, auf seine Heimattheorie aus purer Verzweiflung verfallen war, weil er es anders bei diesem Unternehmen zur Eroberung deutschen Lebensraumes nicht ausgehalten hätte und vor die Hunde gegangen wäre.

Meine Hinneigung zur Heimat hat sich desungeachtet nicht wesentlich geändert. Sie hat die vielen Jahre überdauert.

Zeitweise habe ich sie allerdings für eine miserable Schwäche gehalten. Das war noch in meiner heroischen Zeit, vor dem Ende des Krieges und bevor ich erkennen musste, dass das ganze Gefasel und Gebrüll vom großdeutschen Reich, von Ehre und Treue nichts anderes war als eine hundsgemeine und lebensgefährliche Täuschung.

Ich hatte mich jedes Mal geschämt, wenn ich in den Schulferien zu Onkel und Tante geschickt wurde, in einen paradiesischen Ort am Fuß des Westerwaldes, und wenn am Abend des Tages, an dem ich angekommen war, die Küchenlampe angezündet und die Vorhänge zugezogen worden waren; denn sobald das geschah, spürte ich den Kloß, der sich in meinem Hals breitmachte und immer größer und drückender wurde, das Heimweh, das heulende Elend, das mich packte.

Bevor ich ins Bett ging, stand ich im dunklen Zimmer am Fenster, lauschte auf den Bach, der leise plätscherte, und starrte auf den dunklen Waldkamm gegenüber, über dem die Sterne glitzerten und hinter dem irgendwo die Stadt lag, meine Stadt, meine Heimat. Ich wischte mir die Tränen ab und schämte mich. Am nächsten Morgen, wenn die Spielkameraden vor der Tür standen und wir loszogen in den Wald, war das vorüber. Es kam meist während der Ferien auch nicht wieder. Aber ich hatte mich arg geschämt.

In einem Wörterbuch habe ich gefunden, dass Heimweh einmal als eine Krankheit galt und dass ein Mann namens Johann Hofer schon 1688 in Basel seine medizinische Doktorarbeit unter dem Titel »De nostalgia oder Heimwehe« veröffentlicht hat. Und was die Heimat angeht, nach der ich Heimweh hatte, so weiß ich mittlerweile auch, was alles auf diesem Begriff lastet, was an ihm hängt und ihn beschwert.

Es ist ja nicht nur der Naziunrat und der klebrige Überzug, mit dem die Unterhaltungsindustrie das Wort verdorben hat. Es gibt ja auch die befremdlichsten Verwandtschaften, so zwischen Heimat und heimlich und

Heimtücke, was alles auf *heim* zurückgeht, das ursprünglich Dorf, dann Haus, dann Wohnsitz bedeutete. Eine der bedenklichsten Ableitungen war die Heimatkunst, die gegen Ende des 19. Jahrhunderts propagiert wurde, um der »Großstadtliteratur« Einhalt zu gebieten, einer Literatur, die nichts Verwerflicheres tat, als die unschöne Wirklichkeit zu spiegeln, die aber zur Zeit der Weimarer Republik auch noch als »Asphaltliteratur« diffamiert wurde, als ein offenbar verkommenes Phänomen, ebenso verkommen wie die Asphaltpresse oder die Asphaltschwalben, die an den Bordsteinen auf Freier warteten.

Doch all das hat mich nicht irremachen können, es hat mir den Hang zur Heimat nicht ausgetrieben. Ich bin zu meiner Zeit ein gutes Stück herumgekommen, und wenn ich noch immer so heimwehkrank gewesen wäre wie als Junge und des Abends beim Anblick des bestirnten Himmels hätte weinen müssen, dann wäre es mir schlecht ergangen. Ich bin jedoch gern gereist, und das Ausland, die Fremde, war für mich – anders als in der deutschen Sprache noch bis zum 18. Jahrhundert – nie gleichbedeutend mit dem *ellende*, dem Elend, in das einer verschlagen wird. Ich war immer neugierig darauf, etwas Ungewohntes kennenzulernen. Freilich wusste ich auch immer, woher ich kam und wohin ich zurückkehren wollte: aus meiner Heimat und wieder dorthin.

Was das nun präzise war und ist, meine Heimat, lässt sich nicht so einfach beschreiben. Ich habe meine Frau und unsere beiden Töchter gefragt, was sie unter Heimat verstehen, zwei Generationen also, innerhalb deren ich schon eine deutliche Verschiebung des begrifflichen Inhalts erwartet hätte. Aber dem war nicht so. Für alle drei war Heimat der Ort, an dem sie geboren wurden, die Stadt, in der sie ihre Kindheit verbracht hatten, aber nicht nur dieser eine Ort, sondern auch der, an dem sie jetzt lebten und ihr Leben eingerichtet hatten und bleiben wollten. Und es waren nicht nur solche Punkte auf der Landkarte, die man nach Längen- und Breitengrad definieren kann, sondern auch bestimmte Menschen, die sie da oder dort kennengelernt, das Lebensgefühl, das sie da oder dort entwickelt hatten und das für sie eine kostbare Erinnerung bedeutete oder gar sie noch immer trug.

Ähnlich ist es bei mir. Den Ort, an dem ich geboren bin und bis zu meinem vierten Lebensjahr mit meinen Eltern gewohnt habe, eine Kleinstadt, habe ich aufbewahrt, in einem Kaleidoskop von Erinnerungen und Stimmungen. Sie sind nicht nur angenehm, nicht allesamt so anheimelnd wie der Eindruck der Fronleichnamsprozession, an deren Vorabend die Straße nassgesprengt und gefegt und die Haustüren und Fenster geschmückt wurden, die ganze Straße roch nach Blumen, und wenn die Prozession unter Bläserklang und dunklem Gebetsgemurmel und vielstimmigem Schellenläuten herangekommen war, legte sich der mysteriöse Geruch des Weihrauchs darüber.

Nein – auch die Ödnis eines heißen Sommertages gehört dazu, wenn die ganze Stadt in einen Scheintod gesunken schien, niemand war vor den Türen zu sehen, kein Laut zu hören außer dem trägen Krächzen der Hühner aus einem schattigen Winkel im Hof. Auch die Melancholie eines Herbstabends, wenn ich ins Bett gebracht wurde und die Tür sich schloss und die leise zischende Gaslaterne vor dem Haus in das schmale Fenster schien und ich mich so einsam und verlassen fühlte, dass ich am liebsten gestorben wäre, nicht zuletzt, damit alle erkannten, was sie mir angetan hatten, und bittere Tränen weinen würden – zu spät!

Es gibt sehr viele solcher Erinnerungen, die das Wort »Heimat« in mir hervorruft, und sie verteilen sich über fast alle Orte, an denen ich längere Zeit gewohnt habe: der strenge, bittere Geruch des Unkrauts auf einem unbebauten Grundstück, meinem Spielplatz gegenüber dem Mietshaus, in dem wir unsere erste Wohnung in der Großstadt bezogen, einem Spielplatz, von dem ich mit wenigen Schritten nach Hause zurückkehren konnte; oder die rauhe Oberfläche der dunklen, von der Hitze vieler Sommer ausgetrockneten Dachbalken auf dem Speicher unserer darauffolgenden Wohnung, hinter denen meine Kumpane und ich nach einem Ledersäckchen mit Goldmünzen suchten, dem Schatz, den ein früherer Bewohner zwischen Balken und Dachziegeln verborgen haben mochte, bevor er jäh gestorben oder mit dem Enterhaken erschlagen worden war – so etwas passierte doch immer wieder, wie wir aus unseren Abenteuerbüchern wussten.

Merkwürdigerweise gehört auch der Geruch dazu, den es in der Ankunftshalle des John-F.-Kennedy-Flughafens auf Long Island zu riechen gab, die Ausdünstung des Reinigungsmittels, mit dem die Böden der Halle gewischt wurden, eine Mischung aus scharfer Chemikalie und einem milden Duft, der sich darüber breitete. Ich habe eine Zeitlang in New York gewohnt, und wenn ich in Deutschland gewesen war und zurückkam und dieser Geruch mir in die Nase stieg, dann wusste ich: Ich bin zu Hause.

Ich sehne mich nicht nach diesem oder nach anderen wohlvertrauten Orten, Eindrücken, Erfahrungen von einst zurück. Aber ich bewahre sie auf wie kleine Kostbarkeiten. Meine Heimat ist jetzt der Ort, an dem meine Frau und ich leben, eine Wohnung auf der 18. Etage eines Hochhauses, der Ort, an dem meine Bücher und Schallplatten und mein Bett und der Tisch, an dem ich esse, und mein Schreibtisch stehen, ein Ort, von dem ich ein schönes Stück Welt sehen kann, den Rhein und eine alte Allee und den Dom und Schrebergärten und viele Häuser und Bäume und nach Osten den ersten Höhenzug des Bergischen Landes und nach Süden das Siebengebirge. Und ich denke nicht gern an den Tag, an dem ich diesen Ort für immer verlassen werde, die Füße voran.

Ich weiß wohl, dass es Menschen gibt, die ihre Heimat hassen und die den Tag lobpreisen, an dem sie ihr entronnen sind. Mir leuchtet auch ein, dass es Umstände geben kann, unter denen einem der Ort, an dem man zur Welt kam oder an dem man lange Zeit gelebt hat, ganz unerträglich wird oder bestenfalls so gleichgültig, dass man sich später einen Augenblick lang, einen Herzschlag lang besinnen muss, um sich an den Namen zu erinnern. Für solche Menschen muss es in der Tat eine Befreiung bedeuten, die Heimat ganz und gar loszuwerden und fortan ohne all das zu leben, was Heimat bedeutet oder bedeuten kann. Aber ich frage mich auch, wie man sich fühlen mag in dieser Freiheit. Und sobald ich bei dieser Überlegung angelangt bin, denke ich ganz unvermeidlich an das Gedicht von Nietzsche, das so beginnt:

Die Krähen schrein
Und ziehen schwirren Flugs zur Stadt:
Bald wird es schnein. –
Wohl dem, der jetzt noch – Heimat hat.

Die letzte Strophe dieses Gedichts wiederholt die erste, wortwörtlich so wie hier zitiert – bis auf die allerletzte Zeile. Die nämlich stellt den Anfang auf den Kopf und beschließt dergestalt, nach der Wiederholung des Satzes, dass es bald schneien werde, das Gedicht mit einer erschreckenden Umkehrung. Sie lautet: »Weh dem, der keine Heimat hat!«

Aber zum Glück irren gelegentlich ja auch die Dichter und sogar die Philosophen, und warum nicht sogar einer, der beides zugleich war. Es muss ja nicht stimmen, dass es die Heimat ist, die über Wohl und Wehe des Menschen entscheidet.

12.10.2003
Geschrieben für Claudia Pütz zum Thema
Heimat – Schauplätze einer Sehnsucht

Mit Kotzebue über eisige Steppen
oder: Meine liebste phantastische Reise

Man sollte meinen, dass der Mensch, je älter er wird, umso öfter und lieber sich auf eine phantastische Reise begibt, weil einerseits die Realität seines Daseins ihm zunehmend zum Halse heraushängt und andererseits er immer weniger Bock darauf hat, tatsächlich zu verreisen, ach was, überhaupt keinen Bock mehr, denn nach zwei oder drei Stunden in einem Flugzeugsitz kommt man kaum noch auf die Füße, Auto ist auch nicht viel besser, Omnibus sowieso nicht, und wer weiß, ob das Bett im Hotel erträglich und das Essen genießbar ist, vom Service mal ganz abgesehen. Außerdem hat man ja eh schon alles gesehen, was es so gibt, die Eremitage und den Grand Canyon, die Wale vor Neuseeland und die Semper-Oper.

Bei mir ist das anders. Nicht, dass ich noch nicht alles gesehen hätte, was es so gibt, selbstverständlich habe ich das, und ich raffe mich auch immer seltener dazu auf, meinen Hintern hochzuheben und ihn in ferne Gegenden zu tragen. Aber ich suche für diesen Mangel an Mobilität keineswegs einen Ausgleich, indem ich mich öfter als früher auf eine phantastische Reise begäbe; vielleicht tue ich das sogar seltener. Und ich bin mir auch nicht sicher, ob irgendeine Reise dieser Art, die ich in der Zukunft noch antreten werde, mir lieber sein könnte als das, was ich an solchen Reisen in früheren Jahren bereits erlebt habe. Die waren nun mal klasse, und es waren etliche davon, so viele jedenfalls, dass ich mich nicht entscheiden kann, welche mir die liebste ist.

Die Erste wurde mir zuteil, als ich vier oder fünf war. Ich trat sie an in einer Jacke, die keine Knöpfe und keine Knopflöcher hatte, dafür aber aus einem golddurchwirkten Stoff geschneidert war, es war ein Kleidungsstück ähnlich dem glitzernden Frack, den hernach der Entertainer Liberace gelegentlich zu tragen pflegte, aber ich saß damit nicht wie Liberace an einem Flügel, auf dem ein Armleuchter stand (obwohl schon einer davorsaß), sondern auf dem Kutschbock eines Schlittens, der von zwei Pferden gezogen wurde, und unter der Jacke trug ich ein weißes Hemd mit offenem Kragen, dazu auf dem Kopf und abermals anders als Liberace eine Art von Fez, auch dieser aus golddurchwirktem Stoff.

Die ungewöhnliche Bekleidung erklärt sich daraus, dass ich der Kutscher des Christkinds war, welches mit seinen Paketen hinter mir in dem Schlitten saß. Wie im Einzelnen das Christkind aussah, weiß ich nicht, was erklärlich ist, da ich ja auf die Pferde vor mir achten musste, aber ich glaube mich zu erinnern, dass es blond war und blaue Augen hatte und mit einem schlichten weißen Gewand bekleidet war, ein wenig Gold allenfalls auf dem Stirnband oder an der Gürtelschnalle, und die Pferde, das Gespann, das ich sehr geschickt lenkte, waren so weiß wie das Gewand, Schimmel nämlich, und sie trugen ein rotes Geschirr.

Wie oft ich diese Reise unternommen habe, weiß ich nicht, wahrscheinlich immer dann, wenn ich einen Kummer hatte und bis zum Abend keinen Trost fand und verzagt ins Bett kroch und mich der Wand zukehrte. Ich weiß auch nicht mehr, welche Reiseziele das Christkind mir auftrug und auf welchen Wegen wir die Pakete dorthin brachten, wahrscheinlich genügte es mir, für das Christkind zu arbeiten, egal, wo und wie, und wahrscheinlich deshalb fror es mich auch nicht in meinem offenen Hemd, was natürlich leicht hätte passieren können, dem Christkind übrigens auch in seinem weißen Gewand, da wir mit dem Schlitten ja nur dort herumfahren konnten, wo Schnee lag. Oder vielleicht doch auch anderswo? Durch die Wolken zum Beispiel?

Ich weiß es nicht. Irgendwann verlor ich diesen Job jedenfalls, vielleicht, als ich in die Schule und spätestens, sobald ich auf neue Gedanken gekommen war, die mir neue Reisewege eröffneten, Reisen, deren Ziele ich im Unterschied zu denen meines Paketdienstes in der Erinnerung behalten habe, was jedoch nicht heißt, dass ich sie hier auszuplaudern gedenke; es muss die Aussage genügen, dass solche Reisen mich unter die eine oder andere Bettdecke führten, so die eines Fräuleins Bredow, das erheblich älter war als ich, aber im besten Weibesalter und voll im Fleische stand. Fräulein Bredow geriet mir, ebenso wie das Christkind, irgendwann wieder aus den Augen und aus dem Sinn, aber ich erinnerte mich an sie, als mir Willibald Alexis' Roman *Die Hosen des Herrn von Bredow* unterkam; allerdings waren die dort behandelten Hosen ja aus Leder und konnten nur gewaschen werden, wenn ihr Träger seinen Rausch ausschlief, was eigentlich bedeutete, dass man bei diesen Hosen an alles Mögliche denken konnte, nur nicht an mein Fräulein Bredow, das blond war wie das Christ-kind und proper und überdies sehr appetitlich nach Veil-chenseife roch.

Auf eine wieder andere Art von Reisen, die mutmaßlich letzte, die ich hier explizieren möchte, es könnte sonst ein wenig zu viel werden, auf die dritte Art von Reisen also kam ich durch die Lektüre der *Schatzinsel* oder den Erd-kundeunterricht oder beides zusammen oder durch Adal-bert von Chamisso, ich kann es leider nicht mehr her-ausfinden, aber ich erinnere mich zumindest noch immer an das Lied von der alten Waschfrau, das wir dem Dichter Chamisso verdanken:

> *Du siehst geschäftig bei dem Linnen*
> *Die Alte dort in weißem Haar,*
> *Die rüstigste der Wäscherinnen*
> *Im sechsundsiebenzigsten Jahr.*
> *So hat sie stets mit sauerm Schweiß*
> *Ihr Brod in Ehr und Zucht gegessen,*
> *Und ausgefüllt mit treuem Fleiß*
> *Den Kreis, den Gott ihr zugemessen.*

Von einem Mann, der so glasklar weibliche Tugenden und Verdienste darzulegen weiß, würde man nicht unbedingt die Anregung zu einer phantastischen Reise erwarten, auch wenn er den *Peter Schlemihl* geschrieben hat, aber ich fand dergleichen tatsächlich bei ihm. Ich hatte geglaubt, er sei ein braver Dichter gewesen, ein Stubenhocker, und so sieht er auch aus auf dem Bild, das von ihm überliefert ist, Plu-dermütze, buschige Koteletten, Hausrock und langstielige

Pfeife. Aber der Kerl hatte nicht nur als Page der Frau des Preußenkönigs Friedrich Wilhelm II gedient, was mich an meine Zeit beim Christkind und entfernt auch an die mit dem Fräulein Bredow erinnerte, er hatte es als gebürtiger Franzose bei den Preußen sogar zum Leutnant gebracht, alsdann nicht etwa Literatur, sondern Naturwissenschaften studiert und von 1815 bis 1818 an einer Forschungsreise rund um den Erdball teilgenommen, auf welcher er bei den Salpen, das ist eine Ordnung der Manteltiere, den sogenannten Generationswechsel entdeckt hat.

Die Details dieser wissenschaftlichen Tat habe ich bestenfalls soso lala verstanden, die Manteltiere schwimmen also im Wasser und sehen auf den Farbtafeln im Brockhaus ein wenig eklig aus, aber immerhin sind sie die ältesten Vorläufer der Wirbeltiere und damit auch des Menschen, und ihr Clou, eben das, was Chamisso entschleiert hat, besteht darin, dass bei den Salpen jeweils auf eine Generation, die sich geschlechtlich fortpflanzt, eine nächste folgt, die das ungeschlechtlich besorgt, der Teufel weiß, wie, aber die Himmelskönigin Maria hat das ja auch geschafft, und bei den Salpen nennt man es Ammenzeugung. Die Details haben mich ohnehin weniger interessiert als die Umstände der Entdeckung, und ebendazu gehörten ein Segelschiff und die Südsee, Korallenriffe, die Hawaii- und die Marshallinseln, denn dort überall hat Chamisso sich umgetan. Und damit war mir Tür und Tor geöffnet für eine Reise der allerersten Klasse.

Wahrscheinlich hatte ich zu dieser Zeit schon etliche solcher Reisen absolviert, mit Jim Hawkins und Long John Silver zur Schatzinsel, mit Kapitän Cook nach Tahiti, auch mit Marco Polo querbeet durch Asien nach Kambaluk. Aber Adalbert von Chamisso erwies sich als besonders ergiebig, weil er mich vom Hölzchen aufs Stöckchen brachte und in Verwicklungen, von denen ich mir nicht hatte träumen lassen. Die Sache begann damit, dass es ein russisches Schiff war, auf dem er reiste, was zunächst einmal die Frage aufwarf, ob es unterwegs des Öfteren Borschtsch zu essen gab, das hätte mir nämlich gar nicht behagt, weil ich keine roten Rüben mag, aber dann fand ich heraus, dass der Chef der Expedition ein Deutscher war, ein Herr von Kotzebue, also werden sie zumindest auch Sauerkraut mitgeführt haben, zudem Zimtsterne für das Weihnachtsfest, wie ich vermutete.

Ob man auch auf diesem Schiff den leckeren Dunst riechen konnte, wenn Sauerkraut gekocht wird? Oder ob der Seewind den Geruch vertreibt? Und ob Zimtsterne so wie der Schiffszwieback, von dem das ja bekannt ist, auf See von Maden befallen werden, so dass man die Sterne vor dem Verzehr auf die Tischkante klopfen müsste, damit die Maden herausschauen und sich pflücken lassen?

Solange ich nicht wusste, wie der Kotzebue mit Vornamen hieß, beschäftigte mich auch die Frage, ob es sich bei ihm etwa um den Dichter August von Kotzebue gehandelt hatte, der das Boulevardtheater der Goethe-Zeit mit Stücken eingedeckt, sich aber durch boshafte und freiheitsfeindliche Artikel weithin so unbeliebt gemacht hat, dass der Student Karl Ludwig Sand ihn an einem Frühlingstag des Jahres 1819 erdolchte. Ich glaubte mich an eine zeitgenössische Darstellung zu erinnern, in der Sand, auf einer Zehenspitze stehend, als sei er soeben herangesprungen, dem Dichter das Stilett in den Leib stößt, und bei der Gelegenheit erschien mir dann auch die Kaiserin Elisabeth wieder, genannt Sissi, wie sie in Genf über die Uferpromenade wandelt, als dieser finstere Italiener sich von der Seite nähert und sein Messer in ihrer Brust versenkt; im Hotel ›Beau Rivage‹ habe ich vor zwanzig oder dreißig Jahren noch das Zimmer besichtigen dürfen, in dem Sissi gewohnt, und im Alkoven die hohe Wanne, in der sie gebadet hat, und das Bett, in dem sie gestorben ist, es war alles genau so erhalten, wie es 1898 ausgesehen hat.

Mit den Russen hatte Kotzebue, um in etwa zum Thema zurückzukehren, immerhin einiges zu tun gehabt, er war als Sekretär eines russischen Generals nach St. Petersburg gegangen, von heute auf morgen nach Sibirien verschickt, doch bald begnadigt, zum Direktor des deutschen Hofschauspiels in Petersburg und zum russischen Staatsrat ernannt worden und am Ende nach Deutschland zurückgekehrt. Der Mann war mir nicht sonderlich sympathisch, aber er brachte mich weiß Gott auf Trab, ich wanderte mit ihm durch eine faszinierende Szenerie nach der anderen, über eisige, zugige Steppen, durch verschneite Wälder, Zimmer hinter damastenen Gardinen, in denen die Kaminfeuer knisterten, heiße Sommer und helle Nächte an den Ufern der Newa, bevor ich herausfand, dass Chamissos Chef auf der Forschungsreise nicht August, sondern Otto von Kotzebue gewesen ist, der Sohn des Dichters.

Ich könnte hier noch anfügen, dass Otto, wie sich bei näherer Betrachtung seines Lebenslaufs ergab, bereits zuvor die Welt umsegelt hatte, als Adjunkt eines Esten in russischen Diensten, des Admirals Adam Johann von Krusenstern, nach dem die Krusenstern-Straße (auch Tsushima-Straße) zwischen Japan und Korea benannt worden ist, ähnlich wie nach dem Dichtersohn Otto der Kotzebue-Sund an der Küste von Alaska, und es ergab sich zudem, wann und wie und warum dieses Unternehmen stattfand. Aber ich will's nicht übertreiben. Jeder halbwegs verständige Mensch wird hier auch ohne das schon ermessen können, welch atemberaubende Reise ich Adalbert von Chamisso verdanke, vom Christkind und dem Fräulein Bredow ganz abgesehen, und warum ich es eher bezweifle, dass ich Vergleichbares je wieder erleben werde. So ist es nun mal.

Schade.

ps: Am Wochenende habe ich in der *Süddeutschen Zeitung* gelesen, dass es zu Oscar Wildes Zeiten und in seinen Kreisen Leute gab, die sich die Haare grün färben ließen und mit einem Hummer an der Leine in den Parks spazieren gingen. Das muss ein interessantes Pflaster gewesen sein, London am Ende des 19. Jahrhunderts!

ps ii: In London übrigens ist ein paar Jahre zuvor auch Jenny Lind aufgetreten, die »Schwedische Nachtigall«, die dann von Phineas T. Barnum nach Amerika geholt wurde, wo eines ihrer Konzerte nach dem anderen ausverkauft war, was sicher nicht zuletzt an Barnums Verkaufstalent lag, er führte dem Publikum mit großem Erfolg auch Elefanten und Liliputaner und eine Farbige vor, die angeblich 162 Jahre alt war, und was seinen Vornamen betrifft, so habe ich eine Zeitlang irrtümlich vermutet, der gehe auf den König Phineus zurück, der seine Söhne hatte blenden lassen und dem die Götter zur Strafe die Harpyien auf den Hals schickten, ein widerliches Gezücht von Vögeln, die sich, wann immer Phineus am Tische Platz nahm, um Hunger und Durst zu stillen, mit wüstem Geflatter aus den Wolken herabstürzten, nach den besten Brocken schnappten, sie hinunterschlangen und auf die Reste ebenso wie in den Krug und den Becher des Delinquenten ihren Unflat fallen ließen, will heißen, dass sie den ganzen Tisch und wahrscheinlich auch noch das Haupt samt den Schultern des Phineus vollschissen, bevor sie mit triumphierendem Krächzen sich wieder davonhoben.

Von Phineus weiß ich einiges. Aber was war mit Barnum und Jenny Lind? Wie mögen sie miteinander umgegangen sein, die Konzertsängerin und der Schausteller?

Ja.

Wenn man's doch wüsste!

30. Oktober 2001
Geschrieben für Claudia Pütz
zum Jubiläum von *Pips-Dada*

Ein Stück vom Garten Eden

Zum Siebzigsten von Daniel Keel
und Rudolf C. Bettschart

In einem kleinen Hotel in Holland stieg ich einmal an einem Sommermorgen die schmale Treppe hinunter, als mich ein Geruch anwehte, der geradewegs aus dem Garten Eden zu kommen schien, jedenfalls für eine ausgepichte Nase wie die meine. Ich roch etwas von dem Wasser, mit dem sie den Gehsteig gesprengt hatten, bevor sie die weißen Tische und Stühle und die Sonnenschirme hinausstellten, und etwas von der feuchten Erde in den Blumenkübeln, und natürlich roch ich den Kaffee, schwarz und heiß, der schon den Geschmack von frischem Brot und Butter und Schinken und Käse, Rosinenwecken und Schokoladenstreusel ahnen ließ, und noch eine würzige Nuance mehr kam da herangeweht, das war das blaue Lüftchen, das einem erstklassigen Tabak entstammt.

Es muss eine der nicht wenigen Lebensphasen gewesen sein, in denen ich mir das Rauchen abgewöhnte, und so sah ich mich umso interessierter in dem Frühstückszimmer um, dessen französische Fenster zum Gehsteig offen standen. Am Ecktisch neben der Pendeltür zur Küche saß ein Mann mittleren Alters, schlank, Glatze in dunklem Haarkranz, dunkler Anzug. Er las mit Hingabe die Zeitung und rauchte eine längliche, dünne dunkle Zigarre, eher einen

Zigarillo, den er, sooft er die großen Seiten umblätterte, sorgfältig auf dem Rand eines Aschbechers ablegte. Vielleicht war es ein Tourist, vielleicht auch ein Geschäftsreisender, den das Geschäft um diese Morgenstunde noch nicht kümmerte. Ich hätte ihn ja fragen können, aber wenn ich ihn etwas gefragt hätte, dann vor allem anderen, was er da rauche.

Das ließ ich, weil ich wusste, dass ich mir sonst noch vor dem ersten Schluck Kaffee ein Kistchen dieser Marke besorgt und nach dem letzten Bissen unverzüglich einen der würzigen Wickel angesteckt hätte. Das Erlebnis blieb jedoch haften, und ich erinnerte mich daran, als einige Zeit danach der Versucher mich wieder einmal zu zwiebeln begann und ich mir überlegte, welche Art von Tabak am ehesten den Rückfall lohnen würde.

In einer der späteren Phasen, in denen ich mir das Rauchen ein weiteres Mal abgewöhnte, erinnerte ich mich ein weiteres Mal daran; das war, als ich des Abends auf einer Buchmesse Daniel Keel sich eine längliche, dünne dunkle Zigarre anstecken sah, die paradiesisch roch. Ich fragte mich, ob es vielleicht die gleiche Marke war wie die des Mannes in Holland.

Was das alles mit dem gegebenen Anlass, dem siebzigsten Geburtstag sowohl von Daniel Keel wie Rudolf Bettschart zu tun hat, ist nicht einfach zu beantworten. Zwar habe ich durch eine Recherche in Verlagskreisen herausgefunden, dass auch Rudolf Bettschart, den ich mit eigenen Augen noch nicht rauchen sah, desungeachtet Zigarillos raucht; aber ich fürchte, dass selbst diese Verdoppelung des Zusammenhangs nicht jeden überzeugen wird (zumal

Daniel Keel mittlerweile Gauloises bevorzugt). Ich täte mich natürlich leichter, wenn ich den Mann in Holland anstelle der Zeitung einen Roman der schwarzgelben Reihe aus dem Diogenes Verlag lesen ließe, aber er hat nun mal die Zeitung gelesen.

Immerhin hätte es, nun ja, ich komme damit vermutlich auf den Punkt: es hätte auch ein Diogenes-Buch sein können, was er las, weil nämlich dieser Mann mit so viel Aufmerksamkeit, mit so viel Hingabe las und weil er offensichtlich nicht nur seinen Zigarillo, sondern auch seine Lektüre genoss.

Natürlich liegt es mir völlig fern, hinter alten Slogans herzuschreiben, »Diogenes-Bücher sind weniger langweilig« oder was immer, so ein Schuss kann ja auch gewaltig nach hinten losgehen, bekanntlich verwechseln manche Leute kurzweilig nur allzu schnell und allzu gern mit seicht. Aber irgendwas muss dran sein an *diesem* Slogan. Womöglich hatte ich selbst das eine oder andere schwarzgelbe Buch im Gepäck, als ich den Mann mit dem Zigarillo lesen sah. Wann immer ich damals verreisen musste, meist warf ich im Bahnhof oder auf dem Flughafen noch einen Blick in die Buchhandlung, und wenn die Zeit knapp war, griff ich ohne Zögern nach einem Diogenes-Buch, weil ich wusste, dass ich damit nicht betrogen war. Ich kannte und ich mochte sie, die Amblers, Ross Macdonalds und Margaret Millars, die Chandlers, Hammetts und Simenons.

Das Programm des Verlags hat sich unaufhaltsam verbreitert, auch gibt es die schwarzgelben Einbände gar nicht mehr, und hier und da stoße ich im Angebot auf ein Opus, das ich mir nicht unbedingt zumuten mag. Aber aufs große

Ganze verkörpert dieses Programm, das Daniel Keel und Rudolf Bettschart unter die Leute gebracht haben, noch immer einen Inbegriff von Literatur, die das Publikum nicht strapaziert, sondern ihm zu Diensten ist; man könnte auch sagen: die sich verständlich äußert und nicht schwafelt; oder: die ihre Leser nicht unter das Joch einer höchsteigenen Weltsicht zu zwingen versucht, sondern ihnen die Welt vermittelt und sie dergestalt an der Welt teilhaben lässt.

Es ist – kurzweilig hin oder her – ein Programm, das sich vom Schwachsinn des Unterhaltungsgeschäfts ebenso deutlich abhebt wie von der Penetranz einer Literatur, in der es nicht mehr zu entdecken gibt als das angestrengte Bemühen, sich als Literatur zu gebärden. Leute, die wie diese beiden, wie Keel und Bettschart, ein so ganz anderes Programm zu ihrem Beruf machen, können vielleicht auch eklig werden, ich weiß es nicht, sie mögen ihre Schwächen haben oder ihre Laster. Aber sie verstehen, denke ich, eine Menge vom guten Leben, zu dem nicht nur Genüsse wie ein schöner Sommermorgen, frisches Brot oder ein erlesener Tabakwickel gehören, sondern auch eine Lektüre, die uns nicht anödet, sondern fasziniert. Mag sein, dass mir deshalb aus dem gegebenen Anlass das holländische Stück vom Garten Eden eingefallen ist.

Einen Großkritiker habe ich einmal sagen hören, Literatur sei nur das, was experimentiere. Abgesehen davon, dass der Mann zumindest mit diesem Diktum nicht ernst zu nehmen ist, weil er auch damit vor allem wohl Eindruck schinden wollte, fällt mir die Entscheidung, entweder auf das Programm des Diogenes Verlags oder auf den Großkritiker und seine Urteilssprüche zu verzichten, nicht schwer. Daniel Keel und Rudolf Bettschart sei Dank.

Veröffentlicht 2000 in einem Sammelband zum
70. Doppel-Geburtstag der Diogenes-Verleger
Daniel Keel und Rudolf C. Bettschart

Der Mönch im Turmfenster
Alt St. Heribert und andere Denkwürdigkeiten

Der Weg, den mein Vater mich führte, verlief über die Deutzer Freiheit an den Rhein und dort nach rechts die Uferpromenade stromab bis zur Hohenzollernbrücke, hinauf zur Brücke und auf dem sachte bebenden Gehsteig, an dessen Flanke die Eisenbahnzüge entlangrollten, hinüber aufs linke Ufer, dort drüben die Treppe zu Füßen des grünfarbenen Wilhelms II hinab und am Ende durch das Nordportal in den Dom. Diese Wanderung, auf der ich je nach Gemütslage und dem aktuellen Stand unserer Beziehungen die Hand meines Vaters hielt oder verstockt hinter ihm hertrottete, kann nur an Sonntagen stattgefunden haben und nur am Vormittag, denn sie diente dem Besuch des Hochamtes, und das vermutlich nur im Sommer: ich sehe, wenn ich daran zurückdenke, den Rhein und das Gitterwerk der Hohenzollernbrücke im Sonnenglanz und auf dem Wasser die weißen Dampfer der Köln-Düsseldorfer Rheinschifffahrt.

Ebenso deutlich sehe ich noch immer die kleine, hellschimmernde Kirche mit den zwei eckigen Türmen und dem Dachreiter, an der wir auf der Promenade zwischen der Deutzer und der Hohenzollernbrücke vorbeikamen. Allerdings tritt hier auch eine Unstimmigkeit in meinen Erinnerungen auf, die mich reichlich irritiert hat: Ich glaubte lange Zeit zu wissen, dass diese kleine Kirche Sankt Urban hieß, und das schien mir durchaus schlüssig, weil es in dem Viertel zwischen den Brücken auch eine Urbanstraße gab und noch immer gibt. Es haben mir zudem einige alte Deutzer, die ich befragte, jetzt noch versichert, das sei die Urbanskirche. Sie wussten anscheinend nicht, was ich unterdessen herausgefunden hatte, nämlich dass es hier einmal zwei Kirchen in engster Nachbarschaft gegeben hat, die besagte Pfarrkirche Sankt Urban, die aber schon vor eineinhalb Jahrhunderten abgerissen wurde, und die Abteikirche St. Heribert, die eine Vielzahl von Katastrophen überstanden hat, noch immer das Rheinufer ziert und heute den Namen Alt St. Heribert trägt – ebendie Kirche, an der mein Vater und ich des Sonntagsmorgens vorübergingen.

Natürlich hat eine plausible Erklärung für diese Überlagerung von Denkwürdigem, die zwei Bauwerke kurzerhand in eines verwandelt, sich finden lassen: Beim großen Eistreiben 1784 wurde die Urbanskirche so schwer angeschlagen, dass die Gemeinde, deren Seelsorge ohnehin den Mönchen der Abtei Deutz oblag, fortan ihre Gottesdienste in der Abteikirche abhielt. Ihre angestammte Kirche hingegen wurde 1815 zur Schmiede der Königlich-preußischen Artillerie umfunktioniert und 1862 endgültig niedergelegt. Der Gemeinde wiederum verordnete der Kölner Erzbischof einen neuen Patron, nämlich den der Abteikirche, den heiligen Heribert, mit dem sie dann 1896 in ihre neue prächtige Pfarrkirche, den »Düxer Dom«, umzog. Desungeachtet wurde, so denke ich mir, auf die Abteikirche, da die Urbans-Gemeinde so lange dort zu Hause war, deren einstiger Name übertragen, zwar nicht durch eine Weihe, aber den bloßen Sprachgebrauch, der sich bis heute erhalten hat.

Bei den Chronisten, die sich im Übrigen ziemlich oft widersprechen, habe ich dazu nichts gefunden. Wahrscheinlich ließe sich trotzdem ermitteln, ob es so und nicht anders war. Aber vielleicht möchte ich das gar nicht. Vielleicht reizt mich auch hier weitaus mehr das vage Gefühl, das ich nicht selten empfunden habe, sobald ich mich auf historischem Boden bewegte: nämlich, dass die Jahrzehnte und Jahrhunderte sich ebendort angesammelt, sich aufgeschichtet und auf eine Art ineinander verwoben hatten, die in dem Ganzen, dem Heutigen noch immer die unzähligen Bestandteile ahnen und spüren ließ, aus denen es sich zusammensetzte. Ich weiß im Einzelnen nicht mehr, was alles davon mein Vater mir auf unserem Weg über die Uferpromenade erzählt hat, aber mit Sicherheit habe ich alles aufgesogen, was er erzählte.

Wahrscheinlich war er der Erste, von dem ich hörte, dass diese Kirche die alte Urbanskirche sei, und zudem, dass dort, wo jetzt (in den dreißiger Jahren) das Haus der Rheinischen Heimat sich breitmachte, berittene Soldaten ihre Kaserne gehabt hatten, das waren die achten Rheinischen Kürassiere, die wegen ihrer weißen Uniformröcke »die Mählsäck« genannt wurden und denen dieses Gotteshaus, nachdem die Pfarre es freigegeben hatte, als Garnisonkirche diente, so dass nunmehr die Gläubigen des Sonntags gestiefelt und gespornt zur Messe einmarschierten, wenn nicht sogar mit blankpoliertem Kürass, was schon sehr merkwürdig war, denn gebaut worden war die Kirche ja für Männer in schlichten schwarzen Kutten, die Benediktinermönche, die in der Abtei, dem Kloster gleich nebenan, zu Hause gewesen waren. Und sicherlich hat mein Vater auch gewusst und mir erzählt, dass jetzt innerhalb der Klostermauern, soweit sie die Jahrhunderte überstanden hatten, das Schnütgen-Museum untergebracht war und in der Kirche das Depot des Museums.

Was immer er mir erzählt hat: Am tiefsten beeindruckt und am meisten beschäftigt haben mich, so vermute ich, die Wörter *Abtei* und *Kloster*. Denn zu dieser Zeit hatte ich schon vom Mönch von Heisterbach und von der Abtei, in der er auf mysteriöse Weise gelebt hat und gestorben ist, erfahren, vielleicht durch denselben Gewährsmann, meinen Vater, vielleicht aber auch aus einem Legendenbuch oder – was sich mir am triftigsten zusammenreimt – vom Lehrer H., einem kleinen Mann mit großem Glatzkopf und scharfer Brille, der meine Volksschulklasse unter anderem in Musik unterrichtete, aber mit dem Rohrstock weitaus besser als mit dem Geigenbogen umzugehen wusste; die Töne, die er aus seinem Instrument herausschabte, waren grässlich anzuhören, und auch sonst treten in meiner Erinnerung eher die quälenden Eigenheiten dieses Pädagogen hervor.

Die Geschichte des Mönchs von Heisterbach ist ja für sich schon unheimlich genug, wenn man bedenkt, dass der junge Ordensmann nichts anderes getan hat, als über den Psalm 90 zu meditieren, wobei er dann unversehens entrückt worden und erst dreihundert Jahre später wieder zu sich gekommen sein soll. Freilich hat der Satz, der ihn in Bann schlug, es in sich, dass nämlich tausend Jahre vor

Gott nur seien wie ein Tag. Die literarischen Darstellungen dieser Geschichte haben das Unheimliche jedenfalls mit Fleiß herausgearbeitet, so in Gestalt der Ballade, in welcher der Arzt und Dichter Wolfgang Müller aus Königswinter 1867 das Schicksal des Mönchs geschildert hat: wie er meditierend in den Klostergarten gegangen sei, sich zweifelnd in den Wald verloren habe, erst durch das Läuten der Vesperglocke an seine Ordenspflicht erinnert worden und zurückgelaufen sei, wie er von den versammelten Brüdern niemanden mehr erkannt und niemand ihn erkannt habe und wie sie endlich seinen Namen in einem vergilbten Klosterbuch gefunden hätten:

> *Er ist's, der drei Jahrhunderte verschwand!*
> *Ha, welche Lösung! Plötzlich graut sein Haar,*
> *Er sinkt dahin und ist dem Tod geweiht…*

Der Lehrer H. könnte etwa in Heimatkunde uns von diesem Mönch erzählt haben, der Ort des dramatischen Geschehens, die Abtei Heisterbach, lag ja vor der Tür, am Fuß des Siebengebirges, und von dem hatte jeder von uns eine Vorstellung, der schon einmal die obligate Familien-Schiffstour von Köln nach Königswinter unternommen hatte und mit dem Esel auf den Drachenfels geritten war. Der Lehrer H., wenn denn er es gewesen ist, der uns mit dem Mönch bekanntmachte, wird auch die günstige Gelegenheit nicht ausgelassen haben, das Unheimliche daran noch zu forcieren, um uns die Gottesfurcht einzujagen, die er pädagogisch vermutlich für unerlässlich hielt. Ich weiß es nicht mehr, aber es würde mich nicht wundern, wenn er uns diese Geschichte mit Grabesstimme und Basiliskenblick durch die dicken Brillengläser erzählt hätte. Und womöglich hat er nicht nur den Mönch, sondern auch noch den letzten Abt von Heisterbach vor uns erscheinen lassen, der nach der Sage zwar ebenfalls schon lange gestorben war, aber keine Ruhe finden konnte und auf der Suche nach seinem Grab allnächtlich in den Ruinen des Klosters herumgeisterte.

Einen Ordensmann dieser grausigen Art habe ich jedenfalls irgendwo hinter Spinnweben auch in verfallenen Gewölben der Deutzer Abtei vermutet, und noch dazu vexierte mich derselbe Schemen in einer weiteren, der dritten Abtei, die einen haftenden Eindruck in mir hinterlassen hat, der Abtei Sayn, zu der wie in Heisterbach, wenn da auch bloß als Ruine, und in Deutz ein altehrwürdiges, die Vergangenheit aus allen Poren atmendes Gotteshaus gehörte. Nach Sayn fuhr ich regelmäßig in den Schulferien, zu einem Onkel, der in der Abteikirche die Orgel spielte, und seiner Frau, der Tante, die er in seinem Nebenamt als Küster zu Hilfsdiensten heranzog und die mir mein Leibgericht – Reibekuchen (»Krebbelcher«) und Milchreis mit Zucker und Zimt – auftischte. Ich durfte neben dem Onkel auf der Orgelbank sitzen und als besondere Vergünstigung hin und wieder eines der knarrenden Register ziehen, auch ließ er mich mit den Messdienern, meinen Freunden, den Engel des Herrn läuten, wobei ich mir einmal das Bein brach, weil ich mich des Spaßes wegen vom Glockenseil hatte hochziehen lassen und auf dem falschen Fuß aufkam.

Allein wäre ich wahrscheinlich nicht in den düsteren

Glockenturm gegangen; der Mönch hätte hereinlugen können, durch eines der schmalen Fenster über der Holztreppe zum Glockengestühl, die mir wie Schießscharten vorkamen und unter denen der alte Friedhof lag, steil abwärts und schaurig. Ich war schon ein wenig älter zu dieser Zeit, so alt und renitent bereits, dass ich mit der Kirche und dem Kirchenglauben eigentlich nichts mehr zu tun haben wollte, was jedoch den Mönch nicht davon abhielt, mich gelegentlich noch immer zu ängstigen. Eine schöne Beschreibung solch gespaltener Geistesverfassung habe ich später bei Wilhelm Busch gefunden, der in jungen Jahren, ebenfalls zu Gast bei einem Onkel, an freireligiösen Schriften bereits Geschmack gefunden hatte, als der Schulmeister des Dorfs sich den Hals abschnitt und gleich unter Wilhelms Kammerfenster begraben wurde, worauf dieser selbst die heißesten Sommernächte nur noch unter der hochgezogenen Bettdecke verbrachte. Der Renegat Wilhelm war, und das war auch ich zu meiner Zeit ein ganzes Jahrhundert später, »bei Tage ein Freigeist, bei Nacht ein Geisterseher«.

Zu meinem Glück hat sich solcherart Verhältnis zur Kirche und dem Übersinnlichen, auch zu Abteikirchen und Klöstern, ausgewachsen. Vielleicht setzte der Wandel schon gegen Ende des Krieges ein, als unsere Wohnung in Köln demoliert worden war und wir bei dem Onkel und der Tante Unterschlupf gefunden hatten, wie ein rundes Dutzend anderer Heimatloser. Die Amerikaner rückten näher und nahmen vorsichtshalber, bevor sie leibhaftig auftraten, einige Tage lang unser Tal mitsamt der Abtei unter Beschuss, wir zogen uns, sobald die Schrapnells zu krachen begannen und ihre graublauen Wölkchen an den Himmel setzten, in den Keller zurück, der in den Nächten überfüllt war, weswegen der Onkel und ich uns ein Bett im Kreuzgang der Abtei aufschlugen. Dort lagen wir dann nebeneinander hinter einem mächtigen Pfeiler, in der milden Nachtluft des Frühlings 1945; hin und wieder schreckten wir empor, wenn eine Granate sehr nahe krepierte, der Onkel sagte »Dunnerkeil noch emol!«, aber dann drehten wir uns um und schliefen weiter, geborgen in der Zuversicht, dass die alten, zernarbten Mauern der Kirche und ihrer Abtei das Schlimmste von uns abhalten würden, und das taten sie denn auch.

Ich weiß nicht, ob ein Kirchenglauben dieser Art genügen wird, um vor dem Jüngsten Gericht zu bestehen, aber ich bin mir ziemlich sicher, dass die Anziehungskraft von Kirchen, soweit sie heute noch darüber verfügen, im Wesentlichen davon abhängt, ob sie ein ähnliches Gefühl der Geborgenheit zu vermitteln vermögen (und vielleicht war das ja schon vordem nicht anders). Viel später habe ich noch einmal solch eine Erfahrung gemacht, in New York, wo ich eine Zeitlang allein wohnte und lebte und mich vorübergehend sehr allein fühlte. An einem heißen Sommerabend war ich durch die Stadt gelaufen, hatte den Trost nicht gefunden, den ich suchte, und kehrte in der Dämmerung bekümmert zurück. Als ich an der Synagoge vorbeikam, die eine Straße vor meiner Wohnung lag, sah ich, dass die Doppeltür eines Seiteneingangs offen stand. Ich trat heran, versuchte einen Blick in den weiten, dunklen Raum dahinter zu werfen, trat noch einen Schritt näher und blieb dort eine Weile stehen, konnte aber nicht erkennen, womit die Männer, die ich im Hintergrund des Raumes zusammensitzen sah, sich beschäftigten.

Unversehens kam einer von ihnen aus dem Dunkel, er trat zu mir und stellte sich vor. Es war der Rabbi. Ich sagte ihm, wer ich war und dass ich eine Straße weiter wohnte, und entschuldigte mich für meine Neugier. Der Rabbi sagte, nein, nein, da gebe es nichts zu entschuldigen, und wenn ich wolle, könne ich mich zu ihnen setzen und die Abendstunde mit ihnen verbringen, und das könne ich auch bei anderen Gelegenheiten tun, wann immer es mich danach verlange. Ich ging mit dem Rabbi in die Synagoge, er stellte mich den anderen Männern vor, und ich ließ mich nieder, ein wenig entfernt, um sie (und auch mich selbst, vermute ich) nicht zu genieren. Ich weiß noch immer nicht, welcher Art die Andacht war, zu der sie sich zusammengefunden hatten, aber ich weiß, dass mein Kummer sich auflöste. Von der jüdischen Religion verstand ich so gut wie nichts, und ich war weit davon entfernt, mich zu ihr zu bekennen. Ich saß da nur, saß im Halbdunkel, spürte hin und wieder einen Hauch des Sommerwinds, der von der Lexington Avenue in die Seitenstraße hineinfächelte, hörte entfernt die Straßengeräusche, Autohupen, die Sirene eines Streifenwagens. Ich saß da und fühlte mich geborgen.

Was ich von Alt St. Heribert wiedergefunden habe, als wir im Juni 1945 nach Köln zurückgekehrt waren, die leeren Fensterhöhlen der Westfassade, hinter der das Dach mitsamt dem Dachreiter in Trümmern lag, einem monströsen Trümmerhaufen, der das Kirchenschiff versperrte, dahinter die zerschossenen Türme, denen die Spitzen fehlten, das war mir gar nicht recht. Es hat mir weh getan. Es bedeutete den Verlust einer Orientierungsmarke, die mich zwar beunruhigt, aber immer wieder auch mit Zuversicht, mit Lebenslust erfüllt hatte. In dem Schutt und Unrat, der davon übriggeblieben war, hätte nicht einmal der hinterhältigste Mönch herumspuken mögen, da waren allenfalls Ratten und streunende Hunde zu vermuten. Es gab auch die Wanderung nicht mehr, des Sonntagsmorgens im Sonnenschein über die Rheinpromenade zum Dom; die Hohenzollernbrücke war, um den Feind aufzuhalten, gesprengt worden, die Gitterbögen von ihren Pfeilern abgerutscht in den Rhein, das Wasser überspülte die Eisenbahngeleise und den Gehsteig. Der Besuch des Hochamts fiel aus, und mit ihm der Abstecher danach in die Kneipe zwischen dem Dom und St. Andreas, die zwei Kölsch für meinen Vater fielen aus und der Zitronensprudel für mich, das Stimmengewirr des Frühschoppens, der Geruch nach obergärigem Bier und halvem Hahn und der Sonntagszigarre meines Vaters.

Erst später lernte ich, dass das, was der Deutzer Abteikirche widerfahren war, nur eine Episode in einer fortgesetzten Leidensgeschichte darstellte. Ich las, dass diese Kirche schon vor einem Jahrtausend, kaum dass sie errichtet worden war, zum ersten Mal in sich zusammenstürzte, damals vermutlich, weil die Bauleute geschludert hatten; dass ein Jahrhundert später der Neubau nur knapp eine Feuersbrunst überstand, die durch Blitzschlag, vielleicht aber auch Fahrlässigkeit oder Brandstiftung verursacht wurde und so oder so auch St. Urban nebenan und etliche Gebäude der Abtei verwüstete; dass abermals hundert Jahre später in dem Dauergezänk, das die Kölner Erzbischöfe und die Grafen von Berg um das ehemalige römische Kastell Deutz austrugen, die Abtei und ihre Kirche schon wieder übel ramponiert wurden.

Am widersinnigsten erscheint mir noch immer, dass die Stadtkölner innerhalb der folgenden hundertundfünfzig Jahre dreimal, um ihrem Erzbischof den Muskel zu zeigen, dessen Abtei brandschatzten und schleiften, was zur Folge hatte, dass sie dreimal für den Wiederaufbau sorgen mussten, weil der Papst sie prompt mit einem Interdikt belegte, dem Gottesdienstverbot, welche Konsequenz ihnen im Hinblick auf das Jenseits vermutlich denn doch als ein zu hohes Risiko erschien. Die gotische Kirche, die bei der dritten dieser Wiedergutmachungen auf den Überresten der romanischen entstand, hielt immerhin fast zweihundert Jahre lang die Zeitläufte aus, bevor diesmal die Truppen des Erzbischofs selbst, die Truchsessischen, sie mitsamt dem Kloster in Schutt und Asche legten, nicht ohne gewichtigen Grund natürlich, denn dieser Erzbischof war – angeblich, weil er ein Stiftsfräulein heiraten wollte – evangelisch geworden und mochte seine schöne Abtei wohl nicht dem katholischen Nachfolger im Amt überlassen, also weg damit, wie es dem vielfach erprobten strategischen Prinzip der verbrannten Erde entsprach. So verschwand auch die gotische, und an ihrer Stelle entstand eine barocke Kirche, allerdings erst fast ein Jahrhundert später, 1659, dafür aber erstaunlich langlebig; es bedurfte der Raserei des Zweiten Weltkriegs, um auch sie niederzulegen.

Außer dieser letzten der Katastrophen, die Alt St. Heribert überkamen, hat noch eine andere, viel ältere mich auf besondere Art mit der kleinen Kirche verbunden, ein Unheil, das ausnahmsweise nicht durch menschliche Gier und Streitsucht verursacht wurde, sondern durch höhere Gewalt, sozusagen, nämlich der Eisgang von 1784. Unter den mehreren Berichten ist mir die Chronik von Johann Wächter der liebste, vielleicht, weil die Menschen, die daraus hervortreten, mir fast zum Greifen nah erscheinen, zunächst natürlich Johann selbst, der 1746 in Hilden geboren wurde, als 17-Jähriger zu Altenberg »die Orgel geschlagen« hat und 1774 »nach Deutz in die Abdey als schreiner und organist gezogen« ist, wo er nicht nur seine Chronik schrieb, sondern auch Rezepte für vielerlei Heilmittel verfasste, so eine Salbe gegen die Krätze, bei der er vorsorglich vor der Nebenwirkung warnte: »Der patient muss sich aber wehrend der Kur wegen etwaigem gestank etwas innen halten.«

Nicht weniger lebendig erscheint mir Nikolaus Dichter, der nach Wächters Tod im Januar 1795 nicht nur dessen Ämter übernahm, sondern auch seine Chronik fortführte und noch dazu schon drei Monate nach dem Heimgang die Witwe, Maria Catharina Wächter, geborene Harz, zur Frau nahm, oder umgekehrt von ihr zum Mann genommen wurde, denn die überlieferten Porträts des Paares zeigen Catharina mit einem arg verschlagenen, stechenden Blick, der ahnen lässt, auf welch gnadenlose Weise sie das Sakrament der Ehe im alltäglichen Leben verwirklichte, während Nikolaus unter trüben Augen die Mundwinkel so freudlos abwärtszieht, als sei er zu lebenslanger Haft verurteilt worden und habe alle Hoffnung auf Begnadigung und vorzeitige Entlassung fahrenlassen.

Der Eisgang 1784 begann also, wie bei Johann Wächter nachzulesen, am 11. Januar damit, dass der Rhein von dem einen zum anderen Ufer zufror, so dass man von Deutz zu Fuß und sogar mit Pferdewagen an die Markmannspforte auf dem Kölner Ufer gelangen konnte. Am 22. Februar setzte Tauwetter ein, am 27. morgens um halb fünf barst die Eisdecke mit einem gewaltigen Donnerschlag, Wasser und Eisschollen setzten sich in Bewegung, stauten sich aber, weil stromabwärts die Eisdecke noch hielt, und überschwemmten beide Ufer bis zur Distanz eines Fußwegs von zwei Stunden. Der Heumarkt und der Altermarkt versanken im Wasser, in der Deutzer Abtei stieg die Flut bis auf nahe vier Meter, die Mönche verbrachten mit den Ortsansässigen, die hinter den starken Mauern des Klosters Zuflucht gesucht hatten, die Nacht im Gebet und mit der Vorbereitung auf einen seligen Tod.

Am folgenden Tag gegen zwölf brach dann auch die Barriere unterhalb der Stadt, Wasser und Eis flossen ab und walzten nieder, was ihnen im Wege war, Schiffe wurden mitgerissen und zertrümmert, die Gärten verwüstet, Häuser zum Einsturz gebracht, Hühner und Schafe trieben mit kläglichem Geschrei davon. Dreiundsechzig Menschen ertranken. In der Abtei gab es keine Toten, aber alles Vieh der Mönche, siebzehn Kühe und acht Pferde, blieb auf der Strecke. Ein paar Jahre später, als der Rhein abermals zugefroren war, fand zwischen den Ufern wieder eine große Volksbelustigung statt, mit Schlitterbahnen und Schlittschuhlaufen und vermutlich auch Branntwein reichlich, um Leib und Glieder zu wärmen.

Zur tödlichen Gefahr ist das Eis zu meiner Zeit nicht

mehr geworden, auch nicht zum Spazierweg und Spielplatz zwischen Deutz und Köln. Aber die weißen Schollen, die das Wasser verschwinden ließen und sich knirschend übereinandertürmten, die habe ich in Deutz noch zu sehen bekommen. Es gab sie noch in den Wintertagen der dreißiger Jahre, als die Sommer heiß und die Winter kalt waren, ich sah das Eis durch die schmale Schlucht einer der Gassen, die damals rechts wie links der Deutzer Brücke hinunter ans Rheinufer führten, die Zinnenstraße vielleicht oder die Pferdchengasse, in der diesigen Luft hing der Geruch der Kohlefeuer, der Schnee dämpfte die Geräusche der Stadt, und die glitzernde Hügellandschaft am Ende der Gasse sah aus, als sei gleich dahinter die Welt insgesamt zu Ende.

Ich lief hinunter bis an den Rand des Ufers, spähte hinaus, schlug die Hände auf die Oberarme, um mich zu wärmen, und freute mich auf den bullernden Ofen zu Hause. Das alles ist verschwunden, das Viertel links der Brücke wurde eingeebnet, das Viertel rechts davon, wo einst auch die Münze der Kölner Erzbischöfe gestanden hat, unter dem Lufthansa-Hochhaus begraben. Selbstverständlich haben alle diese städtebaulichen Leistungen dem Fortschritt gedient; aber manchmal frage ich mich, ob der Fortschritt das, was er plattgewalzt hat, auch nur halbwegs aufwiegen kann.

Ebenso selbstverständlich wäre es Unsinn, sich einzubilden, Wörter wie *Abtei* oder *Eisgang* brächten nicht nur Phänomene auf den Begriff, sondern sie seien auch Schlüssel, die uns in die Vergangenheit einlassen könnten. Und trotzdem möchte ich auf die Bilder nicht verzichten, die diese und andere Wörter in mir hervorrufen, seien es Erinnerungen an das, was ich erlebt habe, oder nur die Vorstellung dessen, was ich in einer anderen Zeit an diesem Ort ebenhier hätte erleben können.

Vor einigen Wochen habe ich Alt St. Heribert besucht und an einem Gottesdienst teilgenommen, einem ungewohnten, fremdartigen Gottesdienst, denn die Abteikirche wird mittlerweile von der griechisch-orthodoxen Gemeinde Kölns genutzt. Ich erinnerte mich an die große, düster emporragende Alexander-Newski-Kathedrale in Sofia, deren Türen ich zur Zeit des Stalinismus verschlossen fand, und wie ich hernach allein über den weiten kalten Platz vor der Kathedrale davongegangen bin. Ich erinnerte mich aber auch an einen farbenprächtigen, von Hunderten von Kerzen erwärmten Gottesdienst im Moskauer Jungfrauenkloster und wie ich inmitten der Gläubigen die Sorge vergessen habe, ob ich alle Geschäfte, die ich zu erledigen hatte, pünktlich und ordentlich würde erledigen können. Und es war mir sehr recht, dass die alte Kirche am Rheinufer eine neue Berufung erfahren hat und dass sie dem, der in sie eintritt, noch immer das Gefühl der Geborgenheit unter Mitmenschen zu geben vermag, ob er nun ihrer Konfession angehört oder nicht.

23. Juli 2000
Geschrieben für den Förderverein Romanische Kirchen
Veröffentlicht in *Romanik in Köln, Eine Anthologie über die Kirchen*, Köln, Greven 2001

Aus dem ordinären Arbeitsleben

Brief an einen Regisseur (1)

> *Bei Verfilmungen kommt es zwischen Autor und Regisseur nicht selten zu Kollisionen, die unvermeidlich sind, weil jeder der beiden seine eigene Konzeption zu vertreten hat. Der erforderliche Kompromiss ist nicht immer möglich.*

Lieber Herr G.,

Frau R. hat mir Anfang der Woche noch einmal dargelegt, was sie von Ihnen an Einwänden gegen die 2. Fassung meines Drehbuchs zu *Glatteis* erfahren hat. Ich hätte das gern nicht zuletzt von Ihnen selbst gehört, aber dass wir nicht zueinanderfinden würden, hatte ich schon befürchtet, als Frau R. zum ersten Mal am 27. Januar sowie Herr S. am 6. Februar mir telefonisch von Ihren Vorbehalten gegen das Buch berichteten, und diese Befürchtung habe ich bei Frau R. und Herrn S. auch gleich kundgetan.

Wenn ich Ihre Einwände richtig verstehe, dann möchten Sie die Konfrontation zwischen Scholten und Wallmann noch stärker herausarbeiten, um in Wallmann den Antagonisten zu gewinnen, den nach Ihrer Meinung der Film im Unterschied zum Roman benötigt. Ich will nicht lange dagegen argumentieren, denn dass es viele gute und sehr gute Filme gibt, die ohne einen solchen Antagonisten auskommen, wissen Sie eher besser als ich; die entscheidende

Frage ist natürlich, ob die Probleme des Protagonisten sich an einer anderen Person festmachen lassen.

Das berührt allerdings, wie mir scheint, unsere wesentliche Meinungsverschiedenheit. Für mich ist *Glatteis* eine Geschichte aus dem ordinären Arbeitsleben, in dem Charaktere wie Scholten, die benachteiligt antreten müssen und deshalb missachtet, ausgebeutet und verschlissen werden, sehr real existieren. Scholten versucht zwar, sich gegen dieses Schicksal zu wehren, aber die Vorstellung, dass sein Chef, sein Herr und Gebieter, ihn als Widersacher ernst nähme und sich auf ein Kräftemessen mit ihm einließe, ist wirklichkeitsfremd.

Die beiden sind keine ebenbürtigen Gegner; sie wären in einer Konfrontation quasi als Protagonist und Antagonist unglaubwürdig, denn Wallmann kann Scholten jederzeit auf die Straße setzen, und das weiß Scholten (wie wahrscheinlich auch jeder Zuschauer, der sich sein Brot als »abhängig Beschäftigter« verdienen muss). Die Spannung der Geschichte rührt nicht daher, dass die beiden sich wechselseitig »belauern«, wie Sie es einmal ausgedrückt haben, und sich auszuspielen versuchen, sondern aus der Frage, ob Scholten es vielleicht doch noch schafft, sich von diesem Chef zu befreien, indem er ihn der Polizei ans Messer liefert.

Unsere Meinungsverschiedenheit wird vertieft durch Ihre – wie ich höre, unveränderte – Vorstellung, Scholtens Motiv sei der Neid auf Wallmann. Sie haben in unserem Gespräch am 19. Dezember vergangenen Jahres sogar gesagt, Sie würden diesen Film nur machen, wenn Scholten am Ende erkennen müsse, dass er allein aus Neid auf Wallmann gehandelt habe. Ich hielt diese apodiktische Erklärung für einen Lapsus linguae und habe in meinen Anmerkungen zur 2. Fassung zu erklären versucht, warum Scholtens Motiv für mich ganz im Gegenteil aus einer Mischung vieler Komponenten besteht – eben den Gefühlsregungen eines Menschen, den das ordinäre, das sehr reale Arbeitsleben an den Rand seiner Existenz treibt.

Es tut mir leid, denn ich habe unsere Gespräche, will heißen: unsere Versuche, zu einer Zusammenarbeit zu gelangen, als anregend und angenehm empfunden. Aber Sie werden verstehen, dass ich angesichts solcher, offenbar festsitzender Meinungsverschiedenheiten den Versuch für aussichtslos gehalten habe, eine 3. Fassung des Drehbuchs zu schreiben, mit der Sie zufrieden wären. Was Ihnen vorschwebt, kann ich nicht schreiben, weil ich es für verfehlt halte. Ich fürchte, dass Sie den Wahrheitsgehalt der Geschichte und den ebendaraus resultierenden Spannungsbogen verschenken zugunsten einer Struktur, die nicht nur dem Roman, sondern auch der Realität widerspricht.

Natürlich wünsche ich Ihnen und dem Film, den Sie aus *Glatteis* machen wollen, desungeachtet viel Erfolg.

Mit freundlichen Grüßen,

HWK

PS: Kopien dieses Briefs schicke ich an Frau H., Frau R. und Herrn S. – Frau O. vom B.-Verlag, die gegenwärtig in Urlaub ist, werde ich nach ihrer Rückkehr informieren.

12. April 1997

Ein Machtkampf im Vorstand
Brief an einen Regisseur (2)

Lieber Herr G.,

ich würde Ihnen gern ausführlich und gründlich zu Ihrem Film *Ein fast perfektes Alibi* (nach *Glatteis*) gratulieren, den ich gestern Abend im Dritten Programm des *Norddeutschen Rundfunks* gesehen habe; die Vorausrezensionen, soweit sie mir bekannt geworden sind, waren in der Mehrzahl ja auch positiv (und ein Urteil wie das von TV-*Movie* werden Sie sicher verschmerzen können).

Wenn ich Ihnen hier desungeachtet nur eine ziemlich spontane und leider negative Meinungsäußerung schicke, so liegt das daran, dass es mir gegenwärtig an Zeit, offengestanden aber auch an der Lust mangelt, mich mit einem Werk auseinanderzusetzen, das so offensichtlich seine Vorlage nur benutzt hat, um andere Vorstellungen von der Welt und den Konflikten in ihr zu inszenieren.

Ihr Jupp Scholten ist nicht das geschundene Arbeitstier des Romans, und die Firma Köttgen nicht die Tiefbau-Klitsche, in der er seine Brötchen verdienen muss. Sein Chef ist nicht ein Baggerfahrer, der sich die Firma unter den Nagel gerissen hat, sondern ein Herr, der das Faktotum des Ladens mit einer Abmahnung unter Druck setzt, statt ihn nach Art der Branche rauszuschmeißen. Sie haben Ihre Idee eines Machtkampfes zwischen Wallmann und

Scholten so konsequent realisiert, dass die Geschichte eher in einer Vorstandsetage als in einer Baufirma zu spielen scheint.

Der Scholten des Romans wird aus Verzweiflung zum Täter und weil er anders zu ersticken droht, aber er leidet ständig unter der Angst, zu viel zu riskieren und am Ende wieder der Verlierer zu sein (womit er recht hat). Der Scholten Ihres Films zeigt, kaum dass die Geschichte begonnen hat, seinen übermächtigen Widersacher bei der Kripo als Mörder an und wiederholt diese Beschuldigung in einem Schriftstück auf stilistisch hohem Niveau, mit dem er den Widersacher zu erpressen versucht – Kraftakte, von denen ein Scholten, der im realen Arbeitsleben wurzelt, nur zu träumen wagt.

Im Roman riskiert Scholten den Mord an seiner Frau, weil er fürchtet, seinen Arbeitsplatz zu verlieren, und das heißt: ohne eine Atempause dieser Frau ausgeliefert zu sein, die ihm Tag um Tag sein Versagen vorhält. Die Hilde Ihres Films geht einem ein wenig auf die Nerven, aber gewiss nicht so, dass man sie umbringen möchte, und deshalb musste ein anderes Motiv für Scholten her: die polnische Putzfrau, für die er das Geld aus Hildes Lebensversicherung braucht.

Nicht nur deshalb reduziert diese Putzfrau Scholten auf ein gewöhnliches Format; er muss sich von ihr auch Wallmanns Kniff mit der Kühltruhe vorsagen lassen (und dass ein Praktiker wie er sich die Maße der Truhe vom Lieferanten schicken lassen muss, um zu erkennen, dass die Treppenplanken in die Truhe passen, macht ihn fast schon zum umständlichen Deppen).

Im Roman muss Scholten fürchten, zwischen Hilde und Wallmann zerrieben zu werden, und nicht zuletzt deshalb wird er zum Täter: Die Extra-Aufträge Wallmanns, die extra bezahlt werden, verlocken und demütigen ihn zugleich, und ebendas führt Hilde ihm ständig vor Augen, sie hört nicht auf, ihn zum Widerstand gegen Wallmann aufzufordern. In Ihrem Film ist daraus eine Kumpanei zwischen Hilde und Wallmann geworden, ein Ränkespiel, auf das der ehemalige Baggerfahrer sich niemals einlassen würde, weil er es für unnötig und lächerlich hielte, und Hilde mit dem Einjährigen ebenso wenig, weil sie mit einem ehemaligen Baggerfahrer nicht paktieren würde.

Ich möchte die nicht wenigen Ungereimtheiten, die aus dieser Konstruktion des Films entstehen (dass Scholten, selbst wenn er hier zum Hausmeister befördert worden ist, die Prämien für eine Lebensversicherung in solcher Höhe aufbringen könnte, ist absurd) nicht aufzählen. Das wäre nun ja noch mehr für die Katz als die Hinweise, die ich Ihnen in meinem Brief vom 12. April 1997 und in meinen Anmerkungen vom 19. Oktober 1997 zur zweiten Fassung Ihres Drehbuchs gegeben habe, Hinweise, von denen Sie offenbar nicht einen einzigen ernst genommen haben.

Die FAZ hat, denke ich, den Punkt getroffen, als sie Ihren Film »ein psychologisch vertracktes Lehrstück über den Hang des Biedermanns, von einer Brandstifterin Lunte an sich legen zu lassen« nannte. Aber Jupp Scholten bedeutet mir eben nicht eine Variation des Professors Unrat. Ich weiß natürlich ebenso wie Sie, dass es viele und nicht wenige gute Filme gibt, die ihre Vorlage nur als Vorwand benutzen. Buchen Sie also getrost meine Einwände unter der

Rubrik »Autoreneitelkeit« ab, die Ihnen, wie ich vermute, ja auch nicht fremd ist.

Ich will nicht verschweigen, dass mich – ganz abgesehen von den Leistungen der Schauspieler – nicht nur die Landschaft, in der Sie den Film inszeniert haben, angerührt hat und dass ich mit ein wenig Trauer mir vorgestellt habe, was Sie aus einem Drehbuch gemacht hätten, das dem Roman gerecht geworden wäre. Ich will auch nicht verschweigen, dass nach der Sendung gestern Abend mich einige Freunde angerufen und mir zu diesem Film spontan gratuliert haben. Ich reiche die Glückwünsche hiermit weiter.

Mit den besten Grüßen, HWK

PS: Sie werden verstehen, dass ich Kopien dieses Briefs an die Beteiligten schicke, nämlich an Frau H., Frau R., Herrn S. und Frau O., außerdem Herrn L., mit dem ich bei einem Telefonat aus anderem Anlass über die Gründe meines Verzichts als Autor des Drehbuchs gesprochen hatte.

6. Dezember 1998

…für die Dreharbeiten eingerichtet…

Brief an eine Dramaturgin

Nicht nur der Autor eines Romans, auch der eines Drehbuchs muss bei Verfilmungen seines Textes, obwohl er doch gezielt für das Medium schreibt, auf unliebsame Überraschungen gefasst sein. Das Drehbuch ›Der Richter‹ behandelt die heikle Situation eines Juristen, der über den sexuellen Missbrauch von Jugendlichen Urteile fällt, obwohl er selbst heimlich einen Hang zu sehr jungen Mädchen hat. Nach gründlichen Absprachen sollte das Buch mit äußerster Zurückhaltung inszeniert werden. Der Regisseur jedoch verfuhr gegen alle Absprachen.

Liebe Frau B.-S.,

vielen Dank für Ihren Brief vom 20. Juni und die »4. Fassung« meines Drehbuchs *Der Richter*, die Sie mir damit zugesandt haben. Hier schicke ich Ihnen, wie wir heute besprachen, meine Antwort. Einiges davon habe ich Ihnen schon am Telefon gesagt; ich lasse es dennoch stehen, um es festzuhalten.

Angesichts dessen, was Herr Bo. mit meinem Manuskript veranstaltet hat, fällt es mir noch immer schwer, die Fassung zu bewahren. Das liegt zunächst einmal am Verfahren: Bei unserem Gespräch am 8. März in B. hat Herr Bo. kein Wort von den Operationen verlauten lassen, die er anscheinend für nötig hielt. Die Wünsche, die er vorgetragen hat, haben wir diskutiert, und ich habe Ihnen eine Woche später eine dementsprechende 3. Fassung geliefert. Jetzt erhalte ich zwei Wochen vor Drehbeginn eine »4. Fassung«, die nicht nur ganze Bilder aus der Feder von Herrn Bo. enthält, sondern das Stück völlig verändert.

Sie schreiben, Herr Bo. habe das Buch »für die Dreharbeiten eingerichtet und überarbeitet..., wie das ja vor jeder Produktion üblich ist«. Wenn derlei bei Ihnen üblich ist, liebe Frau B.-S., dann frage ich mich, was das für Autoren sind, die so etwas mit sich machen lassen. Ich leide keineswegs an der Illusion, dass meine Sätze unantastbar seien, und ich weiß, dass beim Drehen manches anders ausfällt und ausfallen muss, als es im Buch steht. Aber von einem Regisseur erwarte ich, dass er imstande ist, seine Wünsche beizeiten zu artikulieren, und nicht sich berufen fühlt, dem Autor ins Handwerk zu pfuschen.

Wenn Herr Bo. meinen Text vergewaltigt hätte, dann wäre das ja noch eine Leistung von Relevanz. Aber ich sehe nur, dass er daran herumgebastelt hat, und in der Mehrzahl der einschlägigen Fälle kann ich darin weder Sinn noch Verstand erkennen... Der gröbsten Operation ist der Richter Pfeiffer unterzogen worden, und die hebt nun allerdings unsere Geschäftsgrundlage auf.

Sie, liebe Frau B.-S., Herr Br. (der Fernsehspiel-Chef) und ich waren uns in allen unseren Gesprächen darüber einig, dass Pfeiffers Neigung (zu sehr jungen Mädchen) nur mit größter Behutsamkeit darzustellen sei. Sie erinnern sich, dass ich deshalb die heikelsten Passagen der 1. Fassung herausgenommen habe. Und eher als ironische Fußnote ließe sich auch noch anführen, dass ausgerechnet Herr

Bo. bei unserem Gespräch am 8. März die große Sorge äußerte, wir könnten im Zuschauer den Eindruck erwecken, dass Pfeiffer ungestraft davonkomme; ebendeshalb habe ich ein neues Bild (60, Gudrun bei Pfeiffer) eingefügt.

Jetzt steuert Herr Bo. ein Bild bei, in dem Sandra ihr nacktes Bein auf die Badewanne stellt und sich die Zehennägel lackiert (38); im Video, das ihre Kindlichkeit erkennbar machen sollte, erscheint sie, als hätte ein Spanner und nicht ihre Mutter sie gefilmt (36); als Pfeiffer mit Marion im Bett liegt und das Licht löscht, sollen »die entsprechenden Geräusche zu vernehmen« sein »bezüglich dessen, was folgt!«; nachdem der Koitus nicht funktioniert hat (was wir allerdings nur erraten können), wendet der Richter sich »verschämt« ab, aber er »muss grinsen«, als Sandra ihn darauf anspricht (67 ff.). Dass Sie die Szene, in der Pfeiffer sich mit Sandras Höschen verlustiert, überhaupt für diskussionswürdig gehalten haben, kann ich kaum glauben, und ebenso ergeht es mir mit dem Schluss, der offenbar nicht mehr diskutiert werden soll (Sandra »hebt für einen Moment kokett ihren Rock und streckt Pfeiffer ihr Hinterteil entgegen«, 124).

In Herrn Bo.s »Überarbeitung« entgeht dieser Richter, der Witzchen reißt wie ein unbedarfter Schwätzer, nicht nur seiner Niederlage (denn er lässt – unter den »verschämten« Blicken einiger Restaurantgäste – Marion und Sandra sitzen, und nicht sie ihn, 121); er wirft sogar alle Vorsicht über Bord, indem er auch noch hinter Sandra herfährt (124). Das ist so hanebüchen, dass mir kein Wort mehr dazu einfällt.

Liebe Frau B.-S., Sie haben mich vor vollendete Tatsachen gestellt, aber ich kann mir nicht vorstellen, dass Sie das in der Erwartung getan haben, ich würde ja und amen sagen. Ich habe mir überlegt, ob ich das Stück anhalten soll, und ich glaube, dass ich gute Chancen hätte, das durchzusetzen. Aber ich will Sie nicht in Nöte bringen. Mir ist auch, was Sie nicht wundern dürfte, jede weitere Beschäftigung mit diesem Gegenstand zuwider.

Zum bösen Schluss muss ich wiederholen, was ich Ihnen schon am Telefon sagte: Für diese »4. Fassung« und den Film, den Herr B. daraus machen mag, können Sie meinen Namen nicht beanspruchen. Ich will auf Ihren Vorschlag eingehen, diese Entscheidung endgültig erst zu treffen, wenn ich das Video des Films gesehen habe; aber dass ich sie revidiere, erscheint mir so gut wie unmöglich. Nach der Leistung, die der Regisseur hier vollbracht hat, und angesichts der Tendenz seines Beitrags habe ich sogar Zweifel, dass ich selbst dann, wenn er meinen Text wortgetreu inszenierte, für das Drehbuch hätte verantwortlich zeichnen mögen.

Es tut mir leid um dieses Stück, in das ich nicht nur viel Zeit und Mühe investiert, sondern das ich auch gern geschrieben habe. Ich bin nicht zuletzt enttäuscht, weil ich in der Zusammenarbeit mit Ihnen und Herrn Br. bislang nur positive Erfahrungen gemacht hatte.

Mit freundlichen Grüßen, auch an Herrn Br.,
Ihr HWK, 23. Juni 1995

Der Film, erstmals gesendet in *arte* 1996,
erhielt sowohl in Frankreich wie in Deutschland
durchweg gute Kritiken.

Kultur via Schwarzmarkt
Aus Anlass eines Hörspiels

Das Hörspiel *Torschluss* habe ich vor neun Jahren (1987) geschrieben, zu einer Zeit, in der saftige Schlagzeilen sich des Themas »Sterbehilfe« annahmen. Sie brachten mich auf die Frage, welche Motive einen Menschen weit genug treiben konnten, das Sterben eines anderen abzukürzen und seinen Tod herbeizuführen. Die öffentliche Diskussion schien mir allzu bereitwillig darauf ausgerichtet, die Sterbehelfer zu verurteilen: Entweder wurde ihnen Habgier vorgeworfen, die Spekulation auf die Hinterlassenschaft ihrer Opfer; oder die Beweisführung begnügte sich kurzerhand damit, ihnen bloße Mordlust, das Auskosten der Verfügungsgewalt über ein anderes Leben, zu unterstellen. Nur in seltenen Fällen ließ die Diskussion sich ernsthaft auf die Frage ein, ob Sterbehilfe auch dann, wenn der Todkranke selbst danach verlangt hatte, eine strafwürdige Untat sei.

Auf diesem Hintergrund entstand der Plot des Hörspiels: Zwei Frauen unterschiedlichen Alters, Trudi Götz (62) und Lisa Strittmatter (39), leben seit langem zusammen. Trudi, unverheiratet, hat die junge Lisa, als deren Mutter starb, bei sich aufgenommen. Die beiden haben schöne Zeiten miteinander verlebt, sie haben ihre Zweisamkeit, ihre Unabhängigkeit und nicht zuletzt ihre wechselnden

Amouren genossen. Aber eines Tages ist Trudi krank geworden; sie leidet an einer fortschreitenden schmerzhaften Gelenkentzündung, die auch ihr Herz geschwächt hat und sie ans Bett fesselt. Lisa pflegt die Freundin aufopferungsvoll, sie bewegt sich schließlich nur noch zwischen der gemeinsamen Wohnung und ihrem Arbeitsplatz, lässt alle anderen Kontakte verkümmern.

Die Belastung Lisas wächst umso mehr, als Trudis Krankheit, ihr Weg zum Tod, in gegensätzlichen Schüben verläuft: Mal verleiht ihr die Hoffnung Auftrieb, dass sie gesunden und die gute alte Zeit noch einmal erleben könnte; dann wieder quälen die Schmerzen sie so unerträglich, dass sie vom Sterben spricht und davon, dass der Tod für sie eine Erlösung sein werde. Lisa erliegt dem Druck, als ein Kollege um sie zu werben beginnt, der letzte Mann vielleicht, bevor sie alt wird und ihr eigenes Leben verbraucht ist. Sie verwirklicht den Gedanken, den sie, zwischen Abwägung und Entsetzen schwankend, in ihrem geheimen Tagebuch hin und her gewendet hat.

Lisa ersetzt die Tabletten, die Trudis Herz in Gang halten, durch ein Placebo. Trudi stirbt, aber in den Minuten vor ihrem Tod erzählt sie Lisa, dass sie ohne Schmerzen aus einem wunderschönen Traum erwacht sei und sich endlich wieder auf dem Weg der Besserung fühle. Die Sterbehilfe bleibt unentdeckt; die Rechtfertigung freilich, die Lisa entworfen hat, um vor sich selbst bestehen zu können, bricht zusammen: Sie muss mit der Erkenntnis weiterleben, dass sie ihre Freundin am Ende wider deren Willen getötet hat.

Ich hatte überlegt, ob ich diese Geschichte nicht besser

als Roman erzählen sollte, in der Form, die mich am meisten interessierte. Wenn ich mich für das Hörspiel entschieden habe, dann nicht nur, weil der *Westdeutsche Rundfunk* mich gefragt hatte, ob ich für seine Reihe »Krimi am Samstag« ein Manuskript schreiben wolle; meine Wahl bedeutete auch die Rückkehr zu einer alten Liebe. Das Hörspiel hat mich in jungen Jahren so tief beeindruckt, dass ich selbst ein Hörspieldichter werden wollte und mich lange darum bemüht habe. Das geschah in den ersten Nachkriegsjahren, will heißen: in einer außergewöhnlichen Zeit, in der vor allem meine Generation sehr sensibel war für alles, was uns eine neue Orientierung, eine hoffnungsvolle Perspektive zu vermitteln vermochte.

Ich war gerade siebzehn Jahre alt, als der Krieg zu Ende ging. Ich griff begierig nach Autoren, die uns bislang verboten oder unzugänglich waren, Thomas Mann, William Faulkner, André Gide. Mit meinen Freunden besuchte ich Ausstellungen von Malern, deren Kunst uns als entartet beschrieben worden war und bei deren Anblick wir noch immer ein leichtes Gruseln empfanden (das wir uns nicht eingestanden). Wir legten lange Fußmärsche durch die Ruinen der Stadt zurück, um auf der einzig übriggebliebenen, einer provisorischen Bühne Thornton Wilders Stück *Wir sind noch einmal davongekommen*, Paul Hindemiths Oper *Cardillac* zu sehen. An einem bestimmten Abend der Woche, es war der Montag, wenn ich mich richtig erinnere, saßen wir wie angewurzelt anderthalb Stunden lang am Radio und hörten das Symphoniekonzert des *Nordwestdeutschen Rundfunks*; der »Volksempfänger«, den meine Eltern in der Nazizeit besessen hatten, war bei einem

Bombenangriff auf der Strecke geblieben, aber meine Mutter hatte durch irgendeine illegale Transaktion auf dem Schwarzmarkt ein anderes Gerät beschafft.

In diesem Radio, das nur hin und wieder ein wenig knisterte, hörte ich auch zum ersten Mal Wolfgang Borcherts Hörspiel *Draußen vor der Tür*. Das Datum habe ich vergessen, aber ich habe in meinen Büchern nachgeschlagen, dass es der 13. Februar 1947 gewesen ist, und an die Umstände erinnere ich mich. Ich hockte hinter dem Küchentisch auf der schmalen Polsterbank, die wir aus den Trümmern unseres Wohnzimmers gerettet hatten, das Ohr an dem mit einem zerschlissenen Stoff bezogenen Lautsprecher. Übers Eck saß mein Vater, ein Mann, der seine Empfindungen nur ungern erkennen ließ und tat, als lese er die Zeitung. Das Wasserschiff auf dem Küchenherd, der in der dunklen Ecke neben der Tür stand, summte leise, in den Fugen der Herdringe leuchtete das rötliche Flackern des Holzfeuers auf; ich vermute, dass wir auch an diesem Winterabend eine der Schwellen verheizten, die ich bei günstiger Gelegenheit unter den Gleisen der Trümmerbahn herauszog, in der Dunkelheit nach Hause schleppte und im Keller zersägte.

Als das Stück vom Kriegsheimkehrer, der zu Hause keine offene Tür mehr findet, zu Ende war, verließ ich die Küche, ging auf den Balkon, sah auf zum Nachthimmel über den kahlen Zweigen der Akazien, die vor unserem Haus standen. Ich mochte meine Tränen nicht zeigen, und vielleicht war auch mein Vater froh, sich die seinen unbeobachtet aus den Augen wischen zu können. Später habe ich Borcherts Stück im Theater gesehen. Aber der Eindruck dieser Aufführung blieb hinter dem des Hörspiels zurück. Ich bin mir nicht sicher, ob ich damals begriff, dass die Realität der Bühne, die ich vor Augen sah und mit Händen greifen konnte, etwas wesentlich anderes und oft weniger bewegend war als diejenige, die ich mir beim Hören selbst erschuf.

Von den theoretischen Begründungen der Gattung, den anspruchsvollen Definitionen dessen, was ein Hörspiel sei und zu sein habe, ahnte ich jedenfalls noch nichts. Ich stieg kurzerhand in die Praxis ein. Einer meiner Freunde, dessen Eltern begütert waren, legte sich eines der ersten Tonbandgeräte zu, die auf den Markt kamen, und wir gründeten unsere eigene, private Hörspielproduktion. Ich schrieb die Texte, übersetzte auch eine Geschichte von Thomas Wolfe, *Only the Dead Know Brooklyn*, und richtete sie für unsere Zwecke ein. Wenn es eine Frauenrolle zu besetzen gab, versuchte, wer immer schon sich einer festen Freundin erfreute, sie ins Geschäft zu bringen. Die Regie führte der talentierte Sohn eines Sargmachers, der bei René Deltgen Schauspielunterricht genoss.

Vergangenes Jahr (1995) war ich in einem Abendmagazin des *Westdeutschen Rundfunks* zu Gast, dessen Moderatorin mich zu meinem Leben und dem, was ich geschrieben habe, befragte. Die Redaktion hatte sich große Mühe gegeben, mich mit einigen authentischen Zeugnissen meiner Vergangenheit zu überraschen, und es war ihr insgeheim gelungen, bei meinem Tonband-Freund die Aufzeichnung unseres Hörspiels aus Brooklyn aufzutreiben. Als das Band anlief, sah ich mich von einer Sekunde zur anderen noch einmal in den auf dem Kopf stehenden

Polstersessel hineinsprechen, den wir benutzten, um eine zweite, gedämpfte akustische Ebene zu erzeugen. Ich erinnerte mich an unsere wilden Flüche, wenn die Musik, die wir von einer Schellackplatte (Stan Kenton, *Intermission Riff*) einspielten, den Sprechern zuvorkam oder hinter ihnen herhinkte. Ich hörte meinen Vater, der an die Tür klopfte und grollend fragte, wie lange er denn noch auf Zehenspitzen durch seine eigene Wohnung schleichen müsse.

Der Erfolg beim Publikum, den ich anstrebte, blieb mir damals freilich versagt. Ich bot meine Hörspiele allen Sendern an, denen ich halbwegs zutraute, meine Intentionen zu verstehen und ihnen gerecht zu werden, aber ich erntete bestenfalls dramaturgische Analysen, in denen mir nachgewiesen wurde, was diesem Stück mangele oder jenes überfrachte, ich weiß im Einzelnen nicht mehr, was. Immerhin veranlassten meine Texte den *Westdeutschen Rundfunk*, mir eine Beschäftigung als freiberuflicher Lektor für das Hörspiel, hernach auch das Fernsehspiel anzubieten. Das befriedigte meinen Ehrgeiz zwar nicht, bot mir aber die Möglichkeit, nicht nur etwas zu lernen, sondern auch mein Studium zu finanzieren. Für die Besprechung eines deutschen Manuskripts erhielt ich zwanzig Mark, für die eines fremdsprachigen sogar fünfundzwanzig, und so viel hatte ich mit meiner Arbeit bis dahin noch nie verdient.

Auch eine andere Erfahrung aus dieser Zeit habe ich nicht vergessen. Mit den Texten, die ich zu besprechen hatte, sprang ich nicht gerade glimpflich um, und manchmal sogar ausgesprochen rüde. Vielleicht tat ich das, weil ich mir und anderen beweisen wollte, dass ich der bessere Autor sei; vielleicht ließ ich mich aber auch von dem

Hochgefühl verführen, eine Instanz zu verkörpern, die zum Urteil über andere berufen war. Was da alles unter den Tisch gefallen wäre, wenn ich allein zu bestimmen gehabt hätte und nicht Dramaturgen und Regisseure gelegentlich anderer Meinung gewesen wären, hätte ganze Bände literarischer Arbeit gefüllt. Ich rufe mir, wenn auch mit Mühe, meinen kritischen Furor immer dann in Erinnerung, wenn ich mich von einem Rezensenten missverstanden oder übel behandelt fühle. Gegen die Arroganz, sich in der Rolle des Unfehlbaren zu spreizen und das Werk eines anderen mit sorgsam ausgefeilten Formulierungen als dummes Zeug abzutun, war ich selbst jedenfalls nicht gefeit.

Anfang der sechziger Jahre wurden dann doch zwei meiner Hörspiele – *Wo der Hund begraben liegt* und *Die Düsendschunke* – gesendet, nicht vom *Westdeutschen Rundfunk*, für den ich noch immer als Lektor arbeitete, sondern vom *Südwestfunk*, das zweite auch in der Schweiz und in einer Übersetzung in den Niederlanden. Aber zu dieser Zeit war ich bereits Journalist geworden, ich hatte gelernt, meinen Lebensunterhalt und den meiner Familie mit politischen Nachrichten, Reportagen und Kommentaren zu verdienen. So waren auch die beiden Stücke politisch angehaucht, sie geißelten satirisch die gesellschaftlichen Verhältnisse, die ich für reformbedürftig hielt. Der *Südwestfunk* lud mich zu der ersten Inszenierung ein, der Sender wollte die Zusammenarbeit mit mir fortsetzen, aber darüber wäre mein Beruf zu kurz gekommen, und ich scheute das Risiko.

Ich bezweifle auch, dass ich auf diesem Wege das geworden wäre, was ich einmal werden wollte, ein anerkannter

Hörspieldichter. Der Entwicklung, die das Hörspiel genommen hatte und weiter nahm, konnte und mochte ich nicht folgen. Die Stücke von Oskar Wessel, von Erwin Wickert und natürlich auch Günter Eich hatten mir etwas bedeutet; aber die Experimente, die Ende der sechziger Jahre auf den Begriff »Neues Hörspiel« gebracht wurden, ließen mich kalt. Werke wie Ernst Jandls und Friederike Mayröckers preisgekröntes Stück *Fünf Mann Menschen*, das mit Säuglingsgeschrei, dem Ausruf eines Chors »Ein Sohn, ein schöner Sohn!« und dem fünfmaligen »Aha!« von fünf verschiedenen Sprechern begann, interessierten mich allenfalls intellektuell, aber umso mehr fühlte ich mich veralbert. In der kommentierenden Literatur las ich den Satz »Man wird für Hörtexte dieser Art … allgemein geltend machen müssen, dass sie ›zu komplex‹ sind, um schon beim ersten Hinhören durchschaut zu werden«, und ich fand mich damit ab, dass solche Art Literatur über meine Verhältnisse ging.

Hin und wieder habe ich mich gefragt, ob dieser Abschied vom Hörspiel eine erste Alterserscheinung bedeutete: Die Vorstellungen, die Maßstäbe, die man als junger Mensch entwickelt hat, wird man so leicht nicht los, und eines Tages ist man mitsamt seinen Vorstellungen und Maßstäben passé. Als ich meine ersten Romane veröffentlicht hatte, kam ich auf eine andere Erklärung.

Schon während des Studiums hatte ich gelernt, dass der erzählende Roman mehrfach und apodiktisch für tot erklärt worden war; aber ich erzählte drauflos, als ließe sich die Leiche wiederbeleben und mit dergleichen Werk noch immer ein Blumentopf gewinnen. Der eine oder andere

Rezensent hat mir denn auch vorgehalten, dass meine Geschichten platt seien und platt sein müssten, weil ich versuchte, in ihnen die Realität im Verhältnis von 1:1 abzubilden. Das hat weh getan, aber damit muss ich leben. Einen Roman oder ein Hörspiel zu schreiben, die das (merkwürdigerweise von Dramaturgen propagierte) Postulat erfüllten, »auf jedwede Form von Fabel, von Handlung« zu verzichten, traue ich mir nicht zu. Ich würde, wenn ich es wagte, auch fürchten, meine Leser oder Hörer so gründlich zu langweilen, wie ich selbst mich von manchen literarischen Werken und ihrer freischwebenden Subjektivität gelangweilt fühle.

Dass ich dennoch zum Hörspiel zurückkehrte, verdanke ich meinem Ruf als Kriminalschriftsteller. Ich habe diesen Ruf nicht durchweg verdient, aber der erste Roman, *Grand mit vieren*, den ich zu Ende brachte und 1978 veröffentlichte, war tatsächlich ein Kriminalroman, und derlei Gattungsbegriffe typisieren nicht nur den Autor, sondern auch das, was man von ihm erwartet (noch acht Jahre später hat ein Kritiker meinen Roman *Sterbetage*, der mit einem Kriminalroman so viel zu tun hat wie ein Liebesbrief mit einem Leitartikel, als Kriminalroman rezensiert und folgerichtig für schlecht befunden). Ich war nicht verwundert, als der *Westdeutsche Rundfunk* 1985 ein Hörspiel von mir haben wollte, und in diesem Fall traute ich mir auch zu, ein Manuskript zu liefern, das den Anforderungen genügen würde: Ich sollte ja einen »Krimi am Samstag« schreiben, und dafür galten andere Maßstäbe als für die Klangspiele, denen ich mich weder als Hörer noch als Autor gewachsen fühlte.

Ein Kriminalstück, sei es Story, Roman, Drehbuch oder Hörspiel, kann nur ein Erzähler schreiben. Wer in diesem Genre auf jedwede Form von Fabel, von Handlung verzichten, sich auf seine Subjektivität verlassen und nur sie exerzieren wollte, würde allzu offenkundig scheitern. Ein Kriminalstück verlangt die Auseinandersetzung mit der Realität, es kommt ohne plausible Charaktere, alltägliche Motive, verständliche Handlungen nicht aus. Es muss eine Geschichte erzählen, die einen Anfang und ein Ende hat und sich so oder ähnlich auch in Wirklichkeit ereignet haben könnte. Das klassische Schema des Genres ist simpel: Wir werden Zeugen einer Untat und erfahren ihre Aufklärung. Ob das Kriminalstück dieses Schema verwandelt und hinter sich lässt, ob es auf die Vergröberungen zu verzichten vermag, ob es als Täter nicht den Satan persönlich und als Detektiv nicht einen Hellseher beschäftigt, ist eine andere Frage. Die Antwort bedeutet zugleich, ob es sich nur um ein Kriminalstück oder um ein Stück Literatur handelt.

Mit theoretischen Überlegungen dieser Art habe ich mich nicht aufgehalten, bevor ich die beiden Hörspiele schrieb, die als »Krimi am Samstag« gesendet worden sind; die Theorie hat sich erst nachträglich und quasi auf Anfrage eingestellt. Ich entwarf Geschichten, die sich so oder ähnlich auch in der Wirklichkeit ereignet haben konnten: In *Privatsache* die einer Frau, die sich jahrelang von ihrem Mann in ihren vier Wänden misshandeln und erniedrigen lässt, bevor sie ihn wohlüberlegt die steile Kellertreppe hinunterstößt und umbringt; in *Torschluss* die von Lisa, die ihre Freundin zu Tode pflegt. Ich habe verstehen können, dass die Redaktion beide Stücke nur unter gewissen Bedenken in ihr Programm aufnahm. Es mangelt beiden an den klaren Verhältnissen des klassischen Krimis, es tritt kein Mörder auf, den man lustvoll hassen, und kein Detektiv, dessen Lösung man mit Befriedigung zur Kenntnis nehmen kann. Es sind Alltagsgeschichten.

Hin und wieder, wenn ich bei den späteren Aufführungen der Stücke in Sälen dabeisaß, ist mir bange geworden. Manche spontane Reaktion der Zuhörer ließ mich fürchten, dass ich allzu deutlich eine konkrete und schmerzhafte Lebenssituation beschrieben hatte. Zu dem Geständnis einer Frau, ihren Mann von der Treppe gestoßen und ihm absichtlich das Genick gebrochen zu haben, ist es nicht gekommen. Aber wer über lange Zeit und unter persönlichen Entbehrungen einen Todkranken pflegt, der muss offenbar auch mit der Frage fertigwerden, ob der Einsatz, der das Leiden des Kranken verlängert und das Leben des Pflegers verkürzt, nicht über Menschenkräfte geht. Die Tränen, die ich zu sehen bekam, haben mich selbst betroffen gemacht.

Aber ich denke mir, dass solche Betroffenheit zum Risiko einer Literatur gehört, die sich der Realität annimmt. Und ich denke mir auch, dass das Risiko sich lohnt.

28. Januar 1996
Begleittext zu einem Auszug aus dem
Hörspiel *Torschluss*
Veröffentlicht in *Klangspuren*, Hrsg. WDR
und tende verlag 1996

Für den Arbeitslosen 1,50 Mark täglich
Aus den Anfangstagen der Sozialversicherung

Die Herren, die am 6. Mai 1896 im historischen Hansa-saal des Kölner Rathauses zusammentraten, sind hier und da als Pioniere der Sozialpolitik gefeiert worden, aber dieses Prädikat übertreibt sowohl ihre Absichten als auch ihre Verdienste ein wenig. Freilich war das Unternehmen, das sie gründeten, das erste seiner Art in Deutschland – eine Versicherung gegen Arbeitslosigkeit; jedoch bestand im Schweizer Kanton Basel schon seit einiger Zeit ein vergleichbares Institut. Und der Zweck, den die Mehrheit der Gründer verfolgte, war weniger der soziale Fortschritt als vielmehr die Erziehung des Proletariats und nicht zuletzt eine Entlastung des Stadtsäckels.

Mangels anderer Fürsorge waren im vorvergangenen Jahrhundert Arbeiter, die ihre Arbeit und den Lohn verloren, auf die öffentliche Armenpflege angewiesen. Deren Aufgabe hatten nach 1794, als das preußische Allgemeine Landrecht die Verpflichtung des Staates festschrieb, für den Unterhalt seiner mittellosen Bürger zu sorgen, die Stadt- und Dorfgemeinden übernehmen müssen. 1885 lebten im Deutschen Reich 1,6 Millionen Menschen mit Hilfe der Armenpflege, das waren gut drei Prozent der Bevölkerung. Wie viele davon die Unterstützung, die sich pro Kopf und Jahr auf 55 Mark belief, wegen Arbeitslosigkeit in Anspruch nahmen, ist allerdings nicht bekannt, weil die Statistiker bis dahin keinen Anlass gesehen hatten, die Arbeitslosen gesondert zu zählen; sie begnügten sich mit Schätzungen etwa der Art, dass aus einer steigenden Zahl von Auswanderungen oder aus sinkendem Fleischkonsum der Schluss gezogen wurde, die Zahl der Arbeitslosen müsse gestiegen sein.

Zehn Jahre später, ein Jahr vor der Kölner Gründung, wurde aber auch statistisch unübersehbar, dass die Arbeitslosigkeit sich zu einem unangenehmen und zudem schwer kalkulierbaren Problem entwickelt hatte. Bei der Volkszählung am 2. Dezember 1895 wurden 771.005 Arbeitslose ermittelt; bei der vorangegangenen Berufszählung am 14. Juni desselben Jahres waren es noch 299.352 gewesen. Der steile Anstieg innerhalb von sechs Monaten bestätigte freilich nur, was die Kämmerer der Städte bereits wussten: Im Winter, der insbesondere das Baugewerbe lähmte, wurden Tausende außer Arbeit und Einkommen gesetzt; sie sahen sich genötigt, die Kassen der Armenpflege in Anspruch zu nehmen. Die Städte, in denen mit den Fabriken das Industrieproletariat entstanden war, hatten außerdem auf die gleiche Art schon lange erfahren, dass die Arbeitslosigkeit oft genug auch unabhängig von den Jahreszeiten sprunghaft anstieg, nämlich während der Wirtschaftsflauten, die seit 1873, als Kursstürze und Bankrotte die Spekulation der Gründerjahre abrupt beendeten, regelmäßig wiederkehrten.

Solchen Erkenntnissen stand allerdings die Vermutung entgegen, dass unter den Arbeitslosen zahlreiche Arbeitsscheue sich versteckten, die in Wahrheit ein Leben nach ihrem Gusto führten. Im Krisenwinter 1892 zitierte die Kölner Armen-Deputation, das für die Armenpflege zuständige Gremium, in einem internen Schriftstück die Klage der städtischen Behörden, »dass der übergroße Andrang der mit Scheinen der Armen-Bezirke versehenen Arbeitslosen sowie das Gebahren der größten Mehrzahl derselben, insbesondere unverhältnismäßig zahlreicher junger unverheirateter Personen, welche es durchaus an der nöthigen Arbeitsamkeit hätten fehlen lassen, erhebliche Unzuträglichkeiten hervorgerufen habe«. Der Oberbürgermeister reagierte, indem er die Notstandsarbeiten, bei denen nach dem Urteil seiner Beamten allzu viele Schmarotzer überwinterten, einstellen ließ.

Unwillen und Besorgnis erregten auch die Scharen von männlichen wie weiblichen Arbeitslosen, die sich vielerorts im Reich auf die »Umschau« begaben, den Marsch von Fabrik zu Fabrik, um nach einer Arbeit zu fragen. Diese am weitesten verbreitete Methode der Arbeitsuche wurde als Vagabundentum und Wanderbettelei, auch als Vorwand der Prostitution angeprangert; sie führte nach einer Studie des Historikers Gerhard Brunn schon 1880 zu der öffentlichen Mahnung an die Adresse der Behörden, mit energischen Maßnahmen gegen »unsere Bettlernoth« nicht zu warten, »bis das Heer von Müßiggängern auf den Landstraßen zu der Armee der sozialistischen Arbeiter stößt, wenn diese die Arbeit einstellen, um vereint über die geordneten Bürger herzufallen und sie auszuplündern«.

Der Gedanke, dass außer der Polizei vielleicht auch eine geordnete Arbeitsvermittlung die Bürger vor solcherart

Strauchdieben behüten könne, lag zwar auf der Hand, aber er war heftig umstritten. Sowohl die Unternehmer wie die Gewerkschaften reklamierten die Arbeitsvermittlung – einen verlockenden Exerzierplatz für Klassenkämpfer – als ihre jeweils ureigene Domäne. Der Anspruch der Gewerkschaften scheiterte freilich schon an den Lücken ihrer Präsenz; ihre Arbeitsvermittlung funktionierte nur in den wenigen Berufen, die in ganz Deutschland gewerkschaftlich organisiert waren, so bei den Buchdruckern und den Handschuhmachern. Mit größerer Durchschlagskraft operierten die Unternehmer, indem sie dem Beispiel der Hamburger Eisenindustrie folgten, die 1889/90 einen Zwangsarbeitsnachweis installiert hatte: Eingestellt wurden nur Arbeiter, die sich bei der Vermittlungsstelle des Unternehmerverbandes bewarben.

Als dritte Kraft mit wiederum besonderen Interessen betätigten sich auf dem Arbeitsmarkt zudem die gewerbsmäßigen Stellenvermittler. Sie hatten zu Beginn des Jahrhunderts als »Gesindemäkler« noch einer strengen Aufsicht unterlegen, nutzten nun aber in Gestalt »auch moralisch nicht qualifizierter Personen« (so das *Deutsche Wochenblatt* 1894) die Freiheiten der Gewerbeordnung von 1869, um den Arbeitslosen, denen sie eine Anstellung verschafften, gesalzene Provisionen abzunehmen.

Auf der immer dringlicheren Suche nach einer Instanz, die unabhängig von derartigen Interessen die Arbeitsvermittlung übernehmen und das vagabundierende Lumpenproletariat von der Straße bringen konnte, wurden die unterschiedlichsten Modelle diskutiert. Die Zeitschrift *Volkswohl*, das in Dresden erscheinende *Organ des Zen-*

tralvereins für das Wohl der arbeitenden Klassen, beschrieb im Februar 1895 die Lösung von Staats wegen, die drei Jahre zuvor das Großherzogtum Luxemburg gefunden hatte: Stellengesuche und -angebote wurden in den Post- und Telegraphenämtern des Landes ausgehängt.

In Deutschland jedoch hielt sich der Staat bis zum Ersten Weltkrieg, der den Arbeitsmarkt völlig durcheinanderbrachte, weitgehend zurück. Die Regierungen einiger Gliedstaaten wie Preußen und Bayern forderten allerdings mit wachsendem Nachdruck die Kommunen auf, die Funktion des neutralen Vermittlers zu übernehmen. So verwirklichten am Ende die Städte notgedrungen die Idee »kollegialer« Arbeitsnachweisstellen, an denen Arbeitgeber und Arbeitnehmer paritätisch beteiligt und somit zur Kooperation genötigt waren. Stuttgart ging 1893 voran, es folgten Leipzig, München, Mainz, Berlin und Köln.

Die Widerstände, die in Köln zu überwinden waren, lassen den Kern des Problems erkennen: Der Oberbürgermeister Wilhelm Becker warnte ausdrücklich davor, den Arbeitsnachweis als städtische Einrichtung zu betreiben, weil dies die Arbeitslosen in dem Irrtum bestärken könne, die Stadt sei verpflichtet, ihnen Arbeit zu beschaffen. Ebenso wie der Staat scheuten die Kommunen sich, die Regie der Arbeitsvermittlung zu übernehmen: sie befürchteten, dergleichen Engagement werde als indirekte Anerkennung des Rechtes auf Arbeit ausgelegt werden (ein solches Recht wurde immerhin so heftig diskutiert, dass die Schweiz eine Volksabstimmung darüber veranstaltete, die allerdings negativ ausging). Andere Teilnehmer der Diskussion in Köln protestierten gegen eine Regie der Arbeitgeber beim Arbeitsnachweis, wieder andere gegen die Beteiligung des sozialistischen Gewerkschaftskartells.

Die ausgeklügelte Einigung bestand darin, dass am 17. Dezember 1894 anstelle der Stadt Köln ein eigens zu diesem Zweck gebildeter Verband von sieben Vereinen die »Allgemeine Arbeitsnachweis-Anstalt Cöln für Arbeitsuchende beiderlei Geschlechtes aus allen Ständen und Berufsarten« gründete. An dem Unternehmen beteiligt waren der Gewerbeverein, der Verein selbständiger Handwerker, der Innungsausschuss, der Katholische Gesellenverein, der Evangelische Arbeiterverein, die katholischen Arbeitervereine und das Gewerkschaftskartell. Die Stadt finanzierte das Unternehmen durch einen Beitrag, der auf 8.000 Mark jährlich begrenzt wurde, beteiligte sich an den Aktivitäten jedoch nur durch die Ausübung einiger Kontrollrechte.

Obwohl Arbeitgeber wie Arbeitnehmer ihre eigenen Stellenvermittlungen nicht einstellten, auch die konfessionellen Vereine und Herbergen sich wie zuvor der arbeitsuchenden Handwerksgesellen annahmen, operierte die Kölner Anstalt mit wachsendem Erfolg. Ihren ungewöhnlichen Rang erreichte sie allerdings erst, als schon anderthalb Jahre später wider Erwarten auch die Absichtserklärung einiger Gründer verwirklicht wurde, so bald wie möglich »an die Arbeitsnachweis-Anstalt eine Spar- und Versicherungskasse gegen Arbeitslosigkeit anzugliedern«.

Dieser einigermaßen revolutionäre Gedanke war zuvor nur in Basel von der dortigen Kantonsregierung verwirklicht worden: Alle Arbeiter »der unter dem Fabrikgesetz von 1879 stehenden Etablissements sowie die Bau- und Erdarbeiter« wurden zwangsweise in eine Versicherung gegen Arbeitslosigkeit aufgenommen, zu der sie wöchentlich einen Mindestbeitrag von 20 Rappen zahlen mussten. Ihre Arbeitgeber hatten für jeden Beschäftigten den gleichen Beitrag zu entrichten, die Kantonsregierung beteiligte sich mit einem Zuschuss von 25.000 Franken und stellte eine Reserve von 200.000 Franken bereit. Im Versicherungsfall erhielten die Arbeiter je nach Beitrag eine Unterstützung von 80 Rappen bis zwei Franken pro Tag.

Hingegen entstand die »Stadtkölnische Versicherungskasse gegen Arbeitslosigkeit im Winter« weitgehend durch private Initiative und überließ es den Arbeitern, ob sie sich versichern wollten. Nach der Satzung wurde sie getragen von »Ehrenmitgliedern« und »Patronen«: Wer je Geschäftsjahr einen Beitrag von fünf Mark zahlte, ohne Versicherungsleistungen zu beanspruchen, wurde Ehrenmitglied; der Status eines Patrons ließ sich durch eine einmalige Zahlung von mindestens dreihundert Mark erwerben.

Die Stadt leistete einen Zuschuss von 25.000 Mark, aber allein im ersten Geschäftsjahr brachten die Patrone rund 70.000 Mark zusammen. Sie gaben auch den Ton an: In der Gründungsversammlung am 6. Mai 1896 wählten sie zusammen mit den Ehrenmitgliedern zwei Drittel der 18 Vorstandsmitglieder, nämlich sechs Arbeitgeber und sechs neutrale Herren, darunter die Präsidenten des Gewerbegerichts und der Handelskammer; diese beiden Bänke wählten alsdann sechs Vertreter der Arbeitnehmer hinzu.

Das Protokoll verzeichnet einen Missklang: »Von den aus dem Stand der Arbeitnehmer gewählten sechs Personen glaubte der gewählte Herr Stuckateur Christian Odenthal die Wahl ablehnen zu müssen.« Warum Odenthal, der dem Gewerkschaftskartell angehörte, so handelte – ob ihm das Wahlverfahren nicht passte, ob er die Leistungen der Kasse geringschätzte oder die Philosophie des ganzen Unternehmens verwarf –, ist im Protokoll nicht nachzulesen.

Die Kasse versicherte Arbeiter aufgrund schriftlichen Antrags, der in ihrer Geschäftsstelle einzureichen war (auch sonn- und feiertags von elf bis zwölf), gegen einen Beitrag von wöchentlich 25 Pfennigen. Wurden sie arbeitslos, so erhielten Verheiratete, auch Verwitwete mit Kind, ab dem sechsten Werktag nach der Anmeldung ein Tagegeld von zwei Mark, Unverheiratete von 1,50 Mark. Natürlich gab es die Unterstützung nicht unbegrenzt: Wer länger als acht Wochen arbeitslos blieb, erhielt nichts mehr. Und auch die Anspruchsberechtigten unterlagen nach der Satzung strengen Anforderungen: »Die als arbeitslos Angemeldeten müssen sich auf Verlangen des Kassenverwalters täglich zwei Mal an der von diesem bezeichneten Stelle einfinden. Wird hierbei dem Versicherten Arbeit angewiesen, so ist er zu deren Übernahme verpflichtet.«

Die Klientel der Versicherung zögerte offenbar, von den angebotenen Vergünstigungen Gebrauch zu machen. Am 19. Februar 1897 meldete der *Kölner Lokalanzeiger*: »In den Kreisen der Arbeiter macht sich allmählich eine günstige Stimmung für die Versicherungskasse bemerkbar.« Aber in der Bilanz der Kasse vom 31. März erschienen nicht mehr als 220 Versicherte. Davon waren fünf »unter Anzeige zurückgetreten«, 81 »mit Beiträgen im Rückstand verblieben« und demzufolge ausgeschieden. In der »Betriebszeit« vom 15. Dezember bis 15. März hatten sich von

132 Versicherten 96 arbeitslos gemeldet und insgesamt 2.355 Mark an Tagegeldern erhalten, im Durchschnitt also 24 Mark.

Die Armen-Deputation der Stadt sah den Zweck des Unternehmens gleichwohl schon erfüllt: »Es ist zu berücksichtigen, dass die Kasse das Ehrgefühl des bessern Arbeiters zu heben trachtet, indem sie demselben Gelegenheit geben will, sich gegen die Folgen unverschuldeter Arbeitslosigkeit, wie solche in vielen Betrieben im Winter einzutreten pflegt, zu schützen und ihn vor der Nothwendigkeit der Inanspruchnahme der öffentlichen Armenpflege zu bewahren.«

6. April 1996
Veröffentlicht in der
Frankfurter Allgemeinen Zeitung

Der Gigant aus Stahl, der kriechen kann
In Ost wie West Streit um den Tagebau der Braunkohle

Ein Niederländer namens Johann Degnerus hat 1731 über »Teutschlands neuentdeckte Gold-Grube« berichtet. Der Mann war seiner Zeit um einiges voraus: Das Gold, das er vor Augen hatte, galt damals im Wesentlichen als Dreck, wenn auch ein Dreck besonderer Art. Die Bauern der Ville, des Vorgebirges, das von der Eifel in die rheinische Lößbörde hinabführt, hatten die schwarzbraune Schicht unter dem Erdreich entdeckt und herausgefunden, dass das Zeug zur Not als Brennstoff taugte. In einer Zeit, in der das Holz knapp wurde, lohnte es sich, den »Turff«, den vermeintlichen Torf, mit dem Spaten zu stechen und für den Ofen zu trocknen.

Nur armen Leuten war dieses Geschäft die Mühe wert. Erst später, als der Turff zu »Klütten«, den Vorläufern der Briketts, geformt und mit bescheidenem Gewinn verkauft wurde, kamen auch die gehobenen Stände auf den Geschmack. Die Obrigkeit, die vom Steinkohlenbergbau schon seit jeher den Zehnten beanspruchte, wurde gewahr, dass es sich um einen Bodenschatz handelte, der als solcher der staatlichen Verwaltung bedurfte. 1816 verliehen die preußischen Bergbehörden der Entdeckung den Namen Braunkohle. Mittlerweile ist sie – zumindest im Sprachgebrauch ihrer Produzenten – »zum wichtigsten heimischen

Energieträger geworden. Für ihren Einsatz spricht, dass sie die einzige in größerem Umfang verfügbare heimische Energie ist, die im internationalen Wettbewerb bestehen kann«, so (1995) die Broschüre eines rheinischen Stromkonzerns.

Die Braunkohle ist entstanden aus untergegangenen Palm-, Laub- und Nadelwäldern des Tertiärs vor rund zwanzig Millionen Jahren. Die pflanzliche Substanz hat sich – wie bei der älteren Steinkohle und dem jüngeren Torf – unter Luftabschluss verwandelt, durch den Prozess der »Inkohlung«, das heißt eine Anreicherung von Kohlenstoff. Torf enthält gut neunzig Prozent Wasser, Braunkohle noch immer bis zu sechzig Prozent. Wegen ihrer Struktur entwickelt sie nur ein Drittel der Heizkraft von Steinkohle. Als Energiequelle ist sie dennoch konkurrenzfähig, weil sie sich im kostengünstigen Tagebau gewinnen lässt, und nicht zuletzt, weil sie in Milliarden von Tonnen unter dem gesamtdeutschen Boden lagert, nahe Cottbus, Leipzig, Halle und vor allem im rheinischen Revier zwischen Köln und Aachen.

Dort ist die Technik des Tagebaus am effektivsten und am radikalsten entwickelt worden. Die Flöze der Braunkohle, die unmittelbar zugänglich waren, hielten nicht lange vor. Was in größerer Tiefe lag, wurde anfangs noch wie Steinkohle durch Schächte und unterirdische Querschläge erschlossen und abgebaut. Aber diese Methode war wegen der Einsturzgefahr der brüchigen Materie nicht nur riskant, sondern auch wirtschaftlich unbefriedigend: Bis zu siebzig Prozent des Flözes mussten stehenbleiben und waren nicht verwertbar. Also gingen die Unternehmen, die zunehmend von kapitalkräftigen Investoren betrieben wurden, dazu über, die Deckschicht über den Flözen abzutragen und die Kohle unter freiem Himmel zu gewinnen. Sie gruben Löcher, die immer größer und immer tiefer wurden.

Ein Historiograph dieser Epoche, der Grubenjustitiar Fritz Wündisch, sah die Förderstätten entlang der Eisenbahnstrecke über die Südville »wie Perlen an einer Schnur aufgereiht«. Aus dem Vergleich spricht eine gewisse Unempfindlichkeit gegenüber der Optik und Praxis des Tagebaus, wie sie sich auf alten Fotografien darbietet: Von der Sohle der Grube blickt man auf eine kirchturmhohe finstere Wand, das freigelegte Flöz. Die Wand ist gesprenkelt mit hellen Flecken, den Hemden der Hauer. Sie stehen bis hinauf zum Saum der Deckschicht auf Strossen, den schmalen, steil ansteigenden Stufen der Treppe, die sie mit ihren Hacken in das Flöz geschlagen haben. Der Arbeitstag in der Wand, an der jeder Fehltritt lebensgefährlich war, dauerte zwölf Stunden.

Der Tagebau von heute hat solche Produktionsbedingungen weit hinter sich gelassen. Seit der Jahrhundertwende, als »dem rheinischen Brikett der Durchbruch gegenüber der Steinkohle« gelang (so eine Firmengeschichte) und das erste Kraftwerk entstand, in dem Braunkohle sich auch rentabel verfeuern ließ, um elektrischen Strom zu erzeugen, ist der Verbrauch dieses Energieträgers sprunghaft gestiegen. Der Tagebau folgte den Flözen von der Ville nach Nordwesten und in immer größere Tiefen. Und je mehr der Bedarf an Braunkohle wuchs, umso weniger genügte die menschliche Arbeitskraft, um ihn zu befriedigen.

Die Erdmassen, die es zu bewegen galt, provozierten den Erfindergeist, sie regten zur Konstruktion von gigantischen Maschinen an, wie sie kein anderer Industriezweig hervorgebracht hat.

In der kilometerlangen, tiefen Schneise des Tagebaus Garzweiler I westlich von Köln tragen Schaufelradbagger die Deckschichten und das darunterliegende Kohlegebirge ab. Das Schaufelrad des größten Baggers hat einen Durchmesser von einundzwanzig Metern, die Maschine insgesamt ist neunzig Meter hoch, zweihundert Meter lang und wiegt 13.000 Tonnen. Sie wird von fünf Männern bedient und erbringt die Leistung von 40.000 Arbeitskräften. Die 200.000 Kubikmeter Aushub, die sie täglich fördert, werden in einem Arbeitsgang getrennt und durch die Schneise abtransportiert: Die Kohle fällt auf ein Laufband, das sie mit einer Geschwindigkeit von 27 Stundenkilometern ihrer Verwendung zuführt; die Deckschichten – Lößboden, Ablagerungen des Urrheins und mariner Sand aus der Zeit, als das Meer noch bis hierher reichte – werden zur gegenüberliegenden Flanke der Schneise befördert, wo eine andere Maschine sie absetzt, um das Loch wieder aufzufüllen.

Empfindsame Gemüter reagieren auf die Begegnung mit dem Bagger, der aus einem Sciencefiction-Film herausgekrochen scheint, mit einer Mischung aus Bewunderung und Grausen. Außer einem Mann, der mit Schutzhelm und Sprechfunkgerät winzig klein neben dem Ungetüm steht und dessen Arbeit beobachtet, ist bis zum Horizont kein Mensch zu sehen, kein Ruf ist zu hören. Die Maschine, deren Besatzung hinter Stahl und Glas verborgen bleibt, tut ihr Werk, als sei sie selbst dafür verantwortlich, sie frisst sich emsig und fast geräuschlos in die steile Wand hinein. Unversehens bewegt das technische Wunder sich von der Stelle, es wandert auf seinen fünfzehn Füßen, den übermannshohen Raupenantrieben, ein Stück die Wand entlang und sucht sich neues Futter. Wer schwache Nerven hat, schaut sich nach einem Fluchtweg um.

In absehbarer Zeit werden die Vorräte des Tagebaus Garzweiler ı erschöpft sein. Der Bagger, der vor zehn Jahren aus dem versiegenden Tagebau Fortuna buchstäblich über Stock und Stein, über das Flussbett der Erft, zwei Eisenbahnlinien und eine Autobahn hierhergefahren ist, soll dieses Mal die Barriere der im Westen angrenzenden Autobahn durchstoßen und den Tagebau Garzweiler ıı eröffnen. Das neue Abbaugebiet, unter dessen Oberfläche 1,3 Milliarden Tonnen Kohle lagern, umfasst 48 Quadratkilometer, auf denen in elf Ortschaften 7.600 Menschen leben. Sie sollen in neu zu errichtende Dörfer umgesiedelt werden. Dieses Vorhaben der Rheinbraun, will heißen der Rheinischen Braunkohlenwerke AG, ist seit 1978 in Dutzenden von Gremien geprüft und beraten, befürwortet und bekämpft worden. Am 30. März dieses Jahres (1995) billigte der Landtag von Nordrhein-Westfalen mit großer Mehrheit gegen die Fraktion von Grünen/Bündnis 90 die Entscheidung der Landesregierung, dem Unternehmen die erforderliche Genehmigung zu erteilen.

Damit schien der bislang größte europäische Tagebau beschlossene Sache. Aber seit die SPD bei den Landtagswahlen am 14. Mai ihre absolute Mehrheit verloren hat und mit den Grünen über eine Koalition verhandelt, sind alle Argumente, nicht minder alle Emotionen der alten Debatte neu belebt worden. Garzweiler II findet über die Region hinaus ein Interesse wie nie zuvor. Bei Rheinbraun, aber auch in Borschemich, Otzenrath oder Spenrath, Dörfern, die zuvor kaum jemand kannte, geben sich Journalisten und Kamerateams die Klinke in die Hand. Der Verdacht der derart Heimgesuchten ist verständlich, dass so viel Wissbegier weniger den Menschen gilt, deren Heimatorte zur Disposition stehen, und auch nicht den energiepolitischen Erfordernissen, die Rheinbraun geltend macht; den größten Reiz übt vermutlich die Frage aus, ob die SPD oder die Grünen ihre starken Worte fressen müssen, wenn sie gemeinsam regieren und in drei Jahren womöglich Helmut Kohl aus dem Amt vertreiben wollen.

Die Sache selbst ist freilich auch erheblich komplizierter als ein politischer Ringkampf. Sie hat in den Jahrzehnten ihrer Erörterung eine Flut von Untersuchungen, gegensätzlichen Gutachten, entschiedenen Plädoyers für und wider Garzweiler II hervorgerufen. Wer sich eine abgesicherte Meinung über das Projekt bilden will, gerät unwiderstehlich in das Kreuzfeuer von widerstreitenden Interessen, die ihm die Orientierung nicht gerade erleichtern.

Die schwächste Position in dieser Auseinandersetzung haben zweifellos die Archäologen. Das rheinische Braunkohlenrevier ist seit 7.000 Jahren besiedelt, es handelt sich – so der Fachwissenschaftler Jörg Schulze – »um ein Gebiet mit ungewöhnlicher Funddichte, in dem es keinen Hektar ohne archäologische Objekte gibt und das für viele historische Siedlungsperioden eine Schlüsselstellung einnimmt«. Peter Burggraaff und Klaus-Dieter Kleefeld von der Universität Bonn haben im Gelände des Garzweiler-Projekts 990 erhaltenswerte Fundstellen registriert. Einige Kostbarkeiten aus früheren Abbaugebieten, Grabfunde, Werkzeuge und Goldschmuck, hat Rheinbraun selbst vor dem Bagger gerettet und in seinem Informationszentrum auf dem altehrwürdigen Schloss Paffendorf in die Vitrinen gestellt. Andere wie das ganze Wasserschloss Harff wurden abgeräumt. Der Versuch, die Denkmäler der Vergangenheit zu bewahren, kostet Geld; er findet in der Gegenwart nicht viele Sympathisanten.

Empfindlicher reagiert das Publikum auf die Warnung, sein gesundheitliches Wohlbefinden stehe auf dem Spiel. Die Braunkohle ist berüchtigt als Klimakiller. Von den fossilen Energieträgern entwickelt sie den größten Anteil des Treibhausgases CO_2, des Kohlendioxyds; bei ihrer Verbrennung fällt mehr als doppelt so viel Kohlendioxyd an wie beim Erdöl. Spätestens seit die Bundesregierung den Beschluss fasste, die Emissionen von CO_2 bis zum Jahr 2005 auf 75 bis 70 Prozent der Menge von 1987 einzuschränken, ist die Verwendung von Braunkohle zu einem höchst unpopulären Unternehmen geworden.

Der RWE Energie-Konzern und seine Tochter Rheinbraun haben der Klimaverschärfung Rechnung getragen durch die Zusage, 20 Milliarden Mark in Kraftwerke zu investieren, die den Brennstoff besser ausnutzen als die herkömmlichen. Der Wirkungsgrad – die Umsetzung der Kohleenergie in Strom – soll von bisher dreißig auf dreiundvierzig Prozent gesteigert werden. Das Unternehmen sieht sich aufgrund dieser Vereinbarung mit der Landesregierung sogar in der Rolle eines Vorreiters im Umweltschutz: Weit gefährlicher als die heimische Braunkohle seien für die Erdatmosphäre die ungezügelten CO_2-Emissionen der Entwicklungsländer; und diese sich ausbreitende Giftquelle lasse sich justament durch die moderne Kraftwerkstechnik, wie sie mit Hilfe der Braunkohle geschaffen werde, nachhaltig eindämmen.

Das Argument mutet an wie ein listiger Zirkelschluss, aber es erscheint auch in einem Gutachten des Wuppertal Instituts, das ansonsten mit der Braunkohle nicht glimpflich umspringt: Gerade aus der ökologischen Perspektive könne es »kontraproduktiv sein, wenn Inlandskohle, deren Förderung relativ strikten Umwelt- (und Sozial)bedingungen unterliegt, durch billigere Importe ersetzt würde, für deren Förderung in Drittländern (etwa Südafrika) keine vergleichbaren Auflagen existieren. Und nicht zuletzt ist das Argument ernst zu nehmen, dass die Entwicklung moderner Kohleeinsatztechnologien in Deutschland einen ›Fadenriss‹ erleiden könnte, wenn die heimische Kohleförderung unter ein bestimmtes Niveau absackt.« Allerdings gelangt das Gutachten zu dem Fazit, dass die Kohleförderung reduziert, in einen »Gleitflug« gesteuert werden müsse.

Garzweiler II ist denn auch in der Frage, ob und wie die Kohle als Energiequelle zu ersetzen sei, zum Tummelplatz sämtlicher je vorgebrachter Thesen geworden. Nicht alle Gegner des Projekts gehen so weit wie Ivo Dane, Vorsitzender der Deutschen Gesellschaft für Windenergie, nach dessen Berechnungen der Energiebedarf »mit links« durch Wind, Wasserkraft, Biogas und Sonnenenergie gedeckt werden könne, wenn nicht die profitsüchtigen Kohleproduzenten das hintertrieben. Aber die Grünen behaupten schon im Vorfeld solcher Kalkulationen, Garzweiler II sei gar nicht nötig, weil nämlich die Felder des gegenwärtigen Tagebaus ausreichen, den Nachschub für die nächsten Jahrzehnte zu sichern.

Die Rheinbraun nennt das eine Milchmädchenrechnung: Richtig sei, dass 1993 rund dreißig Prozent der Stromerzeugung in Deutschland, in Nordrhein-Westfalen sogar deren Hälfte auf dem Einsatz von Braunkohle basierte. Das Unternehmen beruft sich auf ein Gutachten der »Prognos AG« und folgert daraus, allein für das rheinische Revier ergebe sich »die Notwendigkeit einer Förderkapazität von etwa 110 bis 120 Millionen Tonnen jährlich. Der Braunkohlenbedarf ist nur dann zu decken, wenn Garzweiler II erschlossen wird. Ein Verzicht auf diesen Tagebau würde zu einer Unterdeckung von über 30 Prozent führen.« Auch zu einer Preiserhöhung, versteht sich: Ohne den Nachschub stiegen die Kosten der Stromerzeugung um acht Prozent.

Die Selbstsicherheit der Parteien dieses Streits gerät erst bei einer weiteren, den Kern des Projekts berührenden Frage ein wenig ins Wanken: Wie wird die Natur auf den gewaltigen Eingriff reagieren? Niemand kann das mit dem Anspruch auf Unfehlbarkeit voraussagen. Um an die Kohle von Garzweiler II heranzukommen, muss das Grundwasser des Abbaugebiets bis zu zweihundert Meter Tiefe abgepumpt werden. Rheinbraun selbst räumt ein: »Vor allem in Feuchtgebieten können sinkende Grundwasserstände massive Auswirkungen auf Tier- und Pflanzenwelt haben.« Andere, so die Regierng der niederländischen

Provinz Limburg, befürchten Auswirkungen auf den Wasserhaushalt weit über die Region hinaus. Die Landesregierung hat sich vorbehalten, die Genehmigung des Tagebaus »notfalls« zu widerrufen.

Rheinbraun glaubt, die Gefahren durch eine ausgefuchste und aufwendige Technik unter Kontrolle halten zu können. Das Unternehmen verweist nicht zuletzt auf seine unbestreitbaren Erfolge bei der Rekultivierung der zuvor aufgerissenen und trockengelegten Gebiete. Dort ist die Landwirtschaft wieder eingezogen, neue Seen und Wälder sind entstanden.

In einigen Bezirken dieser sorgfältig geplanten Schöpfung genießen die Städter scharenweise ihre Freizeit; einige andere stehen mittlerweile unter Naturschutz. Dass das Karnickel, das in einem noch jungen Gehölz am Rand des Lochs von Garzweiler I bereits herumspringt, »ein Angestellter von Rheinbraun« sei, der den Besucher vom Effekt der Rekultivierung überzeugen solle, ist natürlich nur ein Scherz, den die Firma sich erlaubt. Sie setzt die Regenerationskraft der Natur in ihre Kalkulationen ein, wohl wissend, dass sich bei der geplanten, bisher beispiellosen Operation erst in hundert oder mehr Jahren herausstellen wird, ob die Rechnung aufgeht.

Als das »wohl schwierigste Problem, das der Braunkohlenbergbau mit sich bringt« (Rheinbraun), gilt freilich ein anderes: die Umsiedlung der Menschen. Nicht zum ersten Mal sollen ganze Dörfer verlegt werden, um dem Tagebau Platz zu machen. Im rheinischen Revier weist die Bilanz bisher 72 Ortschaften und 30.000 Menschen aus. Die früheste geschlossene Umsiedlung, die des Dorfes

Bottenbroich, wurde noch vor dem Zweiten Weltkrieg begonnen und 1948 abgeschlossen. Nach heutigen Ansprüchen waren die neuen Wohnstätten eher bescheiden; aber ein neidvoll-ironischer Spruch, der damals in der Umgebung die Runde machte, sah das anders: »En Neu-Bottenbroich jitt et mieh Badezemmer als en Alt-Bottenbroich Kumpe« – in Neu Bottenbroich gibt es mehr Badezimmer als in Alt-Bottenbroich Waschschüsseln.

Der Spruch spiegelt einen Konflikt, der immer wieder aufgebrochen ist. Für nicht wenige der Betroffenen bedeutet die Umsiedlung einen Gewinn an Wohnkomfort. Rheinbraun bietet ihnen schlüsselfertige Häuser, geräumige Mietwohnungen, bequeme Appartements für Senioren an. Sechzig Mitarbeiter der Firma kümmern sich in einer besonderen Abteilung (»Freimachung der Oberfläche«) um einschlägige Wünsche. Die »Sozialverträglichkeit« der Umsiedlung ist eines der erklärten Ziele. Bei der Zusammenlegung der Dörfer Priesterath und Garzweiler wurden, einen Steinwurf voneinander entfernt, zwei Bürgerhäuser errichtet, weil die Priesterather ihr eigenes haben wollten.

Aber auch solche Segnungen sind nicht unumstritten. Manche Experten beklagen die Sterilität der schmucken Siedlungen, in denen nichts mehr an den Charakter der alten, in Jahrhunderten gewachsenen Dörfer erinnere. Peter Zlonicki, Inhaber des Lehrstuhls für Städtebau an der Universität Dortmund, hat in einem Gutachten befunden, die Umsiedlungen könnten nicht sozialverträglich, sondern allenfalls sozial erträglich sein. Günter Salentin, Dechant der katholischen Kirche in Erkelenz, nennt es »eine himmelschreiende Ungerechtigkeit«, dass die Menschen aus Häusern herausgelockt würden, in denen sie samt Kindern und Kindeskindern bis an ihr Lebensende getrost hätten wohnen können, ohne sich, wie viele Umsiedler, neu zu verschulden.

Auf der anderen Seite fechten nicht nur diejenigen, die für Garzweiler II ihre Häuser und Grundstücke bereits verkauft haben, sondern vor allem die vielen, die von der Braunkohle leben. Helmut de Jong, Betriebsratsvorsitzender des Tagebaus Garzweiler I, äußert den Verdacht, dass »Funktionäre« die verständliche Angst vor der Umsiedlung anheizen: Grüne, Aktivisten der Bürgerinitiativen, auch Priester, deren Einkommen gesichert sei. Rheinbraun hat vorgerechnet, dass fast 9.000 Arbeitsplätze unmittelbar von der Verwirklichung des Projekts Garzweiler II abhängen. Für die Firma freilich, die aus dem vergangenen Geschäftsjahr 165 Millionen Mark Gewinn an die Mutter RWE abführte, ist das keine Existenzfrage.

Nur die Hälfte dieses Gewinns stammte noch aus dem Braunkohlegeschäft. Vor zwei Jahren hat Rheinbraun mit zwei Milliarden Mark eine fünfzigprozentige Beteiligung an der *Consol Energy Inc.*, der zweitgrößten Steinkohlenzeche der Vereinigten Staaten, erworben. Ebenso wie die Mutter RWE hat die Firma in weiser Voraussicht ihr Geschäft diversifiziert, und das fällt ihr leicht, wie der Kartellrechtler Wernhard Mörschel moniert: »Die Stromkonzerne verdienen sich dumm und dusselig in ihren monopolgeschützten Märkten.« Derlei Kritik kann Rheinbraun aushalten und auch die des Regierungspräsidenten Antwerpes, der sich um einen Kompromiss zwischen SPD und Grünen bemüht hat und angesichts des Arguments, die Firma sei auf Garzweiler II nicht angewiesen, in Zorn gerät: »Dann lass se doch nach Amerika jehen!«

Vor zwei Wochen hat das Verfassungsgericht Brandenburg der Klage der Gemeinde Horno in der Niederlausitz stattgegeben und den Tagebau, dem das Dorf zum Opfer fallen sollte, angehalten. Jasper Meerfeld, der zu den Klägern gehörte, machte ein Fass auf, und dazu sah in Kückhoven bei Erkelenz auch Rolf Sevenich Anlass, der im Auftrag des Bistums Aachen die Umsiedler betreut. Die Grünen erklärten, nun könne niemand mehr von der Bestandskraft des Braunkohlenplanes Garzweiler II ausgehen.

Was der Mensch als solcher, der auch hier erklärtermaßen im Mittelpunkt steht, von der neuen Lage hält, ist schwerer zu ergründen. Peter Giesen, als ehemaliger Bürgermeister mit allen Problemen der Umsiedlung vertraut, ließ durch seine Frau ausrichten, er wolle zu dem ganzen Thema nichts mehr sagen.

Erschienen in der
Frankfurter Allgemeinen Zeitung,
17.6.1995

Ich bring mehr Geld nach Haus
Porträt eines Fernsehdirektors

Über Danielle Milbert, seit vergangenem Herbst (1994) seine dritte Ehefrau, hat er in einem Interview gesagt: »Sie ist verständnisvoll für meinen Job ... Sie passt sich auch an, indem sie sehr viel für ihre Weiterentwicklung tut. Sie kann mitreden. Das finde ich toll. Und natürlich sieht sie auch gut aus.«

Ist er etwa ein Macho? Seine Antwort lautet schlicht: »Ja.«

Der Boss von RTL lacht vergnügt, dann kommt die Einschränkung, die keine ist: »Kein Macho im eigentlichen Sinn. Ich bin ein aufgeklärter Absolutist. In der nächsten Generation werden ja vielleicht die Frauen die Macht übernehmen, aber bitte nicht bei mir. Ich fühle mich halt noch als Haushaltsvorstand. Ich bring mehr Geld nach Haus, und ich sag, wo's langgeht.«

Hat Danielle dieses Interview gelesen? »Ja. Die würde sich damit auch einverstanden erklären.« Über die Fußnote, die ihm dazu einfällt, amüsiert er sich abermals königlich: »Das ist Einstellungsvoraussetzung!«

Auch in andere Fettnäpfchen tritt Helmut Thoma völlig ungeniert. Auf den Vorwurf, das Programm von RTL (»Rammeln, Töten, Lallen«) sei seicht, erwiderte er: »Im Seichten kann man nicht ertrinken.« Seine »Lieblingskin-

der« sind diejenigen Mitarbeiter, die die höchsten Einschalt-
quoten erzielen.

Auf die Frage, was er mit einer Million extra machen
würde, nennt er nicht wohltätige Werke, sondern die An-
lage in Wertpapieren. »Natürlich orientiere ich mich am
Gewinn. Ich leite doch ein kommerzielles Dienstleistungs-
unternehmen.«

Macht er eine Masche daraus, sich so anstößig zu äußern? »Ich versuche, in dieser verlogenen Gesellschaft
halbwegs ehrlich zu sein.«

Für falsche Fuffziger hält er nicht nur den Konkurrenten
Leo Kirch von SAT 1, einen »Kraken«, der still und leise
ein »demokratiegefährdendes Medienmonopol« aufbaue,
sondern auch ARD und ZDF: Sie sacken ihre öffentlich-
rechtlichen Gebühren ein, aber statt damit die höheren
Ansprüche zu erfüllen, auf die sie sich berufen, versuchen
sie, das Erfolgsrezept von RTL zu kopieren. »Das läuft
dann auf den Unterschied zwischen Prostitution und Tem-
pelprostitution hinaus.«

Thomas Vater, ein Mathematiklehrer, fiel am dritten Tag
des Krieges. Nach der Mittelschule absolvierte der Sohn
eine Molkereilehre. Er holte das Abitur auf der Abend-
schule nach, studierte Jura, wurde Anwalt und mit 28 Jahren Justitiar des *Österreichischen Rundfunks*. Diesen Job,
eine Lebensstellung inclusive Altersversorgung, gab er auf,
weil ihm Österreich zu eng wurde und ihn der Aufbau des
Privatfernsehens reizte.

Er ging zu RTL, wurde Nachfolger von Frank Elstner als
Leiter der deutschen Programme und 1984 Geschäfts-
führer von RTL plus. Zehn Jahre später konnte Thomas

Direktion in Köln den größten »Marktanteil« – die meisten Zuschauer – aller deutschsprachigen Fernsehsender verbuchen.

Vom »Eroscenter des deutschen Fernsehens« (FAZ) spricht kaum noch jemand. Im vergangenen November erhielt Helmut Thoma den Emmy Award, den Oscar des Fernsehens, weil er RTL »zu einem der erfolgreichsten Fernsehsender Europas« gemacht habe.

Über Helmut Kohl hat er einmal gesagt, der habe wie viele, die lange und erfolgreich herrschen, den Kontakt zur Realität verloren. Dass auch ihm das passieren könnte, glaubt er nicht. Nun gut, noch mehr Karriere wird kaum möglich sein. Aber dass er sich zum Buddhismus bekehrt habe und nun das Nirwana anstrebe, war ein Missverständnis (er sammelt Buddha-Statuen). Das Diesseits bietet noch Reize genug, die Reisen, seinen Tauchsport, die Kunstsammlung, das Leben mit Danielle.

Im Urlaub liest er Belletristik. Warum? »Fernsehen ist nun mal ein Massenunterhaltungsmittel.« Und: »Wenn der Zuschauer wirklich in die Tiefe gehen will, muss er ausführlich lesen.«

Geschrieben auf der Grundlage eines Interviews
mit Helmut Thoma, veröffentlicht in
100 Kölner Köpfe,
Hrsg. Gerd Huppertz und Axel Pollheim
Köln 1995

Die intellektuelle Kränkung
Porträt einer Radikalfeministin

Als 1975 ihr Buch *Der kleine Unterschied und seine großen Folgen* erschien, fühlten Männer sich an ihrer empfindlichsten Stelle getroffen. Einige revanchierten sich durch mythologische Vergleiche (die Autorin trete auf wie Astarte, die Kriegsgöttin, die sich von den Leibern der Gefallenen nährte; sie gebärde sich wie Megäre, die Rächerin, die eine Haartracht aus züngelnden Schlangen trug). Andere reagierten erheblich schlichter (sie sei eine »frustrierte Tucke«, eine »Nachteule mit dem Sex einer Straßenlaterne«).

Das hat weh getan, aber es hat sie nicht eingeschüchtert. Alice Schwarzer stammt nach ihrer eigenen Einschätzung aus »Absteigerverhältnissen«. Sie wurde 1942 in Wuppertal unehelich geboren, von Großeltern aufgezogen, begann ihre Karriere mit sechzehn als kaufmännischer Lehrling, beschloss mit vierundzwanzig, Journalistin zu werden, und ist seit 1977 Herausgeberin von EMMA, der »letzten autonomen feministischen Publikumszeitschrift«.

Aus dem Willen zur Selbstbehauptung, der in dieser Biographie erkennbar wird, hat sie ein Programm gemacht: Nur so können Frauen in der von Männern beherrschten Gesellschaft sich selbst verwirklichen. Die 15 »weiblichen Rebellen«, von der Prostituierten Domenica bis zur Chefredakteurin Gräfin Dönhoff, die sie in einem Buch liebe-

voll vorgestellt hat, haben nach ihrer Analyse eines gemeinsam: Stärke, die sie sich »erarbeiteten und erkämpften«; sie
haben sich – wie Alice Schwarzer, die Radikalfeministin –
nicht abgefunden mit der listigen Fiktion vom biologi-
schen Unterschied, der den Frauen die Rolle der Dienen-
den und Abhängigen als gottgegeben zuweist.

Sie beansprucht, 1971 mit ihrer Kampagne gegen den
Paragraphen 218 (»Ich habe abgetrieben«) der neuen Frauenbewegung in der Bundesrepublik einen entscheidenden
Impuls verliehen zu haben. Am Lack der Galionsfigur
dieser Bewegung, zu der sie avancierte, haben freilich nicht
nur Männer gekratzt. Vielleicht lag es an der Dominanz,
mit der sie auftrat, vielleicht auch an dem Erfolg, mit dem
sie in den vergangenen Jahren durch nicht wenige Fernseh-
shows tingelte: In der Frauenbewegung gab es erbitterten
Streit um die Rolle und den Stil von Alice. Es gab sogar,
weil EMMA rassistisch sei, im Mai 1994 einen Überfall von
Frauen auf die Redaktion. Schwarzer antwortete in einem
Editorial unter der Überschrift »Emma verrecke«.

In Köln, der Stadt, die sie liebt, residiert sie seit dem vergangenen Jahr in einem restaurierten Gemäuer der mittel-
alterlichen Stadtbefestigung, dem Bayenturm; als »Frauen-
MediaTurm« beherbergt er nun ein feministisches Archiv,
das Alice Schwarzer ehrenamtlich leitet. Von Frauen kam
der Vorwurf, sie streiche maßlos die Bedeutung dieses Instituts heraus und unterschlage die Verdienste anderer. Als
einer Journalistin, von der Schwarzers Archiv sich hinter-
gangen und schlecht behandelt fühlte, das Haus verboten
wurde, schwappten die Wogen über, von einem entlarven-
den Skandal war die Rede.

Ist sie selbstherrlich? Schwarzer: »Es kränkt mich intellektuell, dazu immer wieder etwas sagen zu müssen. Ich bin diese destruktiven weiblichen Mechanismen satt, dass alles, was Frauen tun, klein und schwach sein muss. Soll ich alle viere von mir strecken, bloß weil ich stark bin?«

Als ihre »beiden Leidenschaften« hat sie den Journalismus und die Politik genannt, eine Kombination, die nicht selten ins Dilemma führt. 1993 veröffentlichte sie über den Tod von Petra Kelly und Gert Bastian ein Buch (*Eine tödliche Liebe*), in dem sie sehr sorgfältig und sehr einfühlsam den Zermürbungskrieg darstellte, in den beide Partner dieser Beziehung sich verwickelten. Aber die Schuld an dem gewaltsamen Ende schrieb sie in ihrem Fazit nur einem zu: dem Mann.

Wie lebt sie privat und mit wem? »Solche Fragen beantworte ich nicht. Ich bin keine Exhibitionistin.« Wie stellt sie sich ihren Lebensabend vor? »Ich denke, dass man im Alter genauso lebt wie zuvor.« Glaubt sie das wirklich? Der Gedanke, »eingeschränkt zu sein«, bringt sie auf eine ironische Selbsterkenntnis: »Das mutet mich an wie eine Beleidigung.«

Geschrieben auf der Grundlage eines Interviews
mit Alice Schwarzer, veröffentlicht in
100 Kölner Köpfe,
Hrsg. Gerd Huppertz und Axel Pollheim
Köln 1995

Zum Schmuck der Reichsgrenze

Reportage über Kölns Brücken

Cäsar benötigte anno 55 vor Christus zehn Tage, um eine Holzbrücke über den Rhein zu schlagen, und weitere achtzehn, um sie wieder abzureißen, nachdem der Feind, den er auf dem jenseitigen Ufer hatte besiegen wollen, nicht zu finden gewesen war. Der Feldherr hätte weitaus bequemer und billiger mit den Schiffen, die ihm zu Gebot standen, seine Legionen übersetzen können; aber dergleichen Transport erachtete er »für unter seiner und des römischen Volkes Würde«.

Eine Brücke verkörpert offenbar nicht zuletzt einen Prestigewert. Der scheint auch den Kaiser Konstantin motiviert zu haben, als er 365 Jahre später das Kölner Rheinufer durch eine feste Brücke mit dem gegenüberliegenden Barbarenland verband. Das Bauwerk war kostspielig, es überwand in elf Meter Breite auf gemauerten Pfeilern ein Flussbett von 400 Metern, fraß neben Baumstämmen, die aus der Eifel herangebracht werden mussten, auch Gestein in solchen Mengen, dass der Bauleiter, ein römischer Statthalter, gelegentlich die Friedhöfe nach entbehrlichen Grabsteinen absuchen und plündern ließ. Der Verkehrsweg nach Osten, der unter solchen Anstrengungen erschlossen wurde, endete jedoch ein paar hundert Meter weiter in einer Sackgasse: an der Wehrmauer des Kastells

Deutz, das Konstantin zum Schutz des Brückenkopfes errichtete. Dahinter hausten die Franken, ein rohes Volk, mit dem sich nicht einmal Handel treiben ließ.

Sollte Konstantin die Brücke lediglich »zum unvergänglichen Ruhme des Römischen Reiches und zum höchsten Nutzen und Schmuck der Reichsgrenze« gebaut haben, wie es eine alte Inschrift am Kölner Rathaus verkündet, dann hat sie sich gleichwohl als Fehlinvestition erwiesen. 45 Jahre nach der Errichtung überschritten die Franken den Rhein, und danach belagerten, eroberten und plünderten sie das römische Köln. Immerhin zeigte das Bauwerk, dessen Pfeiler der Erzbischof Bruno um 960 abreißen und beim Bau der Kirche St. Pantaleon verwenden ließ, bis ins hohe Alter die Zähne; noch im 18. Jahrhundert havarierten Lastschiffe an Stümpfen der Pfeiler, denen Strömung und Eisgang nichts hatten anhaben können.

Anstelle der konstantinischen Rheinbrücke zählt Köln mittlerweile deren acht – vier Straßenbrücken, zwei Eisenbahn- und zwei Autobahnbrücken, die sich auf weniger als achtzehn Stromkilometern zusammendrängen. Der Nutzen dieser Bauwerke wird auf unwiderlegliche Art bewiesen, nämlich statistisch: Im Tagesdurchschnitt überqueren (1995) 443.000 Kraftfahrzeuge, 2.500 Straßenbahnen und 1.600 Eisenbahnzüge den Rhein bei Köln.

Aber auch der ideelle Gehalt ist allzeit hochgeschätzt worden, freilich mit wechselnden Akzenten. Als 1938 die Autobahnbrücke bei Köln-Rodenkirchen gegründet wurde, widmete die Oberste Bauleitung »den Arbeitskameraden vom Tiefbau« ein Fotobändchen mit dem Motto »Wir bauen an den Straßen Adolf Hitlers«. Rund 60 Jahre später, 1994, bediente sich der Oberbürgermeister der Stadt einer neueren, gereinigten Sinngebung: »Sehen wir die Brücken Kölns ... als Symbole der Verbindung zu unseren Nachbarn und in alle Welt!«

Dort, in aller Welt, gibt es berühmtere Brücken, solche, die sich noch näher an die Leistungsgrenze der Technik heranwagten, und andere, deren historische Patina sich malerischer darbietet. Die Honshu-Shikoku-Brücke in Japan lässt mit einer Stützweite von mehr als anderthalb Kilometern alle Rekorde, die zuvor von Brückenbauern in Köln aufgestellt worden waren, weit hinter sich. Und Bauwerke mit dem in Jahrhunderten gewachsenen innerstädtischen Charakter der Engelsbrücke in Rom, der Seufzerbrücke in Venedig, der Seinebrücken in Paris hat der Rhein, der sich allzu breitmachte, nicht zugelassen. Aber einzigartig sind die acht Kölner Brücken als Ensemble, ein Kuriosum, das merkwürdige Empfindungen auszulösen vermag.

Aus dem Fenster eines Flugzeugs betrachtet, reihen sie sich am Dom entlang wie gebündelte feine Adern, die sich auf beiden Seiten des Stroms verzweigen, ein aus der Froschperspektive nicht zu erkennendes Netzwerk, dessen Anblick einen unversehens glauben lässt, nun habe man den Plan entdeckt, der menschliches Zusammenleben organisiert, und verstehe ihn. Weniger erhebend verläuft die Besichtigung von unten. Wer die gewaltigen Stahl- und Betonkonstruktionen der acht Brücken an Bord eines Schiffes unterquert, der kann sich innerhalb einer knappen Stunde achtmal die bange Frage stellen, aus welch rätselhaften Gründen diese tonnenschweren Lasten nicht über ihm zusammenbrechen und Mann und Maus begraben.

Dass Brücken lediglich dazu taugen, den Menschen trockenen Fußes von dem einen zum anderen Ufer gelangen zu lassen, ist jedenfalls zu schlicht gedacht. Als eine perverse Ausnahme mag das Beispiel der Glienicker Brücke in Berlin vernachlässigt werden, die nicht als passierbarer Übergang berühmt wurde, sondern weil Ost und West dort bei Nacht und Nebel in filmreifen Inszenierungen ihre Gefangenen austauschten. Aber der Regel entspricht es, dass Brücken nicht nur als Wege zum Nachbarn, sondern auch als Heerstraßen sich nützlich machen.

Aus dieser vertrackten Eigenschaft lässt sich erklären, warum nach Konstantins Pionierwerk anderthalb Jahrtausende vergingen, bevor in Köln wieder eine feste Brücke über den Rhein geschlagen wurde. Die Stadt, auf der Landseite durch eine Festungsmauer abgeschirmt, genoss den Schutz, den der Strom ihr gegen die rechts des Rheins abwechselnd wütenden Holländer und Spanier, die Schweden, Franzosen und auch noch die Hessen gewährte. Den Handel mit dem östlichen Ufer besorgten in Friedenszeiten die Nachen der Rheinschiffer und seit 1750 die »Fliegende Brücke«, eine Fähre, die täglich bis zu achtzehnmal den Strom überquerte. Bei der Nacht wurde das Fahrzeug, der »wohl wichtigste Flussübergang, den es in Europa gab« (so der Wirtschaftshistoriker Bruno Kuske), am Kölner Ufer verankert und gehütet.

Der Fortschritt kam mit den Preußen. Die wohlhabende Stadt empfand den Anschluss an das Königreich der Hohenzollern, den der Wiener Kongress ihr 1815 verordnete, zwar ähnlich wie der Kölner Bankier Abraham Schaaffhausen: als Einheirat in »en ärm Famillich«. Aber Begeisterung übertönte das Gemaule, als schon sieben Jahre später die neue Obrigkeit eine Schiffbrücke zwischen Köln und Deutz errichtete und einweihte: »Nach einem dreimaligen Hurra spielte das Music Corps des hier garnisonierten 25. Infanterie Regiments die Melodie ›Heil dir im Siegerkranz‹, worauf der ganze Zug unter Vorspielung des Dessauer Marsches, der früher Preußens tapfere Krieger so oft zum Siege führte, sich über die Brücke in Bewegung setzte« (*Kölnische Zeitung* vom 19. November 1822).

Die ehemals freie Reichsstadt war auf den Geschmack gekommen. 1847 richtete sie an den Preußenkönig eine Petition, welche anhob: »In der tiefsten Untertänigkeit wagen es die hier untertänigst unterzeichneten Oberbürgermeister, Beigeordneten, Bürgermeister und Gemeinde-Verordneten der Stadt Köln an den Stufen des Thrones eine Bitte niederzulegen...« Die Petition beschuldigte den Rhein der Spaltung Deutschlands: »...bei dem Umfange der Schwierigkeiten und Hemmnisse, welche Eisgang und oft wiederkehrendes Hochwasser dem Verkehre von Ufer zu Ufer darbieten, wirkt er hemmend und, die westlichen Rheinprovinzen mehr oder minder isolierend, der kommerziellen und industriellen Tätigkeit, der Kräftigung und Konzentration unseres Vaterlandes entgegen.«

Die derart untermauerte Bitte nach einer festen Brücke wurde erfüllt, wenn das auch weniger dem Monarchen als den vier Eisenbahngesellschaften zu verdanken war, die mittlerweile Köln rechts und links des Rheins anfuhren, ihre Transportgüter und Passagiere jeweils mühsam umladen mussten und sich von einer befahrbaren Verbindung zwischen den beiden Ufern zu Recht die Belebung ihres

Geschäfts versprachen. Immerhin entschied Friedrich Wilhelm IV, dass die erste Eisenbahnbrücke über den Rhein in der östlichen Verlängerung der Dom-Achse gebaut werden sollte. Das deckte sich beiläufig mit den Interessen der Eisenbahngesellschaften, deren Bahnhöfe just auf dieser Stromhöhe lagen, aber für den »Romantiker auf dem Thron«, der sich bereits für die Vollendung des Dombaus engagiert hatte, bedeutete es die Verwirklichung einer Idee: die sinnfällige Verbindung von historischem Erbe und technischem Fortschritt.

Der Fortschritt wurde allerdings importiert. Aus Schmiedeeisen, dem noch neuen Werkstoff, hatte zuvor der englische Ingenieur Robert Stephenson eine Eisenbahnbrücke über den 400 Meter breiten Menai-Kanal zwischen Wales und der Insel Anglesey errichtet. Damit das Bauwerk unter dem Schwergewicht der Züge nicht zusammenbrach, versteifte er es durch Decke und Wände aus einem engmaschigen eisernen Gitterfachwerk. Nach demselben Prinzip baute der deutsche Ingenieur Karl Lentze seit 1847 zwei Brücken, die den Osten Preußens erschlossen, die Weichsel-Brücke bei Dirschau und die Nogat-Brücke bei Marienburg, und alsdann auch die Kölner Dombrücke, die 1859 eingeweiht und von den Kölnern wegen ihres Gitterwerks unverzüglich als »de Muusfall« (die Mausefalle) verunglimpft wurde.

Was die Historikerin Padtberg »Kölns zweiten Anschluß an Preußen« genannt hat, wird auf alten Fotos augenfällig: Hier wie dort die gestrengen Gitterkästen, die durch eine Art von Festungstürmen über den Strompfeilern und an den Brückenenden noch hervorheben, dass sie nicht dem Spaziergang oder einem Besuch beim Nachbarn dienen, sondern der Kräftigung und Konzentration des Vaterlandes. Auf solchen Fotos präsentieren sich gleichermaßen auch die Bauleute, schwarzgekleidete stämmige Männlein mit gezwirbelten Schnurrbärten, Weste und steifem Hut, die sich vor gewaltigen Eisenträgern versammelt haben und resolut in die Kamera blicken.

Wahrscheinlich kommt nur ein Laie auf die Frage, ob ihnen bei ihrem Werk denn niemals bange war. Die Baustatik steckte zu dieser Zeit noch in den Kinderschuhen. Hundert Jahre zuvor hatten zwar drei Mönche dem Papst Benedikt XIV eine erste statische Berechnung geliefert, aber die diente lediglich dem Zweck nachzuweisen, warum die Kuppel des Petersdoms gerissen war. Gitterfachwerkbrücken waren statisch nach dem Stand der Kenntnisse nicht berechenbar; man verließ sich bei ihrer Errichtung auf die Empirie, will heißen, man probierte aus, wie lange es gutging. Immerhin wurde die Dombrücke erst 1909 wegen eines Neubaus abgerissen, und Lentzes Brücken über Weichsel und Nogat haben bis 1939 überdauert, als sie bei Hitlers Einfall nach Polen in die Luft gesprengt wurden.

Die Fortsetzung der Kölner Brückengeschichte zu bemäkeln fällt freilich auch dem Laien schwer. Sie ist gespickt mit Erst- und Höchstleistungen der Ingenieurskunst. Die Brücke zum Vorort Mülheim war 1929 mit 315 Meter Spannweite die weitestgespannte Hängebrücke in Europa; diesen Rekord übernahm 1941 die Rodenkirchener Rheinbrücke mit 378 Meter Spannweite; die Severinsbrücke von 1959 musste wegen der Schifffahrt mit nur einem, asymmetrisch versetzten, Pylon auskommen und verhalf dem Typ der Schrägseilbrücke zum Durchbruch.

Natürlich haben solche Leistungen ihren Preis: Die Mülheimer Brücke zertrümmerte mit ihrer rechtsrheinischen Rampe den historischen Kern der einst blühenden Ansiedlung. Solche Schneisen in die gewachsene Gliederung der Stadt schlugen auf dem linken Ufer auch die Deutzer Brücke von 1915 und hernach die Severinsbrücke. 1981 zog der Verein rheinischer Denkmalpfleger mit umflortem Blick eine zwiespältige Bilanz (»Glanz und Elend der Stadtplanung und Denkmalpflege Coeln 1906–2006 Köln«).

Bände voller Geschichten über den Zorn, den Streit, den Jubel, den die Kölner Brücken verursachten, haben sich angesammelt. Eine beachtliche Rolle spielt darin Konrad Adenauer, der seinen Ruf als Schlitzohr schon im Amt des Oberbürgermeisters von Köln begründete. 1927, als der Bau der Mülheimer Brücke zur Debatte stand, fand Adenauer, der für eine Hängebrücke plädierte, sich in der Minderheit. Er gewann die Stimmen der Kommunisten im Stadtrat und damit die Mehrheit, indem er nachdrücklich darauf hinwies, dass die sowjetischen Behörden in Leningrad sich bereits mehrfach für Hängebrücken als »die Brücken der Zukunft und des Fortschritts« entschieden hätten.

Der Zusammenbruch der Herrlichkeit kündigte sich an, als Hitler die Wehrmacht vertragswidrig in das entmilitarisierte Rheinland einrücken ließ. Am 7. März 1936 marschierten die uniformierten Kolonnen, die Offiziere auf Pferden voran, über die Brücken in die Altstadt und zum Dom. Auch diesmal schäumte die Begeisterung über. Neun

Jahre später lagen alle Kölner Brücken, damals noch fünf, in Trümmern. Vier davon fielen Luftangriffen der Alliierten zum Opfer. Die fünfte, die Hohenzollernbrücke mit der Hauptader des Eisenbahnverkehrs, wurde durch Sprengung der Strompfeiler von deutschen Pionieren besonders gründlich in Stücke zerhackt.

Wer Bauwerke über dem Wasser nur mit Unbehagen betritt, der könnte sich in Kölns Brückengeschichte bestätigt sehen. Im Februar 1945 musste die Deutzer Brücke nach Bombentreffern repariert werden, aber der Verkehr wurde trotzdem nicht eingestellt. Am letzten Tag des Monats brach die vollbesetzte Brücke mit einem schauerlichen Ächzen zusammen, das bis in die Innenstadt zu hören war. Niemand wusste, wie viele Menschen und Fahrzeuge in den Rhein gestürzt und untergegangen waren. Man schätzte die Zahl der Toten auf einige hundert.

Bei manchen Kölnern blieb der Schrecken bis in Friedenszeiten haften. Wer 1946 bei der Nacht die provisorisch reparierte Südbrücke überquerte, auf einem Steg von 70 Zentimeter Breite, das gurgelnde Wasser unter den Füßen, die in behutsamem Schleichtempo rollenden und rüttelnden Güterzüge auf wenig mehr als Armeslänge neben sich, der mag sich geschworen haben, nie mehr so leichtfertig über den Abgrund zu wandeln.

Bis 1957 waren alle fünf alten Brücken wiederaufgebaut, bis 1966 folgten drei Neubauten. Ende 1994 wurde die Verdoppelung der Rodenkirchener Brücke eingeweiht, die erste Hängebrücke der Welt mit drei Tragkabeln. Diesem Bauwerk fiel ein 26 Meter breiter Uferstreifen zum Opfer, um dessen Erhalt Naturschützer und Bürgervereine sich vergeblich bemühten. Eine neunte Brücke ist im Verkehrswegeplan des Bundes vorgesehen. Von vier weiteren, die schon einmal skizziert worden sind, ist vorerst nicht mehr die Rede. Kölns Brückenbauer, sensibel für den Geist der Zeit, verweisen auf andere Neuerungen: die angestrebte Illumination der Brücken, die ihre Schönheit auch bei Nacht erkennbar machen würde, und die Nutzung ihrer hohlen Innenräume, die dem Publikum zugänglich gemacht werden, zu Besichtigungen, Ausstellungen und sogar Rockkonzerten.

So bleibt dem Skeptiker, wenn ihn vor einer Brücke graust, als heimliche Ausflucht nur noch die Anrufung des heiligen Johann Nepomuk. Freilich lässt sich am Ende sogar an der Vertrauenswürdigkeit des Brückenpatrons zweifeln: Er selbst kam zu Tode, weil König Wenzel ihn 1393 nach vorangegangener Folter von der Karlsbrücke zu Prag in die Moldau stürzen ließ, was der Heilige nicht überstand.

22. Februar 1995
Geschrieben für die *Frankfurter Allgemeine Zeitung*
Veröffentlicht in *Bilder und Zeiten*

Selig entschlafen
Ein Kriminalroman in 75 Zeilen

In meiner Heimat wurden die Verstorbenen am frühen Nachmittag begraben, um halb drei oder schon um zwei. Die Totenglocke hob an, sobald der Essensdunst sich aus den Küchen verzogen hatte, ihr dunkler, monotoner Ruf hallte durch das enge Tal.

Ich weiß nicht, ob es die Handwerker und Händler der Kleinstadt vorzogen, zum Gang auf den Friedhof die Mittagspause zu verlängern, statt am Morgen ihre Arbeit zu unterbrechen. Mein Onkel, der Buchhalter war und im Nebenberuf das Amt des Küsters versah, beklagte sich jedenfalls nie über diese Regelung, obwohl es nach dem Begräbnis, zu dem er neben dem Pastor dem Sarg voranschritt, sich eigentlich nicht mehr lohnte, noch einmal zu seinen Belegen und Zahlenkolonnen zurückzukehren.

Einen Toten bekam ich damals nicht zu Gesicht, nicht einmal meinen Großvater, der im Alter von 80 Jahren, an seinem Stubenfenster sitzend und die Pfeife rauchend, von einer Fliegerbombe unter seinem Häuschen verschüttet worden war (man hatte ihn freigeschaufelt und umgehend eingesargt, um der Familie den Anblick zu ersparen). Desungeachtet mochte ich nicht glauben, dass zumindest die anderen, die normalen Toten so selig im Herrn entschlafen waren, wie es im Lokalblatt zu lesen stand.

Die Abenteuergeschichten, die ich verschlang, ließen mich fürchten, dass hin und wieder in den Särgen, die der Pastor und mein Onkel zur Grube brachten, denn doch eine Leiche mit gespaltenem Schädel lag. Ich bezweifelte, dass Fischenichs Karl, der sich beim Absturz vom Gerüst das Genick gebrochen hatte, seit vielen Jahren der einzige unnatürlich Gestorbene sei. Ich traute dem altersschwachen Doktor nicht, der als Todesursachen eine Lungenentzündung oder einen Leberschaden attestierte und abends im Wirtshaus kundtat; vermutlich war ihm die Fraktur unter den Haaren, die Stichwunde im Rücken entgangen.

Mein Verdacht wurde erhärtet durch die Nachrufe hinter vorgehaltener Hand, die ich zu hören bekam. Kaum einer, der auf den Leichenacker gebracht wurde, schien eine schmerzlich empfundene Lücke zu hinterlassen, fast jeder einem anderen im Weg gestanden zu haben: Nun endlich konnte die Tochter den Laden übernehmen, in dem sie bis dahin für Kost und Logis hatte schuften müssen, nun endlich der Sohn den Obstgarten als Bauland versilbern, statt darin Äpfel und Birnen zu ziehen, die den Schweiß der Ernte nicht wert waren. Und von dem Ehemann, der nicht nur trank, sondern auch noch mit der Witwe des Bäckers ein Verhältnis hatte, ging sogar unverhohlen die Rede, er habe seine angetraute Frau mit kalter Absicht zu Tode kujoniert.

In der Stadt, in der ich heute lebe, werden die Verstorbenen am Vormittag begraben, und es wäre absurder denn je zu argwöhnen, unter dem einen oder anderen Sargdeckel ließen sich die Spuren eines Gewaltverbrechens aufspüren. Der normale Moribunde lebt im Krankenhaus ab, unter der Aufsicht von Ärzten und Schwestern, die sich gegenseitig beaufsichtigen. Wenn Zweifel an der Todesursache auftauchen sollten, werden sie nicht vom Dorfgendarmen abgearbeitet, sondern von der Kriminalpolizei und ihrem wissenschaftlichen Labor.

Solche enttäuschenden Einschränkungen unserer Phantasie kompensiert zum Glück das Fernsehen, das uns tagtäglich nicht nur Dutzende von großkalibrigen Morden, sondern in einem Aufwasch auch deren Aufklärung darbietet. Wir werden eine Weile in angenehmer Spannung gehalten, dürfen uns an dem Rätsel versuchen, wer denn nun der Mörder war, aber wir können uns von Beginn an in der Gewissheit wiegen, dass wir es erfahren werden und am Ende die Gerechtigkeit obsiegt. Es schert uns wenig, dass es nicht die Wirklichkeit ist, die wir sehen, sondern deren Aufbereitung zu unserer Unterhaltung.

Und doch werde ich den Verdacht nicht los, dass der eine oder andere Tote, an dessen Begräbnis ich teilnehme, einem kleinen Mord zum Opfer gefallen ist, und sei es nur, dass er von seinen Mitmenschen zu Tode kujoniert wurde. Freilich sind die Kriminalromane, die sich da ahnen lassen, mit Gewissheit allzu verwickelt, um sie in 75 Zeilen zu erzählen.

»Selig entschlafen« wurde im Auftrag eines
Schweizer Magazins für dessen Rubrik *75 Zeilen
Spannung* geschrieben, jedoch nicht veröffentlicht;
die Redaktion bedauerte das, aber sie meinte,
dass diese Geschichte den Rahmen der Rubrik
sprengen würde.
27. März 1995/14. Oktober 2000

Der nimmermüde Prinzipal
Willy Millowitsch zum 85. Geburtstag

Er war nie der Spaßmacher, den es unwiderstehlich drängt, einen Witz nach dem anderen zu reißen, allzeit fröhlich, allzeit zu einem Hopser aufgelegt, hoch das Bein, wie ist das Leben schön. Er kann durchaus übellaunig sein, ziemlich eklig werden zu jungen Schauspielern, die auf seiner Bühne den Vorstellungen des Prinzipals nicht gerecht werden, auch zu Mitgliedern der Familie, die sich einen eigenen Kopf erlauben.

Dass die Leute, wo immer er sich blicken lässt, einen Jokus, irgendetwas zum Kringeln von ihm erwarten, erträgt er mit Fassung, aber nicht selten geht es ihm auf die Nerven: »Ich hab doch auch meine Sorjen!« Unversehens offenbart er eine einschlägige Erinnerung: »Wie wir jung verheiratet waren, da hat meine Frau, wenn Leute zu Besuch kamen, mich auch immer jedrängt: Jetzt sei doch emal lustig!«

Das kann Gerda Millowitsch, seit 47 Jahren mit dem »Väterchen« verheiratet, nicht auf sich sitzen lassen: »Ich hab höchstens mal gesagt, du könntest ein bisschen unterhaltsamer sein.« Er brummt verhalten, lässt das Thema auf sich beruhen.

Willy Millowitsch, geboren am 8. Januar 1909 im Schatten von St. Pantaleon zu Köln, bekam schon als Kind zu spüren, was es bedeutet, im Dienst des Humors zu stehen. Die Familie lebte seit sieben Jahrzehnten davon, dass sie die Leute zum Lachen brachte. Willys Ururgroßvater Franz Andreas Millowitsch hatte gegen 1840 als Straßensänger, Bauchredner und Puppenspieler damit begonnen.

Als Willy geboren wurde, spielte die »Kölner Plattdeutsche Volksbühne« der Millowitschs, zuvor ein Wandertheater, bereits in einem festen Haus, dem »Colosseum« in der Kölner Schildergasse. Im Alter von fünf Jahren wurde Willy zum ersten Mal auf die Bühne geschickt, mit einer Zipfelmütze als Heinzelmännchen. Als er dreizehn war, brachte sein Vater Peter ihm den Csárdás bei. Der Junior hatte den feurigen Tanzpartner einer 30-jährigen Schauspielerin zu mimen, die er in angenehmer Erinnerung behalten hat; sie nahm es geduldig hin, wenn er ihr auf die Füße trat.

Auf seinen ersten Auftritt in einer Hauptrolle musste er allerdings noch 16 Jahre warten. An einem Samstagabend anno 1938 wurde er aus dem Ufa-Palast herausgerufen, wo er es sich bei einem Spielfilm hatte gemütlich machen wollen, und Hals über Kopf zum Theater zitiert. Vater Peter, der Prinzipal, war trotz schlimmer Nackenschmerzen auf die Bühne gegangen, um *Das Ekel* zu spielen. Aber nach dem ersten Akt nutzte alle Unersetzlichkeit nichts mehr. Willy musste, er durfte einspringen.

Er stülpte sich die rote Perücke über, improvisierte, wo er den Text nicht beherrschte, lavierte sich bis zur letzten Pointe durch. Doch der Funke sprang nicht über, die Leute lachten nicht. Nach dem Schlussvorhang rief einer: »Wann spillt dann dä Pitter widder?« Damals glaubte er, seinen

Beruf verfehlt zu haben. Die Zwänge dieser Profession hatte er schon als 13-Jähriger gehasst: »Ich durfte ja nicht spielen gehen, nicht eislaufen, es hätte mir ja was passieren können. Da habe ich gesagt: Schauspieler?! Dat werde ich nie!«

In seinen Erinnerungen (*Heiter währt am längsten*, 1988) steht zu lesen, was daraus wurde: »Der Geruch der Schminke, der Stallgeruch der Vorhänge und Dekorationen und das Knarren des Schnürbodens, die ewige Aufregung hinter der Bühne, der Blick zur Kasse, wo sich die ersten Schlangen bilden, und dazu die ewige bange Frage: Kommen sie, oder kommen sie nicht, wird die Bude voll?! – ich brauche es zum Leben!«

Wer den Mann je auf seiner Bühne gesehen hat, wird an seiner Berufung nicht zweifeln. Die Stücke, mit denen das »Volkstheater Millowitsch« seit Jahrzehnten sein Repertoire bestreitet, sind zumeist alt und grau. Aber sobald »der Chef« die Szene betritt, ja schon dann, wenn seine saftige Stimme hinter der Kulisse wahrnehmbar wird, beginnen sie zu leben. Der Mann ist ein Erzkomödiant. Er braucht die abgestandenen Witze nicht, er vermag es, mit einer bloßen Geste, einer Körperdrehung, einem stummen Blick das Publikum zu bannen und zu amüsieren.

Ein Kritiker hat in ihm einmal den Maghrebinier entdeckt, das Naturell jenes sagenhaften Vorfahren Michail Milović, den es vor 200 Jahren vom Balkan nach Preußen verschlug, wollte heißen, die »südöstliche Komik«, die durch Willys Mutter, eine Tänzerin aus Wien, noch einmal aufgefrischt worden sei. Willy selbst hat von »dem alten Kroaten in mir« gesprochen, und so sah er auch aus, mit den dunklen, ein wenig engstehenden Knopfaugen und dem einst pechschwarzen Schnäuzer.

Aber der Charakter, den er auf seiner Bühne immer wieder verkörpert hat, ist geprägt durch die Stadt Köln, den Lebensraum, in dem das Millowitsch-Theater groß wurde. Es ist der Tünnes, den Willys Vater noch leibhaftig gespielt hat, der gutherzige, ein wenig einfältige Tolpatsch, der regelmäßig in den Schlamassel gerät und ebenso regelmäßig sich daraus errettet. Ob der Schwank, den Millowitsch für seine Bühne adaptierte, von dem Oldenburger Karl Bunje oder dem Leipziger Hans Reimann stammte: Die Hauptrolle erinnerte in der Darstellung des Prinzipals fast immer an den kölschen Tünnes.

Willy Millowitsch ist auf dieser Rolle nicht sitzengeblieben. Das Rheinische Landestheater Neuss übertrug ihm 1980 einen klassischen Charakter, Molières rangsüchtigen *Bürger als Edelmann*. Bei Rudolf Noelte in Bonn spielte er den philosophierenden Totengräber in Shakespeares *Hamlet*. Jürgen Flimm brachte ihn als kauzigen Großvatter Wallbrecker in Else Lasker-Schülers *Die Wupper* heraus.

Die *Neue Zürcher Zeitung* urteilte, Millowitsch habe gezeigt, »welch ein beachtlicher Schauspieler er wäre, gäbe man ihm die entsprechenden Rollen«. Für den Kritiker der *Welt* offenbarte sich in diesen Auftritten sogar »ein Hauch von Tragik«, der über Millowitschs Karriere liege: »Er hat aus Verantwortungsbewusstsein gegenüber seiner Bühne, die mit ihm stand und fiel, darauf verzichtet, jener große Charakterkomiker zu werden, zu dem er das Zeug wohl hatte.«

Das sieht er anders: »Quatsch! Das war doch nie die Frage. Als ich die Angebote bekam, hab ich jedacht, ich mach das emal, aber ich hab mir auch immer jesagt: Schuster, bleib bei deinem Leisten!«

Das hat er dann auch sein Leben lang zu befolgen versucht, durch dick und dünn. Im März 1949 musste er das Theater schließen, die Zuschauer hatten sich an Karneval anscheinend satt gelacht, sie blieben nach dem Aschermittwoch schlagartig aus. Willy und seine Schwester Lucy zogen, wie schon die Eltern und Großeltern, mit ihren Schwänken über Land.

Auch das hätte die Pleite des Unternehmens, dem die Stadt Köln jedwede Unterstützung beharrlich verweigerte, nicht abwenden können, aber der unermüdliche Prinzipal erschloss sich neue Geldquellen. 1949 übernahm er seine erste Filmrolle, einen gar nicht lustigen Kriegsheimkehrer in dem Kriminalfilm *Gesucht wird Majora*. Zu Beginn der sechziger Jahre gehörte er dann zur Standardbesetzung des Unterhaltungskinos (*Der Hochtourist*). Er drang als Sänger auch auf die Hitliste des Täterä-Schlagers vor (*Schnaps, das war sein letztes Wort*).

Seine größten Erfolge errang er jedoch im Fernsehen, in dem er als Witze-Erzähler angefangen hatte. Dem Kölner Studiochef Walter Pindter fiel er mit seinen Offerten so lange auf die Nerven, bis der Widerstand gebrochen war: Für die erste Direktübertragung aus einem Theater, die das *Deutsche Fernsehen* am 27. Oktober 1953 wagte, wurde die Millowitsch-Bühne auserkoren, mit einer Aufführung des Muskoten-Schwanks *Der Etappenhas*. Der Professor Dr. h.c. Adolf Grimme, Generaldirektor des *Nordwest-*

deutschen Rundfunks, nannte diese Pioniertat der ARD eine Kulturschande. Die Zuschauer hingegen waren begeistert. 1991 übertrug die ARD zum 100. Mal eine Aufführung aus dem kleinen alten Theater an Kölns Aachener Straße – *Der Etappenhas*.

Dass ein Teil des Publikums ihn schon immer als Possenreißer missachtete, dass Leute, die sich etwas auf ihre Ansprüche zugutetaten, die verwitterten Klamotten, die Willy Millowitsch spielte, ganz unerträglich fanden, hat ihn nicht umwerfen können. Ihn hat auch der amerikanische Captain nicht beeindruckt, der ihn 1945 fragte, was er denn im Einzelnen getan habe, als er im Krieg mit seiner Bühne als Fronttheater durch das besetzte Frankreich zog.

Willy antwortete: »Wir hatten nur eine Aufgabe: Landser und Zivilisten bei Laune zu halten.« Der Captain meinte, das sei doch wohl nichts anderes gewesen, »als dass Sie Ihre Mitmenschen davon ablenkten, was in Wirklichkeit passierte«. Den Vorwurf versteht er auch heute noch nicht: »Der Satz liegt mir überhaupt nicht. Wenn die Leute zwei Stunden lang herzlich gelacht haben, dann hat mir das Spaß gemacht.«

Der Germanist Winfried Bonk, der seine Doktorarbeit über die Millowitsch-Bühne schrieb, hat dem Familientheater eine »konservative, rückwärtsorientierte gesellschaftliche Perspektive« angekreidet. Tut der Vorwurf, er drücke sich vor der Zeitkritik, nicht weh? »Nein. Die Leute sollten sich bei mir ja nicht langweilen.« Er maßt sich nicht an, sagt Gerda Millowitsch, die Leute zu belehren.

Gleichwohl hat ihn gelegentlich die Frage beschäftigt, ob seine Art des Theaterspielens womöglich passé sei. 1983 eröffnete die Tochter Katarina, promovierte Oberstudienrätin, einen Steinwurf von Willys Bühne entfernt das »Theater im Bauturm«. Der Vater fragte sich: »Verdammt noch mal, warum tut sie das?« Und dann: »Hast du was falsch gemacht?«

Ein paar Jahre später trat auf Katarinas Bühne auch die Tochter Mariele, promovierte Tierärztin, mit Erfolg auf. Der Chef, ebenso stolz wie betroffen, erkannte: »Die haben ihr eigenes Konzept … Sie bringen sehr viel zeitkritisches, nachdenkliches Theater, das sich mit aktuellen Problemen beschäftigt.« Und das war nicht seine Richtung? »Nein, das ist nicht meine Richtung.« Die Politik »hat in meinen Vorstellungen überhaupt nichts zu suchen. Ich kann nicht meine Aufgabe darin sehen, mein Publikum zu provozieren«.

Wenn in dieser Erinnerung an Katarinas und Marieles Unternehmungsgeist ein Unterton der Enttäuschung, ja einer Kränkung mitschwingt, dann hat das auch etwas zu tun mit seinem Selbstverständnis als Prinzipal – nicht nur des Theaters, sondern auch der Familie. Winfried Bonk nennt als eine wesentliche Ursache seines Erfolgs die »publizistische Dokumentation eines heiteren, harmonischen Familienlebens in bürgerlicher Gediegenheit«.

Ganz so heiter und harmonisch kann es in dem großen Haus in Köln-Lövenich, das seine Eltern 1914 kauften, nicht allzeit zugegangen sein. In den Jahren, in denen der Chef auf Tourneen und an fernen Drehorten das Geld heranschaffen musste, erwartete er, wie es einem Chef gebührt, dass die Kinder zum Empfang bereitstanden, wenn er heimkehrte. Aber viel Zeit für die Kinder und deren

Probleme hat er nicht gefunden; vielleicht ist sie ihm auch nicht vergönnt gewesen.

Neben Katarina und Mariele ging auch die Tochter Susanne einen eigenen Weg, sie wurde Buchhändlerin. So lastet die Familientradition auf den Schultern des Sohnes Peter (44), der einst »vielleicht Kindergärtner« werden wollte, dann doch eine Schauspielschule in Hamburg absolvierte und nach Auftritten in der Fremde (unter dem Pseudonym Peter W. Stefan) an die heimische Bühne zurückkehrte. Hauptrolle und Regie wurden ihm erstmals im vergangenen Herbst anvertraut, notgedrungen; Vater Willy musste nicht wegen Nackenschmerzen, wohl aber wegen der Molesten nach einer Hüftoperation verzichten.

Das Stück (*Hurra, ein Junge*) läuft gut unter Peters Obhut; es ist bereits für eine Fernsehsendung aufgezeichnet worden. Aber unversehens musste der Sohn in einem Boulevardblatt lesen, nach Auskunft des Vaters seien leider »die Besucherzahlen doch etwas rückläufig«. Und das Lob, das der Chef – das »Zugpferd« der Bühne – ihm bei dieser Gelegenheit spendete, kann der Nachfolger sich auf der Zunge zergehen lassen: »Der Peter macht das wirklich schon sehr gut. Er hat ja auch lange genug bei mir abgeschaut.«

Steckt in diesem gemütlichen kölschen Willy ein hartgesottener Pascha, der partout im Mittelpunkt stehen, ein Macho, der allzeit den Ton angeben und desungeachtet von allen geliebt sein möchte?

Gerda, seine zweite Frau, hat als Siebzehnjährige ihr Abitur gemacht. Sie studierte Soziologie und Völkerkunde und bereitete sich auf ihre Doktorarbeit vor, als Willy sie im Freundeskreis der Schwester Lucy kennenlernte. »Bei Lucy wurde wahnsinnig viel politisiert und geredet. Überall saßen Intellektuelle herum.« Willy kam eines Abends von der Arbeit nach Hause, »da saß da auch noch so eine junge Frau mit so Stöckelabsätzen und mit so einer langen Zigarettenspitze.« Willy hielt Gerda für »ein intellektuelles Biest«, er fand sie »grauenvoll«.

Hat er sie dann doch geheiratet, weil sie um seinetwillen zurücksteckte, auf die eigene Karriere verzichtete, ihn umsorgte und umhätschelte? Die Antwort überlässt er Gerda. »Ich hab mich doch in ihn verliebt. Und das ging dann eben nicht, beides zusammen, das Studium abschließen und vier Kinder kriegen und großziehen.«

Der notorische *Fragebogen* der *Frankfurter Allgemeinen* ist natürlich auch an Willy Millowitsch nicht vorbeigegangen. Auf die Frage »Was schätzen Sie an Ihren Freunden am meisten?« hat er damals mit einer Gegenfrage geantwortet: »Gibt's überhaupt gute Freunde?« Gerda greift ein: »Das kann er nicht so gemeint haben. Natürlich haben wir gute Freunde.« Er blickt sie schweigend an.

Den Skeptiker, den melancholischen Pessimisten hat er auch bei seiner Antwort auf die Frage »Was ist für Sie das vollkommene irdische Glück?« durchblicken lassen. Seine Antwort lautete: »Das gibt es nicht.«

Diesen Satz möchte er gut 13 Jahre später allerdings nicht stehenlassen. »Kann ich mir nicht vorstellen, dass ich das gesagt habe. Mein ganzes Leben war doch ein einziges Glück. Wer fängt denn noch mit achtzig eine neue Karriere an?« Er meint die Filme, in denen er die Rolle des pensionierten Kriminalkommissars Klefisch gespielt hat. Und da lässt er denn doch erkennen, dass die Urteile, er sei nur ein Spaßmacher, ihn gewurmt haben: »Ich wollte den Leuten zeigen, dass ich nicht nur Klamauk spielen kann. Das war für mich die volle Genugtuung, und dass es dann auch noch ein Erfolg wurde, das war die Krönung.«

Triumphierende Eitelkeit? Solch eine handliche Schablone würde dem Mann ebenso wenig gerecht wie das emphatische Urteil eines anderen Fernsehstars: »Wer den nicht mag, der muss bekloppt sein!« Man kann durchaus Gründe finden, ihn nicht zu mögen. Aber dieser Mime mit dem nimmermüden Drang ins Rampenlicht verfügt über Qualitäten, von denen das Publikum nichts ahnt.

Einer Kollegin, die bis heute nicht vergessen hat, dass er sie während eines monatelangen Engagements an seiner Bühne nicht ein einziges Mal lobte, half er später über eine Lebenskrise hinweg, »mit einer stillen Sensibilität, die ich ihm niemals zugetraut hätte«. Regisseure, die mit ihm gearbeitet haben, hat er immer wieder beeindruckt durch seine Disziplin, die Fähigkeit, um des gemeinsamen Werks willen die eigenen Wünsche, auch die eigenen Wehwehchen zurückzustellen.

Er brennt darauf, im Frühjahr den fünften Klefisch-Film zu drehen. Und er plant, obwohl das Gehen ihm noch immer schwerfällt, auch die Rückkehr auf die Bühne. Manch einer sorgt sich, dass Millowitsch mit einer Aufführung, in der er nicht wie einst voll Saft und Kraft auf den Brettern herumspringen kann, sein Image selbst beschädigt, sein Publikum enttäuscht und verliert. Es gäbe genug Stücke, in denen er in einer Nebenrolle, die weniger körperlichen Aufwand erfordert, »abkochen«, seinen Ausstieg unter Applaus vorbereiten könnte. Aber den Prinzipal zu einer Nebenrolle zu überreden, das traut sich niemand zu.

An diesem Wochenende, an seinem 85. Geburtstag, wird er wieder die ganz große Hauptrolle spielen. Tiefschürfende Essays werden das Geheimnis seines Erfolges zu ergründen versuchen. Der Oberbürgermeister wird wieder in die Leier greifen (»... ein lebendiges Wahrzeichen Kölns, ein Mann, der zu Köln gehört wie der Dom, das Kölnisch Wasser und der Karneval«). Werden ihm solche Jubelfeiern nicht schon mal lästig? »Nä. Ich hab das ja jern, auch wenn ich im Mittelpunkt stehe.«

Er hat böse Zeiten hinter sich, die Hüftoperation, nach der die Familie nicht verlauten ließ, dass der unverwüstliche Chef künstlich beatmet werden musste und wie sehr sie um ihn bangte. Hat er hin und wieder auch an den Tod gedacht?

»Doch, manchmal hab ich de Nas voll. Da hab ich schon mal jedacht: Ich hab es doch jeschafft. Un wenn ich jetzt einschlafen würd un würd nicht mehr wach, das wär ja auch nicht so schlecht?« Er räuspert sich. »Aber dann jeht's wieder weiter.«

Seine Erinnerungen sind kurze Zeit nach dem Autounfall erschienen, bei dem der 79-Jährige am Steuer saß und ein junger Mann schwer verletzt wurde. Im Vorwort des Buchs schrieb Millowitsch: »Ich widme es dem Jungen, für den ich täglich bete!« Glaubt er denn, obwohl er so unermüdlich im Diesseits agiert, ans Jenseits? In den gleichen Erinnerungen hat er doch auch den Auftritt des Schulkinds Mariele verzeichnet, das auf die Frage nach seiner religiösen Erziehung im Elternhaus in die Klasse trompetete: »Meine Eltern gehen nie in die Kirche! Die sind aber trotzdem hochanständige Leute!«

Den Widerspruch weiß er aufzuklären: »Nein, in die Kirche gehe ich nicht. Da kucken die Leute doch bloß, lass emal sehen, wie der betet, wie der sich hinkniet und et Kreuz schlägt. Ich hab den lieben Jott jefragt, un der hat jesagt: Es en Ordnung, Willy, ich jon och nit en de Kirch, wenn die all drin sin.« Er hebt den Finger: »Aber ich rede jeden Morjen mit der Sonne, mit dem Himmel. Un des Nachts mit dem Mond.«

Vor fast dreißig Jahren, als er auf allen Hochzeiten tanzte, um sein Theater über Wasser zu halten, hat er sich in einem Interview einmal eine Grenze gesetzt: »Zehn Jahre kann ich das noch machen.« Hat er das damals tatsächlich so gesehen?

Er zuckt die Schultern. »Mer säht vill.« Was sagt man nicht alles in einem langen Leben.

Der Artikel wurde am 8. Januar 1994 veröffentlicht im *Kölner Stadt-Anzeiger*

Klefisch unter Wasser
Ein Hauptdarsteller ohne Starallüren

An Willy Millowitsch als Hauptdarsteller meiner Texte kam ich wie die Jungfer ans Kind. Zwar hatte ich schon als junger Mann, als ich gelegentlich sein Theater an der Aachener Straße besuchte, ein Stück für ihn schreiben wollen; ich fand, dass er mit den uralten, verstaubten Possen (*Der keusche Lebemann*), die er immer wieder spielte, sein Talent vergeudete. Aber ich schrieb das Stück nicht, und er hätte es vermutlich auch nicht aufgeführt. Später hat er mir einmal gesagt, ich hätte keine Ahnung von seinem Theater; er jedenfalls wisse, was die Leute sehen möchten.

Ende der achtziger Jahre wollte der WDR, der ihm durch die regelmäßige, erfolgreiche Übertragung der Millowitsch-Premieren (auch der des *Keuschen Lebemanns*) verbunden war, dem Mimen zum 80. Geburtstag einen Herzenswunsch erfüllen: endlich einmal eine ernste Rolle, endlich einmal einen Kriminalkommissar zu spielen! Zu der Zeit hatte ich zwei Folgen für die Fernsehserie *Peter Strohm* geschrieben und auch einige Kriminalromane veröffentlicht. Über meinen ersten Fernsehtext hatte die Regisseurin gesagt: »In dem Stück wird zu viel geredet.« Ich war erstaunt und erfreut, als der Sender mich fragte, ob ich das Kriminalstück für Millowitsch schreiben wolle.

Ich entwickelte den ungeschminkt kölschen Charakter

des pensionierten Kommissars Hermann-Josef »Männ« Klefisch, der eher zufällig noch einmal aktiv wird. Willy war ein wenig enttäuscht, weil er eigentlich den aktiven Kommissar in einem *Tatort* hatte spielen wollen; aber wir überzeugten ihn gemeinsam, dass es in Anbetracht seines Alters so doch besser sei.

Ich nannte, weil es ja ein Geschenk zu einem besonderen Geburtstag sein sollte, mein Exposé »Sein letzter Fall«. Aber der WDR und der Produzent Gerhard Schmidt meinten, das sollten wir doch erst einmal abwarten. Es wurden denn auch sieben Fälle daraus. Nur der letzte, in dem Harald Juhnke sein Partner hatte sein sollen, konnte, weil den Hauptdarsteller die Kräfte verließen, nicht mehr gedreht werden.

Als Prinzipal seines Theaters, auch als Oberhaupt seiner Familie duldete er nur ungern Widerspruch, er bestimmte, wo's langging. Als Hauptdarsteller hingegen war er stets bereit, sich einzuordnen und andere Auffassungen zu respektieren. Er hatte keine Staralllüren. Alle Regisseure der Klefisch-Filme haben ihn als bescheiden und diszipliniert gelobt. An meinen Drehbüchern hat er nie herumgemäkelt. Er sagte allenfalls: »Is wat wenig spannend.« Das geschah schon einmal in den späteren Folgen, sobald ich seinen Anteil am Geschehen, um ihn nicht zu sehr zu strapazieren, ein wenig zurücknahm. Ich ahnte, woran es lag, schrieb ihm eine oder zwei Szenen mehr ins Buch, und er war zufrieden.

In den späteren Folgen brachte ich auch stets die Rolle einer jungen Frau unter, mit der Klefisch zu tun bekam. Die Regisseure und andere Mitarbeiter am Set hatten mir berichtet, dass die Anwesenheit einer solchen Partnerin ihn animierte.

Einen Herzenswunsch habe ich ihm allerdings nicht erfüllt: Er war ein begeisterter Taucher, schnorchelte im Urlaub regelmäßig an der Küste von Elba, wo sein Ferienhaus lag. Und er hat mich ein paarmal gefragt, ob ich für ihn nicht eine Geschichte schreiben könne, in der Klefisch den Mörder unter Wasser entdecke und fange. Ich habe das unterlassen, nicht zuletzt, weil seine Frau mir unter vier Augen die Aufkündigung der Freundschaft angedroht hatte für den Fall, dass ich es täte.

Er hat sich gewissermaßen revanchiert, indem er als Klefisch nie das wunderbare Kölsch gesprochen hat, das er beherrschte. Ich sagte ihm, die Bücher seien darauf angelegt und die Dialoge so geschrieben, dass auch jemand, der nicht jedes Wort verstehe, ihnen folgen könne. Er sagte: »Nä! Dat verstehs du nit. Wenn ich Kölsch spreche, verston die Lück in Hamburch oder Münschen mich nit. Ich spreche Rheinich, wie der alte Bundeskanzler Adenauer!« Und basta.

Erschienen im *Magazin*
des *Kölner Stadt-Anzeigers*,
16.12.2008

Dutschke
Zum 25. Jahrestag eines Attentats

Am Morgen des 11. April 1968, Gründonnerstag, ist Josef Erwin Bachmann, ein 23-jähriger Anstreicher aus München, mit dem Zug in Berlin angelangt. Am Nachmittag gegen halb fünf steht er wartend auf dem Kurfürstendamm, vor dem Zentrum des Sozialistischen Deutschen Studentenbundes (SDS). Er fragt einen Studenten, der das Haus betreten will, ob dort Rudi Dutschke anzutreffen sei.

Der Student kann die Frage nicht beantworten, aber im Hausflur begegnet er Dutschke, der sein Fahrrad aufschließt, um den Heimweg anzutreten. Er sagt ihm im Vorübergehen: »Da draußen ist einer, Rudi, der will dich sprechen.« Dutschke hängt seine Aktentasche an die Lenkstange und schiebt das Rad auf die Straße.

Er will aufsteigen, als Bachmann, den er nie zuvor gesehen hat, ihm entgegentritt und fragt: »Sind Sie Rudi Dutschke?« Dutschke bejaht die Frage, Bachmann erwidert: »Du dreckiges Kommunistenschwein.« Er zieht aus seiner Jackentasche eine Pistole und feuert drei Schüsse ab. Eine Kugel trifft Dutschke in die Brust, die zweite in den Hals, die dritte in den Kopf.

Der Attentäter flieht, er wird wenig später im Keller eines Neubaus, hinter dessen Betonpfeilern er sich verschanzt, von der Polizei gestellt, bei einem Feuergefecht verletzt und schließlich überwältigt. Während Dutschke im Westend-Krankenhaus bis lange nach Mitternacht operiert und sein Leben mit knapper Not gerettet wird, brechen in der Bundesrepublik die schwersten Unruhen aus, die der Nachkriegsstaat je erlebt hat.

Es sind vor allem Studenten, aber nicht nur Studenten, die auf die Straße gehen. Die Redaktionen und Druckereien des Springer-Konzerns, der seit langem den Studentenführer Dutschke als kommunistischen Staatsfeind angeprangert hat, werden belagert, Fensterscheiben und Mobiliar gehen zu Bruch, Autos werden in Brand gesteckt. In 20 Städten der Bundesrepublik kommt es zu Straßenschlachten mit der Polizei. Bis zum Ende des Osterfestes werden zwei Menschen getötet und vierhundert verletzt.

Die Gewalt des Aufruhrs ließe sich kaum erklären, wenn nicht auch dieses Mal ein Attentäter und sein Opfer als Symbolfiguren eines tiefsitzenden, immer heftiger schwelenden gesellschaftlichen Konflikts verstanden worden wären. Es war der Konflikt zwischen einer Mehrheit der Bürger, die ihr Wohlleben in den politischen Verhältnissen der Bundesrepublik vor allem vom Kommunismus auf der anderen Seite des Eisernen Vorhangs bedroht sah, und einer Minderheit, die ebendiese politischen Verhältnisse in Frage stellte und dabei die Identifikation mit den Kommunisten nicht scheute.

Dass der Springer-Konzern das Attentat und seine Folgen verschuldet hätte, wäre eine allzu simple Erklärung. Allerdings haben die Zeitungen des Konzerns die Emotionen der Mehrheit, wenn nicht hervorgerufen, so doch beharrlich angeheizt. Schon zu Silvester 1967 hatte ein Rentner, der sein Bild des Studentenführers aus der Springer-Presse gewonnen hatte, bei einem Gottesdienst Dutschke mit dem Krückstock blutig geschlagen.

Im Februar 1968 rief die *Bild*-Zeitung dazu auf, »nicht die ganze Drecksarbeit der Polizei zu überlassen«, sie äußerte das Verlangen nach einem aufrechten Mann, der »die Zivilcourage aufbringt, den Feinden der Demokratie auch persönlich entgegenzutreten«. Zwei Wochen später wurde ein 25-jähriger Verwaltungsangestellter, der Dutschke ähnlich sah, von einer aufgebrachten Menge unter dem Ruf »Schlagt ihn tot, hängt ihn auf!« über die Straße gehetzt und zusammengeprügelt.

Deutlichere Vorstellungen von seinem Opfer hatte auch der Attentäter Bachmann nicht. Er hatte es zu Hause, mit einem Stiefvater, der zum Suff neigte, nicht ausgehalten, war mit 16 Jahren wegen schweren Diebstahls zum ersten Mal straffällig geworden, hatte alsdann wegen Waffendiebstahls und Widerstands gegen die Staatsgewalt ein Jahr in einem französischen Gefängnis verbracht. Bachmann las Hitlers *Mein Kampf*. In seinem Zimmer fand man ein Porträt des »Führers«, das der Anstreicher eigenhändig gezeichnet hatte.

Auf welch groteske Art er sein Opfer missverstand, lässt sich aus dem Umweg ablesen, den Bachmann in Berlin zurücklegte: Nach der Ankunft begab er sich zunächst zum Haus Nr. 54a in der Kaiser-Friedrich-Straße, auf dessen dritter Etage die »Kommune 1« hauste, jene Lebensgemeinschaft von Spinnern, die durch provokantes Geschlechtsleben und aggressives Sprücheklopfen sich als Bürgerschreck einen Stammplatz in den Medien gesichert hatte.

Hier, auf dem revolutionären Lotterbett, wähnte der Attentäter Rudi Dutschke zu finden.

Mit der Kommune 1 hatte das Opfer so wenig gemeinsam wie mit dem Kommunismus. Rudi Dutschke, geboren am 7. März 1940 in Schönfeld bei Luckenwalde (DDR), gehörte als Schüler der evangelischen »Jungen Gemeinde« an, war erfolgreich als Leichtathlet, wurde aber zum Studium des Sportjournalismus an der Universität Leipzig nicht zugelassen, weil er den Wehrdienst in der Nationalen Volksarmee verweigert hatte. Er legte in Westberlin das Abitur zum zweiten Mal ab und begann 1961 das Studium der Soziologie an der Freien Universität Berlin.

1963 schloss Dutschke sich der Studentenbewegung an, die vier Jahre später, als der Student Benno Ohnesorg bei Demonstrationen gegen den Besuch des Schahs von Persien in Berlin von einem Polizisten erschossen wurde, einen gewaltigen Auftrieb erfuhr. Dutschke hat in den Organisationen der Studenten nie ein Amt übernommen. Aber als Theoretiker ebenso wie als Wortführer bei Versammlungen und Demonstrationen wurde er der herausragende Kopf der Bewegung.

Bernd Rabehl, einer seiner Mitstreiter, hat die Symbolik beschrieben, deren sich die »Raffer«, die »politischen Feuilletonisten, Festredner, Filmemacher« heute noch bedienen, um die »wilden« sechziger Jahre vorzuführen: » … immer wieder wird der bewusstlose Blick des Raffers ein Gesicht, eine Gestalt in den Mittelpunkt rücken, mit abgeschabter Lederjacke, schwarzen Haaren, unrasiert, stechendem Blick, schneidender Stimme, abgehackten Satzfetzen, faszinierten Zuhörern – Rudi Dutschke. Rudi Dutschke an der

Spitze von Aufruhr, bei Großveranstaltungen, als Sprecher des sds, im Interview, auf dem Podium, vor der Fernsehkamera; Rudi D. als Markenzeichen für ›Aufbruch‹ oder ›Umbruch‹ im westlichen Deutschland.«

Im Gespräch war Dutschke ganz anders. Er hörte aufmerksam zu, gab mit sanfter Stimme präzise Antworten und schwieg, wenn die Antwort gegeben war. Auf die Frage, was er sich davon verspreche, die Bürger mit radikalen Parolen wie »Alle Macht den Räten – Brecht dem Schütz die Gräten!« herauszufordern, lachte Dutschke: »Damit ist niemand persönlich gemeint.« Aber solche Parolen sollten und könnten deutlich machen, dass der Staat, dass die Gewerkschaften, Verbände, Parteien zu Versteinerungen entartet seien, die den Einzelnen vom politischen Leben ausschlössen und nur noch überwunden werden könnten, wenn man sie »aufbricht«. Damit sei »nicht physische Gewalt gemeint, wohl aber die kompromisslose Aktion«.

Die gewaltsamen Methoden des europäischen Terrorismus verurteilte Dutschke als »konterrevolutionär«. Den Kommunismus der ddr nannte er »ein zk-Reich allgemeiner Staatssklaverei«. Bei seiner Kritik an der Bundesrepublik ließ er den zweiten deutschen Staat nicht aus: »In der ddr ist alles real, bloß nicht der Sozialismus; in der brd ist alles real, bloß nicht Freiheit, Gleichheit, Brüderlichkeit.«

Was Dutschke vorschwebte – eine Art antiautoritärer, sozialistischer Basisdemokratie –, hat der studierte Soziologe häufig eher verschleiert als erklärt: »Wenn wir es schaffen, den Transformationsprozess, einen langwierigen Prozess, als Prozess der Bewusstwerdung der an der Bewegung Beteiligten zu strukturieren, werden die bewusstseinsmäßigen Voraussetzungen geschaffen, die es verunmöglichen, dass uns die Eliten manipulieren.« An derlei Programm bemängelte selbst der Philosoph Ernst Bloch, auf den die Studentenbewegung sich berief, »die geringe Klarheit und Sichtbarkeit oder gar Plastik dessen, wofür und wozu man kämpft.«

Weder Dutschkes Person noch das Attentat auf ihn reichen aus, die Explosion der Ostertage 1968 zu erklären, die einen tiefen Einschnitt in die Geschichte der Bundesrepublik setzte. Die deutsche Studentenbewegung, als deren Symbolfigur Rudi Dutschke galt, hatte internationale Wurzeln, ihr ursprünglicher Antrieb war der Protest gegen den fragwürdigen Krieg der USA in Vietnam. Und zugleich stand Dutschke für die außerparlamentarische Opposition der Bundesrepublik, die APO, die sich seit der Bildung der großen Koalition 1966 formiert hatte. Die Opposition in Bonn, geschrumpft auf die FDP, war wirkungslos geworden; dass die APO die verwaiste Rolle auszufüllen versuchte, fand vielerlei Sympathien über das Studentenmilieu hinaus.

Nicht minder verzweigt waren die Folgen des Attentats. Viele bis dahin passive Bürger, Intellektuelle, Liberale solidarisierten sich mit den Studenten. Die Politik zeigte Wirkungen: 1969 wurde die CDU nach 20-jähriger Regierung abgewählt, die sozialliberale Koalition trat an und versuchte sich an einem Programm von Reformen, wie Studentenbewegung und APO sie gefordert hatten.

Dieser Erfolg läutete zugleich das Ende der Studentenbewegung ein. Eine Minderheit, die auf der Revolution beharrte und die Reformpolitik als bloßes Täuschungsmanöver verwarf, spaltete sich ab, ging unter großmäuligen Namen wie »Rote Armee Fraktion« in den Untergrund und schaffte es, durch eine Serie brutaler Terrorakte Unruhe zu stiften. Die Mehrheit der sogenannten Achtundsechziger trat unter der Regierung von SPD und FDP in aller Stille den »Marsch durch die Institutionen« an, die versteinerten Verhältnisse, die sie hatte aufbrechen wollen.

Sie hat diese Verhältnisse in vielen Bereichen verändert und liberalisiert, ist am Ende aber auch darin aufgegangen. Bei einem »Veteranentreffen« von Achtundsechzigern mussten sich die Teilnehmer von einem aufsässigen jugendlichen Gast sagen lassen, sie seien »Gruftis, total neben der Schüssel«.

Selbst die Kommune 1 hat anscheinend ihren Frieden mit der Gesellschaft geschlossen: Fritz Teufel, einst eine der langhaarigen Horrorgestalten der Kommune, dem 1967 wegen Aufforderung zur Brandstiftung der Prozess gemacht worden war, hat unlängst in Berlin ein Unternehmen mitbegründet, den Fahrrad-Kurierdienst »Moskito«. Er gehört nach Aussage eines seiner Kollegen zu den besten und zähesten Fahrern der Truppe.

Das Schicksal Rudi Dutschkes ist weniger geeignet, unter dem Motto »Ende gut, alles gut« abgelegt zu werden. Noch auf dem Krankenlager erhielt er Briefe, aus denen der unverhüllte Hass sprach: »Die Kugel war noch viel zu schade. Der Mann hätte besser zielen sollen, dann wäre wenigstens ein Schwein weniger auf der Welt.«

Dutschke, dessen Gehirn schwer verletzt worden war, lernte wieder sprechen. Er wollte sein Studium in England fortsetzen, wurde dort aber wegen »subversiver Tätigkeit« ausgewiesen. 1974 promovierte er an der Freien Universität Berlin. Er setzte neue Hoffnungen auf die Bewegung der Grünen. Bei einem Besuch seiner Frau und seiner Kinder im dänischen Aarhus starb er unerwartet. Am Weihnachtsabend 1979 ertrank Rudi Dutschke in der Badewanne, mutmaßlich infolge eines Schwächeanfalls.

Der Attentäter Josef Erwin Bachmann, der zu sieben Jahren Freiheitsstrafe verurteilt worden war, erhängte sich im Februar 1970 in seiner Zelle. Zuvor hatte er an Rudi Dutschke geschrieben: »Ich möchte Ihnen nochmals mein Bedauern aussprechen über das, was ich Ihnen angetan habe. Ich habe vielleicht von Ihnen eine ganz verkehrte Auffassung gehabt. Vielleicht haben Sie gar nicht so unrecht.«

Aufgrund eines früheren Gesprächs mit
Rudi Dutschke, recherchiert und geschrieben 1993
für den *Kölner Stadt-Anzeiger*.
Erschienen am 5. April 1993

Von Hasen und Hühnern
oder: Mein Vorort

Vergangenen Sommer, als ich diese Geschichte schreiben wollte, las ich im Lexikon nach, was dort über die Lagomorpha verzeichnet steht. Das ist nicht etwa ein See in Italien, nach dem es mich verlangen würde und der übrigens ja auch nicht die, sondern der Lago Morpha heißen müsste. Vielmehr handelt es sich um den wissenschaftlichen Namen bestimmter Säugetiere, der sogenannten Hasenartigen.

Die Lagomorpha interessierten mich, weil ich zwar seit Jahren behaupte, auf den Wiesen vor meiner Haustür in Köln-Poll gebe es Hasen zu sehen, insgeheim aber den Verdacht nie losgeworden bin, die Mümmler, die ich meine, seien in Wahrheit nichts anderes als gewöhnliche Karnickel. Dank meiner Studien weiß ich nun, dass die Hasenartigen »entweder zu schnellem Lauf oder zu grabender Lebensweise befähigt sind« und dass die echten Hasen zu den Läufern, die Kaninchen hingegen zu den Grabern gehören. Wesentlich vorangebracht hat mich diese Erkenntnis allerdings nicht.

Um den letzten Zweifel auszuräumen, müsste ich nämlich feststellen, ob die Ohren meiner Lagomorpha, wenn man sie nach vorne klappt, bis zur Schnauze reichen; wären sie kürzer, dann bedeutete dies nach den Auskünften des Lexikons, dass es sich nur um Karnickel handelt. Aber abgesehen davon, dass ich keinen dieser friedlichen Hoppler einfangen möchte, um ihm die Ohren nach vorn zu klappen, bin ich mir auch nicht sicher, ob ich die Wahrheit überhaupt wissen will.

Möglicherweise leide ich nämlich unter einem tiefsitzenden Vorbehalt gegenüber dem Kaninchen als solchem. Er mag daher rühren, dass während des Krieges unser Hauseigentümer, um dem Fleischmangel zu begegnen, im Hinterhof einen Karnickelstall errichtete. Das ganze Lattenbauwerk begann zu wackeln, der Maschendraht ächzte, wenn der Hauseigentümer seinen Rammler auf die Häsinnen losließ. Ich mochte die Gewaltsamkeit dieses Vorgangs nicht und noch weniger die abgehäuteten, blaurot schimmernden Kadaver, zu deren Erzeugung er diente.

Der Hase hingegen war mir schon damals sympathisch. In dem bebilderten Buch, in dem ich das Märchen vom Wettlauf zwischen dem Hasen und dem Igel las, hatte das Langohr große, sanfte Augen, während der Swinegel und seine Frau nach meinem Dafürhalten unverkennbar tückisch dreinblickten. Dass dieses verschlagene Paar den Hasen durch einen unfairen Trick zu Tode hetzte, empfand ich nicht als Sieg der Intelligenz über die Arroganz, sondern als infamen Wettbetrug. Noch enger wuchs mir der Hase als solcher ans Herz, als später meine Kinder Tag um Tag die Schallplatte vom Sängerkrieg der Heidehasen anhörten und alsbald mit lieblichen Stimmen deren sämtliche Arien zu singen wussten, vor allem die des Hasen Lodengrün mit der Anfangsstrophe: »*Als ich heute früh erwachte, fand ich meine Uhr verstellt...*«

So habe ich, als der Sommer Abschied nahm, denn auch darauf verzichtet, weitere Literatur über die Lagomorpha heranzuziehen. Ich begnüge mich umso leichter mit dem Lexikon, weil darin auch zu lesen steht, dass der Hase im Fluchtlauf bis zu 80 Stundenkilometer erreicht und dass seine Augen größer sind als die des Kaninchens. Meine Hasen nämlich zeichnen sich durch auffällig große Augen aus, wenn wir uns wechselseitig beobachten, und auf die genannte Geschwindigkeit bringen sie es spielend, sobald einer der zahlreichen Köter, die sich auf unseren Wiesen herumtreiben, auf den törichten Gedanken kommt, er könne einen von ihnen packen.

Es ist also wohlerwogen, wenn ich auf die Frage nach meinem Lieblingsplatz zu behaupten wage, am liebsten sei mir das Verbreitungsgebiet der Hasen von Köln-Poll. Ich muss gestehen, dass ich eine Weile geschwankt habe, ob ich stattdessen nicht das Hinterzimmer der Kneipe nennen sollte, in dem mein Schachverein seine Schlachten schlägt und die Siege feiert, oder einen anspruchsvolleren Platz, wie zum Beispiel den Kölner Neumarkt mit den römischen Mauerresten unter der Erde und dem oberirdischen Blick auf Sankt Aposteln. Aber in dem Hinterzimmer habe ich nicht nur gesiegt, sondern häufig auch schmerzliche Prügel bezogen, und dass mir der wuselige Neumarkt über alles ginge, wäre eine glatte Lüge.

Zudem quillt, obwohl kein Stadtführer es erwähnt und kaum eine Stadtgeschichte darauf eingeht, auch das Areal, auf dem meine Hasen und ich zu Hause sind, von Geschichte und Geschichten geradezu über. Schon als ich zum ersten Mal unter den Bäumen der Poller Rheinallee saß und stromab auf die Altstadt und den Dom blickte, glaubte ich zu spüren, dass mein Vorort mit dem viel berühmteren Köln sich messen kann. Gewissheit haben mir dann die Veröffentlichungen des Rektors Josef Großgarten sowie der Raiffeisenbank und der Stadtsparkasse gebracht, die jeweils zur Eröffnung von Zweigstellen in Poll historische Rückblicke auf diesen neuen Ort ihrer Tätigkeit herausbrachten.

Immerhin ist nach solchen Zeugnissen auf einem Poller Acker ein Beil aus der Bronzezeit gefunden worden, das heißt: aus den Jahren zwischen 1800 und 750 vor Christi Geburt. Der Mann, dem das Beil gehörte, lag leider nicht daneben, so dass er sich vermutlich nur auf der Durchreise befand und nicht als erster Bürger Polls beansprucht werden kann. Aber selbst wenn – wie manche Neunmalkluge behaupten – der Name Poll ursprünglich nichts anderes als Pfuhl oder Sumpf bedeutet haben sollte: Spätestens im Jahr 1003 hatten die Poller festen Boden unter den Füßen. Da gab nämlich der heilige Heribertus, Erzbischof von Köln, dem Benediktinerkloster Deutz die schriftliche Erlaubnis, bei den Einwohnern der »villa Polla« den Zehnten einzutreiben, das heißt: Die Deutzer Mönche durften den armen Leuten von Poll ein Zehntel dessen abknöpfen, was die auf ihren Äckern geerntet hatten.

Das muss Ärger gegeben haben. Vielleicht war es ein Rest dieser Spannungen, den ich verspürte, wenn ich vor einigen Jahrzehnten mit dem Schachverein Deutz, dem ich damals noch angehörte, zum Wettkampf in Poll antrat. Deutz, nicht ganz drei Kilometer von Poll entfernt, aber vis-à-vis der Stadt Köln gelegen, dünkte sich schon immer etwas Besseres. Deutz besaß eine eigene Festungsmauer, was zur Folge hatte, dass die holländischen, spanischen, schwedischen, französischen und hessischen Landsknechte, die sich an dieser Mauer eine blutige Nase geholt hatten, zur Erholung ins Hinterland ausschwärmten und den wehrlosen Pollern die Hühner wegfraßen.

Poll hat auch das überstanden, es gibt noch immer Hühner hier. Manchmal, wenn ich auf den Wiesen keinen meiner Hasen finden kann, gehe ich ein Stück weiter, durchs Gebüsch und durch die Schrebergärten bis zum Zaun eines Hinterhofs, in dem neben einigen Pfauen auch zwei Hühnervölker gehalten werden. Diese Völker picken einträchtig nebeneinander, obwohl sie verschiedenen Rassen angehören. Die einen sind rotbraun und haben nackte Beine, die anderen weiß mit pummeligen Federn bis fast auf die Füße.

Ich will nur am Rande erwähnen, dass ich aufgrund der Bildtafeln, die mein Lexikon unter dem Stichwort »Haushuhn« enthält, in den erstgenannten das mittelschwere Rhodeländer und in den anderen das japanische Seidenhuhn erkannt habe. Von Bedeutung ist hier jedoch, dass der rotbraune der beiden Hähne über eine starke Stimme verfügt und bei Nordostwind sogar das Glockengeläut von Sankt Joseph zu übertönen vermag, während der weiße an einer merkwürdigen Krähschwäche leidet; er setzt zwar immer wieder an, scheitert jedoch jedes Mal nach einem dünnen Kiekser und starrt daraufhin beiseite, als ob er sich schäme. Trotzdem oder vielleicht gerade deshalb möchte ich auch den weißen Hahn nicht missen. Mir scheint, er gehört zu diesem Vorort wie die vielen anderen Benachteiligten, die hier im Lauf der Jahrhunderte zu Hause waren.

Wo meine Hasen und Hühner sich heutzutage ergehen, haben nämlich nicht nur die Landsknechte gewütet, sondern auch der Vater Rhein, der nur wenig weiter im gesegneten Köln aus vollen Kehlen besungen wird. 1374 stieg das Hochwasser bis zum Fuß des Bergischen Landes. Da kann bei uns in Poll nicht viel übriggeblieben sein. Ein Jahrhundert später ließ ein Amtmann namens Pieck von Sleberg das gegenüberliegende Ufer stromauf durch die Anpflanzung von Weiden befestigen, was die Fluten umso heftiger gegen das Poller Ufer lenkte. Als die Poller daraufhin ihre eigene Uferbefestigung verstärkten, schickten der kölnische Kurfürst und der Herzog von Berg Soldaten, die den Dammbau kurz und klein schlugen. Das geschah ungefähr um die Zeit, als die Pfeffersäcke in Köln mit dem Handel von Tuchen, Safran, Pelzen, Seife und Waffen sich goldene Nasen verdienten und für 300.000 Silbermark den Gürzenich als Tanz- und Festhaus wiedererrichten ließen.

Natürlich lässt sich nicht leugnen, dass die reichen Nachbarn den Pollern auch viel Gutes getan haben. Die Stadt Köln unterzog sie 1888 der Eingemeindung und ließ schon ein Jahr später ihre Hauptstraße pflastern und mit 20 Petroleumlampen beleuchten. Abermals 15 Jahre später wurde Poll sogar an die städtische Wasserleitung angeschlossen. Auch das Schulwesen wurde geordnet, das zuvor daran gekrankt hatte, dass die Poller Eltern den Lehrer nicht bezahlen wollten und ihre Kinder lieber zur Feldarbeit statt in die Schule schickten; so emigrierte der Lehrer Josef Sinzig in den Beruf des Steuerbeamten, und der

Lehrer Wilhelm Klein eröffnete, nachdem er ebenfalls die Brocken hingeschmissen hatte, einen Holzhandel. Aber leider sind den Errungenschaften der Neuzeit auch die Poller Rheinfischer und die Poller Milchmädchen zum Opfer gefallen, die mit den Billigangeboten der Großstadt nicht konkurrieren konnten.

Manchmal, wenn ich am Abend auf meiner Bank am Rheinufer sitze, schnuppere ich und glaube, wenn ich nur lange genug geschnuppert habe, ich könnte den frischen Maifisch riechen, der hinter mir in der Weingartengasse und der Müllergasse von einst gebraten wurde. Und wenn ich nicht zu faul bin, werde ich im kommenden Winter eines Tages schon um sieben in der Frühe hinunter ans struppige Ufer gehen. Irgendwo da unten sind die Milchmädchen in der diesigen Morgendämmerung mit ihren Kannen in den Nachen des Fährmanns Schlömer gestiegen, der sie stromab nach Köln zu ihrer Kundschaft übersetzte. Der Platz muss doch noch zu finden sein!

22. August 1992
Geschrieben für die Sendereihe »Mein Lieblingsplatz« des *Westdeutschen Rundfunks* mit Beiträgen Kölner Autoren
Fassung vom 4. März 2000

Das Schnitzel stammt vom Eber

Ausblick auf die Sorgen eines Europäers anno 2033

Zwei Wochen vor seinem vierzigsten Geburtstag, an einem nasskalten Freitag im Dezember, beschloss Carlo Meier, seinen Namen ändern zu lassen. Er wollte, während ihn unverhofft neuer Lebensmut durchdrang, ohne Verzug den erforderlichen Verwaltungsakt beantragen. Jedoch stieß er auf ein frustrierendes Hindernis: Er hatte nicht bedacht, dass sämtliche Behörden aufgrund eines Reformgesetzes der Europäischen Union erstmals an den Freitagen der Adventszeit schon um 11.00 Uhr ihre Büros schlossen, damit ihre Angestellten bis zum Ladenschluss um eins noch den einen oder anderen Weihnachtseinkauf tätigen konnten.

Nachdem er diese Auskunft durch den Anrufbeantworter der örtlichen Personenstandsbehörde erhalten hatte, brütete Carlo Meier eine Weile vor sich hin. Die Namensänderung erschien ihm unaufschiebbar, aber da die Behörden auch in den kommenden beiden Wochen des Weihnachtsfestes und des Jahreswechsels geschlossen bleiben würden, musste er sich auf eine lange Wartefrist einstellen. Unversehens brach ihm der Schweiß aus.

Carlo Meier versuchte, indem er seine Stirn und den Nacken trocknete, sich einzureden, es handele sich nur um ein vorübergehendes Unwohlsein, vielleicht auch einen ersten, törichten Ausbruch der Midlifecrisis, Unzufriedenheit mit sich selbst und den Umständen seines Lebens, ja Zweifel an den Leistungen, die er bislang vollbracht hatte und noch würde vollbringen können, bis er das europäische Durchschnittsalter von 81,7 Jahren erreichen würde. Aber die Wahrheit lag tiefer. Und Carlo Meier wusste das.

Er wusste, dass der Ursprung schon in dem Baby Carlo genistet hatte, das am 1. Januar 1993 zur Welt gekommen war. Seine Eltern, der Bundesbahn-Oberinspektor Helmut Meier und dessen Ehefrau Claudia, geb. Wiesenkötter, waren erfüllt gewesen von der Bedeutung dieses Datums: Ihr Sohn war an demselben Tag ins Leben getreten wie der Europäische Binnenmarkt, der ihrer aller Leben verändern und bereichern würde. Diesem glücklichen Zusammentreffen hatten die Eltern durch die Benennung des Kindes einen angemessenen Ausdruck verleihen wollen.

Helmut Meier, der seine Frau in der Jugendorganisation einer damals regierenden politischen Partei kennengelernt hatte, war mit seinem eigenen Vornamen nicht gerade unzufrieden gewesen. Immerhin hatte der größte und gewichtigste Europäer, den Deutschland je hervorgebracht hatte, ebendiesen Namen in ganz Europa bekannt gemacht. Die Leute jubelten zwar nicht überall »Helmut! Helmut!«, aber sie wussten zumindest, wer damit gemeint war, und der damalige französische Staatspräsident hatte es sogar verstanden, die beiden Silben hintereinander ohne Zungenstolpern und fast richtig auszusprechen.

Natürlich war der Vorname Helmut keineswegs supranational und auch der Familienname Meier nicht unbedingt europäisch, von Wiesenkötter ganz zu schweigen.

Wäre das Baby Meier ein Mädchen gewesen, dann hätte man auf den Mutternamen Claudia, eine Wortbildung römischen und damit doch abendländischen Ursprungs zurückgreifen können. Hingegen erwies es sich als ein Problem, dem europäischen Gedanken und dem männlichen Geschlecht des Kindes gleichermaßen gerecht zu werden.

Helmut und Claudia Meier fanden die Lösung, indem sie nach einem Gespräch mit ihrem Abgeordneten im Europäischen Parlament dem Neugeborenen den Vornamen gaben, der bereits im achten Jahrhundert durch Karl den Großen eine europaweite Geltung erlangt hatte. Zudem veranschlagten die Eltern, dass die Stadt Aachen, die im Geburtsjahr des Babys schon zum 44. Mal ihren Karlspreis verlieh, auf der Suche nach halbwegs geeigneten Preisträgern notgedrungen jeden Winkel Europas ausgekämmt und so der Erinnerung an das karolingische, das erste europäische Reich zu beachtlicher Publizität verholfen hatte.

Nach getroffener Entscheidung galt es nur noch, die ansprechendste europäische Spielart des Namens auszuwählen. Karl war zweifellos zu intensiv deutsch. Charles hätte den Zweifel offengelassen, ob es französisch oder englisch auszusprechen sei, Karel die slawische Komponente Europas vielleicht doch ein wenig überbetont. Die italienische Prägung Carlo fand am Ende den Vorzug, weil die Eltern auf diese Weise auch und nicht zuletzt ihre Solidarität mit den Menschen im ärmeren Süden Europas bekunden und sich signifikant gegen das damals noch herrschende Nord-Süd-Gefälle engagieren wollten.

In den ersten Lebensjahren hatte dem jungen Carlo das Programm seines Namens auch keinerlei Kummer bereitet.

Dem Baby gefiel das blaue Fähnchen mit dem goldenen Sternenkranz, das die Mutter ihm an den Buggy steckte, und als der Vater dem Knaben an dessen fünftem Geburtstag eine selbstgelötete Nachbildung dieses Sternenkranzes aufs Haupt setzte, trug Carlo das Symbol Europas, obwohl es ihn pikte, voller Stolz. Gern hörte er auch zu, wenn die Eltern von den Zeiten erzählten, als sie nachts beim Plakatkleben im Europa-Wahlkampf von Skinheads angegriffen worden waren und einem der Rowdys den Leimtopf über die Glatze gestülpt hatten.

In eine erste Namenskrise geriet Carlo Meier jedoch einige Zeit nach der Einschulung. Nach einem Streit mit seinem Banknachbarn, einem Bengel namens Fritz Krakowski, ließ er sich auf dem Heimweg hinreißen, wiederholt und laut »Kackowski!« hinter Krakowski herzurufen, worauf dieser umkehrte und Carlo vor den Ohren mehrerer anderer Kinder beschuldigte, er sei gar kein Deutscher, sondern der Sohn eines Itakers, von dem seine Mutter sich habe aufs Kreuz legen lassen. Die Verhandlung vor dem Schulleiter, auf der Carlos Eltern bestanden, endete mit einer beiderseitigen Entschuldigung, aber seitdem wurde der junge Meier das Gefühl nicht los, dass sein Vorname nicht in die Landschaft passe.

Daran hatte auch die europäische Karriere, die das unaufhaltsame Zusammenwachsen der Gemeinschaft ihm bescherte, nichts zu ändern vermocht. Carlo Meier gehörte zu den ersten Absolventen der Euro-Talk-Akademie, die mit Fakultäten in 23 Ländern seit dem Sommersemester des Jahres 2011 sich der Entwicklung einer gesamteuropäischen Sprache widmete. Seine Diplomarbeit (»Perspektivi lirika in euro-tok – Perspektiven einer Lyrik in Euro-Talk«) erregte Aufmerksamkeit. Carlo fand umgehend eine Anstellung bei dem größten europäischen Werbekonzern und lebte hinfort in Paris, Brüssel und Berlin, den drei Hauptstädten Europas, auf die die Regierung der Union ihre Ministerien aufgeteilt hatte, um eine Machtzusammenballung zu vermeiden.

Er war erst dreißig, als sein Jahreseinkommen die Grenze von 200.000 Euro überschritt. Mit fünfunddreißig besaß er ein Ferienhaus in Jütland und eine Segeljacht mit Liegeplatz am Mittelmeer. Der Stachel, den Fritz Krakowski gesetzt hatte, schmerzte desungeachtet immer wieder. Carlo Meiers Beziehung zu einer Spanierin ging in die Brüche, weil diese ihn beharrlich Carlos nannte und als Begründung offenbarte, sie könne die Spaghetti-Fresser nicht ausstehen. Auch von der aus Finnland stammenden Maila Päivärinta-Koskenniemi trennte er sich, nachdem sie darauf bestanden hatte, dass ihr erster Sohn entweder den Namen Pietari Meier-Päivärinta-Koskenniemi tragen werde oder ungezeugt bleibe.

Am Vorabend des Freitags, an dem er beschloss, seinen Namen zu ändern, war Carlo Meier auf einer Dienstfahrt nach Amsterdam in ein Rasthaus an der Autobahn eingekehrt. Da die Karte nichts Reizvolleres bot, hatte er ein Schnitzel Europa mit Pommes frites und Salat bestellt. Als ihm das gebratene Fleisch serviert wurde, nahm Carlo einen überaus strengen Geruch wahr. Er ließ den Wirt kommen und beschwerte sich.

Ein Wort gab das andere. Carlo vergaß sich, er erklärte in großer Lautstärke, dieses Schnitzel rieche nach Pisse, weil es nämlich vom Eber stamme, dessen Verzehr die Holländer der Europäischen Gemeinschaft aufgezwungen hätten. Der Wirt antwortete, indem er Carlo zunächst einen Moffen, dann einen Nazi nannte und ihn schließlich mit dem Gruß »Heil Hitler!« vor die Tür setzte. Als Carlo auf der Weiterfahrt das Autoradio einschaltete, geriet er in die Übertragung einer Debatte des Europäischen Parlaments. Bei dem Faustschlag, mit dem Carlo den Sender ausschaltete, ging das Radio zu Bruch.

Drei Monate nach seinem 40. Geburtstag gewann Carlo Meier den Verwaltungsprozess, den er zur Änderung seines Namens hatte anstrengen müssen. Hinfort durfte er sich Siegfried Mayr nennen. Der Werbekonzern kündigte ihm, weil dieser Name bei der europaweiten Kundschaft des Unternehmens nicht marktfähig sei. Siegfried Mayr verlegte seinen Wohnsitz nach Bonn-Plittersdorf und eröffnete dort einen Großhandel mit Sauerkraut und Blutwürsten.

Veröffentlicht am 31. Dezember 1992
im *Kölner Stadt-Anzeiger*

Bewahren oder plattwalzen
Zur Einverleibung der DDR

Ein Schrotthaufen, wie die kühlen Rechner uns glauben machen wollen, ist es nicht, was am kommenden Mittwoch der Bundesrepublik einverleibt wird. Die 108.000 Quadratkilometer der DDR können zwar mit den fast 250.000 der Bundesrepublik nicht konkurrieren, weder an Fläche noch an deren Ausstattung mit Straßen, Autos, Hochhäusern, spiegelnden Fassaden, hochmodernen technischen Anlagen, die wir Hightech nennen. Aber der Mangel dieser Art von Zivilisation, die den Westen Deutschlands geprägt hat, lässt manche Landschaften, auch Stadtviertel des Ostens vorerst noch wie Oasen der Vergangenheit erscheinen.

Wer in früheren Jahren durch die DDR reiste, der konnte leicht die marktschreierischen Transparente vergessen, die in den Städten den Sozialismus feierten, sobald er hinauskam auf eine der alten schmalen, von Bäumen bestandenen Landstraßen. Solcher Landstraßen, auf denen man zu einem gemächlichen Tempo gezwungen wurde, hat es viele auch in der Bundesrepublik gegeben, bevor sie zu unwegsam wurden für den Fortschritt. Dieser Fortschritt wird sie drüben nicht minder heftig, nicht minder gründlich plattwalzen als bei uns.

Gibt es denn Anlass, um solche Relikte der Vergangenheit zu trauern, die auch der Sozialismus allzu gern ausgetilgt hätte, wenn die Ulbrichts und Honeckers nur gewusst hätten, wie? Wer einst auf Reisen durch die DDR nicht nur die unterkühlten Augen der Volkspolizisten gesehen hat, die das Gesicht des Klassenfeindes mit seinem Passfoto verglichen, nicht nur die Maskerade der Spitzel erkannt hat, die sich ihm auf Schritt und Tritt andienten, der mag sich an den einen oder anderen Augenblick erinnern, vielleicht in einer der alten Straßen, vielleicht am stillen Strand der Ostsee, in dem die DDR sich so präsentiert, so ausgesehen hat wie einst ganz Deutschland.

Das wird sich gründlich ändern. Aber sollen wir etwa trauern um das, was dabei verlorengehen und von unserer Art der Zivilisation aufgesogen werden wird? Solche Gefühle nennen wir Nostalgie, was eigentlich nur Heimweh bedeutet, Sehnsucht, aber in unserem Sprachgebrauch nicht zuletzt Schwäche meint, die Flucht vor der Wirklichkeit. Und wer solche Anwandlungen verspürt, der sollte nicht vergessen, dass die breite Mehrheit der Bürger drüben von ihrer DDR mehr als genug hatte und dass sie den Verlust dessen, was der DDR eigen war, gern in Kauf nimmt für die Segnungen unserer Zivilisation.

Um die DDR getrauert, so war zu lesen und zu hören, haben einige ihrer Leichtathleten, die bei den Europameisterschaften in Split zum letzten Mal unter ihrer eigenen Flagge antreten konnten und dafür sorgten, dass noch einmal diese Flagge und die Hymne der DDR die Siegerehrungen beherrschten. War diese Trauer nur der Katzenjammer von Privilegierten, die nun nicht mehr vom Staat gehätschelt werden? Gesiegt haben in ihrem Abschiedsländerspiel auch die Fußballer der DDR, fast ausnahmslos ein letztes

Aufgebot derer, die noch keinen Profivertrag im Westen hatten unterschreiben können. War es nur der Trotz der Enttäuschung, die Hoffnung, sich doch noch empfehlen zu können, die sie zu einer ganz unerwarteten Leistung antrieben?

Es sind nicht allzu viele, die drüben um die DDR trauern, und auf unserer Seite macht sich lächerlich oder gar verdächtig, wer diesem Staat eine Träne nachweint. Aber gerade weil dieser Staat sich so eklatant widerlegt und so hoffnungslos überlebt hat, sollten wir behutsam umgehen mit dem, was er an Bewahrenswertem in das größere Deutschland einbringt. Die DDR plattzuwalzen würde weder uns noch den Menschen drüben guttun.

Geschrieben zur Wiedervereinigung im Oktober 1990, veröffentlicht im *Kölner Stadt-Anzeiger* vom 29./30. September 1990

Es hatte Paris sein sollen

Was braucht der Schriftsteller,
um Schriftsteller zu werden?

In dem Sommer, der auf meinen zweiundzwanzigsten Geburtstag folgte, lebte ich in Hamburg und plante den Umzug nach Paris. Ich wollte nicht länger meine Zeit an der Universität vergeuden, sondern endlich Schriftsteller werden, und weder in Hamburg noch München, wo ich zuvor studiert hatte, geschweige denn in Köln, der Stadt, in der ich aufgewachsen war, schien mir die Luft zu wehen, die der Künstler braucht, um leben und schaffen zu können.

Ich war bis dahin nie in Paris gewesen. Es müssen Bücher, wohl auch Kinofilme gewesen sein, aus denen ich die Gewissheit gewonnen hatte, dass ich entweder nach Paris gehen oder die Berufung zum Schriftsteller verwirken würde. Eines der Bücher besitze ich noch, es ist eine Taschenbuchausgabe von Hemingways *The Sun Also Rises*, die in jenem Sommer erschienen ist.

Am andern Morgen ging ich hinunter zur Rue Soufflot, um Kaffee und Brioches zu frühstücken. Es war ein Prachttag. Die Kastanienbäume im Luxembourg standen in Blüte. Man hatte das angenehme Frühmorgensgefühl eines heißen Tages. Ich las beim Kaffeetrinken die Zeitung und rauchte dann eine Zigarette. Die Blumen-

frauen kamen vom Markt und begannen ihren Stand aufzubauen.

Dergleichen Ambiente stellte in der Tat meinen Hamburger Alltag in den Schatten. Ich wohnte als Untermieter in einem dämmrigen Zimmer zum Hinterhof, hatte mich, bevor die Familie aufstand, am Spülbecken in der Küche zu waschen und zu rasieren, verdiente meinen Lebensunterhalt mit den Jobs, die das Studentenwerk vermittelte, hütete Kinder, klopfte Teppiche, bewachte einen Bauplatz, zog – da ich stenografieren konnte – den Volltreffer, zwei Wochen lang die Sekretärin eines Maklers vertreten zu dürfen, deren Blinddarm hatte entfernt werden müssen, und versuchte, wenigstens am germanistischen Oberseminar, in dem *Der Abentheurliche Simplicissimus Teutsch* behandelt wurde, regelmäßig teilzunehmen.

Gleichwohl hätte ich schon damals ahnen können, dass der Schriftsteller nicht in Paris leben muss, um Schriftsteller zu werden: Ich jedenfalls schrieb unablässig, in jeder freien Minute, nächtelang, auf einer Schreibmaschine, die ich in einem Anfall von Größenwahn erworben hatte und mit fünf Mark wöchentlich abbezahlen musste. Ich schrieb Kurzgeschichten, ein Theaterstück, obszöne Gedichte, mehrere Romananfänge, dazu Dutzende von Briefen, die nach Köln und nach München gingen; gegen das Ende dieses Sommers waren sie durchweg auf dem Sprachstand des *Simplicissimus* abgefasst und trugen den Charakter von Abschiedsbriefen.

Behüt dich GOtt Welt / dann dieweil man dir nachgehet,
verzehret man die Zeit in Vergessenheit / die Jugend mit
rennen / lauffen und springen über Zaun und Stiege …
Das Alter verzehrt man in Jammer und Elend / der Geist
wird schwach / der Athem schmeckend / das Angesicht
runtzlicht …

Aber ich war zu feige, den großen Schritt zu tun. Ich ging
von Hamburg nicht nach Paris, sondern zurück nach Köln,
studierte weiter und schrieb weiter, obwohl niemand das
veröffentlichen wollte, was ich schrieb. Wie ich mir den
Misserfolg zu erklären versuchte, weiß ich im Einzelnen
nicht mehr. Es bot sich jedenfalls an, Köln dafür verantwortlich zu machen, die biedere, gewöhnliche Stadt, die
den Schriftsteller nicht zu inspirieren vermochte, und natürlich auch mich selbst schuldig zu sprechen, der ich den
Mut nicht aufgebracht hatte, diese bis zum Überdruss vertraute taube Welt hinter mir zu lassen.

In meinem ersten bezahlten Urlaub, als Volontär bei der
Zeitung, reiste ich nach Paris. Ich mietete mich in einem
kleinen Hotel in der Nähe des Nordbahnhofs ein. Das
Zimmer, über eine verwinkelte Holzstiege zu erreichen,
ähnelte dem in Hamburg, es bot den Ausblick auf einen
engen Hinterhof und blieb auch um die Mittagszeit dämmrig. Die Heizung kann nicht funktioniert haben, oder dieser Oktober in Paris war besonders kalt. Wenn ich des
Nachts von stundenlangen Wanderungen durch die Stadt
heimkehrte, rückte ich den Nachttisch neben die Bettmitte,
schlug mir das Federbett um die Schultern, setzte mich auf
die Matratze und schrieb.

Was ich schrieb, war nicht schlechter, es war aber auch nicht besser als das, was ich zuvor geschrieben hatte. Ich war nicht sonderlich überrascht, als niemand es veröffentlichen wollte. Aber erst sehr viel später begriff ich, dass der Ort, an dem man schreibt, nicht zu den wesentlichen Antrieben des Schreibens gehört und dass er schon gar nicht über die Qualität des Geschriebenen entscheidet.

Den ersten Roman, den ich nicht auf halbem Wege liegenließ und der veröffentlicht wurde, schrieb ich im Keller eines Einfamilienhauses in Bonn, der mir als Arbeitszimmer diente, mit Blick auf eine gekalkte Betonwand und zwei vergitterte Luken gleich unter der Decke als Fenster; den zweiten in einem Apartment in New York, in das Tag und Nacht das Blöken der Autohupen, das Geheul der Streifenwagen und Ambulanzen hereindrangen, manchmal auch die melancholischen Tonfolgen des Waldhornspielers nebenan.

Wenn ich in Bonn eine Pause machte, stieg ich die Kellertreppe hoch und ging in den Garten, wanderte über den Rasen und lauschte auf die fernen Stimmen in den Nachbargärten. In New York überfiel mich, sobald ich mit dem Aufzug hinuntergefahren war und auf die Straße trat, der aggressive Lärm der Lexington Avenue. Aber bei der Rückkehr erwartete mich hier wie dort das Gleiche: das Manuskript, das mich in sich hineinzog und an dem ich nicht hätte weiterarbeiten können, ohne den Ort, an dem ich schrieb, um Welten hinter mir zu lassen.

Seit acht Jahren (1989) wohne ich wieder in Köln, auf der achtzehnten Etage eines Hochhauses, mit Blick auf Schrebergärten, den Dom und den Rhein. Das Zimmer, in dem ich schreibe, ist – so habe ich es für die Steuererklärung ausgerechnet – 7,51 Quadratmeter groß, vollgestopft mit Büchern, Zeitungsausschnitten, anderen Archivalien, Manuskripten, seit zwei Jahren auch einem Schreibcomputer. Die Stadt, die mich einst anödete, ist mir wieder so lieb geworden wie in den Kindertagen, als ich auf jeder Ferienreise, sobald die Abenddämmerung kam, vor Heimweh krank wurde und mir das Weinen verbeißen musste.

Hier möchte ich bleiben. Und entgegen meiner Erkenntnis, dass die Orte, an denen man schreibt, austauschbar sind, solange man etwas zu schreiben hat, möchte ich mittlerweile auch den Ort, an dem ich schreibe, nicht mehr aufgeben. Das spürte ich, als ein Kollege mir für einen Urlaub, in dem ich ein Manuskript zu Ende bringen wollte, sein Haus an der holländischen Küste anbot. Von einem solchen Arbeitsplatz habe ich lange geträumt, tue es auch jetzt noch, in Bildern, deren Naivität mich an meine Hamburger Tage erinnert: die See vor dem Fenster, Morgensonne auf dem Wasser und am Ende eines Arbeitstages das Feuer im Kamin.

Ich nahm das Angebot nicht an. Das Risiko des Ortswechsels schien mir zu groß – was tue ich da in Holland, ohne meine Bücher, auch die Schallplatten, ohne den gewohnten Stuhl, mein Bett, den Blick auf die Schrebergärten und den Dom und den Rhein? Werde ich noch imstande sein, in mein Manuskript einzutauchen, ohne die Gewissheit, in den Pausen in eine rundum vertraute Welt zurückkehren zu können?

Trotzdem hat vielleicht gerade dieser Zweifel mir bestätigt, dass Leben und Schreiben zweierlei Dinge sind. Ich lebe nicht in Köln, um hier zu schreiben, sondern ich schreibe in Köln, weil ich hier lebe. Und ich lebe in Köln aus einer Reihe von Gründen, die mit meinem Schreiben nichts oder fast nichts zu tun haben, zum Beispiel wegen meines Hauptberufs bei der Zeitung.

Eine Studie der Universität hat herausgefunden, dass in Köln überdurchschnittlich viele Schriftsteller leben, und wer will, mag daraus folgern, dass die Stadt dem Schriftsteller besonders günstige Lebensbedingungen bietet. Die These ließe sich auch abstützen, das Verkehrsamt hält die geeigneten Materialien bereit, von den Daten der hiesigen Verlage, nicht zu vergessen der Rundfunksender, die in Köln ihren Sitz haben und als Großverbraucher literarischer oder halbliterarischer Produktion sich betätigen, bis hin zur Würdigung der Theater und Konzertstätten, der Museen und Galerien, der Maler und Musiker, die hier in so reicher Zahl zu finden sind.

Dass auch die Schriftsteller als Faktor des kulturellen Lebens in dieser Stadt sich definieren und gruppieren ließen, erscheint mir jedoch eher zweifelhaft. Willy Haas hat beschrieben, wie er – »ein Provinzler aus Prag« – in den zwanziger Jahren in die Reichshauptstadt kam und mit einer schockierend vitalen literarischen Welt konfrontiert wurde: »Ich ahnte nichts von den brutalen Machtkämpfen, die sich zwischen den Literaturcliquen in Berlin abspielten.« Dergleichen Cliquen habe ich in Köln nie wahrgenommen, Machtkämpfe unter Schriftstellern so wenig wie animierende Kumpaneien.

Das mag wiederum an meinem Hauptberuf liegen, der mich an den Arbeitstagen bei der Zeitung bis in den Abend hinein beschäftigt. Aber selbst wenn es in Köln eine literarische Szene wie einst in Berlin geben sollte und ich die Zeit und die Neigung hätte, mich darin umzutun: dass ich in Köln lebe und hier bleiben möchte, ginge auch dann auf ganz andere Beziehungen zurück.

Die Straße, in der ich als Siebenjähriger wohnte und deren bloßer Anblick die Sommertage von einst, die Winterabende heraufbeschwört; der Dom, in den mein Vater mich des Sonntagsmorgens mitnahm; der Schachverein, die Kneipe, in der ich den Dialekt sprechen kann, mit dem ich aufgewachsen bin; die alten Freunde und der Friedhof, auf dem so viele begraben liegen, die mein Leben beeinflusst haben: es sind die ganz alltäglichen Beziehungen, die mich an Köln binden wie an keinen anderen der Orte, in die es mich in gut sechzig Jahren verschlagen hat.

23. April 1989
Geschrieben für Wienand Verlag, Köln
Erschienen in *Bücher in Köln – Leben und Schreiben in Köln* zum Buchmarkt Köln 1989

Am Drücker
Anmerkungen zu einem Diätengesetz

Der Drechslermeister August Bebel, der 1867 in den Norddeutschen Reichstag gewählt wurde, hat in seinen Memoiren von den Diäten, den Tagegeldern berichtet, die ihm als Parlamentarier zustanden. Es waren immerhin vier Taler pro Sitzungstag, die ihm die Landesstaatskasse auszahlte. Aber der Reichskanzler Bismarck durchkreuzte diese Regelung, und wäre Bebel – der spätere Vorsitzende der Sozialdemokratischen Partei – zu dieser Zeit dank seines Handwerks nicht schon ein wirtschaftlich halbwegs unabhängiger Mann gewesen, dann hätte er sich den Luxus, als Reichstagsabgeordneter den Willen des Volkes zu vertreten, vermutlich nicht mehr leisten können.

Von den materiellen Vorteilen, die seit dem vergangenen Februar (1988) die Abgeordneten des hessischen Landtags beanspruchen durften, hätte August Bebel nicht einmal zu träumen gewagt. Nach dem Beschluss der Fraktionen von CDU, FDP und SPD, der mit breiter Mehrheit gegen die Stimmen der Grünen gefasst wurde, stiegen die Diäten der hessischen Parlamentarier zunächst von 6.300 auf 6.500 Mark, sie sollten bis 1991 auf 8.000 Mark monatlich anwachsen. Außerdem wurde die steuerfreie monatliche Kostenpauschale, die jeder Abgeordnete neben seinen Diäten erhält, aufgebessert, zum Beispiel für die entfernt wohnenden Abgeordneten um 900 auf 5.400 Mark. Einige andere Vergünstigungen rundeten die Regelung ab, so ein Sterbegeld, das auch den Todesfall noch vergoldete.

Rechnet man das alles zusammen, dann bedeutet die Ausübung eines politischen Mandats offenbar keinen Luxus mehr, sondern eine materiell überaus lohnende Beschäftigung. Mehr lässt sich in nur wenigen Berufen und dort nur in Spitzenpositionen verdienen. Das ist umso beachtlicher, als Landtagsabgeordnete in der Regel nicht ihren Beruf aufgeben, also auf dessen Erträge nicht verzichten müssen, um ihr Mandat mit allen seinen Segnungen ausüben zu können. Hat die Mehrheit des hessischen Landtags das nicht bedacht, als sie ihren Beschluss vom Februar fasste? Und wenn sie es bedacht hat – was kann dann anderes dahinterstecken als der schamlose Versuch, sich aus der Staatskasse zu bereichern?

Es fällt schwer, einem solchen Urteil zu widersprechen. Und kein Politiker braucht sich zu wundern, wenn das hessische Beispiel verallgemeinert wird und abermals die Meinung um sich greift, die Politik sei ein schmutziges Geschäft. Das ist umso fataler, als gerade die Diäten, die jetzt zum Ärgernis geworden sind, der parlamentarischen Demokratie in früheren Zeiten nicht geschadet, sondern ihr genutzt haben. Ein anderes Beispiel dafür liefert die Frankfurter Nationalversammlung, das erste gesamtdeutsche Parlament.

Die Arbeitsbedingungen dieser Volksvertretung, die 1848 in der Frankfurter Paulskirche zusammentrat, würden von heutigen Abgeordneten nicht mehr akzeptiert. Robert von Mohl, ein liberaler Professor aus Heidelberg, der dem Parlament angehörte, hat sie so geschildert: »... eigentlich kaum erträglich erwies sich, dass gar keine Nebenräume bestanden, wie dies bei einer freistehenden Kirche natürlich war ... nicht einmal der Präsident oder das Ministerium hatten Sprechzimmer, so dass eine Beratung oder schnelle Besprechung in freier Luft auf dem Paulsplatze bei jeder Witterung stattfinden musste. Ich erinnere mich, eine Verhandlung mit dem Staatsrate (x) über den Eintritt in ein von ihm zu bildendes Ministerium hier in strömendem Regen gehabt zu haben.«

Mohl war gleichwohl von der Bedeutung dieses Parlaments durchdrungen. Er zeigte sich empört darüber, dass man es einen Professorenkonvent gescholten hatte, und wies darauf hin, dass sich neben Professoren »ja noch Hunderte von Männern aus allen Ständen in der Versammlung« befunden hätten. Zum Beweis nannte er zwei Dichter, fünf Bischöfe, große Kaufherren, Fabrikanten, »reiche Weinbergsbesitzer aus der Pfalz und große Landwirte aus Posen, Preußen, Mecklenburg und Oesterreich. Kurz« – so Mohls Folgerung –, »Deutschland war vertreten in allen seinen Richtungen und Interessen und hatte einen guten Teil seiner besten Männer jeder Art gesendet.«

Was der Professor Mohl noch guten Gewissens für eine repräsentative Auswahl der Deutschen hielt, tritt noch deutlicher hervor aus einer statistischen Aufschlüsselung des Frankfurter Parlaments, das doch nach dem allgemeinen und gleichen Wahlrecht gewählt worden war. Von den 830 Abgeordneten und Stellvertretern hatten 550 eine akademische Ausbildung, darunter befanden sich allein 157 Richter. 110 Abgeordnete übten wirtschaftliche Berufe aus, einige waren Handwerker, einer Bauer, Arbeiter war keiner.

Diese erste gesamtdeutsche Volksvertretung war ganz offenkundig ein Honoratiorenparlament, nicht das gemeine Volk war in ihr vertreten, sondern es waren an seiner Statt die Würdenträger, die schon in ihren heimatlichen Sprengeln Einfluss ausübten. Und das war zwingend: Es bedurfte ja solchen Einflusses, um überhaupt gewählt zu werden. Und wählen lassen konnte sich nur, wer nicht genötigt war, Tag um Tag seinem Broterwerb nachzugehen. Wovon hätte denn ein gewöhnlicher Arbeiter aus dem Norden oder Süden Deutschlands bei den langwierigen Debatten in der großen Stadt Frankfurt leben sollen? Er wäre als Parlamentarier verhungert.

Ruft man sich dieses Stadium der deutschen Demokratie in Erinnerung, dann wird man das Diätenwesen nicht verdammen können. Denn Diäten eröffnen auch dem wirtschaftlich Schwachen die Möglichkeit, als Abgeordneter gestaltend in die Politik einzugreifen, sie können ihn auf die Dauer seines Mandats von der Notwendigkeit des Broterwerbs befreien. Diäten können und sollen darüber hinaus den Abgeordneten so unabhängig machen, dass er bei seinen Entscheidungen nicht auf seinen persönlichen Vorteil oder Nachteil schielen muss. Eine Demokratie, die ihre Abgeordneten auf Wasser und Brot setzen wollte, wäre schlecht beraten. Eine Demokratie, die nichts kosten soll, kann sehr teuer werden.

Das ist freilich kein Argument zugunsten der Mehrheit des hessischen Landtags, die bei ihrem Beschluss vom Februar offenbar jedes Augenmaß verloren hatte. Diese Abgeordneten könnten sich allenfalls darauf berufen, dass ihre Kolleginnen und Kollegen in einigen anderen Bundesländern sich eine ähnlich üppige Ausstattung genehmigt haben. Am unteren Ende der Skala liegt Hamburg, dessen Abgeordnete eine Aufwandsentschädigung von 1.800 Mark zuzüglich 40 Mark je Sitzung erhalten. In Schleswig-Holstein betragen die Diäten 5.400 Mark monatlich. Aber die Niedersachsen sind mit 7.150, die Bayern mit 7.858 Mark dem Ziel schon ziemlich nahegekommen, das die Hessen sich erst für 1991 gesteckt hatten.

Der Fairness wegen muss darauf hingewiesen werden, dass die Diäten, die einst steuerfrei gezahlt wurden, aufgrund eines Urteils des Bundesverfassungsgerichts aus dem November 1975 versteuert werden müssen, im Unterschied zu den Kostenpauschalen, die der Steuer nicht unterliegen. Dieses Urteil hat damals großen Beifall gefunden, weil es dem Volksempfinden entsprach und die Meinung zu bestätigen schien, die Abgeordneten hätten bis dahin ungerechtfertigte Vorteile genossen. Übersehen wurde hier und da im ersten Überschwang, dass das Gericht den Abgeordneten zugleich den Anspruch auf eine angemessene »Bezahlung für die im Parlament geleistete Tätigkeit« bescheinigt hatte. Es war nicht verwunderlich, dass die Parlamentarier daraufhin ihre Diäten kräftig erhöhten, um den Verlust durch die Besteuerung wettzumachen.

Übersehen wurde hier und da aber auch eine höchst bedenkliche Konsequenz des Urteils. Das Gericht hatte die finanziellen Ansprüche der Abgeordneten mit der Feststellung begründet, die Ausübung des Mandats sei mittlerweile zu einem »Fulltime-Job« geworden, zu einer Hauptbeschäftigung also, die die ganze Arbeitskraft in Anspruch nehme. Das bedeutete, dass nur noch Berufspolitiker imstande seien, den Pflichten eines Abgeordneten gerecht zu werden. Und ebendas schien ein wesentliches Element der parlamentarischen Demokratie auszuschalten, dass nämlich ein Bürger nur auf Zeit, auf die Dauer einer oder zweier Legislaturperioden zum Beispiel, politische Verantwortung übernimmt, danach aber seinen Platz für einen anderen räumt und in seinen Beruf zurückkehrt. Demokratisch ist eben nicht die Herrschaft einer dünnen Schicht von Politprofis, sondern die wechselnde Teilhabe von möglichst vielen an der Herrschaft.

Dass gleichwohl viele Abgeordnete sowohl in den Landtagen wie im Bundestag die Politik zu einem Beruf gemacht haben, wird oft mit dem Hinweis erklärt, die Spezialisten, die man heutzutage auch in der Politik brauche, seien nicht von Wahl zu Wahl ersetzbar. Daran mag Wahres sein, aber fatale Folgen hat die Neigung vieler Parlamentarier, ihr Mandat als einen Beruf wie jeden anderen auszuüben, das heißt: möglichst viel Geld damit zu verdienen und sich eine Versorgung bis zum Lebensende zu sichern. Diese Gesinnung muss man auch hinter dem Fehlgriff der Mehrheit des hessischen Landtags vermuten.

Dass sie zu weit gegangen sind, ist diesen Parlamentariern zum Glück unmissverständlich klargemacht worden, es blieb ihnen vergangene Woche nichts anderes übrig, als ihren Beschluss zurückzunehmen. Unterdessen hat es Vorschläge gehagelt, wie solche Entgleisungen künftig zu vermeiden seien. Wieder einmal wird angeregt, den Abgeordneten das Recht, ihre Diäten selbst zu bestimmen, zu entziehen und es unabhängigen Kommissionen anzuvertrauen. Das wäre ein Armutszeugnis, das der parlamentarischen Demokratie gerade noch fehlte. Sollte es tatsächlich nicht möglich sein, Volksvertreter zu finden und zu wählen, die sich nehmen, was ihnen gebührt, aber dabei das Augenmaß nicht verlieren?

Geschrieben für NDR 3, »Die Meinung«
Aufgenommen am 29.7.1988,
gesendet am 31.8.1988

Gegen die Ganovenehre
Merkwürdige Sitten in einer Großstadt

An einem Samstag im April bat er zur Pressekonferenz, und die Reporter kamen. Heinrich Schäfer, unter dem Namen »die Schäfers Nas« eine Größe im Bordellgeschäft, gab eine Erklärung ab zu der Kindesentführung, die die Großstadt Köln bewegte: »Ich bin kein Kind von Traurigkeit, aber Kindesentführung verstößt jejen die Janovenehre – das jibt's bei mir nicht!« Der Mann mit der Boxernase kündigte an, dass er und seine Freunde sich der Aufklärung des Falles annehmen würden.

Das geschah 1981, aber es war keine Ausnahme im Kölner Milieu. So wurde der Mord an einem Polizisten aufgeklärt durch Anton Dumm, genannt Dummse Tünn, den schärfsten Konkurrenten Schäfers um die Herrschaft auf dem Strich. Dumm, als seine Assistenz ruchbar geworden war: »Leever der Kripo ene Tip jevve, als esu en Sauerei decke!« Die Polizei gab eine Pressemitteilung heraus, um Zweifel an den Moralbegriffen ihres Informanten auszuräumen: »Herr Dumm ist weder V-Mann noch Spitzel der Kölner Polizei«; derlei Verdächtigungen gegen Herrn Dumm liefen darauf hinaus, »die gute Tat eines Bürgers ins Gegenteil zu verkehren«.

Dummse Tünn wurde 1966 in einem Prozess wegen Notzucht, Körperverletzung und Zuhälterei zu drei Jahren

Zuchthaus verurteilt; Schäfers Nas 1984 wegen Körperverletzung, Vergewaltigung, Zuhälterei und räuberischer Erpressung zu acht Jahren Freiheitsstrafe. Die Delikte sind wenig geeignet, den Ganoven Kölns eine besondere Mentalität zu attestieren. Und auch in anderen Städten treten ja die Profis gelegentlich in der Rolle von Hilfspolizisten auf. Warum? »Wenn die Polizei dauernd im Viertel herumkurvt, leidet das Geschäft.«

Kenner wie der Kölner Strafverteidiger Hermann Wegener (wegen seines Teints im Milieu »der Chines« genannt) meinen dennoch, dass Kölns Gangster von Geblüt ungewöhnliche Charakterzüge tragen: »Das hat was mit dem Dom zu tun. Der Kölner Ganove hängt an seiner Heimat. Der geht nicht stiften. Der hat zwar eine große Schnauze, aber im Prinzip ist er nicht gewalttätig.«

Zum Kampf bis aufs Messer ist es auch unter den Größen des Milieus nur selten gekommen. Schäfers Nas, der einen »Erinnerungs-Roman« verfasst hat, blickt auf die Nacht, in der Dummse Tünn ihn anrief, ohne Erbitterung zurück: »Der sagte: Ich warte hier, du alter Mann, gegen dich lass ich mir noch eine Hand auf den Rücken binden.« Die Nas brach sofort auf. Im Amüsierviertel am Klapperhof, vor zahlreichen Zuschauern, die bereits warteten, fand auf offener Straße der Showdown statt. Als die Polizei mit sieben Streifenwagen anrückte, beteuerte auch der schwer geschlagene Tünn: »Hier is nix passiert. Mir haben nur en bisschen jekejelt.«

Wer in den Annalen blättert, kann den Eindruck gewinnen, dass die Kölner nicht einmal Mord und Totschlag ernstnehmen. In anderen Städten wäre der Fall der reichen und geizigen Witwe Grass, die 1934 aus ihrer abbröckelnden Villa in einem Kölner Vorort spurlos verschwand, ins Gruselkabinett aufgenommen worden. Nachbarn hatten einen pestilenzialischen Geruch bemerkt, die Polizei fand einen eingetrockneten Blutfleck und verhaftete den Gärtner Johannes Ludwigs, mit dem die Witwe zusammengehaust hatte, einen noch jugendlichen Mann mit Vollbart und stechendem Blick, der nach dem Verschwinden seiner Herrschaft mit Geld um sich geworfen hatte.

Ludwigs wurde wegen Totschlags verurteilt, aber er behauptete bis zuletzt, die Witwe sei nach Amerika gereist. Im nächsten Karnevalszug erschien ein Monstrum aus Pappmaché, eine alte Frau mit Schirm und Reisetasche, dazu ein Transparent: »De Witwe Jrass kütt zeröck!«

Den eigenartigen Umgang der Kölner mit der Kriminalität hat bis vor zwei Jahrzehnten noch ein Denkmal inmitten der Stadt symbolisiert, das anno 1838 errichtete Gefängnis »Am Klingelpütz«. Der Bau, dessen Absonderlichkeiten der Historiker Carl Dietmar zusammengetragen hat, lag auf dem Gelände eines ehemaligen Augustinerklosters, von Wohnhäusern umgeben. Wer »em Pötz« saß, war von der Außenwelt nicht völlig abgeschnitten. Über Tag erschienen winkende Hände in den Fenstern ringsum, in der Nacht hallten ermunternde Rufe über die Gefängnismauer: »Liebchen, halt durch!«, oder: »Tünn, saach nix, ich sage och nix!« Dem Ansehen von Lokalgrößen wie Boxchampion Peter Müller (Müllers Aap) schadete es nicht, schon einmal im Klingelpütz gesessen zu haben.

Der Pötz, der »den Bürgern wie ein ungeratenes Kind ans Herz gewachsen« war (*Kölner Stadt-Anzeiger*), wurde

1969 geschleift und durch eine hochmoderne Vollzugsanstalt auf den Feldern des Vorortes Ossendorf ersetzt.
Zwar scherzt das kölsche Gemüt auch mit den Schrecken
dieser Festung (»Pass op, söns küsste noh Bad Ossi!«).
Aber dass die Zeiten nicht mehr die alten sind, ist unübersehbar.

Köln, das Mitte der sechziger Jahre noch als »Chicago
am Rhein« von sich reden machte, liegt in der Statistik des
Bundeskriminalamtes mittlerweile auf einem eher farb-
losen Mittelplatz. Zwar stieg 1987 die Zahl der in der Stadt
registrierten Delikte um sechs Prozent auf 108.000 und
damit auf eine neue Rekordmarke; auch sank die Aufklärungsquote unter 34 Prozent. Aber Mord und Totschlag
nahmen mit 48 Fällen (1986: 49) nicht zu. Nimmt man die
»Häufigkeitszahl«, mit der die Statistiker die Summe der
Straftaten an der Zahl der Einwohner messen, dann lag
Köln 1986 nicht nur weit hinter Frankfurt, Hamburg,
Bremen und Berlin, sondern auch hinter weitaus kleineren Städten wie Lübeck und Oldenburg, Mannheim und
Osnabrück, Freiburg und Kiel.

Aus der schwachen Aufklärungsquote könnte man
schließen, dass nicht nur Kölns Gangster, sondern auch
Kölns Polizisten anders sind: dass sie sich mit ihrer Kundschaft zu gut verstehen. Noch ist jene sagenhafte Feier in
einem Kölner Polizeirevier nicht vergessen, an der auch die
Mädchen vom Strich teilnahmen und die ihren Höhepunkt
fand, als die Mädchen sich mit den Uniformstücken ihrer
Gastgeber bekleideten.

Solch phantastischen Geschichten kann Kölns Polizei,
offiziell befragt, absolut keinen Geschmack abgewinnen.

Die Aufklärungsquote ist schwach, ach ja? Und Münchens Häufigkeitszahl liegt fast um ein Drittel niedriger? In Köln, sagt Hauptkommissar Werner Schmidt, der Sprecher der Polizei (1988), muss die Kriminalpolizei seit Jahren mit weniger als 500 Planstellen auskommen. In München haben es die Ganoven mit mehr als 1.000 Kriminalbeamten zu tun.

An Gemüt hat das Kölner Milieu – einst geprägt von Einbrechern, Hehlern und Zuhältern – in den vergangenen fünfzehn Jahren jedenfalls verloren. Neue Schwerpunkte der Kriminalität tragen nicht mehr den spezifisch kölschen Charakter, sondern internationale Züge: Handtaschenraub, Autoknackerei, Ladendiebstahl, die Kokainwelle, die in die unterschiedlichsten Altersklassen und Gesellschaftsschichten hineinleckt, Betrug aller Schattierungen bis hin zur Computer-Kriminalität. Strafverteidiger Wegener: »Der Trend geht zur massenhaften Kleinkriminalität. Der alte Kölner Ganove stirbt aus.«

Noch gibt es Unterschiede zwischen dem Kölner Milieu und dem in anderen Großstädten. Kriminaldirektor Martin Küpper, der vor vierzig Jahren seinen Dienst als Polizist auf der Straße antrat, erinnert sich an den Versuch ausländischer Ganoven, in Köln Fuß zu fassen: »Das haben wir mit Hilfe des einheimischen Milieus unterbunden. Die Kölner sind kontaktfreudig, aber sie lassen sich nicht einnehmen.« Im Unterschied zu Wuppertal oder Düsseldorf gibt es, sagt Küpper, in Köln »keine festgefügte Connection«.

In ihrer alten Struktur erkennbar sind auch noch einige der kritischen Straßenzüge, in denen Küpper als Beamter des ersten »Radio-Streifendienstes« Dienst tat, so das »EWG-Viertel«, ein Dreieck von zumeist alten Häusern und verwinkelten Hinterhöfen zwischen Eigelstein, Weidengasse und Gereonswall im Norden der Innenstadt. Hier eine Pizzeria, dort ein türkisches Restaurant, dazwischen die staubigen Schaufenster, die zu »An- und Verkauf« einladen. Da findet man hinter dem Ladentisch den ergrauten Faustkämpfer, der noch immer den Sportlerpass mit der Bescheinigung seiner Siege aufbewahrt, oder den Maggeler, den zu Geschäften aller Art bereiten Gelegenheitshändler von einst, der mittlerweile ein halbes Dutzend Häuser und Läden besitzt.

Wer sich durch einen vertrauenswürdigen Bürgen einführen lässt, wird auch schon einmal auf ein Tässchen Kaffee ins winzige Hinterzimmer eingeladen. Wird hier wie früher heiße Ware abgesetzt? »Bei uns doch nit. Hier jitt et kein Verbrecher. Die Verbrecher setzen doch op der Marienburg«, will heißen: sie sitzen in Villenvierteln wie dem Vorort Marienburg. Und wie sind die Beziehungen zur Polizei? »Janz normal. Die kummen alle paar Dag un luren en de Böcher«, sie kontrollieren die Buchführung.

Solcherart normal sind auch die Geschichten, die aus dem Viertel berichtet werden. Etwa diese: Ein Zivilfahnder der Polizei kommt zum Routinebesuch in den Laden, der Händler bittet ihn, einen Augenblick aufs Geschäft aufzupassen, weil er mal op et Hüsje, auf die Toilette, muss. Während der Zivilfahnder hinter der Theke steht, tritt ein Kunde ein und holt eine Kamera aus der Tasche. Der Kunde fragt: »Wat krieje ich für die Kamera?« Der Zivilfahnder antwortet: »Drei Monat.«

Noch lebt hier die Saga von »UKB«, der Straße Unter Krahnenbäumen, die vom Eigelstein hinunter zum Rhein führt und der der Fotograf Chargesheimer einen Bildband widmete (das Vorwort schrieb Heinrich Böll). Der Versicherungsagent Günter Domgörgen, CDU-Mitglied der Bezirksvertretung und seit Kindsbeinen in UKB zu Hause, erinnert sich, dass halbe Jahrgänge der Volksschule, die er absolvierte, im Klingelpütz landeten. »Hier gab es doch fast nur arme Leute, die hatten mehr Kinder als Matratzen. Das hat im Krieg mit Maggeln angefangen, und dann kamen die amerikanischen Neger ins Viertel. Da war jede Nacht was los.«

Das Wort Maggeln stirbt allmählich aus. Schon tot ist das Wort Fringsen – so wurde in der Nachkriegszeit das Kohlenklauen genannt, nachdem der Kölner Erzbischof Josef Frings öffentlich sein Verständnis für diese Selbsthilfe geäußert hatte. Der Erzbischof konterkarierte damit keineswegs die irdische Gerichtsbarkeit: Auch die Kölner Justiz stand und steht noch immer in dem Ruf, den Sünder nach einer besonderen, der »kölschen Strafprozessordnung« zu behandeln.

Hans Robert Queiser, ein Gerichtsreporter, hat zwei Bände von Zitaten veröffentlicht, die den besonderen Umgangston in Kölner Gerichtssälen belegen. Da erscheint der Angeklagte, der auf Nachsicht plädiert: »Ich bin fast zehn Jahre resozialisiert; eine jefährliche Körperverletzung kann doch schon mal passieren, zwischendurch«; der Staatsanwalt, der an seiner Aufgabe verzweifelt: »Das kommt mir hier wie eine Gnadenverhandlung vor!«; es erscheint der Richter, der dem Angeklagten einen freundschaftlichen Rippenstoß verpasst: »Mensch, Jung, da draußen sitzen die Zeugen, mach's doch nicht komplizierter, als es ist!«

Der Kölner Jugendrichter Karl Heinz Dries erhielt vergangenes Jahr gut 100 Weihnachtskarten von Straftätern, die er verurteilt hat. Er besucht regelmäßig jugendliche Strafgefangene in der Vollzugsanstalt Ossendorf, kümmert sich gemeinsam mit dem Benediktinerbruder Lukas um die Entlassenen und Gefährdeten. Schwierigkeiten bekommt Dries hin und wieder mit Staatsanwälten oder Verteidigern, die seiner Verhandlungsführung auf Kölsch nicht folgen können.

Als er mit einem ehemaligen Kunden an einer öffentlichen Diskussion über das Thema »Strafe – und was danach?« teilnahm, bemängelte einer der Zuhörer, dass Dries sich von dem Herrn siezen lasse, ihn umgekehrt aber beharrlich duze. Dries überließ seinem Kunden die Antwort: »Sag du jet, Willi.« Willi zu dem Zuhörer: »Dat jeht Sie doch jar nix an!«

Noch lässt sich die Eigenart der Kölner Justiz nicht zuletzt in Dries' Bereich auch statistisch belegen: In demselben Zeitabschnitt, in dem in Frankfurt rund 300 jugendliche Straftäter ohne Bewährung verurteilt wurden, waren es in Köln nur 50. Das allein wäre freilich nach Meinung der Polizei noch nicht rühmenswert. Aber auch die Rückfallquote der Jugendlichen, sagt Dries, lag in Köln niedriger als in anderen Großstädten.

Anwalt Wegener weiß eine Erklärung dafür, warum nicht nur Kölns Gangster, sondern auch die Polizei und die Gerichte der Stadt sich ihren besonderen Ruf erworben haben: »Hier sind die Leute immer menschlich geblieben, die Polizisten und die Richter ebenso wie die Ganoven.« Aber dass das so bleiben wird, bezweifelt eben auch Wegener: »Der entscheidende Punkt ist, dass es das typische Kölner Milieu nicht mehr gibt.« Fast sieht es so aus, als trauerten manche den guten alten Zeiten nach, in denen Kölns Gangster vielleicht tatsächlich anders waren als andere.

Der Artikel wurde geschrieben im Auftrag der Zeitschrift *Merian* und veröffentlicht in deren Heft 7/1988 unter dem Titel »Gangster mit Bürgersinn«

Frau Wallots Vermieter
Erzählung

Schließlich hat ja er davon angefangen. Ich weiß nicht, ob ich sonst überhaupt auf diese Idee gekommen wäre. So etwas ist mir früher nicht einmal im Traum eingefallen. Er hat mich erst darauf gebracht.

Er saß da, in seinem abgetragenen dunkelbraunen Anzug, der Hemdkragen zu weit für den faltigen Hals. Ein riesiger Krawattenknoten. Die Krawatte, mindestens zehn Jahre alt, schlug Falten über dem Ausschnitt der Weste. Er saß aufrecht, wie immer, auf der Vorderkante des Sessels. Die Ellbogen auf die Lehnen gestützt, die knochigen Hände ließ er hängen.

Fast hätte ich ihn nicht verstanden, er sprach noch leiser als sonst, es war mehr ein Flüstern: »Ich kann leider nicht mehr so oft zu Ihnen kommen.«

Ich hatte keine Ahnung, was das bedeuten sollte. »Warum denn nicht? So oft sind Sie doch gar nicht gekommen?«

»Ja, ja, das finde ich ja auch.« Ein Lächeln, verstohlen. »Viel zu selten eigentlich.« Er strich mit der Rechten über das dünne Haar, räusperte sich: »Aber meine Frau, wissen Sie...«

»Ihre Frau?« Ich lachte. »Sie wird doch wohl nicht eifersüchtig sein?«

Er bewegte sich auf der Sesselkante. Er lächelte wieder, diesmal ein wenig angestrengt. »Natürlich ist das ganz lächerlich. Als ob Sie an einem Mann in meinem Alter…«

Ich schlug ihm mit den Fingerspitzen auf die Hand. »Ah, jetzt hören Sie aber auf! Sie wollen Komplimente hören.«

»Nein, nein, wirklich nicht.« Er griff an den Krawattenknoten. »Ich könnte ja Ihr Vater sein.«

»Na und?«

Er hob in Abwehr die Hände, lächelnd. »Ein Glück, dass meine Frau Sie nicht so reden hört.«

Ich goss ihm Tee nach. »Glaubt sie wirklich, dass Sie mit mir…?«

Er beugte sich ein wenig vor: »Sie dürfen bitte nicht gekränkt sein. Natürlich sieht jeder auf den ersten Blick, dass Sie eine anständige Frau sind, da gibt es doch gar keinen Zweifel. Jeder, der keine Vorurteile hat, meine ich«, er sah auf die Tasse, »und dass hin und wieder ein Bekannter Sie besuchen kommt, das ist ja ganz natürlich. Man heiratet heute eben nicht mehr so… kopflos wie früher.« Er lächelte, sah mich an. »Nicht so unüberlegt wie früher. Und was ist denn dabei, wenn zwei Menschen sich gut verstehen? Das ist doch die natürlichste Sache, die man sich vorstellen kann, nicht wahr?«

Ich sah ihn an. »Ich denke schon. Aber Ihre Frau sieht das anders?«

Er hob die Schultern. »Frauen in diesem Alter werden manchmal ein bisschen merkwürdig, verstehen Sie.« Er legte den Löffel ab, sah auf die Tasse. »Sie behauptet tatsächlich, dass die Leute im Haus schon darüber sprechen.«

»Über was? Über meinen Besucher?«

»Na ja.« Er sah mich an. »Und eben darüber, dass ich hin und wieder bei Ihnen klingele. Das behauptet sie jedenfalls. Das ist natürlich ganz lächerlich. Wann habe ich denn schon mal bei Ihnen geklingelt? Es hat mich übrigens nie jemand gesehen. Der Einzige, der darauf aufpasst, ist sie selbst.« Er schüttelte den Kopf. »Stellen Sie sich vor, sie hat schon in der Wohnungstür gestanden und auf mich gewartet, wenn ich bei Ihnen war.« Er stieß die Luft durch die Nase. »Wenn die Leute reden, dann höchstens darüber.« Er schwieg.

Ich sagte: »Sie wollen mir doch hoffentlich nicht sagen, dass ich ausziehen soll?«

Er hob die Hände: »Nein, nein, davon kann gar nicht die Rede sein. Das kommt überhaupt nicht in Frage. Machen Sie sich bitte keine Sorgen, darüber habe ja schließlich ich zu bestimmen.« Er griff nach meiner Hand, tätschelte sie, zog seine Hand sehr schnell wieder zurück.

Er nahm einen Schluck Tee. »Es ist nur jammerschade, dass ich das alles nicht vorher gewusst habe. Kurz bevor Sie hier einzogen, habe ich am Volkspark eine wunderschöne Wohnung vermietet. Und gleich daneben hatte ich noch zwei Eigentumswohnungen frei.«

Ich lachte, es klang nicht sehr fröhlich. »Und Sie glauben, ich hätte das Geld dafür gehabt?«

»Ach, darüber hätte man doch reden können.« Er lächelte. »Ich bin nicht so hinter dem Geld her, wie Sie vielleicht glauben. Da hätten sich schon vernünftige Konditionen finden lassen.« Er sah mich an. »Sie hätten sich da bestimmt sehr wohl gefühlt.« Der Blick irrte ab. Er sah ins

Leere, lächelte vage. »Und ich hätte Sie hin und wieder in aller Ruhe besuchen können. Wenn es Ihnen recht gewesen wäre.«

»Natürlich wäre es mir recht gewesen. Sie wissen doch, dass ich mich gern mit Ihnen unterhalte.«

Er sah mich an: »Wirklich?« Er nickte. »Ja. Ja. Zu schade.« Plötzlich erhob er sich.

»Ich muss jetzt gehen.«

Ein paar Tage später bin ich am Volkspark vorbeigekommen. Ich habe überlegt, welche die Häuser sein konnten, die ihm gehörten. Zum ersten Mal ist mir aufgefallen, dass es da sehr schöne Häuser gibt, alt, aber die meisten Fassaden sind renoviert, sie strahlen in frischen Farben. Vor einem der Häuser stand noch ein Baukran. An der Front hing ein Schild: Eigentumswohnungen. Aber darunter stand der Name eines Maklers, nicht seiner.

Ich ging weiter, nach Hause. Ich dachte nach.

Als ich die Haustür aufschließen wollte, wurde sie von innen geöffnet. Er hielt mir die Tür auf. Er trug diesen langen Lodenmantel, den grünen Hut hatte er kerzengerade aufgesetzt. An der Leine hielt er den Hund.

Ich sagte: »Das ist aber nett, dass ich Sie wenigstens noch mal im Hausflur sehe.«

Er sah über die Schulter. Er bewegte kaum die Lippen: »Sie wissen doch … «

Ich flüsterte: »Und wenn ich Sie mal dringend brauche?«

Die geäderten Augäpfel schienen größer zu werden. »Brauchen Sie mich denn? Ist etwas nicht in Ordnung?«

»Nein, nein.« Ich lachte. Ich stopfte die Schlüssel in die Tasche, nahm sie wieder heraus. »Nichts Schlimmes, Kleinigkeiten. Sie wissen doch, wie ungeschickt Frauen sind. Die Balkontür klemmt ein bisschen. Und in der Küche tropft der Hahn.« Ich lachte. »Nun sehen Sie doch nicht so erschreckt drein! Morgen rufe ich die Handwerker an.«

Er schüttelte heftig den Kopf. »Kommt gar nicht in Frage, da bezahlen Sie sich doch arm. Ich werde mal danach sehen. Die Wohnung muss ja schließlich in Ordnung sein.«

Ich sagte: »Aber das ist doch nicht nötig. Ich bin wirklich dumm, Ihnen so etwas zu sagen.«

Er sah mich entschlossen an: »Haben Sie Werkzeug?«

»Eine Zange, ja, aber sonst nicht viel.«

»Ich komme gleich mal rauf. Ich muss nur gerade den Hund rauslassen.«

Ich sagte: »Könnten Sie vielleicht gegen sechs kommen? Ich wollte nämlich noch schnell in die Badewanne, ich hab mich schon auf dem ganzen Heimweg darauf gefreut.«

Ich stieg gleich hinter der Tür aus den Schuhen, warf den Mantel aufs Bett, zog mich aus, ließ das Badewasser einlaufen. Ich ging an die Balkontür. Sie klemmte tatsächlich. Ich ging in die Küche und beobachtete den Hahn. Er tropfte, aber es dauerte mindestens eine halbe Minute, bis der nächste Tropfen abfiel.

Ich holte das Werkzeug heraus und versuchte, mit der Zange den Hahn vom Boiler abzuschrauben. Er saß zu fest.

Ich überlegte. Eigentlich war es egal.

Ich fasste an die Düse am Ende des Schlauchs. Sie ließ sich abdrehen. Ich sah hinein und sah den roten Gummiring, der die Düse abdichtete. Ich schüttelte den Ring heraus und schnitt ihn durch, legte ihn wieder in die Düse und schraubte sie auf. Der Hahn tropfte noch immer nicht richtig.

Ich stieg in die Badewanne. Ich ließ mir Zeit, wusch mir die Haare, schrubbte mich mit der Massagebürste ab, föhnte die Haare. Als ich mich mit dem Hautöl einrieb, klingelte es. Ich sah auf die Uhr. Zehn vor sechs. Ich ging auf bloßen Füßen zur Tür und sah durch den Spion. Er stand davor, den Kopf zur Treppe gewandt.

Ich rief: »Einen Augenblick, bitte.« Durch die Tür hörte ich seine Stimme, unterdrückt. Ich zögerte, dann öffnete ich die Tür einen Spalt, sah hinaus: »Was haben Sie gesagt?«

Seine Augen richteten sich auf meine Schulter, hoben sich sofort wieder. Er schluckte. »Bin ich zu früh?«

»Nein, nein, ich ziehe mir nur gerade was über.« Ich ging zurück zum Bad, rief: »Sie können schon hereinkommen.« Als ich ins Bad ging, sah ich im Augenwinkel, wie er die Tür aufschob.

Ich zog den Bademantel an und band ihn zu. Ich sah auf den Ausschnitt, zog ihn ein wenig auseinander. Dann löste ich den Gürtel wieder, nahm ihn in eine Hand und hielt mit der anderen den Bademantel zusammen. Ich ging auf den Flur.

Er hatte die Wohnungstür geschlossen, war aber keinen Schritt weitergekommen. Ich sagte: »Warum bleiben Sie denn da stehen, kommen Sie doch.«

Er näherte sich langsam. In der Hand trug er einen Werkzeugkasten. »Ich muss mich entschuldigen, es ist noch gar nicht sechs. Aber es war gerade günstig.« Er streckte den Kopf vor. »Meine Frau telefoniert mit ihrer Schwester. Sie hat gar nicht gemerkt, dass ich ging.«

»Sie brauchen sich bei mir doch nicht zu entschuldigen.« Ich führte den Gürtel um meinen Rücken herum, nahm ihn in beide Hände. Der Bademantel fiel auseinander. Ich schob ihn zusammen und band den Gürtel fest. »Ich hoffe nur, dieser Aufzug stört Sie nicht.« Ich lachte. »Zum Anziehen haben Sie mir tatsächlich keine Zeit mehr gelassen.«

Er schluckte, lächelte. »Ich finde Ihren Aufzug ... ich finde das sehr attraktiv. Ich meine, es kleidet Sie gut.«

»Ach, Sie alter Schmeichler.« Ich legte ihm die Hand an die faltige Wange. »Kommen Sie, so viel Zeit haben Sie doch bestimmt nicht. Ich möchte nicht, dass Sie Ärger mit Ihrer Frau bekommen!«

Ich fasste ihn am Arm und zog ihn ins Wohnzimmer. Während er die Balkontür ein paarmal öffnete und schloss, den Hebel betrachtete und die Angeln, sagte er: »Sie werden das nicht verstehen, dass ich meiner Frau ... dass ich ... dass ich auf meine Frau so viel Rücksicht nehme.«

»Aber natürlich verstehe ich das.« Ich setzte mich in den Sessel, schlug die Beine übereinander, ließ den Bademantel auf beiden Seiten hinunterhängen, zündete eine Zigarette an. »Jeder Mensch will doch in Frieden leben.«

»Ja, da haben Sie weiß Gott recht.« Er trat hinaus auf den Balkon. »Wenn nur die anderen einen in Frieden leben lassen würden.« Er zog die Tür von außen zu. Er tat, als musterte er den Rahmen. Er sah durch die Scheibe auf meine Beine.

Ich stand auf und ging zu ihm, beugte mich vor und sprach durch den Türspalt: »Na, lässt es sich reparieren?« Ich raffte den Ausschnitt des Bademantels ein wenig zusammen.

Er kam herein. »Ich werde wohl doch den Schreiner anrufen müssen. Die Tür hat sich verzogen. Er muss was abhobeln.«

In der Küche stellte ich mich neben ihn ans Becken. Wir sahen beide auf den Hahn. Ich beugte mich vor. »Komisch, jetzt tropft er nur ab und zu. Aber gestern Abend hat das Ding mich richtig nervös gemacht.«

Er sagte: »So was verändert sich schon mal. Kommt drauf an, wie die Dichtung…«

Er setzte die Zange an, die Adern auf der Stirn traten ihm hervor. Für einen Augenblick entsetzte mich die Vorstellung, er könne in meiner Wohnung einen Herzschlag bekommen, zusammenbrechen, tot.

Er untersuchte die Dichtung, schraubte auch die Düse des Schlauchs ab. »Hier, sehen Sie, der Dichtungsring ist gerissen. Kein Wunder, dass das tropft. Ich werde neue Dichtungen besorgen.«

Als er sein Werkzeug zusammenpackte, sagte ich: »Das war sehr lieb von Ihnen. Schade, jetzt hätten wir uns noch ein bisschen zusammenhocken können. Ich hätte gerade Lust, ein Glas Wein mit Ihnen zu trinken.«

Er nickte, sah auf das Werkzeug, nickte stumm und anhaltend.

Ich sagte: »Aber das holen wir ganz bestimmt nach. So bald wie möglich.«

Er sah mich an. »Ein paar Minuten hätte ich vielleicht noch Zeit.«

»Nein, nein, das kommt überhaupt nicht in Frage. Wenn Sie jetzt gehen, merkt Ihre Frau vielleicht gar nicht, dass Sie weg waren. Ich möchte unter gar keinen Umständen, dass Sie Ärger bekommen. Das fehlte noch, meinetwegen.«

Ich zog ihn zur Tür. Dort sagte ich: »Nochmals vielen Dank.« Ich lächelte ihn an. Dann gab ich ihm einen Kuss auf die Wange. »Sie sind ein richtiger Schatz.« Ich öffnete die Tür, legte die Hand auf seinen Rücken und schob ihn hinaus.

Am nächsten Morgen rief er mich in der Firma an. Er sagte, er habe dem Schreiner Bescheid gesagt und ob es mir recht sei, wenn der Schreiner morgen Nachmittag komme, zwischen fünf und sechs. Er habe gesagt, ich sei über Tag nicht zu Hause. Ich sagte, das habe er sehr gut gemacht, und vielen Dank.

Er fragte, ob es mir recht sei, wenn er heute um die gleiche Zeit einmal klingeln werde, er habe die Dichtungen besorgt, und er möchte nicht, dass der Hahn mich noch länger nervös mache. Ich sagte, das sei sehr lieb, aber ich käme nur kurz nach Hause und hätte nicht viel Zeit, ich sei verabredet und müsse spätestens um sechs aus dem Haus. Er sagte, er komme auf jeden Fall, wenn es mir recht sei, das sei ja im Handumdrehen geschehen, und er werde mich auch nicht stören. Ich sagte, natürlich sei es mir recht.

Um Viertel nach fünf war ich zu Hause. Ich duschte nur kurz, aber mit dem Make-up ließ ich mir viel Zeit. Ich hatte das Kleid, das ich anziehen wollte, aufs Bett gelegt, stand in Büstenhalter und Slip und Strumpfhose und Schuhen vor dem Spiegel, brachte hier noch einen kleinen Strich an und dort einen und wartete.

Um zwanzig vor sechs klingelte es. Ich lief zur Tür: »Ich komme schon!« Ich riss die Tür auf, schob sie sofort wieder halb zu: »Ach du lieber Gott, jetzt habe ich vor lauter Eile vergessen, mir was überzuziehen!« Ich beugte mich vor, sah ihn an, lachte: »Stellen Sie sich mal vor, das wären jetzt gar nicht Sie gewesen, ich bin doch wirklich ein Schussel!« Ich öffnete die Tür, zog mich hinter die Tür zurück. »Muss ich Ihnen helfen? Oder kann ich weiter-machen?«

Er ging an mir vorbei, den Blick geradeaus gerichtet. »Nein, nein, machen Sie ruhig weiter. Ich will Sie gar nicht stören. Es dauert auch nur ein paar Minuten.« Er ging in die Küche, ohne sich umzusehen.

Ich ging ihm nach, blieb am Rand der Küchentür stehen. »Sie sind wirklich sehr lieb.« Er sah von seinem Werkzeug auf. Ich warf ihm eine Kusshand zu und ging ins Bad. Ich ließ die Tür des Badezimmers offen stehen.

Nach ein paar Minuten rief ich: »Kann ich Ihnen wirk-lich nicht helfen?«

»Nein, nein, alles schon erledigt.«

Ein wenig später hörte ich ihn. Er stand im Flur und räusperte sich: »Frau Wallot?« Ich rief: »Moment, ich ziehe mir gerade was über!«

»Nicht nötig, wirklich nicht.«

»Ich werd Sie doch wenigstens zur Tür bringen.« Ich sah um den Rand der Tür, lachte. »Aber dann müssen Sie sich umdrehen!«

Er drehte sich um. Ich trat hinter ihn, legte beide Hände auf seine Schultern, ließ einen Finger seinen Hals berühren. »So, jetzt weitergehen. Und nicht umdrehen!«

Er ging weiter. Ich ging dicht hinter ihm. An der Tür blieb er stehen. Er räusperte sich.

Er sagte: »Aber wenigstens einmal hätte ich Sie doch gern so gesehen.«

Ich schwieg einen Augenblick. Dann sagte ich, leise: »Aber das geht doch nicht.«

»Warum denn nicht? Nur einmal!«

»Was sollen Sie denn von mir denken?«

»Das wissen Sie doch, was ich von Ihnen denke. Nur das Allerbeste!«

Ich schwieg wieder einen Augenblick. Dann sagte ich: »Was machen Sie denn nur mit mir. Sie haben's ja faustdick hinter den Ohren. Man muss sich vor Ihnen in Acht nehmen, Sie Verführer!« Ich rüttelte ihn leicht an den Schultern.

»Nur einmal.«

Ich drehte ihn sanft herum, ließ die Hände sinken, lächelte ihn an.

Er fraß mich auf mit seinen geäderten Augen, dieser Kerl, dieses alte Ekel, dieser morsche Widerling. Er schluckte, der Adamsapfel in dem häutigen Hals sprang empor.

Es war zum Kotzen.

Ich sagte: »Aber jetzt müssen Sie wirklich gehen.« Ich sagte: »Sie bringen mich ganz durcheinander.« Ich raffte mich zusammen, gab ihm einen Kuss auf die Wange. Dann öffnete ich die Tür, schob ihn hinaus. Er griff nach meiner Schulter. Ich flüsterte: »Nein, nein, das geht doch nicht!«

Ich schloss die Tür. Ich ging ins Badezimmer und starrte in den Spiegel.

Am nächsten Abend kam er mit dem Schreiner. Als der Schreiner sich daranmachte, die Balkontür aus den Angeln zu heben, sagte ich: »Wollen wir uns nicht so lange in die

Küche setzen? Da ist es jetzt sicher gemütlicher. Ich hab frischen Tee aufgegossen.«

Er rührte eine Weile in der Tasse. Dann sah er mich an: »War ich zudringlich gestern Abend?«

»Ach wo.« Ich trank einen Schluck, stellte die Tasse ab, sah in die Tasse. »Sie haben mich nur in Verlegenheit gebracht.«

»Verlegenheit? Warum denn?«

»Na ja.« Ich hob die Augen, sah ihn an, lächelte. »Was müssen Sie denn von mir denken, wenn ich mich da halb nackt vor Ihnen zeige?«

»Was ich denke?« Er fasste meine Hand, umschloss sie mit den knochigen Fingern, streckte den Kopf ein wenig vor. »Dass Sie eine wunderbare Frau sind, das denke ich. Dass Sie wunderschön sind. Eine Schönheit. So schön, dass ich ... dass es mir ... dass es einen Mann ganz verrückt macht, Sie anzusehen.« Ich zog an meiner Hand, er hielt sie fest, ich ließ sie liegen, sah auf seine Finger. Ich sagte: »Das sagen Sie jetzt nur so.« Ich sah ihn an: »Das sagen Sie, um mein schlechtes Gewissen zu beruhigen.«

»Schlechtes Gewissen? Warum denn das?« Er schüttelte den Kopf. »Wissen Sie, was das schönste Geschenk für mich wäre?« Er streckte den Kopf noch ein wenig weiter vor. Er flüsterte: »Wenn ich Sie einmal ganz nackt sehen könnte. Nur einmal.«

Ich wandte den Kopf ab. »Aber so etwas dürfen Sie doch nicht sagen. Bitte nicht.« Ich zog an meiner Hand, er ließ sie los. Ich ging ans Fenster, sah hinaus.

Er schwieg eine Weile. Dann räusperte er sich. Er sagte: »War es schön gestern Abend?«

»Gestern Abend?«

Er sah vor sich hin, nahm den Rand der Tischdecke zwischen die Finger, rieb ihn. »Sie hatten doch eine Verabredung.«

»Ach so. Ja, es war schön.« Ich ging zurück, setzte mich wieder zu ihm. Ich sah ihn an. »Ich war mit einer Freundin im Theater.«

Er nickte. Plötzlich begann er zu lächeln. Nach einer Weile schüttelte er den Kopf. »Und ich habe gedacht, Sie… Sie wollten von mir nichts wissen, weil Sie mit einem anderen Mann…«

»Aber nein.« Ich griff nach seiner Hand. »So etwas sollten Sie doch nicht denken. Sie wissen doch, wie gern ich mit Ihnen zusammen bin.« Ich streichelte die knochigen Finger ein wenig. »Ich war nur in Eile. Und Sie haben mich in Verlegenheit gebracht. Tatsächlich.«

Er nickte, lächelnd, sah mich an.

Ich sagte: »Ich würde mit Ihnen sehr gern einmal ins Theater gehen. Oder zum Abendessen. Wo wir wirklich ungestört sind. Seien Sie mir nicht böse, aber… Seit Sie mir das von Ihrer Frau gesagt haben, bin ich nervös, wenn Sie hier zu mir kommen.«

Er streckte den Kopf vor. Er flüsterte: »Theater geht nicht. Aber vielleicht könnten wir uns mal in einem Lokal treffen. Am späten Nachmittag, meine ich. Abends wäre nicht so gut, da ginge der Zirkus mit meiner Frau schon wieder los, weil ich ja abends immer zu Hause bin. Aber am späten Nachmittag muss ich schon mal zu dem einen oder anderen Mieter. Vielleicht könnten wir uns treffen, sobald Sie Feierabend haben.«

Ein paar Tage später traf ich ihn in einer Grillbar nicht weit vom Hauptbahnhof, in einer Seitenstraße. Die Grillbar hatte ich ihm vorgeschlagen, als er morgens in der Firma anrief und fragte, ob ich am Nachmittag Zeit hätte. Er saß schon am Tisch in der hintersten Ecke, als ich ankam. Er nahm mir den Mantel ab und sah um sich, als er ihn an den Kleiderständer hängte.

Ich nahm ein Steak mit Pipapo nach Art des Hauses, ziemlich teuer. Er nickte, sah in die Karte. »Ja, das hört sich gut an«, bestellte das Gleiche.

Als er versonnen in seinem Kaffee rührte, nahm ich den Zuckerstreuer in die Hand, schüttelte ihn und sagte: »Ich wollte Sie immer noch etwas fragen.«

Er hörte auf zu rühren.

»Ja? Was denn?«

»Sie haben mir mal von diesen Eigentumswohnungen erzählt. Wissen Sie noch? Die am Volkspark, die Sie noch frei hatten, als ich bei Ihnen ins Haus zog.«

»Ja natürlich. Natürlich weiß ich das noch. Aber die sind verkauft, leider.«

»Das ist klar. Ich frage auch nicht deshalb.« Ich stellte den Zuckerstreuer ab. »Ich wollte Sie als Fachmann nur mal fragen, ob Sie denn glauben, dass so etwas für mich überhaupt erschwinglich wäre.«

Er rückte sich auf seinem Stuhl zurecht, lächelte. »Erschwinglich?« Er streckte den Kopf vor. »Wenn Sie wüssten, wie ich an meine Häuser gekommen bin!« Er ließ sich zurücksinken. »Man muss nur Mut haben. Und kühl kalkulieren. Das ist das ganze Geheimnis.«

Ich lachte. »Kühl kalkulieren ist leider nicht meine

Stärke.« Ich sah ihm in die Augen. »Und Mut habe ich auch nicht sehr viel. Das wissen Sie doch.«

Er griff nach meiner Hand, sah über die Schulter, ließ meine Hand los, setzte sich aufrecht. »Also. Reden wir doch mal ganz nüchtern. Als Geschäftsleute sozusagen.« Er sah mich an. »Wie viel Eigenkapital könnten Sie denn aufbringen?«

»Eigenkapital?« Ich lachte, ließ mich zurücksinken. Ich seufzte, strich mit der Hand über die Stirn. »Auf meinem Gehaltskonto hab ich im Augenblick zweitausend Miese, oder zweieinhalb, ich weiß es nicht genau. Ich hab ein Sparbuch, ja, aber mehr als tausend sind da nicht drauf.«

Er sagte: »Aber Sie haben einen Bausparvertrag?«

»Ach wo.« Ich seufzte. »Das hab ich nie geschafft.«

»Keine sonstigen Werte? Aktien, zum Beispiel? Oder eine Lebensversicherung?«

Ich lachte. »Wo denken Sie hin.« Ich sah ihn an. »Ich bin eine alleinstehende Frau. Ich muss arbeiten, um leben zu können. Da bleibt nichts übrig, wirklich nicht.«

Er schüttelte den Kopf. »Das sind natürlich keine günstigen Voraussetzungen.«

Ich lachte. »Das habe ich mir gleich gedacht. Ach ja, es war ja auch nur eine dumme Frage.«

Er rückte sich auf seinem Stuhl zurecht, schüttelte, diesmal sehr nachdenklich, den Kopf. »So schnell würde ich nicht aufgeben an Ihrer Stelle.« Er griff in die Brusttasche, zog ein Notizbuch heraus, schlug eine leere Seite auf, brachte einen Stift hervor, prüfte die Spitze. »Gehen wir mal aus von der Miete, die Sie mir bezahlen.«

Er begann, die leere Seite mit Ziffern zu beschreiben,

sehr schnell. »Wir nehmen mal an, Sie würden für eine vergleichbare Eigentumswohnung…« Er sah auf: »Oder denken Sie an etwas Größeres?«

»Nein, nein, ich bin mit der Wohnung sehr zufrieden, das wissen Sie doch. Mit der Größe, meine ich, und auch mit der Ausstattung natürlich.«

»Also gut.« Er wandte sich wieder seinem Notizbuch zu. »Wenn Sie den Betrag, den Sie mir jetzt als Miete zahlen, zur Abzahlung einer Eigentumswohnung verwenden könnten, dann müssten Sie… müssten Sie…« Die Lippen bewegten sich stumm, die Hand flog über das Papier, er schrieb Ziffern um Ziffern.

Es dauerte nicht sehr lange. Er sah auf, legte den Stift ab. »Sie müssten etwa sechzigtausend Mark als Eigenkapital einsetzen.«

»Wie viel?!«

»Sechzigtausend Mark.«

Ich ließ mich zurücksinken, begann zu lachen. Nach einer Weile hörte ich auf damit, fuhr mit dem Handrücken über den Augenwinkel. »Ach ja.« Ich sah ihn an, lächelte. »Das war lieb, dass Sie mir das ausgerechnet haben. Aber ich hab ja gleich gesagt, dass es nur eine dumme Frage war.« Ich berührte seine Hand. »Das vergessen wir jetzt ein für alle Mal, einverstanden?«

Er schüttelte den Kopf, zog die Stirn zusammen, sah auf das Notizbuch. Dann sah er mich an. »Haben Sie denn nicht irgendjemanden, einen Verwandten zum Beispiel, der Ihnen das Geld zu günstigen Konditionen leihen würde? Ich meine, Sie müssten dann natürlich auch dieses Darlehen tilgen, und das würde zu einer wesentlich höheren monatlichen Belastung führen. Aber dafür würden Sie ja schließlich Eigentum erwerben.«

Ich lachte. »Das müsste aber ein ziemlich reicher Verwandter sein.« Ich schüttelte den Kopf. »Nein, so was habe ich leider nicht. Und jetzt wollen wir wirklich nicht mehr davon reden, die Zeit ist zu schade dafür.«

Er schwieg. Er saß da, mit zusammengezogener Stirn, sah auf das Notizbuch, griff geistesabwesend nach dem Stift und bewegte ihn zwischen den Fingern. Ich fasste seine Hand. Ich sagte: »Wissen Sie, vielleicht kann eine Frau einen Mann finden – wenn sie es darauf anlegt, meine ich, einen Mann, der ihr so etwas finanziert. Aber dann muss sie sich verkaufen. Und das kommt für mich nicht in Frage, es tut mir leid, vielleicht bin ich ja naiv, aber ich würde das niemals tun.«

»Natürlich nicht, natürlich nicht.« Er sah mich an. »Es ist schon richtig, so, wie die Dinge liegen, könnten Sie es nur schaffen, wenn Sie sich enorm einschränken.«

»Sehen Sie. Und warum sollte ich das tun? Soll ich auf alles verzichten, mich durchhungern, nur damit ich eines Tages in meiner eigenen Wohnung sitzen kann, alt und grau, und das Leben ist an mir vorbeigegangen?«

»Um Gottes willen, nein, das wäre ja … das wäre ja eine Schande.« Er schüttelte heftig den Kopf. »Nein, nein!«

Ein paar Tage hörte ich nichts von ihm. Er begegnete mir auch nicht, wenn ich nachmittags nach Hause kam. Ich dachte mir, dass sein Ausflug in die Grillbar Folgen gehabt hatte und dass er zunächst einmal in Deckung bleiben wollte. Als das Wochenende gekommen war, überlegte ich, ob er am Montagmorgen anrufen würde. Ich überlegte, wie ich, wenn er sich nicht meldete, den Faden wiederanknüpfen könnte.

Am Sonntagnachmittag klingelte es. Ich war auf der Couch eingeschlafen. Ich sah auf die Uhr. Klaus konnte es nicht sein, er wollte erst um sieben zum Abendessen kommen. Ich sah durch den Spion. Er stand vor der Tür, in einem grauen Mantel. Grauer Wollschal, grauer Hut, steil aufgesetzt. Er sah die Treppe hinunter.

Als ich öffnete, zog er den Hut, streckte den Kopf vor, flüsterte: »Störe ich?«

»Überhaupt nicht. Kommen Sie herein.«

Er schob die Tür leise ins Schloss. Er flüsterte: »Es war nur so günstig gerade. Ich habe meine Frau zum Krankenhaus gefahren, zu ihrer Schwester. Ich habe gesagt, ich gehe lieber ein bisschen spazieren.« Er sah auf die Uhr. »Eine gute halbe Stunde hätte ich Zeit. Vierzig Minuten.« Er sah mich an, lächelnd. »Wenn es Ihnen recht ist.«

Ich sagte: »Ich freu mich doch.«

Als ich ihm den Tee eingoss, sagte er: »Ich hätte vielleicht etwas für Sie.«

»Was meinen Sie?«

Er lächelte. »Eine Wohnung. Altbau, aber wunderschön. Ein Architekt, mit dem ich manchmal zusammenarbeite, hat das Haus renovieren lassen. Er versteht etwas davon. Wirklich sehr schön.«

Ich setzte mich, strich den Rock glatt. »Eine Eigentumswohnung?«

»Nein, nein. Dieser Architekt will die Wohnungen nur vermieten.«

Ich rührte in meiner Tasse. Dann sah ich ihn an, schüttelte den Kopf. »Aber warum soll ich das denn tun? Ich meine, ich kann mich doch gar nicht verbessern. Oder ich muss wer weiß wie viel Geld drauflegen, das stimmt doch?«

Er sagte, ein bisschen beklommen: »Die Miete ist nicht sehr viel höher als hier.«

»Aber ich schaff das hier ja gerade. Und der Umzug würde mich doch ein paar tausend Mark kosten.«

Er rückte seine Tasse zurecht. Dann sah er mich an. »Ich könnte Ihnen vielleicht helfen.«

»Nein, nein, das kommt überhaupt nicht in Frage!« Ich beugte mich vor, legte ihm die Hand auf die Schulter. »Sie sind wirklich sehr lieb. Aber das kommt nicht in Frage.« Ich berührte mit zwei Fingerspitzen sein Ohr. »Und überlegen Sie doch mal. Warum sollte ich das denn tun? Einen besseren Vermieter als Sie kann ich mir doch gar nicht wünschen. Hab ich recht?«

Er lächelte. Dann schüttelte er den Kopf. »Ich hab ja auch nur gemeint…«

»Ja, ja, ich weiß.« Ich lächelte ihn an. Dann streichelte ich ihm mit den Fingerspitzen über den Nacken. »Ich fänd's ja auch sehr schön, wenn Sie mich in aller Ruhe besuchen könnten.« Ich fuhr mit den Fingerspitzen hoch, in das dünne Haar hinein, über den knochigen Schädel. »Es war nicht gut, dass ich Ihnen das so deutlich gezeigt habe. Und dann habe ich Sie auch noch mit dieser verrückten Idee von einer Eigentumswohnung belästigt.«

»Sie haben mich doch nicht belästigt. Wie können Sie denn nur so etwas sagen?«

»Ja, ja, ich weiß. Sie sind ein lieber Mensch. Sie haben sehr viel Verständnis für andere. Sie sind sehr einfühlsam.

Sonst hätte ich auch nie mit Ihnen darüber gesprochen.«
Ich lächelte. »Aber es war wirklich nur eine verrückte Idee.
Nein. Es war etwas anderes: Es war ein schöner Traum.«
Ich lehnte mich zurück, legte die Hände in den Schoß. Er
griff sofort nach meiner Hand. Ich ließ sie ihm.

Ich sah zum Fenster hinaus. Ich sagte: »Natürlich träume ich davon. Von einer Wohnung, die mir gehört. Von
meinem eigenen Reich, aus dem mich niemand vertreiben
kann.« Ich sah ihn an. »Von meinen eigenen vier Wänden,
in denen ich mit einem guten Freund zusammen sein kann,
ohne dass irgendjemand ein Recht hat, uns zu stören.« Ich
lächelte, ließ den Kopf auf die Lehne der Couch zurücksinken. »Aber ich weiß doch, dass das nur ein Traum
ist. Ich weiß doch Träume von der Wirklichkeit zu unterscheiden.«

Plötzlich wurde mir bange, dass mein Ton zu penetrant
elegisch geraten war. Ich sagte trocken und ohne Tremolo:
»Glauben Sie, ich wüsste nicht, was ich von der Wirklichkeit zu erwarten habe?«

Er räusperte sich. Als er sprach, war seine Stimme belegt, er war kaum zu verstehen: »So sollten Sie nicht sprechen. Manchmal werden Träume doch wahr.« Ich hatte ihn
offenbar nicht misstrauisch gemacht.

Ich seufzte, drehte den Kopf auf der Lehne zum Fenster,
sah hinaus. »Sie sind wirklich ein phantastischer Mensch.
Aber gerade deshalb sollten wir nie mehr davon reden.«

Plötzlich war er über mir. Ich war so erschreckt, dass ich
um ein Haar ihn zurückgestoßen hätte und aufgesprungen
wäre. Er stieß sich am Rand der Couch, wäre beinahe
vornübergefallen, fing sich mit einer Hand auf der Lehne

ab, die andere Hand fuhr über meinen Arm, meine Schulter, berührte meine Wange, seine Wange berührte mein Haar, ich hörte ihn sagen, der heftige unterdrückte Atem ließ die Stimme schwanken: »Und wenn ich Ihnen helfen würde? Wer sagt denn, dass so ein Traum…«

Der Arm, auf den er sich abstützte, begann zu zittern. Er setzte ein Knie auf die Couch. Die dünnen Lippen fuhren über mein Haar, über meine Schläfe, meine Wange.

Ich wandte den Kopf ab. Ich flüsterte: »Aber das dürfen Sie doch nicht tun.« Die Lippen verfolgten meine Wange, versuchten, die Haut zu fassen, näherten sich meinem Mund, ich roch den flatternden Atem. »Warum denn nicht? Mögen Sie's nicht?«

Ich wand mich ein wenig.

Ich sagte: »Das dürfen wir doch nicht. Wir müssen vernünftig sein.«

»Vernünftig?« Die Stimme war entstellt. »Was ist denn unvernünftig daran?«

Mir wurde klar, dass es sein musste, jetzt, und ohne Faxen, wenn die Sache weitergehen sollte.

Ich umschlang seinen Nacken und küsste ihn. Während ich ihn küsste, wand ich mich, hob den Unterkörper hoch. Ich löste meine Lippen, wandte den Kopf ab, flüsterte: »Sie machen mich völlig verrückt.« Die Lippen folgten meinem Mund. Ich streichelte den dürren Schenkel, der sich neben meinem Schenkel in die Couch eingrub. Ich spürte das Zittern. Ich ließ die Hand höher gleiten, streichelnd, schob sie an der Innenseite des Schenkels immer höher, bis ich unter dem Stoff das Glied fühlen konnte, kurz, dick, steinhart.

Aus. Aus. Ich will das nicht erzählen.

Ich will das nicht alles hier ausbreiten. Ich denke nicht daran.

Es ist zum Kotzen.

Aus. Ende.

Ich hielt ihn in Atem. Ihn und die Frau. An einem Abend der darauffolgenden Woche klingelte ich an seiner Wohnungstür. Er öffnete. Im Hintergrund erschien die Frau. Ich fragte, ob sie mir eine Tasse Zucker leihen könnten. Als er mir die Tasse gab, ließ ich die Fingerspitzen über seine Hand streifen, lächelte ihn an.

Die Frau öffnete, als ich den Zucker am nächsten Abend zurückbrachte.

Er versuchte es ein paar Tage später, ich war gerade erst nach Hause gekommen. Ich zog ihn herein, küsste ihn wie wild, rieb mich an ihm. Dann wandte ich mich ab, abrupt.

Ich sagte, ich sei zu nervös. Ich hätte Angst vor seiner Frau.

Er nickte. Er flüsterte: »Ich habe auch nicht viel Zeit. Ich traue ihr zu, dass sie hinter mir herkommt. Ich hab's nur nicht mehr ausgehalten. Ich hatte gehofft, Sie wenigstens noch einmal ansehen zu können.« Er lächelte, räusperte sich: »Ich hatte gehofft, Sie baden.«

Ich zog mich aus, mitten im Flur. Ich ließ die Kleider auf den Boden fallen, zog mich nackt aus und stellte mich vor ihn. Die knochigen Finger waren sofort da und begannen zu tasten. Ich flüsterte: »Du machst mich völlig verrückt.« Dann schob ich ihn hinaus.

Am Sonntagnachmittag verließ ich um zwei das Haus. Ganz plötzlich hatte mich die Angst überwältigt, er würde wieder seine Frau zum Krankenhaus fahren und die Gelegenheit nutzen. Ich lief eine Stunde durch den Park, unschlüssig. Dann ging ich in höchster Eile nach Hause. Eine Viertelstunde später klingelte er, im grauen Mantel.

Die Vorstellung, mich wieder unter dieser gierigen Last begraben zu lassen, den flatternden Atem zu riechen, die mageren zitternden Lippen zu spüren, den Speichel, es war mir unerträglich. Mir wurde übel.

Ich sagte, ich hätte es am liebsten von hinten.

Am Abend überlegte ich, wie es weitergehen könnte. Mir war klar, dass ich aufpassen musste. Er durfte nicht zufrieden werden mit dem, was er bekommen konnte. Ich musste ihm etwas bieten, aber ich musste es ihm wieder entziehen, so, als entzöge ich es ihm wider Willen. Ich musste ihn davon überzeugen, dass es nicht an mir lag, sondern an den Umständen, wenn er es nicht haben konnte.

An den nächsten drei Tagen zog ich mich aus, sobald ich nach Hause gekommen war. Zweimal vergebens, aber am dritten Tag klingelte es. Ich sah durch den Spion, er stand vor der Tür. Ich zog den Bademantel aus, ließ ihn fallen, öffnete die Tür, schloss sie hinter ihm und kniete mich ohne ein Wort sofort in den Flur.

Ein paar Tage später klingelte er wieder. Er war offensichtlich enttäuscht, als er sah, dass ich bis zum Hals angezogen war. Er flüsterte: »Ich habe nur ein paar Minuten Zeit. Ich hatte gehofft...«

Ich legte die Hände an die Schläfen, schüttelte den Kopf. »Seien Sie mir nicht böse, aber ich kann es nicht.« Ich ließ die Hände sinken, sah ihn an. »Ich war völlig verrückt an dem Abend, und als Sie dann vor der Tür standen, habe ich einfach die Besinnung verloren.«

Er griff nach mir. »Aber es war doch so schön.« Ich entzog mich ihm, ging ins Wohnzimmer. »Ja, es war sehr schön. Aber ich kann es nicht, seien Sie mir nicht böse. Bitte.«

Ich drehte mich um. Er stand in der Tür, sah auf die Uhr.

Ich sagte: »Ich werd wahnsinnig in diesem Haus. Ich bin verrückt nach dir, und ich möchte mit dir zusammen sein, ich weiß nicht, was du mit mir angestellt hast, ich möchte es dauernd mit dir machen, morgens, abends. Aber ich werd wahnsinnig vor Angst.«

Ich ließ mich auf die Couch fallen, legte einen Arm über die Augen. »Ich hab Angst vor deiner Frau, wahnsinnige Angst. Und vor den Nachbarn. Ich hab Angst vor jedem, der dahinterkommen könnte, was wir hier machen.« Ich ließ den Arm sinken. Ich sah ihn an. »Und ich hab Angst um dich. Ich hab Angst, dich in die größten Schwierigkeiten zu bringen.«

Er flüsterte: »Du sollst keine Angst haben.« Er sah auf die Uhr. »Du sollst dir keine Sorgen machen.« Er räusperte sich, fuhr mit dem Finger in den Hemdkragen.

Er sagte: »Ich werde etwas unternehmen.«

Ich sah ihn an. Dann hob ich meinen Rock, langsam. Ich flüsterte: »Magst du mich? Wie kannst du eine Frau mögen, die sich dir so hemmungslos zeigt?«

Er kam auf mich zu. Ich sprang auf, umschlang ihn mit beiden Armen, legte den Kopf an seine Schulter. »Ich bin wahnsinnig, wirklich. Ich halte das nicht aus.« Ich küsste ihn. Dann schob ich ihn wie in höchster Eile zur Tür. »Du musst gehen, du wirst Ärger bekommen.« Ich schob ihn zur Tür hinaus.

Ein oder zwei Wochen lang hielt ich ihn kurz. Dann zog ich mich wieder aus, sobald ich nach Hause kam. An irgendeinem Abend klingelte er dann auch, ich kniete mich wieder in den Flur.

Am darauffolgenden Abend beobachtete ich die Straße. Ich machte kein Licht, öffnete das Fenster und hielt den Bürgersteig vor der Haustür im Auge. Als er mit seinem Hund das Haus verließ, zog ich mich zurück und schloss das Fenster. Ich schaltete die Lampe ein, hob den Telefonhörer ab, legte ein Taschentuch über die Muschel und wählte seine Nummer. Seine Frau meldete sich.

Ich versuchte, meine Stimme zu verstellen. Ich sagte: »Wissen Sie eigentlich, dass Ihr Mann dauernd diese Frau im dritten Stock besucht?«

Sie zögerte einen Augenblick. Dann sagte sie: »Wer sind Sie? Wer ist das bitte?«

Ich sagte: »Das ist eine Schweinerei, was da passiert. Man hört die Frau noch auf dem zweiten Stock stöhnen, wenn man zufällig durchs Treppenhaus geht. Sie sollten nicht dulden, dass so eine Schlampe in Ihrem Haus wohnt.«

Sie sagte: »Wer sind Sie?«

Ich sagte: »Jemand, der es gut mit Ihnen meint«, und legte auf.

Drei Tage später rief er mich in der Firma an und fragte, ob wir uns nachmittags treffen könnten. In dieser Grillbar vielleicht.

Als ich ankam, wartete er schon. Er wollte nichts essen, er sagte, er hätte nicht viel Zeit. Er räusperte sich, nachdem der Kellner mein Bier und seinen Apfelsaft gebracht hatte und mit einem Seitenblick gegangen war.

Er sah mich feierlich an, griff nach meiner Hand. Ich lächelte ihn an und streichelte seine Hand.

Er sagte, er habe sich entschlossen, dieser Quälerei ein Ende zu bereiten. Diesem unwürdigen Zustand. So viel Zeit hätten wir ja schließlich auch nicht mehr, er sei ja nicht mehr der Jüngste.

Er habe eine Wohnung für mich gefunden.

Er lächelte: »Eine Eigentumswohnung. Sie soll dir gehören, dir ganz allein. Dann brauchst du nie mehr Angst zu haben.«

Ich fragte ihn, ob er verrückt geworden sei.

Er lächelte, schüttelte den Kopf, zog einen Bauplan heraus, entfaltete ihn und schob ihn vor mich. Er wies mit dem Finger darauf und sagte, es sei eine sehr schöne Wohnung, nur ein wenig kleiner als meine, aber besser ausgestattet. Teppichböden. Erstklassige Armaturen. Eine Firma, mit der er hin und wieder zusammenarbeite, habe das Haus gebaut. Sehr schöne ruhige Lage. Am Alten Kanal, mit Blick auf den Kanal und den Park dahinter. Westseite, aber schon nachmittags viel Sonne.

Ich sagte, er müsse komplett verrückt geworden sein. Wie ich denn so etwas bezahlen solle?

Er lächelte. Er sagte, meine monatliche Belastung werde gleich bleiben. Unter der Voraussetzung, dass ich siebenundsechzigtausend Mark Eigenkapital aufbrächte.

Ich starrte ihn an.

Er sagte, dieses Geld werde er mir geben. Nicht als Darlehen, nein, nein. Er tätschelte meine Hand. Ich brauchte mir um die Rückzahlung keine Sorgen zu machen. Er wolle nicht, dass ich mir auch nur einen Pfennig vom Mund abspare. Er werde mir das Geld schenken.

Ich sagte: »Bist du wahnsinnig? Das ist doch nur ein Scherz?!«

Er lächelte. »Nein, nein. Das ist mein voller Ernst.« Er beugte sich vor und sagte, er werde zwei Sparbücher auflösen, von denen seine Frau nichts wisse. Er habe das Erforderliche schon in die Wege geleitet. Seine Frau werde nie etwas davon erfahren. Niemand werde je etwas davon erfahren. Er werde mir das Geld in bar geben. Achtzigtausend übrigens. Damit mir genug übrigbliebe für die Steuer und für den Notar und für den Umzug. Und vielleicht noch die eine oder andere nette Anschaffung. Neue Gardinen brauchte ich ja wohl.

Ich sagte: »Mein Gott, womit habe ich das verdient?« Ich fing an zu weinen.

Anfang April zog ich um. Es war schon warm, die Bäume am Kanal standen voll von Knospen. Ich zog um an einem Freitag. Ich arbeitete das ganze Wochenende wie ein Berserker, allein, Klaus hatte angeblich keine Zeit gehabt, es war mir recht. Ich arbeitete bei offenen Fenstern, ein leichter Wind bewegte die Gardinen. Ab und zu ging ich ans Fenster und sah hinaus auf den stillen Kanal und die Bäume am Ufer und den Park auf der anderen Seite, die Knospen überzogen die Wipfel wie ein leichter, sanft sich rührender zartgrüner Schleier.

Am Sonntagabend war ich fertig.

Ich badete, pflegte mich von Kopf bis Fuß, zog den

Bademantel an und ging durch die Wohnung, betrachtete alles, rückte hier und da noch etwas zurecht. Ich trat ans Fenster. Die Dämmerung senkte sich auf den Park. Die Luft war warm und würzig.

Ich ging ins Wohnzimmer und setzte mich in den Sessel. Ich lehnte mich nicht zurück, ich blieb aufrecht sitzen und sah mich um, stolz und glücklich.

Es klingelte.

Er stand vor der Tür, lächelnd. Er hielt den Hund an der Leine, der Hund glotzte mich an. Er wies auf den Hund: »War das nicht eine gute Idee? Ich hab gesagt, ich muss mit ihm mal einen langen Spaziergang machen, er rostet sonst ein.«

Er ging langsam durch die Wohnung, der Hund trottete an der Leine hinterher. Ab und zu blieb er stehen, nickte: »Sehr schön. Sehr schön hast du das gemacht.« Ich blieb im Flur stehen. Er ging ins Schlafzimmer, sah sich um, nickte mir zu: »Ein Schmuckkästchen, wirklich.«

Ich sah ihn an.

Er sah auf die Uhr, ließ die Hundeleine fallen. »Und niemand wird uns hier nachspionieren. Das ist vorbei, ein für alle Mal.« Er räusperte sich. »Willst du nicht zu mir kommen? Ich möchte es endlich mal in einem Bett mit dir machen.« Er lächelte. »Und mal wieder von vorn. Ich hab dich noch nie so richtig vor mir liegen sehen.«

Der Hund glotzte mich an. Ich rührte mich nicht. Er sagte: »Jetzt komm doch endlich. Ich habe nicht so viel Zeit. Zieh den Bademantel aus. Ich möchte dich nackt sehen.« Er begann, die Hose aufzuknöpfen.

Ich sagte: »Mach, dass du rauskommst.«

Die Hand hielt ein. Er starrte mich an.

Ich schrie: »Mach, dass du rauskommst! Pack deinen Mops, und verschwinde! Und lass dich nie wieder blicken!« Er griff sich an den Hals, fuhr übers Haar.

Ich sagte: »Hast du vielleicht geglaubt, ich würde deine Nutte spielen? Glaubst du wirklich, du kannst hier hereinkommen und mir sagen, ich soll mich vor dir hinlegen?«

Er sagte: »Aber…« Er setzte noch einmal an, die Stimme versagte ihm.

Ich war mit ein paar schnellen Schritten im Schlafzimmer, hob die Hundeleine auf, der Hund wich zurück. Ich drückte ihm die Hundeleine in die Hand: »Und jetzt raus hier. Und tritt mir nur ja nicht noch einmal unter die Augen. Wenn du es wagst, hier noch einmal zu klingeln, werde ich die Polizei rufen.«

Ich fasste ihn am Arm, zerrte ihn zur Tür, er leistete keinen Widerstand. Ich stieß ihn zur Tür hinaus, verfing mich mit den Füßen in der Hundeleine, ich hatte ein wenig zu heftig gestoßen, er rannte mit der Schulter gegen den Türpfosten. Ich schlug die Tür zu, lehnte mich dagegen. Mein Atem ging wie wild.

Ich sah durch den Spion. Er stand vor der Tür, mit gesenktem Kopf, er hielt sich die Schulter. Nach einer Weile verschwand er. Ich hörte seine Schritte, langsam, auf der Treppe.

Veröffentlicht in *Liebe, Lust und Leichen,*
37 erotische Kriminalstories
Hrsg. Hans Martin Jossa
Bastei-Lübbe, Bergisch Gladbach 1988

Panama City
Vom Überfliegen der Grenzen

Du fährst in der Abenddämmerung über die Deutzer Brücke, und als du auf dem Scheitelpunkt anhalten musst, weil das Gefälle von roten Bremslichtern blockiert ist, fühlst du dich plötzlich auf der Grenze zwischen Ost und West, Nacht und Tag, der Alten und der Neuen Welt. Vor dir die stumpfen Türme der Heribertuskirche, umrandet von den Sträßchen, in denen die Laternen schon brennen. Aber hinter dir leuchtet noch, du siehst es im Rückspiegel, das Abendrot, da geht's hinaus ins Freie.

Jenseits des Müngersdorfer Stadions kommt schon bald Aachen, du überfliegst den Dom und die krummen Gassen, hebst dich mit einem Flügelschlag über die grünen Hügel Belgiens, segelst westwärts und lässt Frankreich hinter dir, das schäumende Band der Atlantikküste, schon liegt das große, ringsum sich abwärtskrümmende Wasser unter dir, du blickst im Flug voraus, und auf einmal entdeckst du die neue Küste und den Kanal und an seinem Ausgang Panama City.

Wieso denkst du eigentlich mitten auf der Deutzer Brücke an Panama City? Der Name verwirrt dich, du musst überlegen, ob du selbst schon einmal dort warst oder ob dir nur jemand davon erzählt hat. Vielleicht war es auch nur ein Film im Fernsehen?

Den Namen hast du jedenfalls mit dir herumgetragen, und sobald er in dein Bewusstsein dringt, entfaltet er sich zu einem mit Händen greifbaren Bild: Ciudad de Panamá, die Halle des Flughafens, niedrig, dämmrig. Du tust zwei Schritte und bleibst stehen. Die Luft legt sich wie Badewasser auf deine Haut. Ein entferntes Donnergrollen, das sich verzieht, Triebwerke, eine Maschine ist gestartet. Die Glastür des Ausgangs schließt sich hinter der Besatzung, die an dir vorbeigegangen ist, blaue Uniformen, goldene Tressen, die Männer mit Reisetaschen und dahinter die Mädchen, die ihre Koffer auf Rädchen hinter sich herziehen.

Die Halle liegt wie ausgestorben. Du erschrickst, als die Anzeigetafel zu rattern beginnt. Du schaust empor, und als die Buchstaben und Ziffern zur Ruhe kommen, studierst du die Flüge, die dort für die nächsten sechs Stunden angezeigt werden. Und das Gefühl überwältigt dich, dass du dich von diesem totenstillen Ort aufschwingen und dir die Welt zu eigen machen kannst. Santiago, via Quito, Lima. Buenos Aires, via Guayaquil, La Paz, Asunción. Nueva York, via San José, Miami. Namen wie Schlüssel zu geheimnisvollen weiträumigen Zimmern, in denen Dutzende, Hunderte verschiedener und immer neuer Leben auf dich warten, eines faszinierender als das andere.

Du schaust vom Scheitelpunkt der Brücke auf die Türme der Heribertuskirche und die niedrigen Dächer, die sie umdrängen. Vielleicht hast du diese Geschichte von Panama City nur geträumt. Nein, wahrscheinlich hat sie dir jemand erzählt. Es könnte dieser weitgereiste Mann gewesen sein, der an der Bar saß, als du, wo war das denn nur, dich umsahst nach einem Menschen, mit dem sich der Abend totschlagen ließe. Ein Mann mit einem Schnurrbart, ist er nicht Pilot gewesen?

Merkwürdig, dieser Mann hat dir, jetzt fällt es dir wieder ein, nicht geglaubt, als er dich fragte, woher du kämest, und du ihm sagtest, dass die Stadt, in der du aufgewachsen bist und deren Namen er nicht kannte, zweitausend Jahre alt ist. »Na, na«, zwei Fingerspitzen streichen über den Schnurrbart, »so alt ist ja nicht einmal Cuzco.«

Wie alt ist Cuzco? Als der Generalkapitän Pizarro mit drei Schiffen, 180 Mann und 37 Pferden sich aufmachte, das Inkareich zu erobern, war diese Stadt hier jedenfalls schon fünfzehnhundert Jahre alt. Und irgendwo in den Sträßchen vor dir wurden damals schon seit Jahrhunderten Münzen geschlagen. Freilich, niemand weiß genau, wo sie auf die eisernen Prägestempel hämmerten und wie's aussah in der Werkstatt, war sie eng, dunkel? Von der Münze ist kein Stein auf dem anderen geblieben, sie ist zerfallen und eingegangen in das Geröll der Jahrhunderte. Aber die Gelehrten vermuten, dass sie gleich da vorn gelegen hat, am Deutzer Rheinufer, wo die Brücke sich absenkt und das Lufthansa-Hochhaus sein gelbes Leuchtschild in den Abendhimmel reckt.

Geschichten, Hunderte, Tausende, müssen sich da abgespielt haben, und eine merkwürdiger als die andere. Als der Philipp von Daun-Oberstein 1508 zum Erzbischof von Köln gewählt wurde, war die Kasse des Bistums so ausgeplündert, dass Philipp den goldenen Amtsdegen, der für 300 Gulden verpfändet worden war, nicht einlösen konnte. Aber eine Münze ließ er schlagen zur Feier des Tages, in

Deutz, den Electus-Gulden, von dem nur ein paar sorgfältig gehütete Stücke übriggeblieben sind.

Davon hast du natürlich nichts gewusst, als du noch in
kurzen Hosen durch Deutz gelaufen bist. Die Gassen am
Rheinufer gab's noch, ja. Einen Turmbau wie das Lufthansa-Hochhaus, diesen Koloss aus Stahlbeton, der Wohnungen und Werkstätten, Läden und Wirtschaften unter
sich erdrücken und zermalmen würde, hätte niemand sich
vorstellen können. Der Blick aus den abschüssigen Gassen
hinaus auf den Rhein war damals vielleicht noch der gleiche wie Jahrhunderte zuvor. Kopfsteinpflaster, blank ge-
schliffen von Nagelschuhen und den Eisenreifen der Kar-
renräder, eingepfercht zwischen schiefe Fassaden, und über
dem Ufer ein schmaler Ausschnitt des Stroms, die flim-
mernde Wasserfläche im Sommer, im Winter die weißen
Schollen des Eisgangs. Der stechende Geruch aus einer
Schmiede. Der Zweiklang der Hämmer.

So einen Electus-Gulden hättest du finden müssen, damals. Irgendwo am Fuß der Brücke könnte doch noch der
eine oder andere begraben liegen, vielleicht hat ihn ein Arbeiter aus der Münze mitgehen lassen, hat ihn zu Hause in
einem Spalt des Dachstuhls verborgen, aber das Haus ist
abgebrannt, Deutz ist doch oft genug verwüstet worden,
mal waren es die Kölnischen, mal angereiste Söldner-
scharen. Der Dachstuhl ist funkenstiebend eingebrochen,
die Asche zusammengebacken, abgesunken unter der Last
neuer Hütten und Häuser, und da ruht er nun, der Electus-
Gulden, seit einem halben Jahrhundert.

Nach Gold gegraben habt ihr ja, du und deine Freunde,
eine Zeitlang wart ihr wie besessen davon. Aber was ihr

suchtet, war eher so etwas wie das Gold der Inkas, schiere Klumpen in einem rissigen Tonkrug, oder eine halbverfaulte Truhe, die Beschläge verrostet, wie die von der Schatzinsel. Zerlesene Bücher hatten euch auf die Idee gebracht, und, wer weiß, vielleicht hatte es ja irgendwann einmal einen Inka oder einen Segelschiffskapitän nach Deutz verschlagen?

Es müssen die falschen Stellen gewesen sein, an denen ihr gesucht habt: im Hof, unter dem Küchenfenster, hinter den Sträuchern an der Bruchsteinmauer, die Erde war nass und schwer vom Sommerregen. Unter dem Dach, die Holzdielen knarrten, als ihr gebückt durchs Gebälk geschlichen seid.

Die Bremslichter vor dir erlöschen, die Karawane setzt sich langsam in Bewegung. Du nimmst den Fuß von der Bremse und lässt den Wagen rollen, das Gefälle der Brücke hinab. Vielleicht fängst du noch einmal an mit der Schatzsuche? Es muss ja nicht Panama City sein.

Veröffentlicht in: *Eine Hand wäscht die andere*.
Hrsg. Jochen Arlt und J. W. Martin,
Rhein-Eifel-Mosel-Verlag, Pulheim 1987

Kavaliersdelikt
Erzählung

Nicht einmal das jähe Herzklopfen, als die Maschine beim Anflug auf die Landebahn in Tegel von einer Seite auf die andere zu schwanken begann, vermochte Sarahs Glücksgefühl zu vertreiben. Sie vertraute dem Piloten so uneingeschränkt wie dem Schicksal, das ihr diese Reise beschert hatte.

Sie stemmte sich in ihren Sitz, klammerte die Hände um die Armlehnen und sah an Fricks Zeitung vorbei durchs Fenster. Die Tragfläche neigte sich scharf, die Dächer glitten sehr nahe und sehr schnell unter der Tragfläche vorbei.

Er sah nicht hinaus. Er sah auf die Zeitung, die er in beiden Händen hielt. Plötzlich wurde Sarah klar, dass die Zeitung zitterte. Sie streifte ihn mit einem ungläubigen, verstohlenen Seitenblick. Seine Stirn glänzte feucht. Die Augen hinter der goldgeränderten Brille sahen starr geradeaus.

Sarah wandte sich ab. Sie fürchtete, dass er ihren Blick bemerkt haben könnte. Sie sah hinüber zur anderen Seite.

Während sie auf die Koffer warteten, blickte er um sich, hoch aufgerichtet, mit einer Hand den Sitz des Seidenschals im Mantel prüfend. Ein paarmal neigte er grüßend Kopf und Schultern leicht vornüber, lächelte, hob die Hand zur Andeutung eines Winkens. Ein Herr mit Pelzmütze, im Mantel mit Pelzkragen kam auf ihn zu, die Hände ausgebreitet. »Herr Frick, das habe ich doch gehofft, dass wir uns hier sehen werden!«

Sie schüttelten sich die Hand. Der Herr fragte: »Wieso sind wir uns nicht schon beim Abflug begegnet?«

»Ich hatte mich ein bisschen verspätet.«

»Ah ja. Sagen Sie… Werden Sie tatsächlich kein Referat halten? Ich bin mir jetzt nicht sicher, aber Ihren Namen habe ich im Programm nicht gesehen, oder täusche ich mich?«

Frick griff nach dem Schal, lächelte. »Nein, nein, Sie haben richtig gesehen. Ich hatte eine Anfrage, aber ich musste ablehnen.« Er nahm die Schultern zurück. »Ich stecke mitten in einem Buchmanuskript, der Verleger will es bis Ende Februar haben.«

»Schade, schade! Man wird Ihren Beitrag vermissen.« Der Herr richtete seinen Blick auf Sarah. Sie hatte nicht gewusst, ob sie ein wenig beiseitetreten sollte, war stehen geblieben, die Füße in den kleinen Stiefeln eng beieinander, den Daumen in den Schulterriemen ihrer Tasche eingehängt, an der anderen Hand die Reiseschreibmaschine.

Der Herr sagte: »Sie reisen in Begleitung?«

»O ja, entschuldigen Sie bitte«, er hob die Linke halb zu Sarah hin, »das ist Fräulein Keller, meine Assistentin. Sie sitzt an ihrer Dissertation über Goebbels als Journalist; und da dachte ich, dass sie hier ein wenig Honig saugen sollte.« Er lächelte Sarah an. »Herrn Professor Hofmann brauche ich Ihnen nicht vorzustellen.«

Professor Hofmann schüttelte Sarah die Hand. »Vielleicht finden wir eine ruhige Minute, dann müssen Sie mir etwas von Ihrer Arbeit erzählen. Sehr interessantes Thema.«

Das Hotel lag in einer Seitenstraße. Ein dünner, kalter Regen fiel, als Frick und Sarah aus dem Taxi stiegen. Sie blieb in der kleinen Empfangshalle neben den Koffern stehen, während er an den Tresen ging. Er sah über die Schulter, winkte ihr: »Kommen Sie, Sie müssen sich eintragen!« Zu dem Mädchen hinter dem Tresen sagte er: »Professor Frick. Ich hatte zwei Zimmer bestellt.«

Das Mädchen musterte Sarah. Sie nahm die Schlüssel vom Haken, zog aus einem der Fächer einen Brief: »Hier ist schon Post für Sie.« Er sah auf den Brief, räusperte sich, riss den Umschlag auf und wandte sich ab. Sarah wartete.

Er knöpfte den Mantel auf und steckte den Brief in die Jackentasche. Im Aufzug sagte er: »Ich habe eine Verabredung zum Mittagessen. Bevor ich gehe, bringe ich Ihnen noch ein paar Notizen, ich will sie in meinen Diskussionsbeitrag einbauen. Schreiben Sie das bitte ins Reine, und überlegen Sie schon mal, ob man die Sache jetzt anders gliedern sollte.«

Sarah nickte.

Ihr Zimmer lag neben dem Seinen. Sie packte den Koffer aus, räumte die Sachen in den Schrank und ins Bad, suchte einen Platz für die Schreibmaschine. Es gab nur einen niedrigen Sofatisch. Sie stellte die Maschine auf, rückte den Sessel zurecht und spannte ein Blatt ein. Eine Weile blieb sie sitzen und sah die Schreibmaschine an. Plötzlich hob sie den Kopf. Sie ging ins Bad und lauschte. Es klang, als würde nebenan Wasser in die Wanne gelassen. Oder war es eine Etage höher?

Als sie sich abwandte, sah sie sich im Spiegel. Sie trat näher heran, beugte den Kopf vor und studierte ihr Gesicht. Die breite, hohe Stirn unter dem dunklen Haar, das schmale, kleine Kinn missfielen ihr wie immer. Nicht nur die Stirn, auch die Augen zu groß für so ein Kinn. Und zu dunkel. Kein Feuer, kein Funke.

Sie wollte das Badezimmer verlassen, blieb stehen, zögerte einen Augenblick. Dann zog sie die Stiefel aus und stieg auf den Deckel der Toilette. Im Spiegel gegenüber konnte sie sich sehen, bis zu den Knien. Sie hob den Rock hoch und betrachtete ihre Beine. Unversehens schüttelte sie heftig den Kopf. Sie flüsterte: »Zu mager. Sieh sie dir an. Ich sag's dir, sie sind zu mager. Das ist nicht schlank, das ist ganz einfach knochig.«

Sie drehte sich, betrachtete sich von der Seite, hob eine Hand und fasste die Brust. »Winzig. Winzig wie alles andere. Außer dieser verdammten Stirn. Und diesen verdammten Augen.« Sie stieg von der Toilette und ging auf Strümpfen zurück ins Zimmer.

Eine Weile blieb sie vor dem Bett stehen. Je länger sie es ansah, umso schläfriger wurde sie. Sie hatte bis in die Nacht gearbeitet und war früh aufgestanden, weil er gesagt hatte, er empfehle ihr, damit nichts schiefgehen könne, eine Stunde vor dem Abflug auf dem Flughafen zu sein.

Sarah wandte dem Bett den Rücken und griff nach ihrer Schultertasche, fischte mit tastenden Fingern darin herum. Dabei geriet sie an eines der Bücher, die sie mitgenommen hatte. Sie blickte angewidert auf den Titel und schob es zurück. Unter ihrem Taschentuch fand sie den Apfel, den sie suchte. Sie setzte sich in den Sessel und biss in den Apfel.

Während sie kaute, begann sie zu nicken. Sie nickte schweigend, betrachtete unterdes den Apfel von allen Seiten, biss ein neues Stück ab und sagte mit vollem Mund: »Herr Professor hat eine Verabredung. Frau Professor kann es nicht sein, die hat er ja zu Hause gelassen.« Sie kaute, nickte.

Das nächste Stück Apfel geriet ein wenig groß, sie schob mit dem Finger nach, kaute. »Es muss eine bislang unbekannte Person sein. Eine Person, die hier wohnt. Er hat sie angerufen und hat gesagt: Ich komme nach Berlin. Internationale Konferenz, erstklassige Besetzung, es geht um Hitlers Machtübernahme, Stand der Forschung et cetera. Er hat gesagt: Es passt mir nicht besonders, ich habe schrecklich viel zu tun. Aber natürlich bin ich sehr froh, dich wieder einmal sehen zu können.

Sie nickte. »Und kaum kommt er ins Hotel, ist schon ein Brief für ihn da. Und er hat eine Verabredung.«

Sarah nagte den Apfel bis auf den Stiel ab, warf den Stiel in den Papierkorb. Dann trat sie ans Fenster und sah durch die Gardine hinaus. Auf der anderen Seite der engen Straße standen alte Häuser, breite, hochragende, sorgfältig erneuerte Fassaden. Halbrunde Erker mit gegliederten Fenstern. Es war dämmrig unter dem Regenhimmel. Gelbes Licht brannte hinter den Fensterbögen des Antiquariats gegenüber. Die Kneipe daneben hatte geschlossen, die vielen kleinen Scheiben spiegelten schwärzlich.

Sarah flüsterte: »Blond wird sie sein. Und groß. Jedenfalls nicht winzig. Schlank. Aber nicht mager. Ganz bestimmt nicht mager. Und blaue Augen. Oder grüne.«

Es klopfte. Sarah lief zur Tür, merkte, dass sie noch auf

Strümpfen war, rief: »Einen Augenblick, bitte!«, sah sich um, geriet in Panik, weil sie ihre Stiefel nicht fand. Dann erinnerte sie sich, sie stieß die Tür zum Badezimmer auf und zog hastig die Stiefel über.

Er stand vor der Tür, in Hut und Mantel, ein paar Blätter in der Hand, sah den Flur entlang und wandte sich erst mit einer betonten Verzögerung Sarah zu. Seine Augenbrauen zogen sich ein wenig zusammen. »Haben Sie geschlafen?«

»Nein.«

Er rückte die Schultern im Mantel zurecht, reichte ihr die Blätter. Sie spürte einen Hauch seines herben Parfums. »Also, schreiben Sie das bitte ab. Und überlegen Sie, wie man es mit dem bisherigen Text verbinden kann. Am besten machen Sie schon einmal einen Entwurf.«

Sarah sagte: »Ja. Gut.«

Er nickte, tat einen Schritt in Richtung des Aufzugs, hielt ein. »Ach so, und sehen Sie bitte zu, dass Sie pünktlich um fünf im Reichstag sind. Es kann sein, dass ich mich ein wenig verspäte. Es wäre gut, wenn Sie mitschreiben, was gesagt wird. Auch die Eröffnungsreden.« Er nickte und schritt davon.

Sarah schloss die Tür und begann, während sie langsam zurückging, die Notizen zu entziffern. Er hatte einen Exkurs über Vokabeln der Gewalt in Goebbels' Leitartikeln verfasst, Sarah fand einige Zitate aus ihrer Arbeit. Der Exkurs war nicht schlecht, aber er ließ sich nicht einfach an das fertige Manuskript seines Diskussionsbeitrages anhängen.

Es war halb drei, als sie das neugegliederte Manuskript ins Reine geschrieben hatte. Sie stand auf und reckte sich.

Dann holte sie die Bücher aus der Tasche, blätterte im Stehen. Nach zwei, drei Seitenblicken auf das Bett legte sie die Bücher auf den Nachttisch, stellte ihren Reisewecker auf vier und streckte sich auf dem Bett aus. Sie hatte gerade die Augen geschlossen, als sie eine Tür schlagen hörte. Sie öffnete die Augen, lauschte, setzte sich. Es war nichts mehr zu hören.

Sarah stand auf und ging auf Strümpfen ins Badezimmer, verharrte, neigte den Kopf auf die Seite. Nach einer Weile hörte sie gedämpft das Rauschen einer Wasserspülung.

Im Spiegel fing sie, während das Rauschen verebbte, ihren eigenen Blick auf. Die großen dunklen Augen schienen immer größer zu werden. Plötzlich war ihr, als habe dieses schwache Geräusch hinter der Wand sie täuschen sollen, es hatte sie abgelenkt von einer Gefahr, die unterdessen durch die Tür ihres Zimmers eingedrungen war, auf der Schwelle des Badezimmers lauerte, nicht wahrnehmbar in dem Ausschnitt, den der Spiegel ihr zeigte.

Sarah hörte die schnellen, dumpfen Schläge ihres Herzens. Ganz langsam wendete sie den Kopf nach hinten. Sie zwang sich, über die Schulter zu sehen.

Niemand stand auf der Schwelle. Sie ging zurück ins Zimmer, griff nach einem der Bücher, setzte sich in den Sessel und begann zu lesen. Ihr Herzschlag beruhigte sich.

Als es an ihre Tür klopfte, wurde sie wach. Sie hob den Kopf von der Sessellehne, sah verwirrt um sich, sprang auf. Das Buch fiel von ihrem Schoß, sie griff danach, legte es auf den Tisch, fast wäre es wieder hinuntergefallen.

Er richtete den Seidenschal, als sie die Tür öffnete. »Sind Sie noch nicht fertig? Es wird höchste Zeit.«

Er ging mit ausgreifenden Schritten voraus, Sarah musste ab und zu ein paar Laufschritte einlegen. Es regnete noch immer. Als sie in die breite Hauptstraße einbogen, traf sie ein eisiger Windzug. An der Bushaltestelle blieb er stehen. Er sah die Straße entlang, schwieg. Sarah band ihr Kopftuch um. Im Bus las er das neue Manuskript, aber er äußerte sich dazu nicht, schob es stumm in die Aktentasche.

Von Sarahs Glücksgefühl war nichts mehr übriggeblieben. Als sie das riesige, finster-verschnörkelte Gebäude des Reichtags vor sich sah, drang die Angst in ihr vor, sie fühlte sie in Armen und Beinen, in der Brust, hinter der Stirn. Die trostlose flach gewalzte Einöde ringsum. Die schwarzgrauen Portale, Simse, Säulen, die hohe bleifarbene Kuppel, die massigen Ecktürme, die in den dunkelnden Himmel aufragten. An der Ostseite die düstere Mauer, kahl und stacheldrahtbewehrt, zum Greifen nahe. Auf zwei einsamen Fabrikschornsteinen brannten die roten Warnlichter für den Flugverkehr.

In der hell erleuchteten Vorhalle des Plenarsaals wurde ihr ein wenig wohler. Er hatte vor dem Spiegel an der Garderobe die Krawatte gerichtet, das Haar glattgestrichen, war elastisch die Treppe zur Vorhalle emporgestiegen, hatte in der Halle den Schritt verlangsamt, die Schultern zurückgenommen und um sich geblickt.

Sarah folgte ihm, einen Schritt hinter ihm. Hin und wieder neigte er, langsam vorangehend, Kopf und Schultern leicht vornüber, lächelte, hob die Hand zum Gruß. Sarah erkannte ein paar prominente Köpfe. Als er den Bundestagspräsidenten sah, blieb er stehen. Er wandte den Kopf halb zu Sarah und sagte: »Belegen Sie schon einmal zwei Plätze. Möglichst vorn, bitte. Und schreiben Sie von Anfang an mit.«

Sarah ging in den Plenarsaal.

Als die Sitzung dieses ersten Tages um neun beendet war, verabschiedete er Sarah mit dem Auftrag, eine Kurzfassung der Reden, auch der Eröffnungsrede des Bundestagspräsidenten, des einleitenden Referats und der Diskussionsbeiträge anzufertigen. »Es wäre schön, wenn Sie's morgen zum Frühstück mitbringen könnten. Oder sind Sie jetzt zu müde?«

Sarah sagte: »Nein, ich bin nicht müde.« Sie ging zur Toilette und ließ kaltes Wasser über die Handgelenke laufen. Sie sah in den Spiegel. Als sie an der Garderobe auf ihren Mantel wartete, sah sie Frick mit ein paar anderen Herren davongehen, der Professor Hofmann war dabei und der Staatssekretär aus dem Innenministerium, der das Grußwort der Bundesregierung vorgetragen hatte, sonst kannte sie niemanden; sie zogen im Gehen die Mäntel über, lachten, er legte dem Staatssekretär die Hand auf die Schulter.

Zum Frühstück erschien er nicht. Sarah fragte, bevor sie das Hotel verließ, am Empfang. Das Mädchen sagte: »Nein, er ist noch auf seinem Zimmer, er hat gerade telefoniert.«

Während Sarah im Plenarsaal die Diskussion des Vormittags mitschrieb, kam eine der Sekretärinnen des Tagungsbüros zu ihr. Sie beugte sich vor und flüsterte: »Sind Sie nicht die Mitarbeiterin von Professor Frick?«

»Ja?«

»Hier ist die Eintrittskarte für Frau Seidlitz.«

»Für wen?«

»Für Frau Seidlitz. Professor Frick hat darum gebeten. Aber sagen Sie ihm bitte, dass die Karte nur für heute gilt.« Sarah betrachtete die Karte. *Frau Marga Seidlitz.* Sie steckte die Karte in die Schultertasche.

Er kam gegen elf, ließ sich neben Sarah nieder und fragte: »Haben Sie mitgeschrieben?«

»Ja.« Sie griff in die Tasche. »Das ist die Kurzfassung von gestern. Und hier ist die Eintrittskarte für Frau Seidlitz. Aber sie gilt...«

»Ja, ja, schon gut!« Er steckte die Karte ein, warf einen flüchtigen Blick auf Sarahs Manuskript und faltete es zusammen. Dann schlug er die Beine übereinander, räusperte sich, klopfte ein Hosenbein ab. Er sah um sich. Während Sarah den Diskussionsbeitrag mitschrieb, den eine Professorin aus Lyon in eines der Saalmikrophone sprach, beugte er sich plötzlich zu ihr und sagte: »Das ist doch Unsinn, was diese Dame erzählt, das brauchen Sie nicht mitzuschreiben. Machen Sie sich doch nicht mehr Arbeit als nötig.«

Sarah sah auf ihren Block.

Während der Mittagspause verschwand er. Sarah stellte sich in die Schlange vor dem Restaurant. Sie aß Eisbein mit Kartoffelpüree.

Kurz vor Beginn der Nachmittagssitzung sah sie ihn wieder. Er kam auf der gegenüberliegenden Seite des Plenarsaals die flachen Stufen herunter, neben ihm eine Frau, mittelgroß, braunhaarig, Anfang dreißig vielleicht. Sie trug eine Bluse mit bauschigen Ärmeln, Weste, eine lange Halskette. Er sprach auf sie ein, mit agierenden Händen. Sie nickte, lachte. Er nahm die Zettel von den Plätzen, die er offenbar belegt hatte, gleich neben einem der Saalmikrophone. Sie setzten sich.

Sarah fuhr zusammen, als ihr bewusst wurde, dass der erste Referent des Nachmittags schon seit einiger Zeit sprach. Sie begann automatisch mitzuschreiben. Nach einer Weile ertappte sie sich dabei, dass sie die Ärmel ihres Pullovers musterte, die Schultern, hier eine Fussel wegnahm, dort ein Haar. Sie strich den Rock glatt. Ihr Blick kehrte zu den beiden zurück. Er saß mit verschränkten Armen, beugte sich hin und wieder zum Ohr der Frau. Manchmal lachte sie.

Als seine Wortmeldung aufgerufen wurde, durchfuhr es Sarah heiß. Ihre Finger umkrampften den Stift, sie sah angestrengt auf ihren Block, sah schnell noch einmal hinüber. Er war an das Mikrophon getreten, stand dort in lockerer Haltung, eine Hand in der Jackentasche, die andere, in der er ein paar Zettel hielt, ließ er hängen.

Er sprach frei. Er sprach sehr gut.

Sarah stenographierte jedes Wort. Er ging auf die schwachen Darbietungen zweier Vorredner ein, meldete Zweifel an, mit einer unüberhörbaren, aber nicht zu starken Beimischung von Ironie. Dann eine elegante, ganz unauffällige Überleitung, er steuerte in seinen vorbereiteten Text hinein. Es wirkte wie ein völlig spontaner Beitrag, eine souveräne Improvisation.

In einem klaren, konzentrierten Abriss explizierte er die Dominanz der Gewalt im Nationalsozialismus. Solange das Gewicht dieser Komponente nicht erkannt und berücksichtigt werde, müssten – bei allem Respekt vor den Herren Vorrednern – auch die bestgemeinten und penibelsten Interpretationen unbefriedigend bleiben. Selbstverständlich habe die Naziherrschaft auf ganz bestimmten und bestimmbaren ökonomischen, sozialen und politischen Voraussetzungen fußen können. Aber ihr Wesentliches sei die elementare Eruption gewalttätiger Gelüste gewesen, beispiellos in der Geschichte und – um mit Genehmigung des Auditoriums auch eine emotionale Kategorie anzuwenden – in höchstem Maße abscheulich.

Er erhärtete die These mit den Belegen seines Manuskripts, die er einstreute, als kämen sie ihm ganz beiläufig in den Sinn. Nur einmal verwechselte er eines von Sarahs Zitaten, sie fuhr sich jäh mit zwei Fingern über die Oberlippe, verlor fast ihren Block, fasste ihn fester und schrieb weiter.

Der Beifall war stark. Sarah richtete sich auf, legte den Stift in den Schoß und bewegte die Finger. Sie schmerzten von der Anstrengung.

Die braunhaarige Frau klatschte mit erhobenen Händen, sie lächelte ihn an und nickte, als er sich neben ihr niederließ. Er schlug die Beine übereinander, lehnte sich zurück, erhob sich noch einmal halb und neigte wie zum Dank den Kopf. Sarah hob die Hände und klatschte.

Eine halbe Stunde später standen die beiden auf, sie verließen den Plenarsaal. Während sie die Stufen emporstiegen, legte Frick die Hand an den Arm der Frau.

Eine weitere Stunde später brach Sarah mitten in einem Referat, das sie in Stichworten mitschrieb, die Arbeit ab.

Es war nach ihrer eigenen Einschätzung ein wichtiges Referat, aber sie hörte unvermittelt auf zu schreiben. Sie starrte auf die beiden leeren Plätze gegenüber. Dann legte sie den Block und den Stift auf ihren Sitz, hängte die Tasche über und stieg langsam, fast schlendernd, die Stufen empor.

Ein paar Leute sahen sie an, sie gab die Blicke zurück, fixierte die Leute im Vorübergehen. Sie fühlte sich versucht, einen Herrn in dunkelblauem Anzug, der mit hängendem Kopf auf seinem Stuhl schlief, gegen die Schulter zu puffen.

In der Vorhalle standen viele Leute, sie standen in Gruppen beisammen und schwätzten. Die meisten hatten sich im Halbkreis hinter einen Scheinwerfer geschart, in dessen Licht der Nestor der Hitler-Forschung fürs Fernsehen interviewt wurde. Sarah kam an dem Professor Hofmann vorbei, der im Stehen einen Kaffee schlürfte, sein Blick fiel über den Rand der Tasse auf Sarah. Sie war im Begriff, ihn zu grüßen, als sie merkte, dass Professor Hofmann sie nicht erkannte, er nahm die Tasse von den Lippen und setzte sein Gespräch mit einem anderen Kaffeetrinker fort.

Sarah trat an eines der hohen Fenster auf der Ostseite. Es war schon dunkel draußen, aber die nackte Mauer gleich unterhalb des Fensters machte sich im Scheinwerferlicht breit, die Stacheldrahtschlingen auf der Krone glitzerten, kalt und gefährlich. Dahinter die schmale schmutzige, verlassene Straße entlang der Mauer, abgebröckelter Stein und Putz auf dem rissigen Bürgersteig, und dann, schon fast zum Greifen nahe, die gegliederte Fassade des alten ergrauten Gebäudes drüben, noch immer war der herrschaftliche

Anspruch von einst erkennbar, aber die Fassade war tot und verfallen.

Sarah legte die Stirn auf die Fensterscheibe. Sie suchte die Fassade nach einer Spur von Leben ab. Die meisten Fenster waren blind. Hinter dem schmutzigen Oberlicht des hohen Portals brannte eine Funzel, eine andere in einem Zimmer des Obergeschosses. Aber Menschen waren nicht zu finden. Sarah bewegte stumm die Lippen: »Irgendwo müssten doch welche sein. Irgendein Mensch. Wenigstens einer, der aufpasst.«

Als sie kurz nach neun den Reichstag verließ, peitschten kalte Regenböen gegen den Ausgang. Sarah lief zur Bushaltestelle, ihr Kopftuch war durchweicht, bevor der hell erleuchtete doppelstöckige Bus aus der Finsternis herangeschwankt kam.

Sie war dabei, die Tür ihres Zimmers aufzuschließen, als sie plötzlich erstarrte. Das Gefühl überfiel sie, dass hinter der Tür etwas lauerte, eine gestaltlose, grässliche Bedrohung, die durch den Türspalt nach ihr greifen und sie hineinziehen würde ins Dunkel.

Sarah atmete tief durch. Dann drehte sie den Schlüssel im Schloss, stieß die Tür auf und schaltete mit ausgestrecktem Arm das Licht ein. Niemand war im Zimmer.

Als sie sich an die Schreibmaschine gesetzt hatte, spürte sie, dass sie durstig war. Sie zögerte, dann rief sie den Empfang an und fragte, ob sie eine Flasche Mineralwasser haben könne. Das Mädchen sagte, Mineralwasser bekomme sie beim Zimmerservice oder an der Bar.

Sarah sah in den Spiegel, versuchte, ihre Haare in Form zu bringen, und fuhr mit dem Aufzug hinunter. Der Barmann öffnete ihr die Flasche und gab ihr ein Glas dazu. Sie entdeckte in einem der Fächer des Barschranks eine Schachtel mit Kokosriegeln und kaufte einen. Während sie auf das Wechselgeld wartete, sah sie Frick.

Er saß, den Rücken Sarah zugewandt, in einer Ecke der Empfangshalle, die braunhaarige Frau im Sessel neben ihm. Die Frau lachte und stand auf. Sie knöpfte ihren Mantel zu. Er stand auf, sprach auf sie ein, legte eine Hand an ihren Arm. Sie lachte, schüttelte den Kopf, reichte ihm die Hand, während sie langsam zum Ausgang ging. Er hielt sich neben ihr, sprach weiter auf sie ein.

Sarah raffte das Wechselgeld auf, sie nahm die Flasche und das Glas und den Kokosriegel und lief die Treppe hinauf zu ihrem Zimmer, sie nahm sich nicht die Zeit, auf den Aufzug zu warten. Ihr Atem flog, als sie die Zimmertür hinter sich schloss.

Sie ging sofort ans Fenster, aber um den Gehsteig vor dem Hotel sehen zu können, hätte sie sich vorbeugen müssen. Sie lauschte. Sie hörte ein Auto abfahren. Wenig später hörte sie eine Tür schlagen.

War es die nebenan gewesen?

Plötzlich begann Sarah zu lächeln. Sie packte den Kokosriegel aus, ließ sich in den Sessel fallen, warf die Stiefel von sich und biss in den Riegel. Sie goss ein Glas Mineralwasser ein und trank es auf einen Zug leer. Mit vollem Mund summte sie vor sich hin, eine erfundene Melodie. Als jäh ein Rülpser ihr die Stimme verschlug, sagte sie »Hoppla!«. Sie machte sich voller Lust an die Arbeit.

Zum Frühstück erschien er pünktlich. Er las Sarahs Protokoll seines Diskussionsbeitrags, die Kurzfassungen der anderen schob er beiseite. Als er die Serviette ablegte, sagte er: »Denken Sie daran, dass Sie morgen sehr früh aufstehen müssen. Für einen Sonntagmorgen könnte ich mir auch etwas Schöneres vorstellen, aber wir müssen spätestens um halb acht hier abfahren, wenn wir die Maschine nicht verpassen wollen.«

Während der Vormittagssitzung sah Sarah ihn nur selten. Einmal, als sie zur Toilette ging, sah sie ihn in einer Telefonzelle stehen, er sprach, lächelte auf den Hörer hinab und bewegte die Hand.

Zur abschließenden Diskussion am Nachmittag kam er pünktlich. Er wirkte aufgeräumt, sah Sarah an, lächelte. »Na?« Schon nach einer Viertelstunde sah er auf die Uhr. Er hob noch ein paarmal das Handgelenk.

Um zehn vor sechs stand er auf. »Ich muss gehen, ich bin verabredet. Wir sehen uns morgen früh. Und denken Sie daran: Wenn Sie noch frühstücken wollen, sollten Sie spätestens um sieben im Restaurant sein.«

Auf der Heimfahrt, als der Bus den dunklen und stillen Tiergarten hinter sich ließ, beschloss Sarah, noch auszugehen. Viel mehr als zwei Stunden würde sie für die Durchsicht ihrer Notizen und die Niederschrift nicht brauchen. Sie sah vom Oberdeck des Busses hinunter auf die hell erleuchteten Läden. An einer Haltestelle blinkte das bunte Schild einer Diskothek, sie hielt den Blick noch darauf gerichtet, als der Bus schon weiterfuhr. Sie rückte ihre Tasche auf dem Schoß zurecht. Sie würde ein Stück den Ku'damm hinunterlaufen. Vielleicht würde sie in ein Restaurant gehen und etwas zu Abend essen. Von ihren Tagegeldern hatte sie bisher sehr wenig verbraucht.

Kurz vor neun war sie mit ihrer Arbeit fertig. Sie legte die Papiere zusammen und heftete sie, ließ den Deckel der Schreibmaschine zuschnappen, stand auf, massierte ihre Finger. Dann ließ sie die Hände sinken, verharrte regungslos, ein paar Minuten lang, den Kopf vornübergebeugt.

Mit einem Laut, der wie ein halb verschluckter Seufzer klang, richtete sie sich wieder auf. Sie ging ins Bad und sah in den Spiegel, fuhr mit den Kuppen zweier Finger über die dichten Augenbrauen und glättete sie.

Nach einer Weile legte sie beide Hände an die Schläfen, presste die Hände gegen die Schläfen, immer fester. Erst als die Schläfen zu schmerzen begannen, ließ sie die Hände sinken. Sie flüsterte, mit weit aufgerissenen Augen in den Spiegel starrend: »Zu breit. Zu groß. Und dazu dieses winzige Kinn. Es ist ein Graus, glaub mir's.«

Sie löschte das Licht, löschte die Lampen auch im Zimmer und setzte sich im Dunkeln in den Sessel. Matte Reflexe von der Straße webten ein Muster in die Gardine. Gegenüber war einer der breiten Erker erleuchtet, eine Frau war zu sehen, die hin- und herging, sich über einen Tisch beugte.

Sarah spürte, wie die Müdigkeit in ihre Glieder kroch. Als ihr Kopf auf die Sessellehne zurückfiel, fuhr sie hoch. Sie stand auf und ging ans Fenster.

Es war doch gar nicht weit. In zehn Minuten, höchstens einer Viertelstunde konnte sie auf dem Ku'damm sein.

Sie starrte durch die Gardine, regungslos. Auf der anderen Straßenseite hielt ein Taxi an. Sie begann, an ihrem Zeigefinger zu nagen, und beobachtete das Taxi.

Frick stieg aus.

Sarah wich an den Rand des Fensters zurück. Sie presste die Hand auf die Brust, als könne sie damit ihren Herzschlag dämpfen. Frick wartete auf dem Gehsteig, bis das Taxi abgefahren war, tat einen Schritt auf die Straße, trat wieder zurück. Er sah um sich. Er wendete den Kopf über die Schulter, musterte das dunkel glühende Fenster, den Eingang der Kneipe. Dann ging er ein paar Schritte über den Gehsteig, ging an der Kneipe vorbei, blieb wieder stehen. Plötzlich kehrte er um und trat in die Kneipe ein, ein Lichtstreif fiel auf die Straße, als er die Tür öffnete.

Sarah tat einen tiefen Atemzug. Sie hob die Hände, verschränkte die Finger, zog daran.

Plötzlich ließ sie die Hände sinken. Dann hob sie sie wieder, langsam, legte sie auf den Mund und begann, hinter den vorgehaltenen Händen zu lachen. Sie wandte sich vom Fenster ab, warf sich glucksend in den Sessel, streckte die Beine und spreizte sie, ließ den Kopf nach hinten auf die Lehne fallen.

Nach einem erschöpften Seufzer sprach sie zur Zimmerdecke: »Das war ja wohl nichts. So ein Pech aber auch! Das war ja wohl wieder nichts mit der Liebesnacht!«

Plötzlich sprang sie auf. Sie trat ans Fenster, hob die Gardine ein wenig zur Seite. Auf der Straße war niemand zu sehen. Sie flüsterte: »Das ist ganz offensichtlich schon wieder schiefgegangen. Nicht zu fassen.« Sie küsste die Gardine. »Zu schön, um wahr zu sein.«

Sarah stand sehr lange am Fenster. Als ihr die Augen zufielen, zog sie sich aus. Sie stellte den Wecker auf Viertel nach sechs, legte sich ins Bett, streckte sich wohlig, hob noch einmal lauschend den Kopf, ließ ihn lächelnd aufs

Kissen sinken. Fast in demselben Augenblick schlief sie ein.

Sie wurde wach von einem leisen Klopfen. Sie fuhr empor, tastete um sich, geriet an den Wecker. Es war kurz vor Mitternacht. Sie lauschte. Ihr Herz schlug heftig. Es wurde wieder angeklopft, ein wenig lauter.

Sarah schaltete die Lampe ein, ging auf bloßen Füßen zur Tür. »Wer ist da?«

»Ich bin's, Sarah.«

Sie öffnete die Tür. Er stand in Hut und Mantel, mit hängendem Seidenschal davor, schwer atmend, lächelnd. In der Hand hielt er ein flaches Päckchen. »Haben Sie schon geschlafen?« Die schweren Atemzüge ließen seine Stimme schwanken. »Das tut mir leid.« Er lehnte sich mit der freien Hand gegen die Tür.

Sarah trat zurück, sie raffte die Jacke ihres Schlafanzugs am Hals zusammen. Er kam herein und drückte die Tür ins Schloss, lehnte sich gegen die Wand, lachte.

Sarah schob die Tür des Kleiderschranks zur Seite, sie wollte nach ihrem Mantel greifen. Er legte die Hand auf ihren Arm, stützte sich schwer darauf. »Aber Sie brauchen sich doch nicht zu verhüllen. Sie gefallen mir so, wie Sie sind, Sarah. Wirklich. Oder frieren Sie? Legen Sie sich ins Bett!«

Er ging ins Zimmer hinein, stieß an die Bettkante. Er wandte sich um. »Was stehen Sie denn da, wollen Sie sich erkälten? Sie müssen auf sich aufpassen, ich brauche Sie, Sarah! Gehen Sie auf der Stelle ins Bett.« Er knöpfte den Mantel auf. »Ich bleibe nur ein paar Minuten. Darf ich?«

Er ließ den Mantel auf den Sessel fallen, warf den Hut darauf, er fiel hinunter.

Sarah ging, die Hand am Schlafanzug, zum Bett, setzte sich hinein und zog die Decke hoch. Er hielt ihr das Päckchen entgegen. »Eine Kleinigkeit für Sie. Nicht viel, nur ein paar Pralinen.« Er geriet ins Schwanken, ließ das Päckchen auf die Bettdecke fallen und setzte sich jäh auf die Bettkante. Sein Atem ging schwer. Er erhob sich noch einmal, rückte ein Stück näher an Sarah heran.

»Ich habe mich zu wenig um Sie gekümmert, Sarah. Das war nicht nett. Ich habe Sie drei Tage lang nur arbeiten lassen. Ich habe ein schlechtes Gewissen, Sarah!« Er sah sie an. Sein Kopf schwankte. Er fuhr sich mit beiden Händen über die Wangen. Dann nahm er die Brille ab, legte sie auf den Nachttisch, strich mit den Fingerspitzen über die Augen.

Er lächelte Sarah an. »Können Sie mir noch einmal verzeihen, Sarah?« Er neigte sich ihr entgegen, verlor das Gleichgewicht, brachte den Arm gerade noch an ihrer Brust vorbei und fing sich auf der anderen Seite des Betts ab. Ein Schwall seines Atems, der säuerliche Dunst von Wein, traf Sarah. Sie kroch in sich zusammen, ließ sich nach hinten auf das Kissen sinken.

»Nicht doch, Sarah!« Er schüttelte lächelnd den Kopf. »Einen kleinen Versöhnungskuss wirst du mir doch geben können. Oder bin ich tatsächlich so unausstehlich?«

Sarah flüsterte: »Bitte nicht.«

»Aber, aber, Sarah! Einen kleinen Versöhnungskuss, mehr will ich ja nicht!« Sein Arm knickte ein, er fiel schwer auf Sarah, sie drehte in panischer Angst den Kopf zur Seite,

aber sein Mund geriet an ihren Hals, seine Lippen begannen zu saugen, fuhren hoch an ihr Ohr, er fasste ihr Ohr
mit den Zähnen.

»Bitte nicht!« Sarah erkannte ihre eigene Stimme nicht
mehr. Sie lag wie gelähmt, von jeder Lebensregung verlassen, unter diesem ekelhaften, erdrückenden Gewicht begraben. Sie schloss fest die Augen. Diese feuchten Lippen
fuhren über ihr Gesicht, saugten an ihrer Wange, an ihrem
Mundwinkel, die Zähne gruben sich in ihre Haut.

Als sie spürte, wie er die Hose ihres Schlafanzugs herun-
terzerrte, versuchte sie sich aufzubäumen. Ein Arm presste
sich unter ihr Kinn, schnürte ihr die Luft ab. Sie hörte eine
ganz fremde, verzerrte, bedrohliche Stimme. »Hab dich
doch nicht so!« Eine harte Hand griff nach ihrem Handgelenk, bog ihr den Arm zurück aufs Kissen. »Ich werde
doch wohl nicht der erste Mann in deinem Leben sein!«

Das Gewicht wuchs und wuchs, es breitete sich aus, es
begrub sie von den Schultern bis zu den Schenkeln, es
drang in sie ein. Sie sagte noch einmal: »Bitte nicht!« Am
Ende spürte sie nicht einmal mehr den Schmerz.

Sarah stand um fünf Uhr auf. Sie zog sich an, packte ihre
Sachen und setzte sich in den Sessel. Die Straßenlaternen
warfen einen schwachen Schimmer auf die Gardine. Nach
einer langen Zeit ließ die graue Dämmerung den Schimmer
verblassen. Um fünf vor halb acht hängte Sarah die Tasche
um, nahm den Koffer und die Schreibmaschine und fuhr
hinunter in die Empfangshalle.

Er kam ein paar Minuten später. Er nickte ihr zu. »Ich
komme sofort«, bezahlte die Rechnung und bestellte ein

Taxi. Sie gingen hinaus und warteten auf dem Gehsteig. Die Stadt war totenstill, sie lag noch im Sonntagsschlaf. Ein frischer Wind trieb ein paar Wolken über den heller werdenden Himmel.

Er sagte: »Sarah, ich weiß, ich war ziemlich unbeherrscht vergangene Nacht. Es tut mir leid. Ich hatte wohl zu viel getrunken, und … na ja. Auf einer solchen Reise fallen halt manche Hemmungen ab, die man sich zu Hause auferlegt.«

Er sah sie an. »Ich möchte Sie um Verzeihung bitten, Sarah. Und ich werde versuchen, es wiedergutzumachen. Wir werden uns jetzt gemeinsam hinter Ihre Arbeit klemmen, das verspreche ich Ihnen. Sie haben schon viel zu viel daran getan. Sie sind zu gründlich, Sarah.«

Sarah spürte, dass eine Träne über ihren Lidrand drang.

Er sagte: »Und in den nächsten Tagen werden wir beide einmal abends essen gehen. Das hätten wir gestern Abend schon tun sollen. Das wäre eine bessere Einleitung gewesen.«

Er lächelte. »Na, Sarah? Was halten Sie davon?«

1984/9. Oktober 2000

» ... in Brand gesteckt oder sonst zerstört ...«

Die »Reichskristallnacht« und die Deutschen

Am Morgen des 7. November 1938 verließ Herszel Feibel Grynszpan (17) gegen 8.30 Uhr das Hotel Suez auf dem Boulevard Strasbourg in Paris. Herszel, Sohn des jüdischen Schneiders Sendel Grynszpan aus Hannover, ging zum Geschäft des Waffenhändlers Carpe, wies sich aus und erklärte, er brauche, da er des Öfteren große Geldbeträge mit sich führe, eine Waffe.

Carpe empfahl ihm einen Trommelrevolver vom Kaliber 6,35. Der junge Mann kaufte den Revolver samt Munition zum Preise von 245 Francs. Von Carpes Geschäft ging Herszel zu dem nahegelegenen Café ›Tout va bien‹, suchte dort die Toilette auf und lud den Revolver. Gegen 9.30 Uhr erschien er am Portal der Deutschen Botschaft in der Rue de Lille.

Er fragte einen Herrn, der gleichzeitig mit ihm am Portal eintraf, wie er zu dem Herrn Botschafter gelange. Der Herr (es war der Botschafter selbst, der sich jedoch nicht zu erkennen gab) verwies ihn an den Pförtner. Herszel erklärte dort, er habe wichtige Dokumente zu überbringen. Da der für solche Fälle zuständige Gesandtschaftssekretär Achenbach sich an diesem Morgen verspätet hatte, schickte der Pförtner den Besucher zu dem Legationssekretär Ernst Eduard vom Rath (29).

Herszel Grynszpan betrat vom Raths Zimmer und feuerte fünfmal seinen Trommelrevolver ab. Er setzte zwei Kugeln in die Wand, eine in den Fußboden. Eine Kugel traf vom Raths Schulter, die fünfte durchschlug seine Milz und verletzte ihn schwer. Der Attentäter ließ sich von den Amtsgehilfen Nagorka und Krüger, die herbeigeeilt waren, widerstandslos entwaffnen.

In seiner Ausgabe vom Dienstag, 8. November, schrieb der *Völkische Beobachter*, das sogenannte »Zentralorgan der NSDAP«: »Es ist klar, dass das deutsche Volk aus dieser neuen Tat seine Folgerungen ziehen wird. Es ist ein unmöglicher Zustand, dass in unseren Grenzen Hunderttausende von Juden noch ganze Ladenstraßen beherrschen, Vergnügungsstätten bevölkern und als ›ausländische‹ Hausbesitzer das Geld deutscher Mieter einstecken, während ihre Rassegenossen draußen zum Krieg gegen Deutschland auffordern und deutsche Beamte niederschießen.«

Unter dem Diktat der Nazisprachregelung ordnete auch die bürgerliche deutsche Presse, noch bevor der Untersuchungsrichter Tesnière in Paris Herszels Motiv zu ergründen versuchte, das Attentat in den rechten Zusammenhang ein: »Das internationale Judentum, das gegen das nationalsozialistische Deutschland verschworen ist, scheut sich nicht, von französischem Boden aus den Feldzug gegen Berlin zu führen ...«

Ein Siebzehnjähriger der Arm der Weltverschwörung? Was den Herszel Grynszpan antrieb, ist nicht mit letzter Gewissheit ermittelt worden. Die Dokumente, die Aussagen widersprechen sich. Sie widersetzen sich auch im Fall des Herszel Grynszpan dem Versuch, die Tat eines

Einzelnen auf übermächtige Ursachen zurückzuführen und sie von der Beimischung des Zufalls zu reinigen.

Für die Behauptung der Nazis, der Attentäter sei von einer Organisation namens Judentum losgeschickt worden, spricht jedenfalls gar nichts – außer ihrer handgreiflichen Absicht, den Hass auf die Juden zu schüren. Nicht viel mehr spricht für die entgegengesetzte Vermutung, die das französische KP-Organ *l'Humanité* bereits am 8. November anstellte: Das Attentat sei das Werk eines Agent provocateur gewesen, von den Nazis eigenhändig in Szene gesetzt, weil sie einen Vorwand zur Verfolgung der Juden gesucht hätten.

Unglaubhaft ist schließlich auch das Motiv, auf dem Herszel selbst bestand, nachdem er durch die militärische Niederlage Frankreichs 1940 in die Fänge der deutschen Gerichtsbarkeit geraten war. Dazu der Propagandaminister Joseph Goebbels am 24. Januar 1942 in seinem Tagebuch: »Grünspan hat das freche Argument gefunden, dass er mit dem erschossenen Legationssekretär vom Rath ein homosexuelles Verhältnis gehabt habe.«

Herszels Behauptung, er habe dem Diplomaten auch andere Liebhaber zugeführt und sich rächen wollen, weil vom Rath ihm die dafür fälligen Zahlungen schuldig geblieben sei, hätte den Schauprozess, den Goebbels plante, allerdings höchst peinlich stören können. Der Prozess wurde aufgeschoben und fiel schließlich aus. Herszel Grynszpan überlebte das Kriegsende und tauchte in Paris unter (nach anderen – falschen – Quellen wurde er von den Nazis ermordet).

Er widerrief die Version, die ihm möglicherweise das

Leben gerettet hat, und nannte am Ende wieder das Motiv, das er bereits dem Richter Tesnière offenbart hatte: Er habe »die Vertreibung seiner polnischen Glaubensgenossen aus dem Reich rächen« wollen. Vieles, wenn nicht alles, spricht für diese Erklärung. Denn erst sie macht verständlich, auf welche Weise die Zufälle, die Herszel Grynszpan zu Ernst vom Rath führten, historische Bedeutung gewannen.

Herszels Familie gehörte zu den 50.000 Juden polnischer Herkunft, die sich in Deutschland und Österreich eine neue Heimat gesucht hatten. Polen wollte eine Rückwanderung, die unter dem Druck der Nazis sich abzeichnete, verhindern und hatte dazu am 31. März 1938 ein Ausbürgerungsgesetz erlassen. Die Nazis versuchten, dieses Gesetz zu unterlaufen, indem sie Ende Oktober Tausende polnischer Juden, darunter Herszels Familie in Hannover, kurzerhand aus ihren Wohnungen abholten und über die Grenze nach Polen abschoben. Tausende irrten, da die Polen sich weigerten, sie aufzunehmen, schließlich im Niemandsland umher.

Am 3. November erhielt Herszel die Nachricht vom Schicksal seiner Familie durch eine Postkarte seiner Schwester Beile. Er selbst lebte zu dieser Zeit in Paris bereits illegal, nachdem er mit Wirkung vom 15. August aus Frankreich ausgewiesen worden war.

Am Sonntag, 6. November, kam es zu einem heftigen Streit mit seinem Onkel Abraham, in dessen Haus er Unterschlupf gefunden hatte. Herszel, dessen Aussichten so erbärmlich waren wie die Leistungen, die er bis dahin vollbracht hatte, zog aus und mietete sich im Hotel Suez ein. Am nächsten Morgen kaufte er den Trommelrevolver.

Ernst vom Rath starb am Nachmittag des 9. November. Auch der Leibarzt des »Führers«, der nach Paris geschickt worden war, hatte ihn nicht retten können. Hitler erhielt die Nachricht gegen 21 Uhr auf einem »Kameradschaftsabend« in München. Dort beging die »Alte Garde« den Jahrestag ihres »Marschs auf die Feldherrnhalle«, des Putschversuchs vom 23. November 1923, der blutig abgewiesen worden war.

Hitler führte, nachdem er über vom Raths Tod informiert worden war, ein leises, aber eindringliches Gespräch mit Goebbels, der an der Tafel neben ihm saß. Gegen 22 Uhr erhob sich Goebbels zu einer Rede. Er gab den Tod vom Raths bekannt, machte den Erzfeind, das Judentum, dafür verantwortlich, sprach vom kompromisslosen Abwehrkampf und erwähnte, dass es bereits am Vortage zu »spontanen Vergeltungsaktionen des Volkes« gekommen sei, Aktionen, die die Partei zwar nicht zu organisieren, aber auch nicht zu verhindern habe.

Die versammelten Partei- und SA-Führer verstanden die verschlüsselte Botschaft: Pogrom. Sie waren aufgerufen zum Feldzug gegen die Juden, der als »spontane Vergeltungsaktion des Volkes« zu tarnen war. Die Herren gingen zurück in die Hotels und alarmierten ihre Heimatkader.

Wie perfekt das Terrorsystem bereits funktionierte, zeigt – neben vielen anderen Dokumenten – der schriftliche Bericht eines Mannes namens Lucke, SA-Brigadeführer, vom 11. November 1938:

»Am 10.11., 3 Uhr, erreichte mich folgender Befehl: ›Auf Befehl des Gruppenführers sind innerhalb der Brigade 50 sofort sämtliche jüdischen Synagogen zu sprengen oder in

Brand zu setzen ... Die Aktion ist in Zivil auszuführen. Meuterei und Plünderung sind zu unterbinden. Vollzugsmeldungen bis 8.30 Uhr an Brigadeführer oder Dienststelle.‹«

Es folgt eine Liste der Synagogen, zu denen Lucke, Brigadeführer, seine Leute losgeschickt hat, und jeweils eine Kurzbeschreibung des Ergebnisses: »durch Brand zerstört«; »Innenraum und Einrichtung zertrümmert«; »durch Sprengung zerstört«.

Am gleichen Tage verfasste Reinhard Heydrich, Chef der Sicherheitspolizei, eine erste Addition der Schandtaten, die in ganz Deutschland begangen worden waren:

»In zahlreichen Städten haben sich Plünderungen jüdischer Läden und Geschäftshäuser ereignet ... 815 zerstörte Geschäfte, 29 in Brand gesteckte oder sonst zerstörte Warenhäuser, 171 in Brand gesetzte oder zerstörte Wohnhäuser geben ... nur einen Teil der wirklich vorliegenden Zerstörungen wieder ... An Synagogen wurden 191 in Brand gesteckt, weitere 76 vollständig demoliert ... Festgenommen wurden rund 20.000 Juden ... An Todesfällen wurden 36, an Schwerverletzten ebenfalls 36 gemeldet.«

Einen Tag später korrigierte Heydrich die Zahl der zerstörten Geschäfte auf 7.500. Verhaftet wurden nicht 20.000, sondern 30.000 Juden. Statt der 36 wurden schließlich 91 »Todesfälle« gezählt.

Der *Völkische Beobachter* schrieb am 10. November: »Die berechtigte und verständliche Empörung des deutschen Volkes über den feigen jüdischen Meuchelmord an einem deutschen Diplomaten in Paris hat sich in der vergangenen Nacht in umfangreichem Maße Luft verschafft.«

Oder war das deutsche Volk in Wahrheit unbeteiligt?

Der britische Geschäftsträger in Berlin berichtete am 16. November: »Ich habe nicht einen einzigen Deutschen, gleich welcher Bevölkerungsschicht, angetroffen, der nicht in unterschiedlichem Maße zum mindesten missbilligt, was geschehen ist.«

Standen die Nazis allein?

»Das deutsche Volk« hat nicht Hand an die Synagogen gelegt. Aber es hat auch keinen Finger gerührt, um die Vandalen aufzuhalten, die im Namen Deutschlands loszogen.

Das deutsche Volk sah zu, mehr oder weniger missbilligend, mehr oder weniger furchtsam. Es bewältigte (angeblich angeregt durch die spektakuläre Zerstörung eines Kristalllüsters in einem jüdischen Warenhaus Berlins) den Vorgang mittels eines neuen Worts, das alsbald in aller Munde war: »Reichskristallnacht«. Ein Wort, das durch seinen parodistischen Gleichklang mit der Reichstümelei der Nazisprache die Distanzierung ausdrückte, aber auch nicht mehr.

Den Nazis war der makabre Scherz gerade recht.

Recht waren ihnen auch die Plünderungen, die offiziell verboten waren. Goebbels: »Da haben sich die kleinen Leute von Berlin endlich mal wieder ordentlich ausstatten können. Sie hätten sehen sollen, wie die das genossen haben: Damenpelze, Teppiche, kostbare Stoffe – alles gab es umsonst. Die Menschen waren begeistert! Ein großer Erfolg für die Partei.«

Das Risiko des Pogroms mag in der Hitler-Clique umstritten gewesen sein (ss-Reichsführer Heinrich Himmler: »… ich vermute, dass Goebbels in seinem mir schon lange

360

aufgefallenen Machtbestreben und in seiner Hohlköpfigkeit gerade jetzt in der außenpolitisch schwersten Zeit diese Aktion gestartet hat«). Aber über den Erfolg der kriminellen Aktion gab es keine Meinungsverschiedenheiten mehr: Die Generalprobe war gelungen. Das Publikum hatte die Bühne nicht gestürmt. Man konnte mit den Juden offenbar so umspringen, wie es die Lehre gebot.

Am 12. November erklärte Hermann Göring als Beauftragter für den Vierjahresplan per Verordnung: »Die feindliche Haltung des Judentums gegenüber dem deutschen Volk und Reich, die auch vor feigen Mordtaten nicht zurückschreckt, erfordert entschiedene Abwehr und harte Sühne.«

Den deutschen Juden »in ihrer Gesamtheit« wurde die Zahlung einer »Kontribution« von einer Milliarde Mark (später erhöht auf 1,25 Milliarden) auferlegt. Alle Schäden durch den Pogrom waren von den jüdischen Eigentümern auf eigene Kosten »sofort zu beseitigen«. Die Versicherungsansprüche wurden beschlagnahmt.

Durch eine Flut von Verordnungen und Gesetzen wurden die jüdischen Deutschen in den folgenden Wochen und Monaten vollends rechtlos gemacht. Noch gab man sich die Mühe, selbst der niederträchtigsten, kleinlichsten Schikane (»Juden ist das Halten von Haustieren verboten«) einen legalen Anstrich zu verleihen. Aber dergleichen Paragraphen waren nur noch Ornamente auf dem Weg zur »Endlösung«, dem ungehemmten Massenmord an sechs Millionen Menschen.

Der Herszel Grynszpan hat, als er sich mit seinem Revolver auf den Weg machte, nicht ahnen können, welche

Rolle er damit übernahm. Es war eine aufsehenerregende Rolle, und doch eine ganz unerhebliche.

Am Ausgang des Stücks hätte sich nichts geändert, wenn sie gestrichen worden wäre. Den Ausgang hatte Hitler schon 1919 beschrieben, als er seinen »Antisemitismus der Vernunft« skizzierte: »Sein letztes Ziel ... muss ganz unverrückbar die Entfernung der Juden überhaupt sein.«

Der Artikel wurde zum 40. Jahrestag der »Reichskristallnacht« geschrieben. Er erschien am 8. November 1978 im *Kölner Stadt-Anzeiger*

Morgens der Erste, abends der Letzte
Wie ein Einwanderer zum New Yorker wird

Heute Abend wird Mike das Geschäft vielleicht ein wenig früher schließen. Er weiß es noch nicht genau. Es ist der erste Weihnachtsabend, an dem er seine Bratkartoffeln, die Spiegeleier, den Toast, den Käsekuchen in dem neuen Lokal verkauft. Im Januar hat er es eröffnet. Man muss erst einmal sehen, ob die Leute sich an diesem Abend aus der Straße, die sonst Tag und Nacht keine Ruhe findet, irgendwann vielleicht doch verlaufen.

Mike, 36 Jahre alt, mittelgroß, untersetzt, schwarzhaarig, dunkeläugig, rote Weste, weißes Hemd mit offenem Kragen und hochgeschlagenen Ärmeln, Mike betreibt einen Coffee-Shop in Manhattan, im Herzen New Yorks. Er hat zwei Partner, Anteilseigner. Aber der Boss ist er. Er kann ziemlich laut kommandieren. Und er ist morgens der Erste, abends der Letzte.

Morgens um sechs wird der Laden aufgemacht, an sieben Tagen der Woche. Abends um elf wird geschlossen. Von Weihnachten, das seit Wochen an allen Ecken und Enden der Stadt verheißungsvoll funkelt, glitzert, trompetet, singt und bimmelt, hat Mike noch nicht viel mitbekommen.

Mike wohnt in Queens, auf der anderen Seite des East River. Bevor er sein Bett erreicht, wird es, mit Abrechnung und der Planung für den nächsten Tag, gut und gern eins in der Nacht. Um vier muss er raus, damit im Geschäft alles ordentlich läuft.

Natürlich übernimmt auch schon mal einer der Partner den Frühdienst oder den Spätdienst. Und einen ganzen Ruhetag hat Mike jede Woche. Aber den verschläft er. Oder auch nicht. Vor drei Wochen ist der Koch ausgeblieben, ohne Entschuldigung, Mike stellte sich selbst an den Herd.

Von dem, was in der Stadt passiert, hat er nur eine blasse Ahnung. Er glaubt auch nicht alles, was man ihm erzählt. Er lächelt, hält den Kopf ein wenig schief: »You're kidding« – du machst doch wohl Witze. Er hält die Stadt oft einfach nicht für wahr.

Die Stadt, New York City, das sind siebeneinhalb Millionen Menschen, in fünf Stadtteilen, auf 828,8 Quadratkilometern. Nicht ganz sechs Millionen Telefone. Etwas mehr als 1.600 Morde im Jahr. Ungezählte, unzählbare Theater, Konzertsäle, Museen, Galerien. Im Stadtsäckel ein riesiges Loch. Defizit allein im nächsten Jahr zwischen 250 und 400 Millionen Dollar, niemand weiß es mit Sicherheit vorherzusagen.

Und zurzeit ein Heer von Weihnachtsmännern in roten Kapuzenmänteln, schwarzen Stiefeln und weißen Fellhandschuhen. Am ersten Wochenende im Dezember waren sie auf einmal da, wie vom Himmel herabgefallen, und seither schwingen sie auf den Straßen ihre Glöckchen, insbesondere vor den Eingängen der Kaufhäuser, auch der Läden.

Mike, zwischen seinem Bett in Queens und dem Coffee-Shop in Manhattan hin- und herpendelnd, befolgt das

Gesetz, das er vor elf Jahren willig und voller Hoffnung auf sich genommen hat. Auch er stellt stundenweise einen Weihnachtsmann vor die Tür des Shops. Die Leute mögen das.

Vor elf Jahren war Mike, in einem kleinen griechischen Dorf geboren, noch Steward auf einem Adria-Dampfer. Wie kam er hierher?

»I jumped the ship«, als blinder Passagier. Alle Griechen tun das, sagt Mike. In New York ging er bei Nacht von Bord, ohne Pass und Visum.

Die ersten sechs Monate hat er auf der Westseite als Tellerwäscher gearbeitet, mit eingezogenem Kopf. Sobald er das erforderliche Kapital zusammengespart hatte, beschritt er den Weg, auf dem man rechtmäßig Amerikaner werden kann. Er heiratete eine Amerikanerin, Barfrau, Irin, aber mit echtem US-Pass.

Die Scheidung wurde bereits bei der Hochzeit verabredet, gegen ein gewisses Entgelt. Mikes Frau war nicht nur in der Bar tätig, sondern auch in einer Branche, in der man berufsmäßig heiratet und sich scheiden lässt, gegen Entgelt.

Da die Einwanderungsbehörde solchen Ehefrauen ein besonderes Augenmerk widmet, lebte Mike eine angemessene Zeit mit seiner Irin zusammen. Er bezahlte alles, die Wohnung, die Stromrechnung. Er erinnert sich an den Abend, als er nach Hause kam und ein gewaltiger Neger ihm die Tür öffnete, ihm auf die Schulter schlug und sagte: »Komm rein, Buddy, ich nehme jetzt deine Frau mal für ein paar Tage mit, o.k.?« Natürlich, natürlich.

Als Mike sich lange genug verheiratet wusste, war die Frau nicht mehr da. Er ließ sie, wie das Gesetz es vorschreibt, durch den Anwalt suchen, mit Anzeigen und Bekanntmachungen. Dann wurde die Ehe in Abwesenheit der Ehefrau geschieden. Seit fünf Jahren ist Mike echter Amerikaner. Er hat den Pass.

Als er ihn endlich bekam, hatte Mike bereits zwei kleine Coffee-Shops auf der Westseite besessen und wieder verkauft. Von dem Erlös zahlte er 20.000 Dollar auf ein Miethaus in Queens an, das damals schon über 100.000 wert war. Aus dem großen Ladenlokal im Erdgeschoss machte er zwei. Einen vermietete er an einen Blumenhändler, aus dem anderen machte er wieder einen Coffee-Shop.

Der Laden lief so gut, dass er ihn günstig verpachten und das neue Lokal in Manhattan aufmachen konnte, sein bisher feinstes – solide ausgestattet, blitzende Theke, bequeme Sitze, behagliche Lampen, auch ein großes Foto von Aristoteles Savalas, Kojak, in dem Hütchen mit der Schnur, und eigenhändig unterschrieben: »Telly«.

Mike wird weiter nach dem Gesetz leben und sich noch höher schuften. Er ist kein unsympathischer Mensch dabei geworden, im Gegenteil. Mike ist, wie sehr viele New Yorker, jederzeit ansprechbar, freundlich, gesprächig und hilfsbereit. Wenn man nichts von ihm wissen will, lässt er einen in Ruhe.

Er radebrecht in vielen Zungen, das hat er schon auf dem Adria-Dampfer gelernt. Er ist jederzeit zu einem Scherz aufgelegt, auch wenn ihm die Lider schwer über die dunklen Augen herunterhängen. Er lässt sich beibringen, was dieses und jenes auf Deutsch heißt, und übt das tagelang.

Und dann überrascht er frühmorgens ein deutsches Mädchen, das hin und wieder auf dem Weg ins Büro sein Frühstück einkauft und gar zu gern als echte New Yorkerin durchgehen möchte, mit der laut über die Theke gerichteten Ansprache: »Habbessie ssu viel gearbeid? Jawoll. Fumf-Un-Achssig. Danke schön. Jawoll. Extra prima.«

Das Mädchen greift ganz verstört die Tüte mit seinem Kaffee und den Brötchen und geht ab.

Seit vier Jahren ist Mike auch verheiratet, dieses Mal richtig, nämlich mit einer Griechin. Auf einem Heimaturlaub hat die Verwandtschaft ihm erklärt, nun werde es aber höchste Zeit. Man hat ihm verschiedene Bräute aus dem Dorf und aus der Nachbarschaft vorgeschlagen.

Die Sache war sehr kompliziert, Mikes Vater hatte einen Schlaganfall bekommen, er hatte den alten Mann nach Athen in die Klinik gebracht und blieb dort, um aufzupassen. Zur Brautschau musste er jedes Mal acht Stunden mit dem Omnibus und mit dem Boot nach Hause fahren. Diejenige, die ihm als das beste Angebot geschildert worden war, hatte er nie zu sehen bekommen. Mal war sie zum Olivenpflücken weggegangen, mal war sonst was.

Am letzten Tag, einem Sonntag, winkte seine Tante ihn aufgeregt ans Fenster: »Da kommt sie!« Sie war auf dem Kirchgang. Mike sah durchs Fenster, schob die Rückreise nach New York um zwei Wochen hinaus und heiratete.

Seine Frau kam dann nach New York nachgereist, ganz legal, als Frau eines Amerikaners. Das Dumme ist, dass sie noch immer kein Englisch spricht.

Eine Amerikanerin wollte er nicht?

Er verzieht den Mund: »Ah, nein. Die weiß nicht, was ich mag. Ich weiß nicht, was sie mag. Und dann das Essen. Und die Religion. Man muss wissen, was man will.«

Mike wusste, was er wollte. Er wollte keine Schönheit. Er wollte eine Hausfrau.

Viel hat sie ja wohl nicht von ihm, die Frau, und auch das Kind, das sie mittlerweile haben? Ein bisschen Jauchzen, Frohlocken sollte ja vielleicht nun doch stattfinden, um die Weihnachtszeit?

Natürlich, das hat er ja auch vor. Am Weihnachtstag bleibt der Coffee-Shop ganz bestimmt geschlossen. Sie fahren zu Verwandten – er bekommt es selbst nicht richtig zusammen, wie sie verwandt sind, ein Schwager ist das, und dann eine Schwägerin, aber von einer ganz anderen Seite. Die beiden wollen heiraten. Da fahren sie hin, und da feiern sie dann Weihnachten, in der Familie.

Wenn er es mal richtig geschafft hat, alles: Wird er dann in der Adventszeit auch einmal mit seiner Frau durch die Stadt bummeln und das genießen, was sie zu bieten hat, diese ungeheure Ansammlung von Menschen, Geld, Zivilisationsgütern, Intelligenz, Sentimentalität, Einfallsreichtum, Produktivität, Lebenskraft, Glanz, bei allem Elend?

Mike hat ganz andere Träume. Wenn er es mal richtig geschafft hat, alles: Dann wird er nach Griechenland zurückkehren und dort irgendwo ein richtiges Restaurant aufmachen. Eines für Leute mit Geld.

Die Vermutung hat vieles für sich, dass er hierbleiben wird. Er wird seinen harten Akzent niemals verlieren, und seine Frau wird niemals richtig Englisch sprechen lernen. Aber seine Kinder werden von anderen New Yorkern schon nicht mehr zu unterscheiden sein, so wie die Kinder von Millionen anderer Einwanderer.

Vieles spricht dafür, dass Mike als Besitzer einer Kette

von Coffee-Shops sterben wird. Nicht nur die Griechen aus seinem Viertel in Queens werden ihm ein großes Begräbnis bereiten.

Veröffentlicht im *Kölner Stadt-Anzeiger* am 24. Dezember 1977

Frau Müller und ich
Das Zustandekommen eines Romans

Einen Roman zu schreiben, nein, einen Roman schreiben zu wollen, das gehört anscheinend zu den Berufskrankheiten des Journalisten. Ein halbes Dutzend Kollegen hat mir, nachdem sich nicht länger verheimlichen ließ, dass ich einen Kriminalroman geschrieben hatte, gesagt: »Menschenskind, so was will ich schon seit Jahren machen!«

Dergleichen Eingeständnisse haben mich nicht überrascht. Dass ein Zeitungsschreiber irgendwann unter der Eintönigkeit seiner Produktion, ob sie nun von der Politik handelt oder vom Sport oder vom Theater, zu leiden beginnt, dass er mit dem Handwerk, das er ja nun einmal gelernt hat, etwas anderes zustande bringen möchte, das ist eigentlich selbstverständlich.

Aber davon ganz abgesehen, zeigen sich Symptome dieser Krankheit, die fieberhaften Anfälle ja nicht nur an Journalisten. Als Student habe ich ein paar Jahre lang Hörspiele und Fernsehspiele lektoriert, das heißt: Ich habe Manuskripte, die die Verfasser dem Rundfunk geschickt hatten, gelesen und ein Urteil darüber abgegeben, ob sie zur Sendung geeignet waren oder nicht. Ich habe mich oft darüber gewundert, wer alles offenbar unter dem Drang litt – litt und ihn genoss –, Erlebtes und Erdachtes zu äußern und in Form zu bringen.

Hausfrauen, Rechtsanwälte, Lokomotivführer: Alle waren sie in diesem Heerlager unbekannter Autoren vertreten. Die Literaturwissenschaft, seit sie von der Soziologie ergriffen wurde, wundert sich keineswegs mehr darüber. Sie untersucht vielmehr mit dem ihr gebührenden Ernst die geradezu epidemische Ausbreitung solcher literarischen Bedürfnisse.

Nur Snobs können sich darüber mokieren, dass an dieser Art von Literatur die theoretischen Diskussionen, die experimentellen Kunststücke, Kraftakte und Klimmzüge von Jahrzehnten völlig spurlos vorübergegangen sind. Frau Müller weiß nicht, dass der Roman, so wie sie ihn versteht, schon lange tot ist – totgesagt jedenfalls.

Frau Müller gibt sich ja nicht aus schnödem Ehrgeiz daran, etwas zu Papier zu bringen, zum Beispiel einen Roman zu schreiben. Sie schreibt vielmehr, weil sie schreibend ein Stück ihres Lebens bewältigen möchte, und wenn sie sich an einem Roman versucht oder an einem Fernsehspiel, so folgt sie einem menschlichen Bedürfnis, das ihr niemand hat zerreden können: dem Bedürfnis, eine Geschichte zu erzählen, die von Menschen handelt, und zwar vor allem von dem Menschen, der sie erzählt; und vor allem in der Hoffnung, der manchmal verzweifelten Hoffnung, von anderen Menschen zur Kenntnis genommen, verstanden und akzeptiert zu werden.

Meine allererste Antwort auf die Frage, die meine Redaktion mir stellte, die Frage: »Wie schreibt man einen Kriminalroman?«, besteht also darin, dass ich mich mit Frau Müller solidarisch erkläre. Ich kann keinen wesentlichen Unterschied erkennen zwischen meinem Bedürfnis, zwischen der Hoffnung, übrigens auch der Lust, mit der ich diesen Kriminalroman schrieb, und den Empfindungen, die Frau Müller mutmaßlich bewegen, wenn sie sich niedersetzt, um etwas zu Papier zu bringen.

Gewisse Unterschiede zwischen Frau Müller und mir will ich freilich nicht leugnen. Und es wird ja auch niemand ausgerechnet von einem Journalisten erwarten, dass er sein Licht unter den Scheffel stellt.

Frau Müller musste, als sie sich an dem Preisausschreiben um »den besten unveröffentlichten Kriminalroman in deutscher Sprache« beteiligte, mit dem einen oder anderen Handicap ins Rennen gehen. Ich hatte ihr gegenüber einige nicht unerhebliche Vorteile.

So hatte ich wahrscheinlich mehr gelesen als Frau Müller, nicht nur Zeitungen und den *Spiegel*. Ich hatte durch meinen Beruf auch mehr Menschen kennengelernt, Prominente darunter, und ein paar davon ziemlich gründlich. Und ich hatte eine gewisse Routine, mich auszudrücken. Eine Schreibmaschine, ein leeres Blatt Papier ängstigten mich nicht, sie forderten mich heraus.

Das war die Situation, in der ich auf eine Anzeige des Preisausschreibens für den Jerry-Cotton-Preis stieß. Ich habe die Bedingungen angefordert aufgrund von Überlegungen, die Frau Müller wahrscheinlich nie in den Sinn gekommen sind, nämlich reichlich ausgekochten materiellen Überlegungen.

Ich habe mir gesagt: Wenn du jemals noch einen Roman zustande bringen willst (was mir seit vielen Jahren vorschwebte), dann jetzt. Kann sein, dass du auch ohne dieses Preisausschreiben irgendwann doch noch ein großes Manuskript zu Ende führst, aber selbst dann, wenn ein Verlag es annehmen sollte, wird es doch nur unter »ferner liefen ...« erscheinen. Das große Geld, die Befreiung vom Broterwerb wird damit nicht zu verdienen sein.

Ein Taschenbuch mit einer Auflage von 10.000, zu einem Ladenpreis von 3,90 Mark, von dem du fünf Prozent bekommst, bringt dir maximal 1.950 Mark ein. Und das lohnt, verglichen mit deinem Stundenlohn als Journalist, nicht einmal die Freizeit, die du fürs Schreiben opfern musst.

Dieses Preisausschreiben, habe ich mir gedacht, bietet wenigstens eine etwas größere Chance. Wenn du einen Preis gewinnst, erzielst du nicht nur einen besseren Stundenlohn. Der Verlag wird für dein Buch auch etwas tun, er wird dafür werben. Er wird ein preisgekröntes Buch ja nicht veröffentlichen, um es alsbald zu Makulatur werden zu lassen. Du wirst als Romanautor vielleicht bekannt werden, mit welchen Folgen auch immer (es war mir klar, dass es durchaus auch katastrophale Folgen sein konnten).

Nicht zuletzt habe ich mich auf dieses Preisausschreiben eingelassen, weil ich wusste, dass ich mich damit unter Druck setzte. Das Manuskript musste ja bis zu einem bestimmten Termin fertig und abgesandt sein. Ich versuchte, indem ich mich darauf einließ, mich selbst zu überlisten. Ich wollte mir den Weg in faule Entschuldigungen verlegen.

Die Bedingungen für dieses Preisausschreiben hatte ich am Samstag, dem 4. Dezember 1976, beim Aufräumen von Papieren, die ich wochenlang hatte liegenlassen, wiedergefunden. Ich sah, dass der letzte Termin für die Einreichung der Manuskripte Montag, der 28. Februar 1977 war.

Ich schob alles andere beiseite, setzte mich hin und blickte angestrengt auf die Kellerwand, an der mein Bonner Schreibtisch steht. Nach fünf Minuten, vielleicht auch zehn, nahm ich ein Blatt Papier und schrieb: »Kriminalroman für Jerry-Cotton-Preis (10.000/6.000/4.000)«. Die Zahlen in Klammern bedeuteten die DM-Beträge, die für den ersten, zweiten und dritten Preisträger ausgelobt waren.

Ich kann über diesen ersten und jeden weiteren Schritt so exakt Auskunft geben, weil ich eine Art Tagebuch führte, das ich »Arbeitsmanuskript« nannte. Es ist fast so dick geworden wie der Roman. Das Originalmanuskript des Romans zählt 209, das »Arbeitsmanuskript« 165 Seiten.

Im Unterschied zu Thomas Mann habe ich das Arbeitsmanuskript nicht angelegt, weil ich von der Bedeutung meiner Hervorbringung so durchdrungen gewesen wäre, dass ich dem Publikum den Blick in meine Werkstatt zu gegebener Zeit nicht hätte versagen wollen. Ich hatte ganz im Gegenteil sehr entschiedene Zweifel an meinem Talent und daran, dass es mich ohne Krücken ans Ziel tragen würde. Ich wusste, dass ich meine Kräfte einteilen musste, und ich wollte die Reise so exakt planen, dass ich sie ohne Umwege und ohne Zeitverlust zurücklegen konnte.

Die exakte Planung erschien mir allerdings auch aus einem anderen Grund unerlässlich. Ich hatte mir ja nicht irgendeine epochemachende Neuerung des Kriminalromans vorgenommen, sondern es sollte ein handfester, solider Beitrag zum Genre werden. Früher einmal habe ich gern Edgar Wallace, auch Francis Durbridge gelesen, aber an ihren Geschichten hat mich schon immer gestört, dass man sie nicht auch von hinten nach vorn lesen kann. Tut man es,

so entdeckt man allzu viel ungereimtes Zeug, verheißungs-
volle Spuren, die bestenfalls in einem Wandschrank oder in
einer Falltür enden, schwerwiegende Verdachtsmomente,
die in der Lösung nicht aufgehoben werden, oft sogar
faustdicke Widersprüche des Kalküls. Diese Geschichten
sind spannend, aber ich fühlte mich am Ende meist auf den
Arm genommen.

Ich wollte eine Geschichte schreiben, die jeder Leser
nachprüfen kann, ohne auch nur einen falschen Knoten
entdecken und nicht aufziehen zu können. Ich wollte,
noch bevor ich die erste Zeile schrieb, wissen, was in der
letzten zu stehen hatte.

Meine Geschichte entwickelte ich aus Ansätzen, die –
ich muss es gestehen – an Plattheit und Phantasielosigkeit
ihresgleichen suchen. Die erste Notiz, die ich um 19.00 Uhr
an diesem Samstagabend im Dezember eintrug, lautet:

»Mord? Natürlich. Am besten zwei. Der erste ziemlich
zu Beginn, der zweite als – alle Fäden verwirrende – Überraschung, etwa in der Mitte oder noch später: das 2. Opfer
derjenige, der bis dahin immer mehr als Täter verdächtig
wurde.

Liebesgeschichte? Natürlich. Deftig. Ehebruch vielleicht.

Detektiv? Kein Profi. Ein Journalist. Ein Bonner Beamter?«

Aus diesen Ansätzen entwickelte ich in den nächsten
drei Stunden das, was ich ein »verdecktes Szenario« nannte: einen Abriss der Handlung und die Charakterisierung
der Hauptpersonen, einschließlich ihrer Namen. (Wenig
später schrieb ich ein »offenes Szenario«: den Abriss der
Handlung, wie der Leser – in Unkenntnis des wahren

Geschehens – sie erfahren sollte.) Auf Seite 6 des Arbeits-
manuskripts folgt die trotz aller Ironie selbstzufriedene
Notiz: »Fabelhaft. Sa., 4. Dez. 76, 22 Uhr. In drei Stunden
das Meisterwerk konzipiert.«

Während der Nacht erzählte ich meiner Frau die Geschichte, sie fand keine schwache Stelle darin. Am Sonntagmorgen dachte ich, wie ich um elf Uhr niederschrieb,
beim Duschen und Rasieren über »eine andere Grundfrage« nach: die Erzählweise. Da diese Notiz mich in einem etwas günstigeren Licht zeigt, möchte ich sie nicht
übergehen:

»Es liegt nahe (nicht in erster Linie aus romantheoretischen Rücksichten, die ich ohnehin nur sehr lückenhaft
nehmen könnte), nicht Gottvater, der alles überblickt und
in aller Menschen Herz schaut, erzählen zu lassen, sondern
einen und nur einen Teilnehmer der Geschichte, der aber in
Beziehung zu allen anderen Teilnehmern steht oder solche
Beziehungen aufnimmt und in dessen Bewusstsein am
Ende die ganze Geschichte mitsamt all ihren Hintergrün-
den aufgehoben ist: den Detektiv.

Diese Erzählweise scheint mir, um nun doch einen
romantheoretischen Gesichtspunkt wahrzunehmen, dem
Kriminalroman exakt angemessen: Es geht hier ja um die
allmähliche Aufdeckung eines komplizierten Zusammenhangs von Personen und Handlungen, und Gottvater, der
von Anfang an alles weiß, müsste sich als Erzähler auf fast
schon alberne Weise verstellen.«

Frau Müller hat sich solchen Überlegungen wahrscheinlich nicht hingegeben, und in diesem Fall dürfte das eher
für sie als für mich vorteilhaft gewesen sein: Ich wusste,

dank reicher und schmerzlicher Erfahrungen, dass meine Art, an solch ein Buch heranzugehen, gefährlich war. Ich konnte es dennoch in den folgenden beiden Wochen nicht lassen, alles an Romantheorie und Theorie des Kriminalromans zu lesen, was ich greifen und in freien Stunden, meist zur Nachtzeit, bewältigen konnte. Ich schob die klugen Bücher erst beiseite, als ich am 21. Dezember bei Raymond Chandler, einem hervorragenden Praktiker, aber auch Theoretiker des Kriminalromans, die folgende These gefunden hatte:

»Alles, was ein Schriftsteller über die Kunst oder das Handwerk des Geschichtenschreibens lernt, nimmt ihm etwas von seinem Drang oder seinem Wunsch, überhaupt zu schreiben. Am Ende kennt er schließlich alle Tricks, aber er hat nichts mehr zu sagen.«

Zu dieser Zeit hatte ich mich allerdings wenigstens in der Grundfrage, auf welche Weise ich die Geschichte erzählen wollte, zu einer Entscheidung bereits durchgerungen, die ich mir auch von einer noch so gelehrten Schreibanleitung nicht mehr hätte abhandeln lassen. Ich hatte am 8. Dezember, »12.50 (im Büro, zwischen Papieren und Terminen)«, einem plötzlichen Einfall folgend, einen Anfang des Romans geschrieben, 16 Zeilen. Die Hauptfigur, Grewe, der Quasidetektiv, trat darin in der dritten Person auf.

Am darauffolgenden Samstag versuchte ich einen anderen Anfang. Ich ließ ihn Grewe selbst in der Ich-Form erzählen. Ich tat also das, was ich aufgrund meiner theoretischen Überlegungen eigentlich hatte tun wollen. Ich verglich die beiden Anfänge und entschied mich für den ersten Versuch, entgegen meinen Überlegungen. Allerdings habe ich im Folgenden mich, den Erzähler, nie mehr wissen lassen, als Grewe wissen konnte. Ich erzählte nicht wie Gottvater, sondern beschränkte mich strikt auf Grewes Perspektive.

Ich schrieb an diesem 11. Dezember das erste Kapitel fertig, neun Seiten. Acht Tage später übertrug ich die Variante des Anfangs, die Ich-Erzählung Grewes, in die andere Erzählweise und machte daraus die ersten sechs Seiten des zweiten Kapitels. Dann ließ ich die Geschichte liegen.

Ich meldete vor Weihnachten bei meiner Redaktion drei Wochen Urlaub an, für die Zeit vom 24. Januar bis zum 14. Februar. Bis dahin versuchte ich, mich über eine Reihe von Punkten zu informieren, die in der Geschichte eine Rolle spielten, über die ich aber nichts oder zu wenig wusste und die ich mir in einer »Checkliste« zusammengestellt hatte.

Hier zeigt sich handgreiflich einer meiner Vorteile, den Frau Müller, hätte sie in meiner Art schreiben wollen, nicht hätte wettmachen können: Ich habe durch meinen Beruf gelernt, wie man recherchiert, einen bestimmten Sachverhalt aufklärt. Und ich konnte, wenn sonst nichts mehr half, unter der Flagge des Journalisten Leute befragen (ich hoffe, sie werden es mir verzeihen), an die Frau Müller gar nicht herangekommen wäre.

Ich hatte eigenes Archivmaterial, aus dem ich mich über den Terrorismus und insbesondere über die Möglichkeiten, eine kleine, handliche Bombe zu bauen, informieren konnte. Ich ließ mir vom Justizministerium Materialien über das neue Eherecht schicken, ich studierte das Bürgerliche Gesetzbuch und einen Kommentar, weil einer der Angelpunkte des Romans eine Erbschaft sein sollte.

Ganz unplanmäßig trat ich meinen Urlaub vorzeitig an: Am Mittwoch, dem 19. Januar, fuhr ich mitten aus einer Bundestagsdebatte nach Hause und meldete mich krank. Diesen Umstand, der eigentlich niemanden etwas angeht, erwähne ich, weil andere, entmutigte Freizeitschriftsteller daraus vielleicht etwas lernen könnten.

Ich war aus privaten Gründen, die mit dem Roman nichts zu tun hatten, in eine Krise geraten. Ich fühlte mich enttäuscht, verraten und so schlecht behandelt wie kaum einmal in meinem Leben. Ich lag fünf Tage lang greinend auf der Nase und dachte, ich würde keine Zeile mehr an diesem Roman schreiben können.

Dann schlug das, was mich niederdrückte und mir die Luft nahm, ganz unversehens in einen Antrieb um, wie er stärker nicht hätte sein können. Ich rappelte mich zähneknirschend hoch: »Ihr könnt mich doch alle mal!« Am Montag, dem 24. Januar, nahm ich mir die fertigen 15 Seiten vor und schrieb auf Seite 16 weiter. Dreizehn Tage später, am Sonntag, dem 6. Februar, schloss ich den Roman mit Seite 209 ab. Ich war eine Woche früher fertig als geplant.

Als Gustav Lübbe, der Verleger des Buches, mich fragte, wie lange ich daran geschrieben hätte, wollte ich es ihm nicht sagen. Ich wollte die Preise für Autoren nicht verderben. Ich hab's dann doch gesagt, weil jeder, der mein normales Arbeitspensum in Bonn kannte, sich ohnehin an den fünf Fingern abzählen konnte, dass ich auf diesen Roman nicht allzu viel Zeit hatte verwenden können.

Ein Journalist hält sich ja auch eher etwas darauf zugute, dass er imstande ist, schnell zu schreiben. Aber der Journalist als Romanautor? Dem Romanautor, der das Meisterwerk in drei Stunden konzipiert und in etwas mehr als 14 Arbeitstagen ausgeführt hat, ist ein wenig unbehaglich zumute, denn er ist ja nun mal nicht Georges Simenon, der noch schneller schreibt. Die anderen werden wohl sagen: »Das muss ein schöner Mist sein, was der da so herunter-gehauen hat.«

Ich kann's nicht ändern. Ich erkläre mir den Drang und die Lust, mit der ich schrieb, nicht zuletzt aus der tota-len Umstellung meiner Lebensverhältnisse. Normalerweise stand ich um sieben auf, um vor dem ersten Termin Rund-funk hören und fünf oder sechs Zeitungen lesen zu kön-nen. Ich kam abends um sieben oder um acht nach Hause, manchmal auch nach Mitternacht. Ich war Tag um Tag in einen Produktionsplan eingespannt, der Extravaganzen kaum einmal duldete.

Während der beiden Wochen aber, in denen ich den Ro-man schrieb, stand ich auf und ging zu Bett, wann immer es mir passte. Auf die elf Seiten des 18. Kapitels, das mich nicht losließ, verwendete ich eine Nacht, von abends Vier-tel nach sechs bis zum anderen Morgen um fünf. An an-deren Tagen kehrte ich schon mittags der Schreibmaschine und meinem Keller den Rücken, lief durch den Kotten-forst, badete eine der weinerlichen Phasen aus, die mich, mein Zähneknirschen missachtend, immer wieder einmal heimsuchten. Dafür stand ich am nächsten Morgen schon um sechs auf, ausgeschlafen und voll von unwidersteh-lichem Drang.

Ich fasste nicht eine Zeitung an in dieser Zeit, nahm nicht eine Nachrichtensendung zur Kenntnis. Ich unter-brach die Arbeit für die Sportschau und für einen *Tatort-*

Film. Ich hörte, wenn sich Leere in meinem Gehirn ausbreitete, Musik und las Bücher, nach denen es mich schon
Monate verlangt hatte. Ich entdeckte einige Bezüge zu
meiner Geschichte, die mich förmlich elektrisierten. Auf
diese Weise sind Alban Berg und Charles Baudelaire,
Georg Büchner und Max Reger in das Manuskript hineingeraten.

Meine Frau und meine Töchter sprachen mich nur an,
um mich mit gedämpfter Stimme nach eventuellen Wünschen zu fragen. Sie schwebten in meinen Keller herein
und wieder hinaus, als wäre ich eine Wöchnerin, der man
hin und wieder den Schweiß von der Stirn tupft und auf-
munternd die Wange tätschelt. Meine Sekretärin im Büro,
die später mit zwei anderen Damen das Manuskript liebe-
voll ins Reine schrieb, blockte Anrufer, die mich hätten
stören können, rücksichtslos ab.

Die letzten 62 Seiten schrieb ich in drei Tagen. Ob das
nun gut war oder schlecht: Ich konnte so schnell schreiben,
weil ich alle Fäden in der Hand hatte und weil sie immer
enger zusammenliefen und weil ich die Charaktere bis
dahin so entwickelt hatte, mit ihnen so vertraut war, dass
ich an keiner Stelle mehr zweifelte, wie sie handeln, sprechen, reagieren mussten. Ich konnte nicht nur so schnell
schreiben, ich musste es auch. Die Konsequenz der Geschichte, die ich mir ausgedacht hatte, zog mich mit, sie
ließ mir keine Ruhe. Ich wollte nun endlich auch die letzte
Zeile vor Augen sehen.

Meine Planung, die sich auf diese Weise ausgezahlt hat
(oder meinetwegen auch nicht), hat mich auf der anderen
Seite nicht in Fesseln geschlagen. Zu meinen interessan-

testen Erfahrungen gehört es, dass sich mir einige meiner Charaktere unter der Hand verändert und verselbständigt haben. Ich hatte den Charakter namens Lutz Steinkamp eingeplant als einen Lobbyisten, wie Klein-Moritz ihn sich vorstellt – selbstbewusst, skrupellos und unverschämt. Nachdem ich aber mit Steinkamp auf Wegen, die ich nicht mehr weiß, in ein Pissoir geraten war, wo er sich gehenließ, begann ich mit dem Mann zu leiden, und am Ende mochte ich ihn sehr.

Ich möchte mit diesem Hinweis auch eine Frage erledigen, die mir jetzt schon, noch bevor das Buch erschienen ist, permanent gestellt wird. Das ist die Frage, ob dieses Buch, die Morde einmal beiseitegelassen, von der Wirklichkeit, von lebenden Personen abgeschrieben, das heißt, ob es autobiographisch ist.

Ich habe als Kind viel gezeichnet und gemalt, Menschen vor allem. Und mich hat es damals schon aufgebracht, wenn Erwachsene mir über die Schulter sahen und fragten: »Wer ist das?« Das schien mir die kindischste aller Fragen, auf die ein erwachsener Mensch verfallen kann.

Ich weiß, dass aber gerade dem Amateurschriftsteller die kindischste aller Fragen nicht erspart bleibt. Wäre ich Sir Arthur Conan Doyle, niemand käme auf die Idee, mich zu fragen, ob ich Sherlock Holmes bin, um mir augenzwinkernd zu bedeuten, dass ich mit Frauen wohl doch nicht viel im Sinn habe.

Da ich nicht Sir Arthur bin, bleibt mir nichts anderes übrig, als hiermit ein für alle Mal die Frage zurückzuweisen, ob ich Peter Grewe bin und ob es tatsächlich wahr ist, dass ich an ein und demselben Tag mit zwei Frauen an verschiedenen Orten, jedoch beide Male im Wald, den Geschlechtsakt vollzogen habe und ob man vielleicht diese beiden Frauen sogar kennt, na, wie, alter Schlingel? Und nicht minder entschieden weise ich die Frage zurück, ob ich mir so etwas nur ausdenke, um mich daran zu verlustieren.

Freilich gibt es auch andere Fragen, auch solche, die dem Autor weniger auf die Nerven gehen. Zum Beispiel: Ob ich schon an einem neuen Manuskript arbeite?

Natürlich. Frau Müller hört, auch wenn sie dieses Mal noch keinen Preis gewonnen hat, doch auch nicht mit dem Schreiben auf.

Ob es wieder ein Kriminalroman ist?

Natürlich nicht.

Der Artikel erschien am 22. Oktober 1977
im *Kölner Stadt-Anzeiger*

»*Deshalb lieben wir*
den Vorsitzenden Mao sehr«
Besichtigung der Textilfabrik Nr. 3 in Peking

Mildred Scheel, Frau des Bundesaußenministers, und die Damen ihrer Begleitung werden ins Besucherzimmer im ersten Stockwerk geleitet. Sofas und Sessel mit Schondeckchen, Tee, chinesische Filterzigaretten. Bildnis des Vorsitzenden Mao.

Liou-Dsche, die »Verantwortliche«, will heißen: die Leiterin der Fabrik, eine kleine Frau mittleren Alters, dunkle Jacke, dunkle Hose, hält einen Einführungsvortrag, auf dem Sofa zur Seite von Frau Scheel sitzend. Die Dolmetscherin – sie ist nie in einem deutschsprachigen Land gewesen, hat alles, was sie kann, im Fremdspracheninstitut von Schanghai gelernt – übersetzt geläufig, ein wenig hastig, sehr eifrig. Manchmal, wenn ein Wort ihr nicht einfallen will, schlägt sie sich vor die Stirn.

Auch Männer sind dabei. In ihrer Kleidung, Jacke und Hose, heben sie sich nicht von Liou-Dsche, der Dolmetscherin und den anderen Frauen ab, die zur Begrüßung der Gäste erschienen sind. Aber sie sitzen separat, in einer Zweierreihe im Hintergrund des Raums. Arbeiter oder Techniker der Fabrik wahrscheinlich, einige wohl auch in anderen Funktionen. Einer aus der hinteren Reihe beginnt Notizen zu machen, als die Gäste Fragen stellen.

Die Fabrik beschäftigt 6.400 Arbeiter, Angestellte und Techniker, sagt Liou-Dsche. 70 Prozent davon sind Frauen. Frau Scheel: »Hier arbeiten also die Frauen mehr als die Männer.« Die Dolmetscherin kichert und übersetzt den Scherz. In die Zweierreihe im Hintergrund kommt Bewegung, die Männer sehen sich an, kratzen sich die Köpfe und lachen.

Liou-Dsches Vortrag präsentiert – wie bei Betriebsbesichtigungen in aller Welt – zunächst einmal das statistische Material, in voller und imposanter Breite. Die Fabrik ist 1952 in Betrieb genommen worden. Sie bedeckt 420.000 Quadratmeter Fläche, verfügt über 87.000 Spindeln, 3.200 Webstühle.

Dann kommt eine Zahl, an der man sich zunächst einmal verschluckt. Die Dolmetscherin bleibt aber dabei: »Produktionskapazität jährlich einhundert Millionen Meter Stoff.«

Vielleicht hat Liou-Dsche gemerkt, dass ihre Produktionsziffer einen ungewöhnlichen Eindruck gemacht hat: »Wir liefern unsere Produkte nicht nur für den ländlichen Anspruch.« Nicht nur für den einheimischen Bedarf, wollte die Dolmetscherin sagen. »Sondern exportieren wir auch.«

In der Pekinger Textilfabrik Nr. 3 wird rund um die Uhr gearbeitet, in drei Schichten zu je acht Stunden. Liou-Dsche nähert sich der magischen Zahl, an der, wie auch sie weiß, ausländische Besucher nicht nur ihren Betrieb, sondern ihr Land messen: Was kann der Werktätige nach Hause tragen?

»Also, 58 Yüan ist durchschnittlich im Monat der Verdienst.« Nach dem offiziellen Wechselkurs wären das knapp 90 Mark. Ähnliche Zahlen sind mir auch für andere Branchen genannt worden. Die Monatseinkommen liegen, so sagte man mir, zwischen 50 und 70 Yüan. Spitzenverdiener seien die Mitglieder des Politbüros der Kommunistischen Partei mit Bezügen von rund 350 Yüan monatlich.

Die Gastgeber wissen wohl, dass die Gäste in anderen Größenordnungen zu rechnen gewohnt sind. Der Angabe über den Durchschnittsverdienst ihrer Arbeiter, Angestellten und Techniker hat Liou-Dsche die Durchschnittsmiete vorausgeschickt: »Im Monat muss der Arbeiter für Wohnung und Strom 40 Pfennig zahlen.« Wahrscheinlich meint die Dolmetscherin 40 Fen, das sind 0.40 Yüan. Aber auch das würde nach dem Wechselkurs nicht mehr als 60 Pfennig bedeuten.

Und nach dem Durchschnittsverdienst wird denn auch gleich der Betrag genannt, den die Werktätigen der Textilfabrik Nr. 3 brauchen, um sich zu ernähren: »Für Essen jeden Monat 15 Yüan. Das ist ganz genug.« Die Werkskantine verabreicht täglich drei Mahlzeiten. Frühstück, Mittag- und Abendessen.

Die Fabrik sorgt für alles. Sie stellt in einem fabrikeigenen Wohnbereich die Unterkunft. Sie beköstigt die Leute. Zur Fabrik gehören die Kinderkrippe für die Säuglinge, der Kindergarten, eine Mittelschule. »Man kann kostenlos zum Baden gehen, zum Friseur kann man gehen, muss man nichts bezahlen.«

Den Gästen dämmert, dass dies keine Fabrik in unserem Sinne ist, sondern ein Lebenskollektiv, gruppiert um den Arbeitsplatz. Aus Liou-Dsches Aufzählung der (wir würden sagen) Sozialleistungen des Betriebes wird das immer deutlicher.

»Unsere Partei und unsere Stadt schenken große Aufmerksamkeit auf die Gesundheit aller Arbeiter. Deshalb hat man beim Bau dieses Betriebes auch das Wohnviertel gebaut. Da gibt es jetzt ungefähr 40 Gebäude. Die Familien können dort leben.«

Ob sie spürt, dass es den Gästen schwerfällt, sich die totale Einbeziehung der Familie in den Betrieb vorzustellen? Sie macht ganz deutlich, dass es sich bei den Wohngebäuden nicht um eine Art von Arbeiterwohnheim handelt: »Auch die Jugendlichen können dort leben.«

Und noch einmal: »Für jede Familie sorgt diese Fabrik. Sie gibt auch einfache Möbel wie Stuhl, Tisch und Bett.«

Ein Lebenskollektiv, gruppiert um den Arbeitsplatz. Die Vorstellung ist so fremdartig, so schwer eingängig, dass sich bei den Gästen Fragen regen, mit denen nun umgekehrt die Gastgeber auf Anhieb nichts anzufangen wissen. Es muss – so versuchen die Gäste ratlos zu ergründen – doch auch in der Textilfabrik Nr. 3 ein paar Reservate geben, in denen die Menschen sozusagen auf eigene Rechnung leben!

»Sparen die Arbeiter auch?«

Kurzes Zwiegespräch zwischen der Dolmetscherin und Liou-Dsche. Die Dolmetscherin hat anscheinend Schwierigkeiten, die Frage zu übersetzen. Ein paar der Zuhörer im Hintergrund bewegen sich auf ihren Stühlen. Spannung.

»Ja, also manche Arbeiter legen Geld bei die Bank.«

»Die sparen also richtig?«

»Ja, ja. Sparen!«

Liou-Dsche schaltet sich noch einmal ein. Die Dolmetscherin nickt. »Ja, aber andere Arbeiter kaufen.«

»Von dem, was sie übrig haben?«

»Ja, ja.«

»Was kaufen sie denn?«

Liou-Dsche neigt den Kopf ein wenig auf die Schulter.

»Ja, also Fahrrad. Und Bücher.«

»Ah ja, Bücher also auch?«

»Ja. Und Ziehharmonika.« Die Dolmetscherin nickt und lächelt. Sie freut sich, dass diese schwierige Frage sich nun aufgeklärt hat.

Dass Bücher und Ziehharmonika genannt werden, geht vielleicht auf die Überraschung, eine gewisse Verlegenheit zurück, die durch die Frage ausgelöst wurde. Dass das Fahrrad erscheint, war zu erwarten.

Das Fahrrad, Massenverkehrsmittel der Stadtbewohner Chinas, scheint nicht nur Gebrauchsartikel zu sein, sondern auch eine Art von Statussymbol, greifbarer Beweis dafür, dass man die Phase der Deckung des dringendsten Bedarfs bereits hinter sich gelassen hat. Ein Fahrrad kostet 150 oder 170 Yüan. Für ein Fahrrad sind jährlich zwei Yüan Steuer zu entrichten.

Eine ähnliche, wenn auch noch glanzvollere Rolle scheinen Armbanduhren zu spielen. Den Journalisten aus Scheels Begleitung, die am selben Tage die Volkskommune »Immergrün« nahe Peking besichtigten, wurde der Besitzstand einer Produktionsgruppe von 462 Menschen so beschrieben: »Wir haben 123 Fahrräder, 46 Armbanduhren und 40 Nähmaschinen.«

Liou-Dsche lässt es mit den Äußerlichkeiten nicht bewenden. Sie ergänzt ihre statistischen Angaben durch den ideologischen Überbau. »Die Arbeiter brauchen nie Sorgen zu haben. Deshalb lieben sie das sozialistische System sehr.«

In der Volksrepublik China ist das sozialistische System mehr als eine Theorie. Es verkörpert sich in einer Person: »Alle Belegschaftsmitglieder in dieser Fabrik lieben den Vorsitzenden Mao sehr. Das Werk vom Vorsitzenden Mao zu studieren ist das erste Bedürfnis von allen Beschäftigten.«

Frau Scheel nimmt ein Schlückchen Tee. Liou-Dsche fährt unterdessen fort:

»Nach der Arbeit gehen die Arbeiter zur Familie, und in der Familie und auch in verschiedenen Wohnvierteln werden die Werke vom Vorsitzenden Mao studiert.«

Spontane Frage: »Jeden Tag?«

Die Dolmetscherin übersetzt und sieht Liou-Dsche mit einem etwas gespannten Lächeln an. Die Antwort kommt nach einem nur kurzen Zögern: »Oft.«

Im Hintergrund bewegt man die Beine, nimmt eine andere Sitzhaltung ein.

Liou-Dsche kommt zum Ende ihres Vortrags. Und ihre Schlussbemerkung deutet eine Antwort auf einige skeptische Fragen an, die man sich während dieses Vortrags stellen musste: »Gemessen am Ausland haben wir noch sehr große Mängel. Reinigungsarbeiten in verschiedenen Werkstätten sind nicht sehr gut. Stoff fliegt durch die Luft. Und es ist auch sehr laut. Deshalb hoffen wir, dass die Ehrengäste aus der Bundesrepublik uns nach der Besichtigung einige gute Meinungen und Vorschläge machen. Und auch einige kritische Vorschläge.«

Die Chinesen – das zeigte sich nicht nur bei dieser Besichtigung der Textilfabrik Nr. 3 – halten mit dem Eingeständnis nicht zurück, dass sie einen enormen Nachholbedarf haben, ja, dass sie ihren Status als den eines Entwicklungslandes klar erkannt haben. Sie bauen nach allem, was sich in ein paar Tagen herausfinden lässt, keine Türken; das heißt, sie machen dem Besucher nichts vor.

Natürlich muss man davon ausgehen, dass die Textilfabrik Nr. 3 oder die Volkskommune »Immergrün« oder die Transistorenfabrik, die Scheels Begleitung ebenfalls zur Besichtigung angeboten wurde, zu den Paradepferden des Fortschritts der Volksrepublik gehören. Aber unter den chinesischen Betreuern der Bonner Expedition waren genug Leute, die den Produktions- und Lebensstandard der Bundesrepublik und anderer westlicher Industrieländer gut genug kennen, um vorhersagen zu können, dass die Gäste manches von dem, was man ihnen vorführte, eher niederschmetternd als beeindruckend finden würden.

Würden die Chinesen ihre Gäste auf Besichtigungen der großen Mauer, der Ming-Gräber, der Kaiserstadt, der großen Halle des Volkes eingrenzen, so könnten sie uneingeschränkten Beifalls sicher sein, der – wenn auch nur historischen – Bewunderung. Dass sie es nicht tun, scheint durch ein Motiv zumindest mit verursacht, das sich immer wieder sehr stark und zuweilen auf wunderliche Weise artikuliert. Das ist der Stolz auf die eigene, selbständige Leistung, auf Unabhängigkeit, Autarkie.

Eine der Ursachen für diese Haltung lässt sich vielleicht

in der Geschichte des chinesischen Volkes auffinden, das über Jahrhunderte hin keine Eroberungskriege geführt hat, aber oft genug von fremden Eroberern heimgesucht worden ist. Die letzten Kolonialherren, die Japaner, haben das Land ja erst vor etwas mehr als einem Vierteljahrhundert verlassen. Zu lange haben die Chinesen sich abhängig fühlen müssen.

Eine andere mögliche Ursache glaubt man auch bei einem nur flüchtigen Aufenthalt fast auf Schritt und Tritt zu erkennen. Das ist der Bruch mit der Sowjetunion, der offenbar geradezu traumatische Folgen hatte. Außenminister Tschi Peng-fei fragt Scheel, wie denn nur die Bundesrepublik einen Vertrag mit den Russen habe schließen können. Die Russen hielten doch, wie man wisse, Verträge nicht ein.

1952, als die Textilfabrik Nr. 3 in Betrieb genommen wurde, stand der chinesisch-sowjetische Bündnisvertrag vom 14. Februar 1950 noch in voller Blüte. Zum zweiten Jahrestag des Vertrages telegrafierte Mao nach Moskau: »Dankbarkeit und heiße Glückwünsche für selbstlose Hilfe.«

Es ist schwer vorstellbar, dass ein so gewaltiges Unternehmen wie die Textilfabrik in einer Zeit, in der die Chinesen auf jede Art von Hilfe angewiesen waren und solche Hilfe von den Sowjets auch gern annahmen, aus den eigenen, damals noch ganz unentwickelten Kräften errichtet worden sein soll. Aber Liou-Dsche unterstreicht mit großem Nachdruck: »Das Projekt und die Konstruktion sind von uns selbst gemacht. Alle Ausrüstungen wurden von uns selbst hergestellt und montiert.«

In gut anderthalb Stunden werden die Gäste durch die Textilfabrik, das Lebenskollektiv, geführt. Einige der Entfernungen sind so groß, dass man sie im Auto zurücklegt.

Werkshallen, in denen Hunderte von Webstühlen in Reih und Glied stehen. Tausende von Hebelarmen schwingen hin und her, Spindeln und Räder rotieren. Das macht einen geradezu infernalischen Lärm, der die Ohren schmerzhaft zustopft. In den Gassen stehen Arbeiterinnen und Arbeiter, sie klatschen, aber das wirkt wie eine Pantomime, man hört es nicht.

Die Kantine, lange Tische und Bänke in einem finsteren Saal. Das Essen ist offenbar chinesisch-ausführlich, Nudelsuppe, Fleisch, verschiedene Gemüse, vielerlei Backwerk. Die Gäste werden zum Kosten eingeladen, es schmeckt ihnen.

Kinderkrippe, Kindergarten. Hosenmätze, die schwarzen Haare kurz geschoren, haben sich breitbeinig in ihren Laufgittern aufgebaut, bewahren eine Weile – wenn auch ob dieses Einbruchs fremder Leute zutiefst erschreckt – Haltung, verlieren dann aber doch in der Flut entzückter Sympathien, die ihnen entgegenschlägt, den Boden unter den Füßen. Vielstimmiges Gebrüll greift um sich.

Ein Wohnhaus. Das hat die nackte Fassade, das düstere Interieur unserer sogenannten Übergangssiedlungen. Man tastet sich ein paar Stufen hoch zur Parterrewohnung rechts. Den Wohnraum beherrscht ein großes Bett, die Küche ist mit ein paar Kästen und Kästchen möbliert. Im finsteren Flur steht der Familienvater, er drückt sich an die Wand, um die Ehrengäste vorbeizulassen, sie sollen alles betrachten können.

Die Dolmetscherin übersetzt Erläuterungen, sie hebt noch einmal hervor: »Auch diese Wohnung hat Stadtgasheizung.« Der Familienvater nickt, er strahlt. Sein Stolz ist unverkennbar.

Ein Paradies der Werktätigen? Wenn man die Errungenschaften, die die Chinesen heute ihren Besuchern vorführen, gerecht beurteilen will, muss man sich die Ausgangslage vergegenwärtigen. Zu der Zeit, als in Europa die industrielle Revolution stattfand, wurde das Agrarland China noch von den westlichen Kolonialmächten ausgebeutet. 1842, nachdem die chinesische Regierung sich gewaltsam gegen die Überschwemmung des Landes mit Opium gewehrt hatte, zwang England die Chinesen durch einen Krieg zur Zahlung von 21 Millionen Dollar »Schadenersatz«.

Ich fragte einen Kollegen, der 1936 schon einmal in China war, ob er mir irgendeinen augenfälligen Unterschied zwischen damals und heute nennen könne. Er sagte, aus dem Straßenbild seien die vielen überfetten Leute verschwunden, die Bäuche wie Fässer spazieren trugen. Verschwunden seien allerdings auch die zahlreichen ausgemergelten Elendsgestalten.

Die Verhältnisse Chinas sind mit denen unserer Welt ganz unvergleichbar. Das lehrt schon ein nur flüchtiger Augenschein des Landes (und er lehrt ganz nebenbei, wie absurd die Vorstellungen von Kindsköpfen sind, die in unseren Verhältnissen von Maoismus faseln).

Wenn sich nach einem Besuch von ein paar Tagen überhaupt irgendein Vergleich ziehen lässt, dann vielleicht dieser: Auch in China gibt es Menschen, die stolz sind auf

das, was sie durch ihre Arbeit geschaffen haben, und die –
setzt man sie nicht törichten Vergleichen aus – allen Anlass
haben, stolz zu sein.

Der Artikel erschien im November 1972
im *Kölner Stadt-Anzeiger*

»Alles andere ist doch Quatsch!«
Bericht über eine Bordellwirtin

Der Dienst währt von abends um sechs bis morgens um vier. Es gibt auch eine Tagschicht, aber die wird meist von der Putzfrau wahrgenommen, mehr nebenberuflich.

Über Tag ist das Geschäft doch sehr viel ruhiger, da kommen eher die zielbewussten Individualisten in die kleine, enge Straße. Sie schreiten ein- oder zweimal an den Fenstern zu ebener Erde vorüber, besichtigen das Angebot, entscheiden sich. Manche gehen auch sofort auf eine bestimmte Tür zu, das Gesicht schräg abgewandt, wie jemand, der bei Wind und Wetter den Schutz eines vertrauten Daches aufsucht.

Das ändert sich, wenn die Lichter angehen. Bei Nacht wogt es massenweise zwischen den schmalbrüstigen Fassaden auf und ab. Jeder Versuch, unerkannt zu bleiben, wäre sinnlos. Die Kundschaft tritt sich förmlich auf die Füße. Viele kommen im Verein, die meisten animiert. Manche suchen Krakeel oder wenigstens ein bisschen Remmidemmi.

Da bedarf es voll ausgebildeter Arbeitskräfte. Die Wirtschafterin löst die Putzfrau ab. Apropos Wirtschafterin: Dieser Bericht warf, kaum dass er Konturen annahm, ein heikles Problem auf. Wie konnte die Überschrift lauten? Gibt es eine zeitungsdruckreife Bezeichnung für diesen

Stand? Wäre zum Beispiel Bordellwirtin zugleich treffend und tragbar?

Sie wusste das Problem durchaus zu würdigen: »Da kennt man ja die verschiedensten Bezeichnungen für unseren Beruf.« Sie winkt ziemlich heftig mit den kurzen, runden Unterarmen ab. »Ahl Parkemo, sagen die Kääls einem oft jenug, wenn se Wut haben.« Alte Puffmutter. »Da kennen die nix. Aber richtig heißt das Wirtschafterin. Da können Se beim Ordnungsamt fragen.«

Also Wirtschafterin. Und auch die übrigen Personen dieser allnächtlichen, alltäglichen Handlung treten im innerbetrieblichen Sprachgebrauch unter durchaus passablen Bezeichnungen auf: »Die Wiever«, Weiber, hört man selten, meist »die Frauen«, und häufig auch »die Mädchen«; der Kunde, das ist der Freier; die Schmier die Polizei. Und zuweilen taucht aus fernen Gegenden der Stadt »die Chefin« auf, auch »Madamm« genannt, oder zuweilen »der Chef«. Das sind die Eigentümer der Häuser. Die Wirtschafterin ist ihre Angestellte.

Wie wird man Wirtschafterin?

Ihre Eltern wohnten ganz in der Nähe der Straße. Was war der Vater von Beruf? »Ja, wat war der? Mein Vater, der trieb immer Handel und Wandel!« Teils im eigenen Laden, lange Zeit aber auch ambulant. Sie erinnert sich an Zinnkännchen, mit denen er über Land zog. »So kleine Zinnkännchen …«

Sie sieht mich ein wenig hilflos an, durch dicke Brillengläser, die kurzen Unterarme auf dem Leib gekreuzt. Sie hat eine prächtig hochgetürmte Frisur, sehr frisch noch und sehr kunstvoll. Sie sitzt schwer und klein im Sessel, aber sie hält den Kopf ganz steil, liest mir die Fragen von den Lippen ab, als ob es Antworten wären, nickt vorweg. Das ist, als ob sie von mir Auskünfte erwartete über eine Jugendzeit, die sehr lange zurückzuliegen scheint.

Es war ein »Dreimädelhaus«, sie hatte zwei jüngere Schwestern. Mit einundzwanzig heiratete sie zum ersten Mal, 1930. Das war kein guter Griff, sie hatte ihn mit fünfzehn kennengelernt und war ihn nicht mehr losgeworden ... »Der kam immer wieder auf mich zu.« Er sah gut aus, aber er war ein Gänger, ein Schürzenjäger. Und krumme Dinger hat er gedreht.

Mit neunzehn hatte sie eine Fehlgeburt. Als es dann schon wieder so weit war, sagte ihre Mutter, jetzt würde geheiratet, ganz egal. »Wat sollen die Lück sage, wenn du dauernd en Hoffnung bes!« Also heiratete sie. Und irgendwie war es ja auch gut: Sie hat einen Sohn bekommen, und auf den ist sie sehr stolz.

Er hat studiert, Examen gemacht. Er verkehrt nur in den besten Lokalen. Auf einem Hochglanzfoto vom letzten Silvesterball lächelt er, strahlend. Weiße Zähne über weißem Smokinghemd. Die Mutter daneben, mit kunstvollfrischer Frisur.

Mit diesem Kind blieb sie allein, kaum dass sie verheiratet war: »Dat däät nit lang dure, do soß dä em Knast.« Ihr Mann musste hinter Gitter. Er kam wieder heraus, aber nicht für lange Zeit. Am Ende landete er im KZ.

Zum vorletzten Mal kam er während des Krieges auf sie zu. Er war ausgebrochen, und eines Nachts pfiff er vor der Tür. Sie wohnte damals in der Straße, in der sie jetzt arbeitet.

Sie war also Anfang dreißig. Arbeitete sie damals auch schon in der Straße? Nicht als Wirtschafterin, sondern als Mädchen?

Nein, nein! »Hab ich nie jemacht. Hätt ich nie jetan. Dat wor nix für mich.« Warum? Verurteilt sie die Prostitution? »Nein, das muss ja sein, hören Se, do künnen Se sich op der Kopp stelle, das wird es immer jeben. Fragen Se mal beim Ordnungsamt!« Also hält sie die Prostitution für ein notwendiges Übel? Und die Mädchen vielleicht doch für schlecht? »Die sin besser als manche Kääls, die dohin kumme!« Warum also hätte sie es nie getan?

»Dat es mir alles widderlich!« Was heißt das: alles? »Dat janze Jeremmels!« Sexuelle Beziehungen schlechthin. »Da war ich nie für!«

Ihr erster Mann hat sie schlecht behandelt. Aber sie nahm ihn immer wieder auf. Als er zum ersten Mal in den Knast ging, ließ sie sich scheiden. Und heiratete ihn wieder, als er herauskam. Er sah ja gut aus, er ließ nichts anbrennen, er war auf seine Art ein Frauentyp: Wer nur das von ihr weiß, könnte annehmen, sie sei ihm sexuell hörig gewesen.

Sie zuckt die Schultern, sieht mich an. Der Busen hebt sich zwei-, dreimal, sie bewegt die Lippen ins Leere, streicht die Tischdecke glatt.

Ja, vielleicht hörig. Vielleicht kann man das so nennen. »Aber nit deshalb! Ich weiß et och nit.« Sie zuckt die Schultern: »Der kam immer wieder auf mich zu.«

Das vorletzte Mal also während des Krieges. Er hatte aus dem KZ Brillanten und Gold mitgebracht. Und eine Pistole. Er kroch bei ihr unter, bei ihr und dem Jungen, in dem

Eckhaus. Nebenan arbeiteten Mädchen, aber in dem Eckhaus wohnten damals noch ganz normale Leute zur Miete.

Eines Morgens will sie zum Bäcker gehen. Sie ist gerade aufgestanden; Pantoffeln, Kittel und nicht viel darunter. Sie will nur Brötchen holen, am anderen Ende der Straße. Ein Sommermorgen im Krieg, die Schwaden der Nacht haben sich verzogen. Nur noch ein schwacher Geruch von Zigaretten; belgischem Kaffee aus dem Schwarzhandel; Schabau (Schnaps); Schweiß. Ein Lüftchen weht.

Eines der Mädchen von nebenan fasst sie am Arm, zieht sie ins Haus: »Bliev he. Setz dich hin.« Warum denn? »Die Schmier steht runderöm, met sechs bis sibbe Mann. Met Revolvere.« Polizei hat das Haus umstellt. Wenig später steigen sie die Treppe hoch. Er kommt nicht mehr an seine Pistole.

Sie lief den Autos hinterher, ins Präsidium. Und nachdem sie ein paar Stunden auf dem Flur gewartet hatte, kam ein Beamter heraus. »Sie künnen noh Hus jonn; dä sinn Se nit mieh widder.«

Sie sah ihn doch noch einmal wieder, nach dem Krieg, als er aus dem KZ befreit worden war. Aber nach ein paar Wochen riss sie ihm aus, wieder einmal. Diesmal ließ sie den Jungen zu Hause, der war ja schon 15, und er musste zur Schule.

Sie nahm ein paar tausend Mark mit, etwas vom Erlös der 15 Zentner Zucker, die er irgendwo bei den Amerikanern herausgeholt hatte. Einmal Wäsche zum Wechseln. Diesmal fuhr sie nicht zur Tante, die sie bis zur Schulentlassung großgezogen hatte. Sie fuhr weit weg, 700 Kilometer, zu einer der Schwestern.

Dort erhielt sie das Telegramm von den Nachbarn: »Komme sofort.« Er hatte sich ein Motorrad gekauft und war damit gegen einen Baum gefahren. Sturzbetrunken. Sie wollte es nicht glauben, ebenso wie der Junge, als der nach Hause kam: »Och jo, esse Ald widder duud?!«, schon wieder einmal tot, der Alte? Diesmal stimmte es.

Im Grunde genommen bedeutete es nichts. »Sagen Se mal, wer hat *mir* dann wat jeschenk? Ich habe doch immer selbs für mich sorjen müssen, für mich und mein Kind. Dat wor mir doch janz ejal. Ich moot su un esu sorje!«

Sie sorgte, bis zur Währungsreform noch mit Hilfe der Maggelei, des Schwarzhandels. Gehandelt hatte sie schon vorher, mit Schuhen, mit Stoffen, eigentlich mit allem, was ihr unter die Finger kam. »Ich trieb Handel un Wandel. Da hab ich immer en Händchen für jehabt.«

Und dann fragte eines der Mädchen sie eines Tages, ob sie nicht Wirtschafterin werden wolle. Es gab da eine Vakanz, in einer anderen Straße, durch Krankheit. Die Chefin war einverstanden. Und so begann es.

Sie verdiente gut, aber sie stieg doch bald wieder aus, fürs Erste. »Do war jet loss!« Das Geschäft war hart im Nachkriegswinter. Bei Hochwasser mussten die Freier über Leitern einsteigen. Unter der Treppe gurgelte das schwarze Wasser. Jede Nacht ein (wie es im Hänneschentheater heißt:) »Spiel mit Jesang und Schläjerei«. Und dann der Heimweg übers diesige Trümmerfeld, alle Hundert Meter eine Glühbirne, die blass und quietschend am Mast schaukelte.

Das ganze Jedööns, die Hektik, die Aufregung gingen ihr damals auf die Nerven. Einmal hatte einer vom Land die ganze Nacht im Haus herumgemacht. Zur Frühstückszeit zahlte er mit einem Scheck, und natürlich schob sofort eine los, um das Papier einzulösen. Es war faul, aber als diese Nachricht zurückkam, war der Freier bereits verschwunden. »Also mir met alle Mann en en Tax un erusjefahre.« Mit ihren sämtlichen betrogenen Mädchen fuhr sie per Taxi hinaus aufs Land. Sie klingelten die Frau des Freiers heraus, aber es nutzte nichts. »Die Frau säht, dat jing sie nix aan. Da könnte sie sich auch nicht drum kümmern. So wat machte der öfter.«

Das ging ihr alles auf die Nerven, die faulen Kunden, die Weiber, der Ärger mit der Schmier; »die schizophrene Bekloppte«, die nur in die Straße kommen, um Radau zu machen.

Ist das Geschäft heute denn nicht mehr so hart?

Ärger gibt es immer, dafür sorgen schon die Ausländer, die packen ein Mädchen schnell mal am Hals. Aber man gewöhnt sich daran. Die Mädchen werden meist auch selbst mit den Freiern fertig. Kürzlich wollte einer im Haus randalieren. »Ävver em Nu waren die janzen Weiber em Flur un an däm Kääl am Roppen un Rieße.« Sie haben ihn zerzaust, er ist dann gern gegangen.

Und wer von ihr was wollte, der käme an die falsche Adresse. Es passiert schon mal, dass einer sich beschwert, weil er glaubt, er wäre nicht auf seine Kosten gekommen. So was erledigt man ganz einfach: »Jung, has du *mir* Jeld jejeben? Enä? Also, wat wells du dann von mir? Un jetz nix wie eraus he!«

Was tut eine Wirtschafterin, von solchen Zwischenfällen abgesehen?

Sie versorgt die Mädchen mit allem, was erforderlich ist. Und sie kassiert. Der normale Abschluss wird über 20 Mark getätigt, zwischen Mädchen und Freier. Davon erhält die Wirtschafterin einen gewissen Anteil. Mit allem Drum und Dran kommt pro Nacht einiges zusammen.

Das rentiert sich, oder? »Ja, dat es viel Jeld. Aber wat meinen Se, wat dat Nerven koss! Da müssen Se kochen un stochen un dun un maache!« Man muss tun und machen, von sechs bis um vier. »Un mer muss dauernd hinter den Weibern her sein, dat die nit bloß en der Köch setze un verzälle.« Die meisten Mädchen schwatzen gern und heben einen. »Da war ich immer hingerher, dat wat ereinkommt.«

Sie lebt auf. Sie engagiert sich. Sie rückt die Brille hoch, macht wegwerfende Gesten mit den Unterarmen, streicht die Tischdecke nur mit einer Hand und diesmal sehr energisch glatt. »Dat Jeschäff muss doch laufen, alles andere es doch Quatsch!«

Bleibt was hängen vom Geschäft?

Bei den Mädchen? Sie schüttelt vorsichtig die Frisur, schiebt die Unterlippe vor und zieht die Mundwinkel nach unten. »Da jeht viel drauf. Für die Wohnung un en Auto. Un für Kleidung un der Frisör.« Manchen macht dieses Leben ja auch Spaß.

Aber nicht allen?

Nein. Manche lassen das nur so über sich ergehen.

Denen ist das alles widerlich?

»Ja, ja, widderlich! Aber die jeben dann meistens ihr Jeld für die Sufferei aus. Sonst könnten die das nicht aushalten.«

Bleibt bei der Wirtschafterin etwas hängen?

Sie hat Eigentum. Ein Haus. Appartements. Man könnte

was daraus machen, warum sollte sie nicht selbst Chefin werden? Aber das Ordnungsamt hat ihren Antrag abgelehnt.

Sie wohnt mit ihrem zweiten Mann zur Miete in einer schönen, gepflegten Wohnung. Das braucht man doch, das Milieu der Straße ist doch nicht das ihre. Stilmöbel, viele Kissen. Grüne Wipfel vor den Fenstern. Eine Madonna neben dem Fernsehgerät.

Als ich sie an einem Feiertag besuche, brennt eine Kerze vor der Madonna. Ist sie gläubig? »Also, ich verehre die Madonna, dat sehen Se ja.« Wegen des Lebens nach dem Tode? Daran glaubt sie nicht. Oder sie weiß nicht. Vielleicht. Die Frisur bewegt sich kaum merklich. Ein etwas tieferer Atemzug.

Sie befürchtet jedenfalls nicht, irgendwann einmal wegen irgendetwas zur Rechenschaft gezogen zu werden? Sagen wir... wegen einer Sünde?

Die Unterarme geraten in Bewegung: »Meinen Se denn, ich tät was Schlechtes? Ich tue nix Schlechtes! Mir hät nie einer wat jeschenk! Ich moot emmer dun un maache, un öm mich hät sich keiner jekömmert. Das jeht doch keinen was an, was ich tue, oder wat meinen *Sie*?«

Sie kann sehr hart sein, misstrauisch und undurchschaubar, sehr kalt. Und sehr hitzig, ein kleines, massiges Temperament, das unversehens ausbricht. Als ich eines Nachmittags bei ihr anrufe, wird auf der anderen Seite der Hörer förmlich von der Gabel gerissen: »Wat es?!« Sie muss sich zuvor über irgendetwas geärgert haben.

Sie kann sehr weich, sehr unsicher und hilflos sein, dann werden die dunklen Augen hinter den Brillengläsern noch dunkler. Als von der Madonna die Rede ist, beispielsweise, oder von dem Mädchen, das in der Straße umgebracht worden ist. Oder vom Schicksal. Sie glaubt an Horoskope, kennt sich darin aus, auf dem Sofa türmen sich die Illustrierten. Und manchmal braucht man die Madonna, sie gibt einem Halt.

Sonntags fahren sie mit dem Auto ins Grüne, ihr Mann chauffiert. Er verrät mir, was sie gern hat, und sie lacht dazu, der Busen bewegt sich: Pelzmäntel (sie hat fünf oder sechs im Schrank). Schmuck. Gut essen, ausgehen, mal in die besten Lokale, mal in eine richtige Kaschemme, mit den ganzen Mädchen und allem, was dazu gehört, nicht zum Anschaffen, sondern nur zum Spaß. Und möglichst oft zum Friseur...

Ein halbes Dutzend Pelzmäntel: Ist das nicht genug für den Ruhestand? Oder könnte es sein, dass sie es auch dann nicht im Ruhestand, ohne Handel und Wandel aushielte, wenn das ganze Dutzend voll wäre?

Sie lacht. »Eja. Eja. Wahrscheinlich haben Se recht. Ich muss immer in Bewejung sein. Mer muss doch dun un maache. Un alles. Et muss doch weiterjehen!«

Veröffentlicht am 29. Juni 1968
im *Kölner Stadt-Anzeiger*

Bildnis des Herrn Pallenberg

Der Möbelkaufmann und die Kunst der Malerei

> *Mit diesem Bild wird vielleicht eine kommende Ge-*
> *schichtsschreibung die Epoche des deutschen Impres-*
> *sionismus einleiten … Aus dem verwirrenden Tanz*
> *der Farbflecken tritt mit einer Bestimmtheit ohne-*
> *gleichen das Bild hervor – vom kurzlockigen grauen*
> *Haarkranz umgeben dieser urkölnische Bürgerkopf,*
> *eiförmig, mit hoher Stirn, unter hochgeschwungenen*
> *Jochbogen die ein wenig zwinkernden, aber klar*
> *und scharf blickenden schlauen Äuglein; man spürt*
> *gleich den trockenen Schalk, der darin aufblitzen*
> *kann beim Glase Wein, von dessen häufigem geruh-*
> *samem Genuss Nase und Backen in ihrer sanguini-*
> *schen Röte erzählen. Ein Mann, der seinen Wert*
> *kennt – so wird er, mit zunehmender Reserve, auf*
> *den Malersmann geblickt haben, der da wunders*
> *wie von sich eingenommen schien und dabei solch*
> *ein Gekleckse vollführte, dass der Alte das Gemälde*
> *alsbald zornentbrannt auf den Speicher stellte.*
>
> Otto H. Förster, 1928

War es wirklich der Speicher oder ein dunkler Treppenabsatz oder ein Winkel des Möbelmagazins, wie andere zu
erzählen wissen? Andreas Achenbach, der Düsseldorfer
Landschaftsmaler, hatte das Bild bei einem Besuch im
Hause Pallenberg in Köln zu Gesicht bekommen. Der
Urheber, Wilhelm Leibl, berichtete seiner Mutter: »Achenbach war nämlich in dem Laden Pallenbergs, wo das Bild

an einem schlechten Platz hing. Achenbach fragte nun den Pallenberg, was er da hängen hätte, worauf Pallenberg sagte: Och, dat mütt er nitt ansinn, dat es nicks, dat hätt der Leibl in München gemat. – Daraufhin veranlasste ihn erst Achenbach, das Bild in ein ordentliches Licht zu hängen...«

Eine hübsche Anekdote, zweifellos. Die Kunstschriftsteller haben sie zu würdigen gewusst, ihren Charme nicht durch bohrende Untersuchungen gefährdet. Alle haben sie zu Leibls Porträt noch ein wenig hinzugefügt, dem Pinsel mit der Feder nachgeholfen, hier hervorgehoben, dort abgeschwächt, bis er fertig dastand, der alte Pallenberg: ein tüchtiger, erfolgreicher Möbelkaufmann – aber halt ein Banause!

Augenzeugen, die gesamte Familie Pallenberg, die seit einem halben Jahrhundert vergeblich versucht, den Stammvater von diesem Vorwurf des Banausentums reinzuwaschen, berichten anders: In einem Atelierraum der Fabrik fand Achenbach das Bild. Nicht »verbannt«, sondern in Erwartung des kunstvollen Rahmens, den der Alte ihm anfertigen ließ.

»Tatsache ist, dass mein Großvater das Bild stets hoch geschätzt hat, dass es sofort eingerahmt wurde und dann einen Ehrenplatz in dem Prachtsalon der Pallenbergschen Privatwohnung erhielt. Seit meiner frühesten Kindheit habe ich dort das Bild hängen sehen, und oft hat mein Großvater seinen Enkeln von der Entstehung des Bildes und von dem Künstler erzählt.« Immer wieder hat Gerhard Mosler, der Enkel Pallenbergs, den Zeitungen geschrieben, den Kunstschriftstellern, den Biographen. Die boshafte

Anekdote wurde ihm zum Schreckgespenst, kaum war sie hier für tot erklärt, tauchte sie dort wieder auf.

Hoffen wir, dass der Alte (Sohn Jacob hat sein Porträt mit drei andern Leibl-Bildern dem Wallraf-Richartz-Museum geschenkt) demnächst im neuen Heim Ruhe findet. Und gutes Licht.

Veröffentlicht im *Kölner Stadt-Anzeiger* 1956
und in *Kunstliebendes Köln, Dokumente und*
Berichte aus hundertfünfzig Jahren
Prestel Verlag, München 1957

Umgang mit Herrn Eckermann
Erzählung

Das hohe Regal reichte von den ölgetränkten Dielen bis zur Decke. In seinem untersten Fach standen die Bücher auf einem groben, braungestrichenen Brett, das gleich auf dem Fußboden auflag. Ganz links in diesem untersten Fach lehnte ein einsamer Heine-Band, der einmal einer vierteiligen Gesamtausgabe angehört hatte und der auf dem langen Weg ins Antiquariat als Einziger übriggeblieben war. Er musste billig zu haben sein, da ihm doch die Ergänzung durch die drei anderen Bände fehlte, die ihn eigentlich erst gewichtig gemacht und legitimiert hätte.

In der Tat war er durch eine flüchtige Hand mit »1.50« ausgezeichnet. Seine Seiten waren an den Rändern ein wenig vergilbt; wenn man ihn aufschlug und mit zurückgeschobener Brille einige Zeilen darin las, das Buch bis dicht vor die kurzsichtigen Augen angehoben, stieg einem ein modriger Geruch in die Nase. »Am Ganges duftet's und leuchtet's« – das Niesen kam einen an. Eins fünfzig war nicht zu viel, aber den Heine konnte man sich später vielleicht einmal vollständig anschaffen.

Rechts von dem Heine stand im untersten Fach ein schmales Bändchen mit verblasstem golddurchwirktem Rücken, es war irgendetwas von Uhland, man brauchte nicht hineinzuschauen. Zwischen dem Heine und dem

Uhland aber stand ein plumper breitrückiger Band, grau eingebunden und in vergoldeter Fraktur beschriftet. Johann Peter Eckermann, Gespräche mit Goethe in den letzten Jahren seines Lebens. F.A. Brockhaus, Leipzig 1909.

Man konnte ihn schon von draussen sehen, durch die Scheiben der Tür, an die sich gleich links das hohe Regal anschloss. Man musste sich auf die Zehen stellen und über das Schild an der mittleren Türscheibe steil nach unten blicken. Ganz überraschend war dieser Band unten im letzten Fach des Regals aufgetaucht, prall und drall stand er da, zwei Zentimeter über dem glänzenden Fußboden, nur durch ein grobes braunes, leicht nach Farbe duftendes Brett von ihm getrennt. Es mochte auch der geölte Fußboden sein, was so stark roch, wenn man sich bückte, um den Band zwischen dem Heine und dem Uhland herauszunehmen.

Auf der Innenseite des Deckels trug er eine geheimnisvolle Chiffre, die einen beim ersten Kennenlernen auf eine süße Folter spannen konnte. Hinter dieser Chiffre verbarg sich der Preis, für den dieses Prachtexemplar zu haben war. Sie lautete »E 7«.

Man konnte den Band beim ersten Zusammentreffen geöffnet in einer Hand wiegen, mit der anderen in die Blätter greifen und sie umschlagen lassen, in verwirrender, flatternder Folge. Man konnte ihm einzelne, aus dem Zusammenhang blindlings herausgerissene Sätze rauben, die dennoch Offenbarungen blieben; man konnte, den schweren, gedrungenen Band zuklappend, mit eingeschnürtem Herzen überschlagen, wie viele solcher Offenbarungen auf achthundert weiß schimmernden Seiten zusammengedrängt sein mochten. Und während all dieser beklemmenden glückseligen Gedanken und Vorstellungen hatte man die Mappe zwischen den Füßen, den scharfen Farbgeruch in der Nase und hinter sich die sanfte Stimme des Antiquars, der einen anatomischen Atlas abschätzte oder dankend über sieben Mark zwanzig für ein juristisches Kompendium quittierte. Und man konnte bei diesem ersten Zusammentreffen die süße Folter noch ausdehnen, den Band aus der linken in die rechte Hand gleiten lassen, die schimmernde Fraktur auf dem Buchrücken betrachten oder mit der Kuppe des Zeigefingers die runden Kanten des Einbandes nachfahren.

Dann war schließlich kein Aufschub mehr möglich. Man musste sich umdrehen und an die kleine Theke treten, auf der eine alte, auch als Schreibpult dienende Kasse stand. Der schielende Antiquar mit dem kurz gestutzten Schnurrbart wandte sich einem zu, mit schräg geneigtem Kopf und freundlichem Lächeln. Er nahm den dicken Band und schlug mit kundigem Finger den inneren Buchdeckel auf. Man spürte erschreckt, wie das Herz sich schmerzhaft zusammenzog. »Sechs Mark fünfzig«, sagte er freundlich und reichte das Buch wieder über die Theke.

Die paar Schritte zurück zum hellen Sonnenlicht der Tür und das interessierte Wiederaufschlagen des Bandes waren nur ein Vorwand; denn das Blut schoss unter der plötzlichen Entspannung pulsierend durch alle Adern, fast taumelte man. Die Brust bewegte sich lebhafter als sonst. Man quälte sich noch einige Augenblicke mit der Pose geschäftigen Weiterblätterns ab, dann schob man den Band sacht wieder zwischen Heine und Uhland ins Regal, nahm die Mappe auf und verliess den scharf duftenden kleinen Raum.

Zwei Mädchen gingen lachend vorbei. Sie hielten ihre Taschen unter dem Arm und blieben vor dem Schaufenster des Antiquariats stehen. Ein kleiner Junge mit einer olivfarbenen Ami-Mütze staunte einen Hund an, der umständlich den Bordstein beschnüffelte. Hinter der großen Fensterscheibe der Bäckerei nebenan schob ein Mädchen in weißer Servierschürze ein Blech mit zuckerglänzenden Törtchen in die Auslage. Ein Jeep heulte vorbei. Sechs fünfzig ist ein Pappenstiel für dieses Buch. Der Jeep bremste scharf vor dem Fotogeschäft auf der anderen Seite der Straße. Durch die Roste über den Kellerfenstern der Bäckerei duftete es nach frischem Brot; wenn man morgens um drei Uhr vorbeikommt, brennt dort unten ein behagliches gelbes Licht. Dann backen sie schon, man kann die großen Körbe, in denen die Semmeln ans offene Fenster gestellt werden, von oben sehen.

Vielleicht langt es am Mittwoch. Für sechs Mark fünfzig kann man diesen Band nie mehr kaufen. Zwei Bände in einem. Wer weiß, ob das noch einmal aufgelegt wird.

Drei Tage lang konnte man den breiten grauen Buchrücken durch die Glasscheibe der Tür sehen, wenn man sich auf die Zehen stellte und steil nach unten blickte. Auf dem Hinweg konnte man durch die Scheibe blicken und auf dem Rückweg. Man konnte sogar die atemberaubende Freiheit genießen, in den kleinen Laden einzutreten, mit einem flüchtigen Gruß, den der Schielende hinter der Theke freundlich erwiderte, gleich an dem hohen Regal stehenbleiben und scheinbar oberflächlich die langen Reihen der buntscheckigen alten Bücher mustern; und dann, wie zufällig, sich bücken und zwischen den Heine und den Uhland greifen. Der gedrungene graue Band war da, man fühlte glückselig und mit mühsam verschlossenem Blick die Glätte seines Einbandes, man blätterte mit zärtlichen Fingern in den schimmernd weißen Seiten, man las voll geheimer Unrast einige wenige Zeilen und versuchte sie mit fieberndem Gehirn zu verstehen, sie festzuhalten und unverlierbar einzuschließen.

Bis es am vierten Tag dieser verhohlen-innigen Bekanntschaft morgens mit der Zeit nicht gelangt hatte und man ohne den Blick durch die Tür hatte vorbeigehen müssen. Mittags um drei war der Himmel blau, und ein paar Tauben trippelten mit nickenden Köpfen auf der Straße herum. Irgendjemand schien Brosamen gestreut zu haben, denn sie flogen nur kurz auf, als ein Lieferwagen vorbeischnurrte, und kamen sofort zurück. Der Schieläugige zog die Rollladen vor seinem Lädchen hoch. Mit einem Mal stockte der Atem.

Vielleicht blendete die Scheibe, der blaue Himmel mochte daran schuld sein. Aber es hatte so geschienen, als ob der Uhland sich schräg gegen den Heine lehnte. Um eine entsetzliche Leere zu überbrücken, die sich zwischen ihnen aufgetan hatte. Es hatte so geschienen, als sei der Eckermann verschwunden.

Mit stierem Blick in die Auslage des Schaufensters focht man einen heißen Kampf in sich aus. Es konnte eine Täuschung sein.

Nur, dass sie schwer zu beweisen war. Denn es war peinlich, dauernd angestrengt durch die Scheibe der Tür zu lugen, den Blick steil nach unten gerichtet. Der Buchhändler konnte einen aus dem dunklen Innern des Ladens sehen.

Vielleicht hatte er auch nur den Band an einen anderen Platz gestellt. Oder ein nachlässiger Kunde hatte vergessen, wo er ihn herausgenommen hatte, und ihn einfach irgendwo hineingeschoben. Den Schielenden zu fragen war ganz unmöglich; er hatte, trotz seines schiefen Blicks, schon zu viel gesehen.

Es konnte eine Täuschung sein. Und sobald die sechs Mark fünfzig beisammen waren, konnte man hineingehen und einfach den Band verlangen. Nur konnte man jetzt nicht mehr durch die Scheibe der Tür blicken oder in den kleinen, nach Farbe duftenden Laden eintreten und wie zufällig die Reihen der Bücher auf dem hohen Regal gleich links mustern.

Das war schließlich alles.

Geschrieben 1948/49

Als wäre ein Krieg gewonnen worden
Eine Nebelgeschichte aus dem München der vierziger Jahre

Am Nachmittag noch war die Ludwigstraße breit und lang. Man konnte vom Siegestor bis zum Odeonsplatz blicken, ganz klein war da hinten der dreifache Bogen der Feldherrnhalle zu sehen. Jetzt ist es zehn nach acht, und es müsste dunkel sein, wie es sich um diese Jahreszeit gehört, schwarz und kühl. Aber es ist nicht dunkel. Wenn es dunkel wäre, könnte man die Doppelkette der zwei nebeneinanderlaufenden Reihen von Lampen sehen, die hoch und wie umgekehrte Töpfe über der Straße aufgespannt sind. Man könnte sie bis hinunter zum Odeonsplatz verfolgen, ein wenig baumelnd und in zwei langen nebeneinanderlaufenden Reihen, die sich in der Ferne immer näher kommen, bis sie ein einziges schwaches, fernes Pünktchen werden, hinten vor der Feldherrnhalle. So weit müsste man die Ketten der hoch baumelnden Lampen verfolgen können, wenn es dunkel wäre.

Aber es ist seltsam grau, nein, milchig. Fast wie hell; und trotzdem kann man keine zehn Schritt weit sehen ... Wir stehen gleich vorn an der Haltestelle, aber wir können nicht einmal das Siegestor erkennen, das am Nachmittag noch klotzig und hoch vor dem Schwabinger Norden stand, gleich hier vorn, den blauen Novemberhimmel im Rücken und um die eckigen Flanken lugend die ersten kahlen Bäume der Leopoldstraße. Das alles ist verschwunden, verloren in der milchigen Lautlosigkeit, die uns überraschte, als wir aus der Tür traten.

Wir hatten zwei Stunden in einem hell erleuchteten Zimmer beisammengesessen und waren erschreckt, als wir draußen nicht die schwarze Kälte des Novemberabends vorfanden. Wir hatten sie ganz sicher und ohne es zu wissen, erwartet, und nun war alles wie verwandelt. Wir waren plötzlich in einer fremden Stadt. Mitten auf der Straße standen wir, an der Haltestelle, wenn man mit dem Fuß vor sich hin tastete, konnte man die Schienen der Trambahn spüren. Aber wir sahen die Schienen nicht mehr, wie wir sie noch am Nachmittag gesehen hatten, eisengrau und parallel und ein wenig nassglänzend von der Straßenreinigung, schnurgerade fortführend durch den mittleren runden Bogen des Siegestors hinaus auf die Leopoldstraße.

Wir stehen beieinander und lachen und fassen uns in den Arm, damit wir einander nicht verlorengehen. Unser Lachen ist erlösend nah; aber die Leute auf der anderen Seite der Geleise, vier, fünf Meter vor und neben uns, können wir nur ahnen, sie sind wie entrückt. Gelbe Scheinwerferaugen schwimmen durch den weißen Brei heran, langsam, unsicher und vor sich tastend. Ein amerikanischer Wagen fährt auf weichen Reifen und mit leise singendem Motor ganz nah an uns vorbei, wir treten ein paar Schritte zurück und rufen und winken heftig von uns weg, er muss mehr nach rechts fahren, sonst bumst er gegen die abgesprengten Steinblöcke vom Siegestor, die da vorn liegen. Für eine Sekunde, als er ganz dicht und in nassspiegelndem Lack an uns vorbeigleitet, hören wir ein paar gedämpfte Jazzklänge aus seinem Radio. Dann glühen seine roten Schlusslichter auf, und nach zwanzig Metern hat sie der Nebel verschluckt. Wir lauschen auf den Krach, wenn er gegen die Blöcke fährt, aber es bleibt still. Nur viele ferne Hupen, in lang anhaltenden mannigfaltigen Dissonanzen, sind in der weißen erstickenden Lautlosigkeit vernehmbar.

Und immer wieder kommen zwei gelbe Scheinwerferaugen langsam aus dem Unsichtbaren herangeschwommen, sie tasten sich vorbei, das Schlusslicht glüht auf und versinkt. Wir lachen über die eleganten, prächtigen Gefährte, die uns biedere Fußgänger noch am Nachmittag so unzufrieden und neidisch machten, wenn sie weichbereift, spiegelglatt und in leuchtenden Farben vorbeihuschten, und die jetzt so behutsam ihren Weg abtasten müssen. Einer kommt mitten über die Geleise gefahren, das ist ein Kaltblütiger; so findet er leichter seinen Weg. Es darf nur keine Tram kommen. Wir lachen wieder, und wir erzählen, aber wir sind ein wenig benommen. Es ist alles so fremd, selbst unsere Stimmen erscheinen uns allmählich blass.

Plötzlich taucht ein einzelnes schwaches Scheinwerferauge auf den Schienen auf, und gleich darauf hören wir das charakteristische Röhren. Es ist unser Sechser. Sie kommt ganz zaghaft dahergerollt, wir treten zurück, und dann ziehen die Bremsen an. Wir beeilen uns, hinter die hellen Scheiben zu kommen; man sieht sich wieder, und man kann wieder laut lachen und erzählen, ohne dass es fremd klingt.

Wir schauen uns an, und es ist irgendwie feiertäglich. Es ist ein Ausnahmezustand, man meint, es müssten irgendwelche Dinge erlaubt sein, die man sonst nicht tun darf.

Dinge, die man sonst tun muss, braucht man heute Abend nicht zu tun. Es ist wie ein Generalstreik, die Regel ist aufgehoben, und es ist nicht ein ordinärer Dienstagabend; es könnte Samstag sein, es ist Feierabend, es ist etwas Ungewöhnliches passiert. Man braucht keinen Krieg gewonnen zu haben (das müsste ungefähr so sein), und es braucht keine Mobilmachung, ein starker Nebel genügt, um uns in freudige Beklommenheit zu versetzen.

Sogar dem Schaffner mit der Beamtenmütze merkt man es an, er zählt aufgeräumt und großzügig-oberflächlich mit dem Zeigefinger unsere erhobenen Ausweise ab und flucht über den Nebel und die Verspätung, die seine Tram hat. Der Schaffner wird zum Menschen, der etwas sagt, ohne danach gefragt zu sein, und wir antworten, ohne dass eine Antwort nötig wäre. Es ist alles sehr zwanglos und sehr gemütlich, der Nebel löst konventionelle Förmlichkeit auf; wenn wir es wüssten und nicht nur spürten, sollten wir ihm ein »Hoch!« ausbringen.

Es geht nur langsam voran, der Fahrplan ist durchbrochen, und wir freuen uns unbewusst und mit Hingabe des Ausnahmezustandes. Unsere Tram kriecht am Odeonsplatz um die Ecke, die Brienner Straße hinauf, die lauter große gelbe Flecken hat von den vielen Schaufenstern. Am Luitpold-Theater wollen wir lesen, wie der Film heißt, den sie spielen, aber man kann auf dem riesigen, von einem Scheinwerfer angestrahlten Plakat nur noch undeutlich die lächelnd verzerrten Züge von Clark Gable erkennen. *Der Draufgänger*, wir wissen es alle, *Boom Town*, aber wir hätten es so gerne gelesen. Hier am Schillerdenkmal steigen wenige ein, weiter geht es, in gemessenem röhrendem

Tempo unter den kahlen Zweigen am Maximiliansplatz einher; Rumplmayr leuchtet mit roten Fensterchen von der anderen Straßenseite herüber. Am Stachus hängt wieder ein großes Geklingel und Getute in der weißen Wolke, die alles umhüllt und nur da spärliche zerfaserte gelbe Kringel lässt, wo die hohen Hängelampen schaukeln.

Ich verabschiede mich und steige aus. Die anderen lachen und hängen mit den Köpfen an der Tür heraus. Ich winke noch einmal und trotte dann mit vorgestrecktem Kopf in die bleiche Ungewissheit.

Es war Unsinn, nur so zur Gesellschaft mitzufahren. Jetzt kann ich den ganzen Weg allein zurücklaufen, denn mit der Straßenbahn dauert es noch mal so lange. Ich trappe über die Straße, jetzt den einsamen Weg hinter dem Regina vorbei, dann schnell durch den Hof des Carlton und weiter durch die Fürstenstraße. Es ist ganz still, ich höre nur meine Schritte. Da, eine Sirene; zwei-, dreimal heult sie auf, dann ist sie untergegangen. Das war ein Jeep von der MP. Ich gehe mitten auf der Straße. Komisch, die Brüder sind aber auch immer unterwegs. Ich höre nur meine Schritte. Der Nebel kocht. Kocht der Nebel? Quatsch, was man nicht alles phantasiert, wenn man allein im Nebel nach Hause geht. Es riecht nach Teer. Dann gehe ich also jetzt bei dem Bauzaun neben der Garage vorbei; nein, die Garage liegt schon lange hinter mir.

Da vorne steht einer. Ganz steif. Der Nebel kocht. Natürlich kocht er, der brodelt ja. Aber das ist mein Blut in den Ohren. Da steht auch gar keiner, das ist ein großer Hydrant, oder was das für ein Ding ist. Ich pfeife, aber ich höre wieder auf. So einsam will ich gar nicht sein. Aus der weißen Undurchdringlichkeit wächst ein riesiger Schatten, ein gedrungener Körper mit einem breiten, im Endlosen sich verlierenden Hals. Feucht glänzend taut sich der Nebel auf den breiten abgeschabten Laufketten ab. Der Bagger steht regungslos und ungeheuer massig, aber als ich mich nach wenigen Schritten beklommen umdrehe, habe ich ihn schon verloren.

Es ist kein Mensch mehr zu sehen. Ich kürze ab, wie immer, quer durch ein Grundstück, auf dem nur noch Mauerstümpfe stehen und dünne T-Trägerchen, wo einst die Schaufenster waren. Wenn ich in den Keller falle, findet mich keiner. Aber ich kann das dunkle Loch sehen, auf zwei Meter erkennt man alles ziemlich genau. Im Schwabinger Fruchthaus brennt Licht, das Schaufenster ist ein mattes gelbes Viereck. Zu Hause habe ich noch zwei Äpfel, die esse ich jetzt.

Ich gehe quer über die Straße, dann biege ich in unsere Durchfahrt ein. Sogar hier hängt der Nebel, ich kann den Hinterhof nicht sehen. Ich trotte an den Bierfässern vorbei. Hintendurch wird noch gekegelt, die Autos der Kegelbrüder sind auf dem Hof abgestellt. Man muss sich zwischen Kotflügeln hindurchwinden, um an das Fenster zu kommen. Ich greife durch das Loch im engmaschigen Fliegendraht und taste im Dunkeln auf der Fensterbank nach dem Schlüssel. Dann tappe ich auf die durchgebogenen morschen Bodenbretter in der zweiten Durchfahrt.

Nebenan poltert die Kugel auf die Bahn, es rumpelt leise, das ist spannend, und ich bleibe vor meiner Tür stehen und halte den Atem an. Das Rumpeln wächst schlagartig aus in ein großes hölzernes Getöse, es ist überraschend und befreiend, obwohl es jeden Abend und immer wieder dasselbe ist. Die Kerle brüllen wie die Stiere. Ich taste mit dem Schlüssel im ausgeleierten Schloss herum. In einem Lichtstreif aus der Gasthausküche hängt unser Türschild, eine rote Karte mit tintenblauer Schrift, mit einem Reißnagel auf das braungestrichene wurmstichige Holz geheftet.

Geschrieben 1947/48, bisher nicht veröffentlicht

Im Kernschatten
Aus Anlass einer Mondfinsternis

In der Nacht zum Freitag ging dem Mond das Licht aus, auf etwas länger als eine Stunde. Ich weiß nicht, ob Sie es gesehen haben, es trug sich dummerweise um die Zeit des tiefsten Schlafes zu; aber es lohnte sich, den Wecker gestellt zu haben. Ein Ereignis voll der lautlosen Dramatik, kosmisches Schauspiel zum Gruselnlernen, und zudem bei Nacht. Jeder sollte einmal eine Mondfinsternis erleben.

Ich finde es sehr nützlich, dass Mondverfinsterungen nur bei Nacht eintreten. Ein Angetrunkener ging unsicheren Schrittes unter meinem Balkon her nach Hause. Ich beobachtete mit Genugtuung, dass er dem rötlich-rauchigen Mondgespenst offenbar mit Absicht den Rücken zuwandte. Der lasterhafte Mensch wird die wenigen Stunden bis zum Morgen in Reue und Besorgnis verbracht haben. Recht so.

Im Kernschatten eines solchen Ereignisses friert man und fühlt sich unbeachtet. Man klammert sich an Balkongitter und Fensterbänke. Mit einem Anflug von Atemnot spürt man, dass es Sonne, Mond und Sterne nicht interessiert, ob jemand bei ihrem gigantischen Versteckspielen zuschaut. Sie würden es auch tun, wenn keine Nachtzüge unterwegs wären und niemand sich den Wecker gestellt hätte.

Man sieht, wie der riesige Schatten unseres Globus langsam und schweigend über die gelbe Scheibe des Erdtrabanten rutscht und sie abblendet, und man hat erdrückende Vorstellungen von Planeten und Sternen, die sich mächtig im Raum bewegen. Insgeheim wartet man auf ein Heulen und Brausen, das unter dem schwarzen Himmel einhergefahren kommt. Die Türen sollten schlagen und die Häuser erbeben.

Nach einer Weile ist man froh, dass nichts dergleichen geschieht. Man kriecht erleichtert ins Bett, zumal, wenn der Frühnebel einen unzeitigen Schleier vor den letzten Akt des Schauspiels zieht, wie es in der Nacht zum Freitag passierte.

Übrigens betrachte ich seit dieser Nacht unseren Hund mit leisem Misstrauen.

Ich hielt ihn zuvor für ein recht intelligentes und zart empfindendes Tier. Zu Beginn der totalen Verfinsterung trieb ich ihn eigens aus seinem Lager, um ihm ein Erlebnis zu bereiten. Laut der Prognose der Zeitung musste er winseln und sich verkriechen.

Ich lockte ihn voll boshafter Erwartung hinaus auf den Balkon und bemühte mich, ihn auf die blutige Scheibe am Himmel aufmerksam zu machen. Anfangs verstand er mich falsch, als ich meinen Arm mehrmals nach oben schleuderte, um ihm die Richtung zu weisen, er dachte wohl, ich wollte ihm einen Stein oder sein Bällchen werfen, und fing an zu bellen. Als ich ihn beruhigt hatte, fühlte er sich offenkundig gelangweilt. Er zog sich auf mein Bett zurück, gähnte und schlief ein, ohne von der Mondfinsternis auch nur die geringste Notiz zu nehmen, geschweige denn, ihretwegen zu winseln und sich zu verkriechen. Ich war fassungslos.

Als mir aber eine halbe Stunde später die Lampe vom Tisch fiel, fuhr er panikartig in die Höhe, kniff den Schwanz ein und floh.

Mir scheint, ihm fehlt die Witterung für die wahrhaft großen und erschreckenden Dinge. Er ist vermutlich ein instinktloser Banause.

Auch solche gibt es.

Geschrieben Ende der vierziger Jahre

Hans Werner Kettenbach
im Diogenes Verlag

Minnie
oder Ein Fall von Geringfügigkeit
Roman

Es sollte eine Urlaubsreise werden. Die Geschäfte in Nashville waren abgeschlossen, nun wollte Wolfgang Lauterbach ausspannen, eine Woche lang durch den Süden der USA bummeln. Aber er gerät in eine rätselhafte Geschichte, von der er nur eines begreift: Leute, die er nie zuvor gesehen hat, trachten ihm nach dem Leben, sie verfolgen ihn durch Tennessee und Georgia.

»Ein Thriller, den man nach der Lektüre nicht so leicht vergessen wird. *Minnie oder Ein Fall von Geringfügigkeit* kann getrost mit den besten Romanen der Schweden Sjöwall/Wahlöö, des Engländers Jack Beeching oder des rebellischen Südafrikaners Wessel Eberson verglichen werden.« *Plärrer, Nürnberg*

»Ein Glücksfall – Hans Werner Kettenbach auf der Höhe seiner Kunst.« *Die Zeit, Hamburg*

Hinter dem Horizont
Eine New Yorker Liebesgeschichte

Der Deutsche Frank Wagner hat den Atlantik überquert wie einst Millionen von Einwanderern: in der Hoffnung, den Horizont der Alten Welt hinter sich zu lassen und endlich das Zentrum des Lebens zu finden. In Manhattan begegnet er der Amerikanerin Nancy Ferencz. Es beginnt eine Liebesgeschichte. Doch ist New York die Erfüllung der Sehnsucht?

»Natürlich gibt es heute wie früher Journalisten, die sich aufs Erzählen verstehen: Hans Werner Kettenbach beispielsweise mit seinem Liebesroman *Hinter dem Horizont*.« *Süddeutsche Zeitung, München*

Sterbetage
Roman

»Es gilt eine Geschichte von hoher erzählerischer Qualität vorzustellen: Kettenbach entfaltet in behutsamer Weise das Ereignis einer ›unmöglichen Liebe‹ zwischen einer jungen Frau und einem alternden Mann. Alles in dieser Geschichte ist unauffällig, passiert ohne große Worte. Kettenbach erzählt in einer eigenartigen Mischung von Sprödigkeit und Zartheit, von Humor und Melancholie, aber immer auf erregende Art glaubwürdig. Es ist ein Buch über die Trauer des Alterns, ein Buch über das Sterben, aber in erster Linie doch wohl ein Buch über das Lieben in einer Zeit, die das große Gefühl verbietet, auch wenn sie von Toleranz und Freiheit spricht.« *Neue Zürcher Zeitung*

»Ein Meisterstück – Patricia Highsmith hätte es nicht besser gemacht.« *Die Zeit, Hamburg*

Schmatz
oder Die Sackgasse
Roman

Uli Wehmeier, Texter in einer Werbeagentur, gerät – scheinbar unaufhaltsam – in eine bedrohliche Lage, sein ganzes Leben ist in Frage gestellt. Seine Frau erträgt die Besessenheit, mit der er sich in seine Arbeit kniet, nicht mehr. In der Agentur fühlt er sich durch die Schikanen des neuen Creative Directors Nowakowski immer stärker eingeengt und abgewürgt. Wehmeier reagiert auf seine Art, er spielt mit dem Gedanken an einen Mord, als könne er so die Bedrohung seiner Existenz abwehren.

»Wie gut, daß es noch immer Autoren gibt, die uns nicht mit wohlgemeinten Belehrungen zu traktieren gedenken, sondern auf die einsambefeuernden Erzählkünste vertrauen...«
Süddeutsche Zeitung, München

Davids Rache
Roman

Sieben Jahre nachdem Oberstudienrat Christian Kestner eine Reise nach Georgien unternommen hat, wird er von den damaligen Ereignissen wieder eingeholt: In Georgien herrscht mittlerweile Bürgerkrieg. David Ninoschwili, einst sein Gastgeber, kündigt seine Ankunft im Westen an. Nach den Regeln georgischer Gastfreundschaft wird er bei dem wohnen, den er damals bewirtet hat: bei Kestner. Die Familie reagiert mit offener Ablehnung. Nur für zwei, drei Wochen, versichert Kestner – und hat sich gründlich getäuscht. Denn der Georgier entwickelt undurchsichtige Aktivitäten und große Sympathie für Kestners Frau. Die Phantasie des Oberstudienrats beginnt zu blühen, er fängt an, den Fremdling zu beschatten und gegen ihn zu intrigieren …

»Dieser Roman über Fremdenangst und -haß ist alles andere als ›politisch korrekt‹. Eben darum ist er politischer als mancher Kommentar und Leitartikel. Weil er Gewißheiten in Frage stellt und Selbstgewißheiten niederreißt, Fronten auflöst und Rangordnungen umkehrt.« *Martin Ebel / Badische Zeitung, Freiburg*

Grand mit vieren
Roman

Paris, Mitte der siebziger Jahre. Während der internationalen Konferenz zur Bekämpfung des Terrorismus wird der Journalist Claus Delvos in seinem Hotelzimmer durch eine Bombe getötet. Warum mußte er sterben? Wurde er Opfer einer Verwechslung? Was sind die Hintergründe der Tat?
Je länger Peter Grewe, Kollege und Freund von Delvos, der Sache nachgeht, desto tiefer gerät er in den Sumpf von Bonner Politmachenschaften. Und desto mehr verstrickt er sich in den Fängen des vermeintlich schwachen Geschlechts.

»Kettenbach ist der einzige deutsche Autor, der das Kunststück der Meister des internationalen Kriminalromans zuwege bringt: dem Leser mit unwiderstehlicher Spannung die moralischen Bruchstellen, das untergründige Rumoren seiner Zeit und Gesellschaft bewußtzumachen.« *Die Welt, Berlin*

»Hans Werner Kettenbach gehört zu den wenigen renommierten deutschen Kriminalautoren.« *Thomas Hauschild / Westdeutscher Rundfunk, Köln*

Die Konkurrentin
Roman

Eine sympathische Frau strebt das höchste Amt der Stadt an. Doch sie hat starke Gegner, die versuchen, ihr den Weg zu verbauen. *Die Konkurrentin* ist ein satirischer Politthriller über die Rituale und Taktiken, ohne die in der Demokratie keine Wahlen zu gewinnen sind. Es ist zugleich ein ergreifender Roman über den Konflikt zweier ungleicher Schwestern und damit die Erinnerung an ein dramatisches Kapitel deutscher Geschichte.

»In Kettenbachs Roman spielt eine Schmiergeld-Affäre in der Lokalpolitik eine Rolle. Die Wirklichkeit hat im Nachhinein diesen Fall einer kühnen Fiktion bestätigt.« *Anton Thuswaldner / Süddeutsche Zeitung, München*

»Kettenbach jongliert mit den Mitteln des Krimis, gefährlich gut sind hier aber vor allem die satirischen Hiebe gegen die Bigotterie mancher Politiker.« *Birgit Warnhold / Die Welt, Berlin*

Kleinstadtaffäre
Roman

Einmischen unerwünscht! – signalisieren die Merzthaler ihrem Gast, dem Schriftsteller Carl Wallot, als er, statt wieder abzureisen, sich zu sehr für die Belange ihres Provinzstädtchens zu interessieren beginnt. Der Literaturstar meint die Signale ignorieren zu können – bis ihn seine Schnüffelei in Teufels Küche bringt.

»Hans Werner Kettenbach hat mit *Kleinstadtaffäre* ein faszinierendes Buch geschrieben. Es geschieht auf den ersten Blick nicht viel, die Dinge entwickeln sich langsam, der Mord ist mehr Katalysator als treibendes Element der Geschichte. Aber man will es lesen, immer weiter, ist gefesselt von der gar nicht mehr langweiligen Kleinstadt und ihren Bewohnern.«
Andrea Fischer / Der Tagesspiegel, Berlin

Zu Gast bei Dr. Buzzard
Roman

Zwei Paare über Kreuz; ein millionenschwerer Auftrag von internationalem Gewicht; Savannah, Georgia – eine Stadt mit exotischer Vegetation und alten Spukhäusern; Liebeszauber und Schwarze Magie – Zutaten, die nicht nur die Phantasie des etablierten Architekten Schumann ganz schön durcheinanderbringen.
Zu Gast bei Dr. Buzzard ist eine Achterbahnfahrt der Gefühle und Spekulationen, ein subtropischer Sommernachtstraum des 21. Jahrhunderts.

»Kettenbach gönnt dem Leser eine ganze Reihe funkelnder Dialoge, Wortgefechte voller Bissigkeit und Witz – und erweist sich einmal mehr als Meister des Suspense.« *Peter Henning / Der Spiegel, Hamburg*

Das starke Geschlecht
Roman

Zu spät merkt der 29jährige Rechtsanwalt Alexander Zabel, was er sich mit diesem Mandat aufgebürdet hat: Der Endsiebziger Herbert Klofft, Gründer und Besitzer der Firma »Klofft Ventile«, ein Autokrat, Despot und Macho, der in seinem Leben nichts hat anbrennen lassen, mittlerweile an den Rollstuhl gefesselt, hat einer jungen Topangestellten fristlos gekündigt – mit gutem Recht, meint er; völlig unhaltbar, findet dagegen die Betroffene, die Kloffts Geliebte war, und will gegen die Kündigung vorgehen. Ein persönlicher Racheakt, meint auch Kloffts Ehefrau Cilly, eine attraktive und erotisch recht aktive Siebzigerin. Zabel sieht nicht nur einen Rechtsstreit auf sich zukommen, bei dem er ohnehin die schlechteren Karten hat, er begreift, daß er es mit einem Mandanten zu tun hat, streitbar genug, um das Beweismaterial notfalls zu manipulieren. Und mit einer betrogenen Ehefrau, die ihre immer noch erheblichen Reize bei dem jungen Mann zur Geltung bringt.

Ein ebenso heftiger wie deftiger Roman über die Schrecken des Alters und die trotzdem sich behauptende erotische Vitalität.

»Kettenbach hat mit seinen Romanen ein Panorama des deutschen Mittelstandes aufgezogen. Kettenbach, der Moralist, ist dabei ein glänzender Unterhalter: eine wertvolle, eine seltene Kombination.«
Martin Ebel / Frankfurter Allgemeine Zeitung

Bernhard Schlink
im Diogenes Verlag

»Schwungvoll geschriebene, raffiniert gebaute Romane, in denen die politische Aktualität und die deutsche Vergangenheit präsent sind.«
Dorothee Nolte / Der Tagesspiegel, Berlin

»Bernhard Schlink gehört zu den Autoren, die sinnlich, intelligent und spannend erzählen können – eine Seltenheit in Deutschland.«
Dietmar Kanthak / General-Anzeiger, Bonn

»Bernhard Schlink gelingt das in der deutschen Literatur seltene Kunststück, so behutsam wie möglich, vor allem ohne moralische Bevormundung des Lesers, zu verfahren und dennoch durch die suggestive Präzision seiner Sprache ein Höchstmaß an Anschaulichkeit zu erreichen.« *Werner Fuld / Focus, München*

Die gordische Schleife
Roman

Selbs Betrug
Roman

Der Vorleser
Roman
Auch als Diogenes Hörbuch erschienen, gelesen von Hans Korte

Liebesfluchten
Geschichten
Die Geschichte *Der Seitensprung* auch als Diogenes Hörbuch erschienen, gelesen von Charles Brauer

Selbs Mord
Roman

Vergewisserungen
Über Politik, Recht, Schreiben und Glauben

Die Heimkehr
Roman
Auch als Diogenes Hörbuch erschienen, gelesen von Hans Korte

Vergangenheitsschuld
Beiträge zu einem deutschen Thema

Das Wochenende
Roman
Auch als Diogenes Hörbuch erschienen, gelesen von Hans Korte

Außerdem erschienen:

Bernhard Schlink & Walter Popp
Selbs Justiz
Roman

Selb-Trilogie
Selbs Justiz · Selbs Betrug · Selbs Mord
Diogenes Hörbuch, 2 CD im MP3-Format, gelesen von Hans Korte